España y los españoles de hoy

Historia, sociedad y cultura

ESPAÑA Y LOS ESPAÑOLES DE HOY

HISTORIA, SOCIEDAD Y CULTURA

FERNANDO OPERÉ
University of Virginia

CARRIE B. DOUGLASS
Mary Baldwin College

PEARSON

Prentice
Hall

UPPER SADDLE RIVER, NEW JERSEY 07458

Library of Congress Cataloging-in-Publication Data

Operé, Fernando
España y los españoles de hoy: Historia, sociedad y cultura / Fernando Operé, Carrie B. Douglass. — 1st. ed.
    p. cm.
Includes index.
ISBN 0-13-192219-X (alk. paper)
1. Spain—Civilization—20th century. 2. Spain—Civilization—21st century. I. Douglass, Carrie B. II. Title.
DP48.O53 2007
946.08—dc22

2007038079

Sponsoring Editor: *María García*
Director of Marketing: *Kristine Suárez*
Senior Marketing Manager: *Denise Miller*
Marketing Coordinator: *William J. Bliss*
Associate Managing Editor: *Janice Stangel*
Project Manager: *Manuel Echevarria*
Manufacturing Buyer: *Cathleen Petersen*
Cover Design: *Jayne Conte*
Director, Image Resource Center: *Melinda Patelli*
Manager, Rights and Permissions: *Zina Arabia*
Manager, Visual Research: *Beth Brenzel*
Manager, Cover Visual Research & Permissions: *Karen Sanatar*
Image Permission Coordinator: *Vickie Menanteaux*
Photo Researcher: *Barbara Salz*
Manager, Print Production: *Brian Mackey*
Publisher: *Phil Miller*
Composition/Full-Service Project Management: *Natalie Hansen and Sandra Reinhard, Black Dot Group*
Printer/Binder: *STP/RRD/Harrisonburg*
Typeface: *10/12 New Baskerville*

Credits and acknowledgments borrowed from other sources and reproduced, with permission, in this textbook appear on appropriate page within text and on page 339.

Pearson Education LTD.
Pearson Education Singapore, Pte. Ltd
Pearson Education, Canada, Ltd
Pearson Education–Japan
Pearson Education, Upper Saddle River, New Jersey

Pearson Education Australia PTY, Limited
Pearson Education North Asia Ltd
Pearson Educación de México, S.A. de C.V.
Pearson Education Malaysia, Pte. Ltd

10 9 8 7 6 5 4 3 2 1
ISBN 13: 978-0-13-192219-8
ISBN: 0-13-192219-X

ÍNDICE

Capítulo 13

Capítulo 14

Vocabulario 318

Índice de nombres 327

PREFACIO

E l enigma que fue España durante tantos años se ha convertido, desde la democracia inaugurada en 1977, en un país interesante para visitarlo, ciertamente, y también para estudiarlo.

España es el principal país receptor de estudiantes estadounidenses, que viajan a estudiar, aprender sus lenguas, caminar por sus calles, fotografiar sus edificios, y conocer y admirar su cultura.

Desde luego, nos preguntamos: ¿Por qué España? ¿Qué interesa de España? Y como la respuesta es siempre ardua y compleja, la presente edición de *España y los españoles de hoy: Historia, sociedad y cultura* intenta dar respuesta a tales interrogantes.

Este libro está organizado de tal forma que las distintas secciones enriquezcan la complejidad de ese abordaje. Está enfocado a cursos de cultura de la España moderna y contemporánea. Hemos mantenido los patronímicos en castellano para dar uniformidad al conjunto, aunque somos conscientes de que en muchas autonomías están recuperando la nomenclatura de las lenguas vernáculas.

La primera parte versa sobre la evolución de un país que buscó soluciones a los muchos males a los que se enfrentaba a finales del siglo XIX, y para ello se enfrentó a sí mismo. Partiendo de una fecha emblemática, 1898 (pues ese año representó la más profunda crisis de la España moderna, despojada de sus colonias, en grave situación económica y social), esta nación debió buscar en el pasado, el presente y el futuro las soluciones más oportunas. No fue fácil y la tarea le ocupó casi todo un siglo.

Ese ardoroso siglo XX es el que se estudia en los cinco primeros capítulos desde el punto de la evolución histórica. Divisiones partidistas, protagonismos de nuevos actores en la arena política, violencia, golpes de Estado y guerras civiles, dictaduras y procesos constitucionales marcan su evolución.

Los nombres no son tan importantes como los procesos. Se puede decir, sin pecar de exagerado optimismo, que el balance al iniciar el siglo XXI ya es positivo. Al menos, si se piensa que la democratización del país, la modernización de sus instituciones y el progreso económico y social, así como su incorporación a Europa, son aspectos que inclinan la balanza hacia un futuro prometedor.

Claro está: se entiende que la España del siglo XXI todavía se enfrenta a numerosos problemas y amenazas, y no son menores la sombra del terrorismo y el partidismo crónico. Sin embargo, esta España contemporánea ha servido y sirve como modelo para muchos países en vías de desarrollo que se enfrentan a la necesidad de modernizar sus economías e instituciones, agilizar sus procesos políticos y hacerlos más transparentes desde el punto de vista de la participación ciudadana.

En la segunda parte, en los capítulos que van del 6 al 10, se estudia la evolución de la sociedad española en toda su complejidad y pluralidad. Una de las cuestiones fundamentales surgidas de la crisis de 1898 fue resolver y articular problemas de identidad, algo que ha estado en el debate social y filosófico desde los orígenes de la nación-Estado. La pregunta es: ¿Quiénes son los españoles? Es más, ¿se puede hablar de un ser único español?

Partiendo de tales premisas, aquí planteamos si puede hablarse de una sola España o si las identidades autonómicas exigen planteamientos alternativos. En la sección correspondiente estudiamos las clases sociales, las expresiones espirituales y religiosas, la familia y la natalidad, las prácticas culturales y los pasatiempos.

Un aspecto que llama la atención del estudioso es el extraordinario balance de un país que se mira en la tradición y, al mismo tiempo, busca desesperadamente innovarse; que es clásico y es moderno; que es conservador y es futurista en algunas de sus prácticas sociales. Y todo esto conlleva, desde luego, el análisis de temas como las relaciones sexuales, el matrimonio entre personas del mismo sexo y las expresiones de las libertades políticas y sociales.

La tercera parte la componen los Capítulos 11 al 14, dedicados a la cultura española en general y a la producción artística en particular. ¿Qué le ha aportado España a Occidente? ¿Cuáles son sus grandes contribuciones? Toda respuesta devuelve ciertos nombres que surgen espontáneamente: Pablo Picasso, Salvador Dalí, Antoni Gaudí, Federico García Lorca y Pedro Almodóvar, por lo menos. Pero hay más, muchos más. Y hay también una fascinante paradoja, por ilógica, y es que España produjo artistas y creadores de gran valía que se proyectaron hacia lo universal aun en los momentos de más profunda crisis. Y es que ese rasgo es parte de su larga historia, presente en sus múltiples obras arquitectónicas —sus monumentos, iglesias, castillos y museos— que forman ese rico legado que ha trascendido hasta el presente.

España ya no es en 2007 el enigma que fue. Hay hoy una cierta transparencia y juventud que se respira en sus ciudades y en sus gentes, a pesar y por encima de la constante, dolorosa y necesaria memoria del pasado.

Finalmente, expresamos nuestro más sincero agradecimiento al historiador José Eliseo Valle, quien nos prestó ayuda permanente durante la realización de este proyecto. Su conocimiento profundo de la historia de España en todas sus facetas, su agudo sentido crítico y buen hacer, fueron aportaciones fundamentales en la culminación del libro.

FERNANDO OPERÉ
CARRIE BESS DOUGLASS

PARTE

1

HISTORIA

LA CRISIS DE INICIOS DEL SIGLO

TEMAS

- España a finales del siglo XIX

- El fin del imperio americano

- La gran crisis

- Cómo regenerar el país

- La generación del 98

- El surgimiento de los nacionalismos

- Nuevos partidos, nuevos movimientos obreros

- La dictadura de Primo de Rivera

- La caída de la monarquía del Alfonso XIII

CRONOLOGÍA

■ 1898

15 de febrero *Una bomba estalla en el acorazado estadounidense* Maine *en el puerto de La Habana.*
25 de abril *Estados Unidos declara la guerra a España.*
3 de julio *La escuadra española es derrotada en las aguas del golfo de México.*
10 de diciembre *Tras la firma del Tratado de París, España pierde la soberanía sobre Cuba, Puerto Rico y las Filipinas.*

■ 1899

3 de marzo *El conservador Francisco Silvela forma gobierno.*

■ 1901

25 de abril *Francesc Cambó funda la Lliga Regionalista, el primer partido catalanista de tendencia conservadora.*
Creación de los bancos Hispano Americano y de Vizcaya.
Se producen numerosos disturbios anticlericales en toda España.

■ 1902

febrero *Se convoca una huelga general revolucionaria en Barcelona.*
17 de mayo *La regencia de María Cristina, que había accedido al poder en 1875 por la minoría de edad de su hijo, Alfonso, llega a su fin. Alfonso XIII es proclamado rey de España y jura la Constitución de 1876.*

■ 1903

diciembre *El conservador Antonio Maura es elegido jefe del Gobierno.*

■ 1904

Primera jornada de descanso dominical en España.
3 de octubre *Se firma un acuerdo con Francia sobre el protectorado de Marruecos.*
11 de septiembre *Se inaugura la línea de ferrocarril Sarriá-Barcelona, la primera electrificada en España.*

■ 1905

1° de junio *Atentado anarquista en París contra Alfonso XIII.*

(Continúa)

■ 1906

31 de mayo   *Se produce otro atentado terrorista contra el rey Alfonso XIII y su esposa el día de su boda.*

■ 1907

21 de abril   *Se forma Solidaritat Catalana, que derrota a los partidos tradicionales en Cataluña en las elecciones de 1907.*
El Partido Republicano obtiene la mayoría en Valencia.
Se crea la empresa Hidroeléctrica Española.

■ 1908

Alejandro Lerroux funda el Partido Radical.

■ 1909

Operaciones militares en Marruecos.
26 de julio   *El rechazo al reclutamiento forzoso para la guerra en Marruecos produce el inicio de la Semana Trágica en Barcelona.*
13 de octubre   *Es ejecutado en Barcelona el militante anarquista Francisco Ferrer i Guardia por su implicación en la Semana Trágica.*

■ 1911

8 de septiembre   *Fundación de la Confederación Nacional del Trabajo (CNT).*

■ 1912

16 de octubre   *Se aprueba la ley de Mancomunidades de las Diputaciones Provinciales.*
12 de noviembre   *Es asesinado José Canalejas, presidente del gobierno entre 1910–1912.*

■ 1913

Guerra de Marruecos.

■ 1914

6 de abril   *Se crea la Mancomunidad Catalana.*
28 de julio   *Comienza la Primera Guerra Mundial. España se declara neutral. Conflicto en España entre los que favorecen a las tropas aliadas (aliadófilos) y los que están del lado de Alemania (germanófilos).*

(Continúa)

■ **1917**

febrero y octubre *Estalla la Revolución Rusa.*
1° de junio *Manifiesto de las Juntas Militares de Defensa, creadas para defender los intereses de los oficiales del ejército.*
11 de junio *Se forma la Asamblea de Parlamentarios con una coalición de partidos catalanes y republicanos socialistas, como protesta contra los dos partidos tradicionales.*
13 de agosto *Huelga general en toda España.*

■ **1918**

febrero *Huelga en la empresa La Canadiense, que se extiende por solidaridad. Se obtiene la jornada laboral de ocho horas. Crece a un millón el número de afiliados de la central sindical anarquista CNT.*

■ **1919**

16 de julio *Asesinato del zar de Rusia y su familia.*
11 de noviembre *Fin de la Primera Guerra Mundial.*

■ **1920**

Eduardo Dato, político conservador, forma gobierno.
15 de abril *Fundación del Partido Comunista Español (PCE).*

■ **1921**

8 de marzo *Asesinato de Eduardo Dato en las calles de Madrid.*
21 de julio *Desastre en la guerra de África en Annual.*

■ **1922**

15 de marzo *Se celebra el primer congreso del Partido Comunista.*
18 de julio *Fundación del Estat Catalá.*

■ **1923**

10 de marzo *Asesinato del dirigente de la CNT, Salvador Seguí, conocido como el Noi de Sucre.*
13 de septiembre *Golpe de estado del general Miguel Primo de Rivera en Barcelona. Inicio de la dictadura.*

■ **1924**

14 de abril *Se funda la Unión Patriótica, partido único de la dictadura de Miguel Primo de Rivera.*
19 de abril *Fundación de la Compañía Telefónica de España.*
26 de junio *El caudillo norafricano, Abd el-Krim, invade la cuenca del Lau.*

(Continúa)

◼ 1925

septiembre *Se produce el desembarco en la bahía de Alhucemas con una fuerza hispanofrancesa, que inicia una nueva ofensiva conjunta.*
9 de diciembre *Muere Pablo Iglesias, fundador del Partido Socialista Obrero Español (PSOE) y de la Unión General de Trabajadores (UGT), sindicato socialista.*

◼ 1926

26 de mayo *Derrota de Abd el-Krim. Se rinden los últimos rebeldes rifeños. Fracasa la Sanjuanada, complot políticomilitar contra la dictadura de Primo de Rivera.*

◼ 1927

11 de julio *Fin oficial de la guerra en Marruecos.*

◼ 1929

enero *Intento de levantamiento militar en Valencia a cargo de Sánchez Guerra.*
Huelga universitaria.
20 de abril *Se clausura la universidad de Barcelona.*
9 de mayo *Se inaugura en Sevilla la Exposición Iberoamericana.*
19 de mayo *Se inaugura en Barcelona la Exposición Universal.*

◼ 1930

28 de enero *El general Primo de Rivera abandona el poder.*
30 de enero *El general Berenguer forma un nuevo gobierno provisional.*
17 de agosto *Se firma el Pacto de San Sebastián, en el que participan los principales dirigentes de la oposición: socialistas, republicanos y catalanes.*
12 de diciembre *Alzamiento en Jaca (Huesca) de los capitanes del ejército Galán y García Hernández, quienes son detenidos y fusilados.*

◼ 1931

Se convocan elecciones a Cortes y municipales.
12 de abril *El resultado de las elecciones municipales evidencia que España es republicana. Se forma un gobierno republicano provisional.*
14 de abril *Se celebran elecciones generales. El rey Alfonso XIII abandona España.*

ANTECEDENTES

C omenzaremos este repaso de la historia de España del siglo XX con una fecha emblemática, 1898. En esa fecha se cerraba el largo ciclo de la presencia española en América, que se había iniciado en 1492 cuando la expansión española en el Atlántico había permitido crear lo que fue el gran Imperio español basado en la idea homologadora de la Monarquía Universal Cristiana. ¿Qué había ocurrido en esos cuatro siglos de imperio colonial?

El año 1898 representó en las mentes de los españoles un hito nefasto, la fecha de la pérdida definitiva de la última de sus colonias y el desplome de lo que un día fue el mayor imperio sobre la tierra. Fue suficiente que el presidente estadounidense McKinley enviase un ultimátum al presidente del gobierno español, Sagasta, en el que indicaba "Renuncie a toda actividad y gobierno en la isla de Cuba", para que se desencadenase una serie de acontecimientos navales de triste recuerdo para la marina española. Ocurrió entonces un hecho cuyos detalles todavía permanecen borrosos y añaden misterio al suceso. El hundimiento del acorazado de la marina estadounidense *Maine*, imputado a una mina española, provocó la intervención de Estados Unidos acompañada de una declaración formal de guerra. Los barcos enviados por el primer ministro Sagasta, lejos de España, mal equipados y en inferioridad numérica, nada pudieron hacer contra la flota estadounidense. A Estados Unidos le hubiese sido más ventajoso comprar la isla —lo intentó—, pues de esta forma habría gozado de más posibilidades de maniobra. Pero al final se contentaron con hacer firmar a España un tratado de paz que exigía unas condiciones diplomáticas muy duras. No sólo se pedía la independencia de Cuba, sino también la de Puerto Rico, las Filipinas, las islas Marianas y Guam, alejadas geográficamente por miles de leguas. Estados Unidos temía que las Filipinas, donde también merodeaba una guerrilla independista, cayesen en manos de Japón. Con la firma del acuerdo de paz, España recibía como indemnización veinte millones de dólares, y con ello se cerraba un ciclo histórico muy importante. Si algo quedaba era nostalgia, la aureola de la grandeza de lo que representó el Imperio español, ese gran imperio donde en tiempos de Felipe II no se ponía el sol (1556–1598).

El hecho no era fortuito. La decadencia se había venido sintiendo desde que a finales del reinado de Carlos I de España en 1557 se declarase la bancarrota, ante la incapacidad de cumplir con los compromisos financieros con los banqueros alemanes. Sin embargo, las energías militares, religiosas y descubridoras continuaron a lo largo de los siglos siguientes, aventurándose en tierras hasta entonces no pisadas por europeos que se extendían desde el norte del continente americano, en lo que hoy es la punta septentrional de California, Utah y Nuevo México, hasta Tierra del Fuego, en el sur de las actuales Argentina y Chile. La expansión territorial española no produjo los beneficios económicos esperados, y las ricas colonias fueron sobreviviendo manejadas por la mano diestra de algunos virreyes y administradores que, sobre las espaldas maltratadas de indígenas, mestizos y criollos, mantuvieron la fachada del imperio. La desventura, sin embargo, no se hizo esperar. Desde los inicios del siglo XIX, coincidiendo con la invasión napoleónica a la Península Ibérica, los criollos americanos, hartos de mantener una posición de segundo orden en la jerarquía colonial, rompieron armas con la madre patria iniciando múltiples movimientos libertadores que acabaron en múltiples declaraciones de independencia. Durante el resto del siglo, la política reformista y contrarreformista de los gobiernos españoles a duras penas pudo hacerse cargo de las continuas rebeliones de las colonias que aún permanecían bajo su dominio: Cuba, Puerto Rico y las Filipinas.

Rendición de Cuba e izamiento de la bandera de Estados Unidos

Los acontecimientos se desarrollaron con suma rapidez, aunque los síntomas se habían ido advirtiendo hacía mucho tiempo. La intervención norteamericana a favor de la independencia de Cuba, una serie de refriegas navales y la incapacidad de la marina española para defender sus territorios ultramarinos, resultaron en la pérdida definitiva de esas tres colonias y el cierre de un largo período de expansión y poder. La fecha de 1898, pues, se presenta en la página de la historia de España como un momento de trauma y reflexión. El trauma conmovió la opinión pública y movió los cimientos de la conciencia nacional. ¿Qué se había hecho mal para que ese imperio sin parangón en la historia universal se viese reducido a la desnudez y pobreza de una monarquía decadente y atrasada? La reflexión era oportuna y los acontecimientos la hacían propicia. "A España toda, / la malherida España, de Carnaval vestida / nos la pusieron, pobre y escuálida y beoda, / para que no acertase la mano con la herida", escribía Antonio Machado, uno de los intelectuales de la época, cuya meditación sobre la tragedia marcaría a muchas generaciones de españoles. Efectivamente, la España de 1898 era una España pobre, escuálida y beoda, cuyos lujosos oropeles eran tan sólo un remedo de la suntuosidad de la monarquía que la precedió. La España de 1898 se miró al espejo y se vio como una vieja dama, decadente, sin energía, vestida de lujo, pero manteniendo su dudosa lozanía gracias a maquillajes y mejunjes. El futuro no parecía glorioso. Manejemos algunos datos.

¿Cómo era España?

Al comenzar el siglo XX, España presentaba una faz muy diferente a los otros países de Europa occidental. Ciertamente que en Europa no todo eran rosas, pero las pretensiones expansionistas coloniales parecían brindar nuevas energías económicas y políticas. Fueron problemas insolubles en torno al nacionalismo y el resurgimiento del militarismo los que produjeron el desastre de la Primera Guerra Mundial, ensombreciendo el continente y acabando con la llamada *Belle Epoque*. En ese contexto, España casi no tenía la capacidad ni las fuerzas necesarias para hacerse oír en Europa. La población española en 1900 era de 19.527.000 habitantes, el 63 por ciento de los cuales eran analfabetos. Era una población eminentemente rural: el 68 por ciento estaba vinculada a los sectores agrícolas y ganaderos. Si a esto se añade el hecho de que, de ese porcentaje, el 90 por ciento estaba constituido por jornaleros (trabajadores contratados por jornadas o días), uno se puede hacer una mejor idea de los problemas del sector. Las grandes propiedades agrícolas, en muchos casos latifundios improductivos, representaban el 28 por ciento de la tierra laborable, con un 6 por ciento de estos latifundios en manos de la nobleza. Problemas adicionales procedían del hecho de que en la gestión del campo existiesen muchos arrendamientos e incluso subarriendos, y que los rendimientos por hectárea fuesen muy bajos debido a la carencia de tecnología, abonos e inversiones. El problema de los latifundios era crónico, ya que se practicaba un tipo de agricultura extensiva (carente de riego y abonos, y basados en la mano de obra) que convivía a la par con los minifundios (pequeñas propiedades) en el norte. Para hacernos una idea, los rendimientos por hectárea en las mismas fechas eran 4 o 5 veces inferiores a los de Inglaterra o Alemania.

Por lo que respecta a la situación financiera, la falta de créditos era endémica, y cuando se conseguían, rayaban en la usura, con intereses del orden del 60 por ciento. Por su parte, la población activa en la industria representaba el 16 por ciento de la fuerza laboral, con cerca de la mitad adscrita a los sectores textiles (deficientemente capitalizada) y siderúrgicos, principalmente concentrados en Cataluña y el País Vasco respectivamente. Algunos de los sectores más productivos estaban controlados por capital extranjero, principalmente los ferrocarriles, las empresas eléctricas y los servicios (alcantarillado, alumbrado y construcción), debido en parte a la carencia inversionista de capital autóctono.

Si algún beneficio aportó la crisis del 98 fue que la pérdida de las colonias vino aparejada con una masiva repatriación de capitales, que contribuyeron a la creación de la banca nacional. Se fundaron los bancos Hispano Americano y Banco Español de Crédito. Por otra parte, a partir de 1914, y debido en parte a las circunstancias de la Primera Guerra Mundial, se produjo cierta actividad económica, aunque carente de innovaciones técnicas y dependiente del exterior, tanto a nivel de inversiones, como de materias primas y equipos modernos.

El rey Alfonso XIII en París

Desde el punto de vista político, España era una monarquía constitucional aunque no exactamente democrática. El monarca compartía con las Cortes (el parlamento español) el poder legislativo y mantenía representación en el Senado, así como también la tenían la Iglesia y la nobleza. En realidad el nivel de cultura política era muy bajo. Los partidos políticos tradicionales estaban en manos de la oligarquía y la práctica del caciquismo (forma de clientelismo o patronazgo) impedía el ejercicio de la iniciativa política libre. Los dos partidos que se repartían el poder, conservador y liberal, eran el producto de la restauración borbónica de 1875. En 1885 había muerto el rey Alfonso XII. Su hijo, Alfonso XIII, menor de edad, no fue coronado hasta 1902. Para estabilizar el sistema, María Cristina, su madre, asumió la regencia. La intuición de un político hábil, Antonio Cánovas del Castillo, propició el establecimiento de un sistema que se asemejase a un sistema parlamentario democrático. El bipartidismo propuesto seguía el modelo inglés, con dos partidos, el liberal (liderado por Práxedes Mateo Sagasta y José Canalejas como sus principales representantes) y el conservador (comandado por Antonio Cánovas del Castillo, Francisco Silvela y Antonio Maura), que se turnaban en el poder y dieron cierta estabilidad al sistema político. El modelo funcionó con muchas trabas e irregularidades hasta 1923. Hay que recordar que el sufragio universal directo, secreto y exclusivo para varones no se aprobó hasta 1890. La inestabilidad política persistió al igual que en el siglo XIX, pues los grandes problemas heredados persistieron. Para hacernos una mejor idea, entre 1902, fecha de la proclamación de Alfonso XIII como rey de España, y 1923, cuando se produjo el golpe militar de Miguel Primo de Rivera que acabó con el sistema bipartidista, se contabilizaron 32 gobiernos distintos.

LA CRISIS DEL 98 Y LOS REGENERACIONISMOS

La crisis del 98 tuvo enormes repercusiones a todos los niveles. Posiblemente la más importante fue la manifestación de la enormidad de los problemas que afectaban al país y la magnitud de las soluciones que debían imponerse, tanto políticas como económicas y sociales. En eso coincidían todas las corrientes, tendencias, opiniones y partidos. "España no nos gusta como es, y por lo tanto hay que renovarla", era el común denominador. Partiendo de esta base, apareció una serie de espíritus renovadores que podemos denominar como regeneracionistas. La palabra fue usada por vez primera por Joaquín Costa, un político populista que demandaba en sus alocuciones una regeneración esencial que abarcase los sectores culturales y administrativos. En realidad, hubo tantos regeneracionismos como planes de renovación. El debate político fue tan encarnizado como la magnitud de los problemas a debate. Todas las tendencias, desde la extrema izquierda a la más recalcitrante derecha, clamaban por la regeneración. Los regeneracionismos produjeron, en la práctica, lucha de clases, guerra de religión, enfrentamientos culturales, nacionalismos e intervenciones militares.

El año 1898 dio nombre a una generación de intelectuales, agrupados bajo el magisterio de Miguel de Unamuno, muy influenciados por la filosofía krausista, y cuya preocupación común giraba en torno a problemas fundamentales de España y el ser español. Formaban este grupo, junto con Miguel de Unamuno, el poeta Antonio Machado, los novelistas José Martínez Ruiz "Azorín" y Pío Baroja, el dramaturgo Ramón del Valle-Inclán, los filósofos José Ortega y Gasset, Ángel Ganivet y Ramiro de Maeztu. Unamuno escribió algo que marcó a su generación y que de alguna forma sintetizaba el debate: había que europeizar a España o españolizar a Europa. Se partía de la noción del crónico aislamiento de España en el contexto europeo, noción que ya habían señalado algunos intelectuales españoles, pero también los franceses cuando, en sus visitas a la España dura y exótica del sur, escribieron el lapidario eslogan, "África comienza en los Pirineos". La frase fue repulsiva para la intelectualidad española, que nunca superaría la urgencia por ser reconocidos como europeos y acabar con el aura de atraso y oscurantismo que se les achacaba. La decadencia económica, el poder de las grandes instituciones de la aristocracia y la Iglesia católica habían impedido los procesos modernizadores oponiéndose a cualquier reforma. Pero ahora las cosas se presentaban más propicias. La crisis avalaba la necesidad de cambio. Había que ser europeos y no perder el tren de la modernización.

En la práctica, el impulso renovador de la generación del 98 dio pie a otra época de oro de las letras y las artes españolas a todos los niveles. La generación del 98 precedió a la muy talentosa generación del 27 compuesta por escritores de la talla de Federico García Lorca, Rafael Alberti, Miguel Hernández, Jorge Guillén, Pedro Salinas, Dámaso Alonso y Luis Cernuda, así como artistas y creadores de otras disciplinas, como el cineasta Luis Buñuel, los pintores Joan Miró, Salvador Dalí y Pablo Picasso, entre otros. Entre medias, las vanguardias abrían la puerta a movimientos culturales de gran vigencia. En realidad los primeros treinta años del siglo representaron una época de oro para las artes y las letras, aunque no se pueda decir lo mismo del país. Mientras éste se debatía contra el atraso y la inercia, la intelectualidad brillaba con luz propia con espectaculares representaciones del vanguardismo cultural y literario.

Aunque herederos de varias corrientes políticas, a Unamuno, Costa y los intelectuales del período, la disciplina partidista les repugnaba. Hicieron incursiones en el anarquismo y dispares corrientes filosóficas, pero sin identificarse de forma expresa con ninguna. La generación del 98 ha sido criticada repetidamente y acusada de pedante, según el historiador y antropólogo Julio Caro Baroja, incluso de ser una invención. Sin embargo, no se puede negar que sus integrantes buscaron por todos los medios tomar contacto con la realidad de España, despojarla de sus oropeles románticos y encauzarla por un camino de renovación. Las diferencias sobre qué camino tomar fueron muchas, pero básicamente separaban a los partidarios de la tradición de los que propiciaban la modernización. Sin coincidir en los medios, todos estaban de acuerdo en los fines: había que trabajar para encontrar salida a una España estancada y encaminarla por un sendero que la condujese a una nueva grandeza. La cuestión era cómo hacerlo, y aquí cada grupo (ejército, Iglesia, intelectuales, nacionalismos periféricos), corriente o partido, tenía su agenda. Repasemos algunas de ellas.

LOS NACIONALISMOS

Los nacionalismos periféricos aparecieron desde finales del siglo XIX, pisando con fuerza y exigiendo un lugar en el escenario político. Los nacionalismos se habían venido gestando a medida que la burguesía adquiría un mayor protagonismo y la aristocracia perdía prestigio y prerrogativas. El centralismo borbónico antidemocrático y la inoperancia de los gobiernos de la Restauración monárquica no habían conseguido aunar las fuerzas centrífugas, mientras que las burguesías de la periferia exigían mayores prerrogativas conducentes al autogobierno. En el siglo XIX, como preámbulo de los movimientos nacionalistas, se produjeron las costosas *guerras carlistas,* de las que se tratará en el Capítulo 5. Éstas anticipaban el descontento de vascos y catalanes. La crisis del 98 se presentaba propicia para expresar el desencanto con la dirección hacia la que apuntaba el país.

En 1892, las Bases de Manresa exigieron el establecimiento de unas Cortes catalanas y la declaración del catalán como lengua oficial, ideas defendidas por Prat de la Riba en su difundida obra *La nacionalitat catalana* (1906). No se abogaba por ideas independentistas, aunque éstas abarcaban un amplio abanico de tendencias. El impulso inicial fue cobrando fuerza a medida que se entraba en el nuevo siglo y se expresó en una serie de éxitos que reflejaban el sentir de las regiones. Efectivamente, en 1905 la Lliga Regionalista, fundada por Francisco Cambó, empresario catalán, ganaba las elecciones en Cataluña. Un año después se creaba Solidaritat Catalana, que agrupaba a republicanos, liberales y algunos conservadores, y había conseguido 44 escaños en las elecciones de 1907. Las renovadas aspiraciones nacionalistas impulsaron un extraordinario movimiento cultural de vastas repercusiones que se conoce con el nombre de la Renaixenca, pues efectivamente, lo que representaba este movimiento era un renacimiento de la rica y variada cultura catalana, especialmente de la lengua.

En el País Vasco, la emblemática figura de Sabino Arana (1865–1903), considerado el padre del nacionalismo vasco, fundó y proporcionó bases teóricas a Euskaldu Batzokija, núcleo del Partido Nacionalista Vasco (PNV). Aunque sus ideas rayaban en lo más rancio de un conservadurismo religioso con sugerencias fuertemente xenófobas, Sabino Arana transformó nociones imprecisas sobre las diferencias raciales y étnicas en una fuerza política con énfasis en la lengua, la religión, las costumbres y ciertas ideas inmanentes de carácter nacional. Abogó por la autonomía del estado español con el fin de crear un País Vasco (*Euskadi*) construido en torno a la pureza racial, la lengua vasca y un fuerismo radical y agrario.

La entrada en el debate regeneracionista ocupaba también a los nacionalismos, que veían con suspicacia que las reformas fuesen un proyecto repetidas veces ensayado sobre las bases del liderazgo político de Madrid. Quizás era hora de probar fórmulas regionales más acordes con sus propios intereses y características. No en vano ambas regiones, Cataluña y el País Vasco, presentaban los índices de desarrollo industrial más prósperos del país.

EL EJÉRCITO

¿Cómo participaban los militares en este debate? El ejército español había ido cobrando protagonismo a todo lo largo del siglo XIX. Si bien su prestigio había mermado como consecuencia de los continuos fracasos en las guerras de independencia en el continente americano, en la península su presencia fue constante, ya sea para imponer gobiernos por la fuerza o para derrocarlos. El siglo XIX fue marcado por una crónica inestabilidad política, en parte debida a los continuos golpes militares de corta duración, los llamados gobiernos de los espadones. El ejército había pretendido balancear las derrotas en Cuba y la pérdida de prestigio de las armas, mediante nuevas incursiones colonialistas en el continente africano. Así surgieron los enfrentamientos armados en el protectorado hispanofrancés del norte de África. Sin embargo, las intervenciones en Marruecos y la serie de fracasos obtenidos fomentaron en las Cortes y en las calles un clamor de exigencias y responsabilidades que tuvieron su colofón en 1909 en la Semana Trágica de Barcelona. El origen de este incidente hay que buscarlo en el llamamiento de reservistas realizado por el gobierno para cubrir las vacantes en la zona española del protectorado de Marruecos. La protesta no se hizo esperar entre la población de Barcelona que veía la guerra en Marruecos como una aventura militar ajena a sus intereses. Como resultado, se decretó una huelga general. La respuesta del ejército fue contundente, al declarar el estado de guerra. La tensión creció rápidamente y en poco tiempo, la Ciudad Condal (Barcelona) se convirtió en un campo de batalla. Los huelguistas asaltaron armerías para conseguir material de defensa, se levantaron barricadas en las calles y se produjeron tiroteos con un elevado número de heridos y muertos.

La cuestión militar era un problema de larga tradición que la Restauración Borbónica no había conseguido paliar, a pesar de sus esfuerzos por consagrar el poder civil. Los militares seguían siendo muy fuertes y se adjudicaban un protagonismo como defensores de los valores tradicionales. En realidad, el ejército español de las primeras décadas del siglo XX era poco funcional. Demasiados oficiales (500 generales para 100.000 soldados) mal pagados y peor equipados, que vivían de viejas glorias. El rechazo a las quintas (o servicio militar obligatorio) recaía principalmente en el pueblo que sufría más que ningún otro sector de la sociedad, incapaz de hacer los pagos que la burguesía realizaba para escapar de la obligatoriedad del reclutamiento. De esa forma, la fachada monolítica del ejército se fue resquebrajando con los fracasos en Marruecos, especialmente el Desastre de Annual (norte de África) en 1921, que supuso una tragedia en pérdida de vidas y territorio, y que se achacó a la impericia de la oficialidad.

Para complicar aún más las cosas, surgió el problema de las Juntas de Defensa de 1917. Recordemos que 1917 fue un año conflictivo por muchas razones: se vivían los efectos de la Primera Guerra Mundial y la desestabilización de la Revolución bolchevique. La sorpresa había saltado a la calle cuando se divulgó la noticia de que habían sido arrestados y conducidos al Castillo de Montjuïc los jefes y oficiales que formaban parte de la recién creada Unión y Junta de Defensa del Arma de Infantería, organización militar para la defensa de sus intereses de cuerpo. En realidad, el problema se venía gestando dentro del propio ejército, muy jerarquizado y con grandes diferencias de privilegio y salario. El favoritismo surgía desde la misma Casa Real, donde los hijos de la aristocracia habían encontrado refugio y hermandad. La situación era peculiar del arma de Infantería, a la que llegaban hijos de clases medias que no tenían acceso a las Escuelas de Artillería e Ingenieros, los llamados cuerpos facultativos o aristocráticos del ejército. Por añadidura, esos cuerpos sufrían de las llamadas escalas cerradas que obstaculizaban el ascenso por méritos. Como resultado de esta situación y para defender sus intereses, habían surgido las Juntas que, para muchos, asemejaban un tipo de sindicalismo militar. El nuevo ministro de guerra, el general Aguilera, decidió acabar con ellas, y frente a la negativa de éstas a obedecer, sus jefes fueron arrestados. La amenaza de un posible levantamiento general en otras plazas, especialmente de la Junta de Madrid, y la solidaridad de otros cuerpos incluida la Guardia Civil, anticipaban una crisis institucional de grandes dimensiones. El gobierno, carente de autoridad y de soluciones, no tuvo más remedio que claudicar y presentar su dimisión. El ejército, impulsado por los sectores más liberales, había triunfado. Sin embargo, mostraba síntomas de una división profunda cuyas consecuencias se proyectarían en el futuro inmediato.

El ejército no era ajeno a la división profunda del país. En sus filas se encontraban tanto partidarios de una renovación institucional que los aproximara a Europa como tradicionalistas que defendían el statu quo y un ejército atrapado por intereses de clase. Este sector del ejército veía con creciente preocupación la desintegración del cuerpo social, la amenaza combativa de los sectores obreros, anarquistas y socialistas, la división crónica de los partidos tradicionales y la ola de huelgas que, como una marea imparable, azotaba el país. Eran muchas y graves las causas que ensombrecían el panorama político español en el otoño de 1923. En esa tesitura se produjo el primer intento de regeneracionismo por la fuerza, la dictadura de Miguel Primo de Rivera.

LA DICTADURA DE PRIMO DE RIVERA

El 13 de septiembre de 1923, Miguel Primo de Rivera, un general andaluz, fundador en 1917 de la Academia Militar de Zaragoza, decidió poner fin al caos social interviniendo militarmente en un golpe de estado que derogó la constitución vigente de 1876, y cuyas consecuencias finales acabaron con la monarquía española. Un real decreto del 15 de septiembre de 1923 declaraba que Primo de Rivera era el presidente de un Directorio Militar encargado de la gobernabilidad del Estado. La ruptura del orden constitucional no fue en realidad más que una toma de poder desde dentro, que contó con el beneplácito del monarca y con el apoyo de un sector amplio del ejército sin clara adscripción ideológica, aunque muy influenciado por las corrientes regeneracionistas, especialmente de dos importantes políticos del período, Joaquín Costa y Antonio Maura.

La principal motivación de los sublevados era recuperar el orden perdido en una sociedad agitada por graves problemas económicos, políticos y sociales. Aunque los planes políticos y las soluciones a corto y largo plazo no estaban muy claros, se entendía muy bien lo que se rechazaba: el desorden, el separatismo y la división del país, el comunismo y la anarquía. Lo que estaba por verse es la dirección que se iba a tomar y las estrategias que se utilizarían. El modelo nacionalista paternalista y autoritario, corporativo y populista de Benito Mussolini en Italia parecía ir cobrando adeptos y ciertamente recibió la atención de Miguel Primo de Rivera. El dictador se aprestó a ensayar una versión genuina que, no sólo se adaptase al carácter español sino también a su propia personalidad.

Primo de Rivera era un aristócrata, hombre de casino, muy dogmático, que creía tener soluciones a todos los problemas y se ufanaba de resolverlos con rapidez. Educado en el espíritu militar, se manejaba bajo el impulso de profundas creencias basadas en la exaltación de la patria, las virtudes castrenses, el esfuerzo personal y un arraigado catolicismo. Había quedado viudo muy temprano y educó a sus hijos en la obediencia, la disciplina y un fuerte

El general Miguel Primo de Rivera

sentido familiar, a pesar de que las demandas militares lo tuvieron mucho tiempo apartado del hogar. Tanto para José Antonio, su hijo mayor, que lo idolatró, como para su hija Pilar y el resto de la familia, el padre "era la persona más admirada de la tierra". En África, Primo de Rivera adquirió un gran prestigio que le permitió ascender rápidamente en el escalafón castrense. Para el ejército era un modelo, y para los gobiernos de Madrid una figura prestigiosa que serviría para inyectar atractivo a la impopular guerra en África. Al terminar su etapa africana, Miguel Primo de Rivera era general de división y había conseguido la Gran Cruz del Mérito Militar, credenciales que lo avalaban.

El primer paso tras el golpe de estado consistió en derogar la constitución, disolver el Congreso y el Senado y prohibir la actividad de los partidos políticos y los sindicatos. Para sustituirlos, se creó el partido único, la Unión Patriótica, con la misión de agrupar a todas las clases sociales sobre las bases de orden, familia y municipio. Nada más tomar el poder, Primo de Rivera lanzó un manifiesto cuyo objetivo llamaba a salvar al país de los "profesionales de la política". La creencia de que los partidos dividen es de raigambre autoritaria y se asienta en el fundamento de que la patria está o debe estar por encima de los intereses individuales y de clase.

Primo de Rivera simpatizó con la corriente fascista de Mussolini, pero el suyo no fue un gobierno fascista, sino más bien autoritario. Sus ideas sobre los problemas sociales y políticos eran muy simples. Prometió, aunque no lo consiguió, acabar incluso con el poder caciquil, la mayor traba para el desarrollo económico y la justicia en las zonas rurales. La tarea no era sencilla. Para conseguir los fines que lo habían llevado al poder y pacificar el país, había que proporcionar respuestas concretas tanto a propietarios como a trabajadores, en un momento de gran agitación social. Para ello se requería carisma y un cierto populismo que Primo de Rivera intentó fomentar. Estaba convencido de que un contacto directo le permitiría atraer al pueblo llano. Al principio, el repentino retorno del orden callejero, la temporal pacificación laboral y cierta bonanza económica le valió la adhesión popular. Efectivamente, la situación mejoró como consecuencia del dinamismo económico que se produjo tras el fin de la Primera Guerra Mundial, en la que España no había participado.

Por otra parte, los años de la posguerra trajeron una serie de inventos que tuvieron un gran impacto económico y social. Hay que señalar la aparición del automóvil, el avión, el teléfono, la máquina de escribir, la radio y el cine, innovaciones fundamentales de la sociedad industrial que pronto se incorporaron a la cultura de masas. Una incipiente clase media se aprestaba a consumir y a mejorar su estándar de vida. Aumentó la producción de electricidad y de vehículos motorizados, y se mejoraron la red de ferrocarriles y los sistemas de comunicación.

La bonanza duró poco, ya que la política económica de la dictadura se centró en la participación directa del Estado mediante un plan ambicioso de obras públicas, líneas férreas, carreteras y puertos, empresas hidráulicas, y repoblación forestal. También incentivó los monopolios estatales, entre ellos la Compañía Nacional de Petróleos (CAMPSA), la Tabacalera y la gran banca (Bancos de Crédito Industrial y de Crédito Local), mientras la iniciativa privada languidecía. Nada se hizo para solucionar los problemas endémicos del campo y poco cambió en el resquebrajado sistema social. Sin duda que los aspectos sociales y la guerra de Marruecos fueron sus dos grandes retos y se llevaron parte de sus recursos.

Parte de la popularidad inicial del régimen se debió al retorno del orden y los primeros éxitos en pacificar el Rif, en el norte de Marruecos. En cooperación con Francia se produjo el famoso desembarco en Alhucemas y la derrota en 1926 del caudillo Abd el-Krim. Parecía que, de momento, el cese de levantamientos y las revueltas en el protectorado permitirían licenciar a los reclutas y centrarse en otros problemas más acuciantes, frenando así el furor popular contra la guerra. No fue así. Las protestas callejeras no se hicieron esperar, generadas por diversos sectores de la sociedad. La oposición demandó el retorno al sistema constitucional y la recuperación de las libertades. Se sucedieron huelgas estudiantiles y la consecuente represión contra la prensa y los intelectuales. La prohibición del uso del catalán había encrespado los ánimos y provocó la conspiración de Prats de Molló, en la que el coronel Maciá realizó un intento de levantar a Cataluña contra la dictadura. En Valencia, la rebelión de Sánchez Guerra justificó la disolución del cuerpo de artillería, con lo que se resquebrajaba una vez más la armonía de la familia militar.

Los estragos de la crisis mundial de 1929 se hicieron sentir durante los años finales de la dictadura, y sin duda se amontonaron para orquestar una caída vertiginosa. El dictador, cansado y enfermo, decidió que no merecía la pena continuar su frustrado intento de gobernar un país que cada vez parecía menos gobernable. Fue destituido por el rey. El 28 de enero de 1930, Primo de Rivera abandonaba el poder y se exiliaba en París, donde moriría tres meses después.

La dictadura se vino abajo sin haber solucionado ninguno de los problemas fundamentales del país y, en su caída, arrastró a la monarquía. Alfonso XIII, al que se acusó de haber dado el beneplácito al régimen de Primo de Rivera, vivió esos años en una especie de limbo, sin capacidad operativa propia, prestando tan sólo representatividad a los actos públicos. Se sentía cómodo descargando el gobierno en las espaldas del dictador. La oposición pasó la cuenta cuando la dictadura se venía abajo, y el rey observó decepcionado e incrédulo cómo los españoles votaban mayoritariamente por la república y lo enviaban al exilio. Alfonso XIII, junto con su familia, abandonó España camino de Italia el 14 de abril de 1931. Se iniciaba la andadura de la Segunda República en la historia de España. La Primera República de 1873 había durado apenas once meses.

LOS PARTIDOS

En el siglo XIX irrumpieron con una fuerza hasta entonces desconocida los partidos políticos de masas y las grandes organizaciones sindicales y obreras. La mayor complejidad de la vida económica, el creciente capitalismo, la industrialización, las migraciones a las ciudades y los centros industriales, habían transformado rápidamente la vida económica y social, y dejado obsoletos los partidos tradicionales, Liberal y Conservador, que se habían repartido el poder desde los años de la Restauración Borbónica (1873). A nuevos problemas, nuevas soluciones. Los antecedentes hay que buscarlos en las teorías socialistas de Saint-Simón y Proudhon, y los muchos seguidores que se enamoraron con fervor religioso de las teorías sociales que prometían un mayor reparto de las riquezas y la creación de sociedades igualitarias. El Manifiesto Comunista se publicó en 1848, la Primera Internacional data de 1868. En 1910 estalló la Revolución Mexicana, que representó un paradigma de revolución campesina, y en 1917 la Revolución Rusa enardecía al naciente proletariado inyectando esperanzas en las masas de obreros y trabajadores. Una nueva conciencia de clase se extendía por Europa, modificando las relaciones laborales y amenazando los privilegios de la oligarquía.

En España, Pablo Iglesias, padre de socialismo español, fue un pionero y figura legendaria. A él se debe la fundación en 1879 del PSOE (Partido Socialista Obrero Español), el partido señero en el espectro político, cuya acción se extiende hasta nuestros días. Los sindicatos se estructuraron por las mismas fechas: la UGT (Unión General de Trabajadores), de tendencia socialista, data de 1888; la CNT (Confederación Nacional de Trabajadores), sindicato revolucionario, de 1911; y la FAI (Federación Anarquista Ibérica), de tendencia anarquista, de 1927. La presencia de los partidos y sindicatos obreros modificó la vida política y presentó nuevos retos hasta entonces desconocidos. La clase obrera se presentaba sin invitación en el escenario político, anteriormente reservado a las élites, y demandaba participación activa.

El anarquismo fue una de las grandes corrientes revolucionarias del siglo XIX que arraigó con fuerza en la península. Tuvo más adeptos que el comunismo que, en fechas anteriores a la Guerra Civil de 1936–1939, era aún un partido minoritario, bien organizado pero de escasa atracción. El anarquismo, en cambio, prendió como una llama, especialmente en Andalucía, tierra de latifundios y desigualdades profundas, y Cataluña, con una naciente clase obrera industrial. Uno se pregunta por qué en estas regiones distantes se produjo una experiencia similar. Gerald Brenan ha estudiado el fenómeno indicando que el anarquismo estalló en Andalucía como un "ingenuo milenarismo" que se esperaba con devoción evangélica. Especialmente entre las clases campesinas desposeídas de tierras y de profunda religiosidad, el anarquismo se instaló como una promesa casi religiosa con el fin de alcanzar un mundo de justicia e igualdad anteriormente negado. Si el Estado, responsable del bienestar de sus súbditos, según la tradición orgánica de la monarquía cristiana, y la Iglesia, portadora del mensaje cristiano, se desligaban de sus responsabilidades, la comuna anarquista reemplazaría a la comunidad cristiana y haría posible el reino de Dios en este mundo, libre de las trabas de la propiedad privada y el poder. El anarquismo prometía unas relaciones sociales y económicas asentadas sobre las bases de la justicia, el trabajo y la cooperación. En la práctica, esta especie de apostolado anarquista buscaba una meta a todas luces utópica, pues carecía de plan. Sus actos se expresaron en esporádicas manifestaciones de violencia. Entre 1890 y 1900 se produjo el más enconado período de terrorismo con la aparición de sociedades secretas asociadas al anarquismo (la Mano Negra). Se quemaron cortijos e iglesias, se tomaron tierras por la fuerza y se amenazó a sus propietarios.

El anarquismo llegó a España de la mano del italiano Giusseppe Fanelli, quien viajó a la península en busca de adeptos. El terreno estaba abonado. Fanelli era uno de los discípulos de Bakunin, a quien el movimiento anarquista europeo debe su paternidad. España fue el único país europeo donde sus ideas fructificaron en un auténtico movimiento de masas. Bakunin, quien se había separado de la Internacional por desacuerdos con Marx, propugnaba un socialismo sin Estado ni Dios y la creación de comunas campesinas de tipo proudhoniano. Pensaba que "todo ejercicio de autoridad pervierte y toda sumisión a la autoridad humilla, pues el poder y la autoridad tienen naturaleza demoníaca".

Como era de esperar, las características del anarquismo rural que se produjo en Andalucía fue muy distinto del de Cataluña y las ciudades del norte. Allí el anarquismo fue un fenómeno de la pequeña burguesía y canalizó aspiraciones del federalismo libertario. Las ideas del teórico catalán Pi y Margall en su libro, *La reacción y la revolución,* contienen elementos de anarquismo puro. Para Cataluña, el Estado representaba el centralismo borbónico y el poder represor que emanaba de Madrid. Una bomba arrojada en el Teatro del Liceo en las Ramblas de Cataluña, en el centro de la ciudad, que produjo veinte muertos y numerosos heridos, fue el inicio de una serie de atentados que se repetirían sin cesar hasta bien entrada la Guerra Civil en 1939. Las víctimas del anarquismo fueron muchas, entre ellas algunas figuras destacadas. El rey Alfonso XIII sufrió un atentado fallido el día de su boda. En cambio, otros atentados se cobraron las vidas de los jefes de gobierno Cánovas del Castillo, en 1897; José Canalejas, en 1912; Eduardo Dato, en 1921; así como la de monseñor Soldevila, cardenal primado de Zaragoza, en la misma fecha.

EL SINDICALISMO

Más numerosos y populares que los propios partidos políticos, los sindicatos revolucionarios canalizaron el descontento de los obreros desempleados de la industria catalana y fueron la reacción lógica a las condiciones de vida intolerables de los campesinos desposeídos de la baja Andalucía y del Levante. El sindicalismo tiene su raíz en Inglaterra, aunque los antecedentes más cercanos son la Confédération Générale du Travail (CGT) francesa. Aspiraba a la unión de todos los trabajadores en una sola organización de acción, independientemente de sus opiniones políticas y religiosas. En España, la Confederación Nacional de Trabajadores (CNT), de tendencia anarcosindicalista, recogió la antorcha del sindicalismo combativo y mantuvo un predominio dentro de las organizaciones de trabajo a base de una dura disciplina de carácter apostólicamente militante. El número de miembros de los sindicatos fue muy superior al de cualquier partido político. Para hacernos una idea, en diciembre de 1919 se reunieron en el teatro de la Comedia de Madrid 450 delegados que representaban a más de 700.000 miembros de la CNT. Las personalidades dirigentes eran Salvador Seguí, conocido como el "Noi del Sucre", y Ángel Pestaña. Su principal arma de combate era la huelga general, considerada como un paso previo al derrumbe del Estado. Apoyaron huelgas generales salvajes que iban acompañadas de actos extremos de violencia, más cruentos que nunca en el quinquenio de 1918–1922. La Federación Anarquista Ibérica (FAI), creada en 1927 como una rama de la CNT, pero de carácter secreto o semisecreto, estaba compuesta exclusivamente por anarquistas. El recurso a la huelga general tuvo sus primeras expresiones en varias ciudades y pueblos hacia 1917, y dados sus resultados positivos a decir de los organizadores, se fueron extendiendo en los años siguientes a otras zonas del país.

A pesar de la represión sufrida durante los años de la dictadura (1923–1930), cuando todas las organizaciones obreras y partidos políticos fueron declarados ilegales, las brasas revolucionarias siguieron encendidas y despertaron años después, nada más que para proclamarse la Segunda República. El sindicalismo revolucionario resurgió con más fuerza que nunca, dispuesto a dar la gran batalla camino de su último objetivo, la revolución social. La UGT (Unión General de Trabajadores) fue de tendencia más moderada dentro del sindicalismo. Llegó a alcanzar 287.333 miembros activos en 1930, aunque su influencia alcanzaba el medio millón. A través del periódico *El Socialista* se difundía el ideario del sindicato vinculado al PSOE. De hecho, Julián Besteiro y Largo Caballero fueron presidentes conjuntamente de ambas organizaciones. La mayoría de sus militantes se identificaba con la República en las fechas anteriores a su advenimiento.

La proclamación de la República, que tantas esperanzas prometía, representaba la puesta en marcha de otro regeneracionismo. El de la derecha de Primo de Rivera había fracasado rotundamente, inoperante ante una sociedad que exigía presencia y participación para amplios sectores marginados de la sociedad. Le tocaba el turno a la República que se planteaba regenerar la estructura gastada del país, simbolizada en una decadente monarquía, y democratizarlo a todos los niveles. El problema fundamental se centraba en el hecho de que las fuerzas que apoyaban esta incipiente República eran muchas y de variado tono: partidos políticos, sindicatos, intelectuales, reformadores y educadores. Por ejemplo, junto a republicanos conservadores, hijos de la oligarquía andaluza, como su primer Presidente, Niceto Alcalá Zamora, marchaban, bajo la misma bandera, revolucionarios anarquistas, sindicalistas combativos, socialistas teóricos, marxistas, leninistas y trotskistas, y una larga lista de tendencias que acabarían enfrentándose en los subsiguientes seis cortos años de vida republicana. Pero no nos anticipemos y vayamos por partes.

HITOS DE INICIOS DEL SIGLO

Miguel de Unamuno

Miguel de Unamuno (1864–1936) es una de las personalidades más destacadas del primer tercio del siglo XX, y tal vez el más característico representante de la llamada generación del 98. Difícil y casi imposible tarea es agrupar a personalidades tan distintas en un grupo generacional. Podemos decir, sin embargo, que Unamuno presentó algunas de las características de un tiempo cambiable que obsesionaron a sus compañeros de generación. Fue un intelectual incansable, apasionado escritor, con una extensa obra como ensayista, novelista, poeta y dramaturgo. El poeta Antonio Machado, amigo y compañero generacional, lo definió así: "Es don Miguel de Unamuno la figura más alta de la actual política española. El ha iniciado la fecunda guerra civil de los espíritus, de la cual ha de surgir —acaso surja— una España nueva. Yo le llamaría el vitalizador, mejor diré, el humanizador de nuestra vida pública". Tanto la trayectoria intelectual como la vida pública en la que participó, nos muestran una personalidad en constante lucha con el yo y la sociedad. Un intelectual con sentido del compromiso, que sabe afirmar sus ideas —con las que batalla— y vivir el proceso con irrenunciable honestidad.

Miguel de Unamuno

Nació en Bilbao en 1864 y nunca renunció a ninguna de sus condiciones de vasco y español. Sus posiciones teóricas con respecto a la cultura y principalmente el nacionalismo vasco, le valieron muchos enemigos. Hoy Unamuno sigue siendo un traidor para los partidos *abertzales* (nacionalistas radicales). No le perdonan su posición crítica frente al nacionalismo vasco de Sabino Arana, que expresó en su tesis doctoral, titulada *Crítica del problema sobre el origen y prehistoria de la raza vasca* (1884). Tampoco le perdonan su supuesto españolismo, sus ideas regeneracionistas y el vaivén de sus posiciones políticas frente al socialismo, la República y el golpe militar de 1936.

Durante su juventud, Unamuno estuvo asociado al PSOE en el que militó entre 1894 y 1897. En algunos de sus artículos publicados en el periódico *El Socialista* se declaró abiertamente marxista. Sin embargo, una crisis personal de marcado tono espiritual lo llevó a abandonar el partido y a adoptar posturas filosóficas más personales. Unamuno nunca dejó de definirse abiertamente sobre los temas de su tiempo y lo hizo asumiendo todas las consecuencias. En 1914 fue destituido por el ministro de Instrucción Pública del cargo de rector de la Universidad de Salamanca que ostentaba desde 1901. Su imagen de mártir de la oposición liberal comenzó a tomar cuerpo, porque sus ideas eran ciertamente liberales y fluían a la par que una España cambiante en el proceso liberalizador que se vivió desde inicios del siglo XX. Durante la dictadura de Primo de Rivera fue destituido de nuevo de sus cargos universitarios y desterrado en la isla de Fuenteventura en las Canarias (febrero de 1924). Indultado unos meses después, prefirió el exilio voluntario en Francia antes que regresar a España. Permaneció en esa condición hasta la caída de la dictadura en 1930. Con la llegada de la República fue reintegrado al rectorado de la Universidad de Salamanca, y allí transcurrió la mayor parte de su vida académica. Había ganado la cátedra de griego en 1891, y ahora la República lo reivindicaba para su causa. Sin embargo, al iniciarse la Guerra Civil, expresó momentáneamente su apoyo a la causa rebelde, ante el desorden social de la trayectoria republicana.

El 12 de octubre de 1936 tuvo lugar un acto de impactante ejemplaridad en el rectorado de la vetusta universidad. Con ocasión de la inauguración del curso académico y con la asistencia de destacadas personalidades, entre ellas la esposa del general Franco, Carmen Polo de Franco, se produjo el famoso enfrentamiento entre Unamuno y uno de los generales nacionalistas, Millán Astray. Frente a los gritos finales del militar: "¡Viva la muerte!", "¡Mueran los intelectuales!", "¡Muera la inteligencia!", Unamuno respondió: "En este sacrosanto templo del saber no pueden proferirse tales palabras", y le quitó la palabra. La escena se ha narrado de generación en generación, posiblemente deformada, pero genuinamente unamunesca.

La sensación de derrota por los inesperados acontecimientos de la Guerra Civil fue aplastante, y Unamuno, que había perdido a su esposa recientemente, se encerró en su domicilio, de donde no volvería a salir hasta su muerte, ocurrida en el mismo año. El filósofo José Ortega y Gasset, otra de las figuras intelectuales de su tiempo, al conocer de su muerte estando en Buenos Aires, escribió: "Ignoro todavía cuáles sean los datos médicos de su acabamiento; pero sean los que fueren, estoy seguro de que ha muerto de 'mal de España'. Ha inscrito su muerte individual en la muerte innumerable que es hoy la vida española. Ha hecho bien. Su trayectoria estaba cumplida. Han muerto en estos meses tantos compatriotas que los supervivientes sentimos como una extraña vergüenza de no habernos muerto también".

Gran parte de su obra fue una reflexión sobre la muerte, no como un acto estoico y de resignación, sino como un existencialismo. En sus propias palabras: "La vida, desde un principio hasta su término, es una lucha contra la fatalidad de vivir, lucha a muerte, agonía. Las virtudes humanas son tanto más altas cuanto más hondamente arrancan de esta suprema desesperación de la conciencia trágica y agónica del hombre". Trágicos fueron los años que le tocaron vivir, convulsionados por un constante movimiento de avance y retroceso. En su conciencia surge la agonía expresada en luchas y dudas del ser humano moderno que se enfrenta solo a su devenir. El individualismo de la sociedad burguesa hace acto de presencia, pues lo que le importa es el hombre individual, concreto, no la naturaleza humana. En ese sentido se da en Unamuno lo más puro del existencialismo. Entre su extensa obra se destacan: *En torno al casticismo* (1895); *Amor y pedagogía* (1902); *Vida de Don Quijote y Sancho* (1905); *Del sentimiento trágico de la vida* (1913); *Niebla* (1914); *La agonía del cristianismo* (1924) y *San Manuel Bueno, mártir* (1933).

José Ortega y Gasset

José Ortega y Gasset (1883–1955) fue uno de los más influyentes filósofos españoles del siglo XX. Participó activamente en la vida política y la cultura de su tiempo, y dejó una huella indeleble. El debate sobre España y las corrientes de pensamiento de la época pasan sin duda a través de su obra.

Nacido en Madrid, se educó en la Universidad de Deusto, en Bilbao, y en Madrid, donde se doctoró en Filosofía, así como en las universidades alemanas de Berlín, Leipzig y Marburgo, donde se impregnó de las tendencias neokantianas. Para 1910 era profesor de metafísica de la universidad Complutense de Madrid, labor que ejerció hasta iniciada la Guerra Civil, cuando eligió voluntariamente el exilio. Con anterioridad, había realizado incursiones en la vida política, con discursos, colaboraciones periodísticas y, más concretamente, mediante su actuación como diputado de las Cortes Constituyentes de la Segunda República. Nunca se sintió cómodo en este cargo y prefirió intervenir en el debate político a través de sus escritos. En ese sentido, fue un auténtico actor que marcó la agitada vida política en el período que se extiende desde llegada de Primo de Rivera al poder, en 1923, hasta 1936, fecha de declaración de la Segunda República.

Expresó en varias de sus obras la amenaza de una cultura mediocre y degradada, resultado de una masificación sin criba, particularmente en *La*

José Ortega y Gasse

deshumanización del arte (1925) y *La rebelión de las masas* (1930). En ese sentido, su postura fue elitista, aunque anticipó el surgimiento del fascismo y del realismo social comunista. Cuando escritores de su generación hacían uso de conceptos imprecisos como espíritu nacional, Ortega y Gasset enfatizó la sociología basada en la ciencia y en la ética racional.

Su posición liberal marcó serios antagonismos con la monarquía, a la que consideraba incapaz de aglutinar a todos los españoles, especialmente en los tumultuosos años en que estuvo sometida por la dictadura. Para enfatizar sus desacuerdos, Ortega dimitió de su cargo de profesor en la Universidad Complutense. Sin embargo, al estallar la Guerra Civil, decidió dejar el país, incapaz de tomar posición en un conflicto a todas luces maniqueo. Regresó a España en 1941, cuando las cenizas de la contienda estaban aún calientes.

Su extensa obra literaria y filosófica es de una extraordinaria lucidez, expresada en un estilo literario elegante y brillante, que facilita su lectura. Sus principales conceptos filosóficos giran en torno a la oposición entre el realismo y el idealismo en sus diferentes variantes, en un esfuerzo por superar el insalvable antagonismo, a través de un proceso de yuxtaposición o fusión. La vida era para Ortega y Gasset un intenso diálogo, que reflejó en la frase "Yo soy yo y mis circunstancias".

Entre sus fecundas obras hay que destacar: *Meditaciones del Quijote* (1914), *El tema de nuestro tiempo* (1923), *En torno a Galileo* (1933), *Historia como sistema* (1941), *Estudios sobre el amor* (1941).

Bibliografía

Brenan, Gerald. *El laberinto español. Antecedentes sociales y políticos de la guerra civil.* París: Ruedo Ibérico, 1962.

Carr, Raymond. *España 1808–1939.* Barcelona: Ariel, 1970.

Domínguez Ortiz, Antonio. *España, tres milenios de historia.* Madrid: Marcial Pons, 2003.

Pérez Picazo, María Teresa. *Historia de España del siglo XX.* Barcelona: Crítica, 1996.

Tuñón de Lara, Manuel. *La España del siglo XX. La quiebra de una forma de Estado (1898–1931).* Madrid: Editorial Laia, 1973.

La República y la Guerra Civil

TEMAS

- La España republicana

- Cómo modernizar el país

- El tema de las dos Españas

- Los nuevos partidos

- El fascismo español

- La violencia asoma a la vida pública

- El golpe militar y sus resistencias

- La Guerra Civil y sus consecuencias

- Un país dividido

CRONOLOGÍA

■ 1931

14 de abril *Se proclama la Segunda República con un gobierno presidido por Niceto Alcalá Zamora.*
En Barcelona, Francesc Maciá proclama la Generalitat Catalana.
11 de mayo *Primeros atentados contra los conventos. Reacción de los católicos.*
14 de junio *Se aprueba un anteproyecto para la autonomía del País Vasco y Navarra.*
16 de junio *Congreso de la CNT (Confederación General de Trabajadores) con triunfo de la línea dura de Buenaventura Durruti.*
19 de noviembre *El rey Alfonso XIII es juzgado y condenado por las Cortes.*
9 de diciembre *Se aprueba la Constitución. Se reconoce el sufragio femenino y se decreta el bilingüismo.*
12 de diciembre *Alcalá Zamora es nombrado presidente de la Segunda República y Azaña jefe del Gobierno.*

■ 1932

Las Cortes aprueban leyes reformistas: matrimonio civil, divorcio, reforma agraria y del ejército.
El Partido Socialista Obrero Español (PSOE) elige a Largo Caballero como secretario.
24 de enero *Disuelven la Compañía de Jesús y confiscan sus propiedades.*
Alzamientos y huelgas promovidas por la CNT en Cataluña y en Andalucía.
10 de agosto *Intento de sublevación militar del general Sanjurjo en Sevilla. Es detenido y desterrado.*
9 de septiembre *Aprobación del Estatuto de Cataluña.*
20 de noviembre *En Cataluña, en las elecciones a cortes catalanas, triunfa Ezquerra Republicana, partido que busca mayor autonomía.*

■ 1933

12 de enero *Un levantamiento campesino en el pueblo de Casas Viejas, en demanda del reparto de tierras, concluye en una matanza.*
15 de marzo *Gil Robles funda la Confederación Española de Derechas Autónomas (CEDA).*
29 de octubre *José Antonio Primo de Rivera funda en Madrid la Falange Española.*

(Continúa)

19 de noviembre *Elecciones generales en las que triunfan los partidos de derechas: Partido Radical, de Alejandro Lerroux, y la CEDA, de José María Gil Robles.*
12 de diciembre *Lerroux forma gobierno.*
13 de diciembre *Eligen a Lluís Companys como presidente de la Generalitat.*

■ 1934

13 de febrero *La Falange, de José Antonio Primo de Rivera, y las Juntas Ofensivas Nacional Sindicalistas (JONS), de Onésimo Redondo y Ramiro Ledesma, se fusionan en un solo partido: Falange Española Tradicionalista y de las JONS.*
2 de abril *Se crea la Izquierda Republicana, que preside Manuel Azaña.*
5 de octubre *Huelgas en las minas de Asturias, que concluyen con la intervención represiva del ejército. El saldo es de cientos de muertos y miles de detenidos.*
Son ejecutados algunos dirigentes.
6 de octubre *En Cataluña declaran el Estat Catalá, que es rápidamente anulado por el gobierno central y sus líderes, encarcelados.*

■ 1935

2 de enero *Suspensión definitiva del Estatuto de Cataluña.*
20 de septiembre *Diversos escándalos económicos obligan a dimitir al jefe de Gobierno, Alejandro Lerroux.*
14 de diciembre *Nombramiento de Manuel Portela Valladares como presidente del Gobierno.*

■ 1936

El presidente de la República, Alcalá Zamora, disuelve las Cortes y convoca nuevas elecciones.
Para presentarse a las elecciones se forma una coalición de partidos de izquierda, el Frente Popular, que obtiene una victoria en las elecciones de febrero.
Se reestablece la Generalitat con Lluís Companys como presidente.
15 de marzo *Detienen a Primo de Rivera y la Falange es declarada ilegal.*
10 de mayo *Manuel Azaña, nombrado segundo Presidente de la República, encarga a Santiago Casares Quiroga formar gobierno.*
Aumenta la violencia en las calles, con enfrentamientos entre grupos de derecha e izquierda (falangistas y socialistas).
12 de julio *Asesinato del teniente de la guardia de asalto José Castillo, al que se responde con el del diputado de las Cortes José Calvo Sotelo. La violencia entra en una espiral imparable.*
17 de julio *Inicio del golpe militar con el alzamiento de la guarnición de Melilla, en el norte de África.*

(Continúa)

18 de julio *Francisco Franco vuela a Tetuán para hacerse cargo de la sublevación. La rebelión militar se extiende por toda España.*
El jefe de Gobierno, Casares Quiroga, dimite ante la incapacidad del gobierno de negociar con los sublevados.
20 de julio *El general golpista José Sanjurjo muere en accidente de avión.*
26 de julio *La Unión Soviética acuerda ayudar a la República. Hitler concede auxilio militar a Franco.*
agosto *Avance del ejército nacionalista sobre Madrid.*
12 de agosto *Llegan las primeras Brigadas Internacionales.*
19 de agosto *Asesinato de Federico García Lorca en Granada.*
22 de agosto *Asalto a la Cárcel Modelo de Madrid, donde asesinan a prisioneros políticos.*
23 de agosto *En Madrid se forman comités de defensa y ejércitos paralelos de milicianos.*
28 de agosto *Continúan las represiones y la quema de iglesias y conventos. Enfrentamientos entre grupos sindicales y partidos dentro de la zona republicana.*
Se inician los bombardeos a la ciudad de Madrid.
4 de septiembre *Se forma un gobierno con el socialista Largo Caballero al frente y la participación de miembros de la sindical CNT.*
29 de septiembre *Franco es nombrado jefe del Estado y Generalísimo de los ejércitos sublevados.*
7 de octubre *Decreto republicano para confiscar las tierras de los rebeldes y sus colaboradores.*
6 de noviembre *El gobierno republicano se traslada a Valencia.*
7–23 de noviembre *Fracasa el asalto nacionalista a Madrid.*
20 de noviembre *Juzgan y ejecutan en la cárcel de Alicante a José Antonio Primo de Rivera.*
22–23 de noviembre *Llegan a España las tropas italianas, llamadas "camisas negras".*
6 de diciembre *Ataques aéreos al puerto de Barcelona.*

■ 1937

Se inicia la participación italiana y alemana en la guerra.
6 de enero *El gobierno norteamericano prohíbe la venta de armas a la República.*
30 de marzo *La legión Cóndor alemana bombardea Durango.*
26 de abril *Bombardeo de Guernica, en el País Vasco.*
mayo *Duros enfrentamientos en Bilbao y bombardeos continuados de Madrid. Los republicanos recuperan Teruel.*
17 de mayo *Dimite Largo Caballero y nombran a Negrín primer ministro.*

(Continúa)

19 de junio   *Bilbao cae en manos nacionalistas.*
28 de agosto   *El Vaticano reconoce al gobierno de Franco.*
29 de octubre   *El gobierno republicano se traslada a Barcelona.*
8 de diciembre   *Barcelona es bombardeada.*
15 de diciembre   *Ofensiva republicana contra Teruel.*

■ 1938

7 de enero   *Los republicanos recuperan Teruel tras una larga ofensiva.*
16–18 de marzo   *Intensos bombardeos sobre Barcelona.*
21 de abril   *Comienza la ofensiva nacionalista contra Valencia.*
1 de mayo   *El jefe del Gobierno, Negrín, ofrece un acuerdo de paz que es rechazado por Franco.*
24 de julio   *Ofensiva republicana en el frente del Ebro.*
29 de septiembre   *Se llega a un acuerdo entre Mussolini, Hitler, Chamberlain y Daladier, que termina con las esperanzas republicanas de conseguir ayuda del exterior.*
4 de octubre   *Las Brigadas Internacionales abandonan España.*
19 de noviembre   *Franco concede a Alemania el monopolio y la explotación de minas.*
23 de diciembre   *Se inicia el ataque a Cataluña.*

■ 1939

26 de enero   *El ejército nacional toma Cataluña.*
1° de febrero   *Última reunión de las Cortes españolas en Figueras, cerca de la frontera con Francia.*
5 de febrero   *El gobierno republicano cruza la frontera.*
27 de febrero   *Manuel Azaña dimite como presidente de la República. Negrín continúa la resistencia y nombra ministros comunistas. Francia e Inglaterra reconocen al gobierno de Franco.*
5 de marzo   *Golpe de estado del coronel Casado.*
27 de marzo   *Cae Madrid. El gobierno republicano presidido por Negrín parte para Valencia. Comienza el gran exilio hacia la frontera de Francia.*
29–31 de marzo   *Caen los últimos reductos republicanos.*
1° de abril   *Francisco Franco Bahamonde anuncia el fin de la guerra. Estados Unidos reconoce a Franco.*

EL ADVENIMIENTO DE LA REPÚBLICA

A Miguel Primo de Rivera, cansado y abandonado por todos, lo sucedió provisionalmente otro militar, el general Dámaso Berenguer, quien intentó mantener una imposible estabilidad y revalidar la constitución de 1876 como si la dictadura hubiera sido un paréntesis intrascendente. Mientras, las fuerzas de la oposición y los futuros líderes se reunían para limar sus diferencias y firmaban acuerdos. Tanto nacionalistas catalanes como radicales, federalistas y partidos antimonárquicos (republicanos y socialistas) se aprestaron a dar la bienvenida a la República. Movidos por el fervor republicano, jóvenes miembros del ejército se alzaron insurrectos en el acuartelamiento de Jaca, cerca de los Pirineos, y en el cuartel de Cuatrovientos en Madrid. Demandaban una rápida instauración de la República. Estaban animados por un comité militar en el que figuraban el general Queipo de Llano y el comandante Ramón Franco. El 12 de diciembre de 1930, anticipándose al desarrollo de la actividad política, proclamaron la instauración de una república por la vía rápida. Los líderes de la insurrección, los capitanes Fermín Galán y Ángel García Hernández, fueron detenidos, acusados de sedición y juzgados por un consejo de guerra sumarísimo. Hallados culpables, fueron fusilados esa misma tarde. De esa forma trágica se convirtieron en los primeros héroes de una deseada República.

La monarquía estaba herida de muerte e incluso antiguos monárquicos no parecían dispuestos a arriesgar su prestigio por defenderla. La República se presentaba como una opción lógica, mientras que la sociedad española se consideraba con derecho a ensayar, por segunda vez, un sistema republicano. El gobierno provisional no tenía otra opción que convocar elecciones, tanto para la formación de un nuevo parlamento como para constituir los ayuntamientos y las diputaciones. Las elecciones se celebraron el 12 de abril de 1931 y resultaron en una victoria de los partidos socialista y republicano, especialmente en las ciudades. En los pueblos, el caciquismo crónico consiguió que la balanza se inclinase del lado monárquico. Sin embargo, en el cómputo general era obvio que el país se inclinaba por la República y pasaba cuenta a la monarquía por haber apoyado la dictadura, la supresión de las libertades y los principios constitucionales. Alfonso XIII tuvo que aceptar los hechos consumados. Las negociaciones entre el representante de la monarquía, el conde de Romanones, y los representantes republicanos condujeron a la proclamación de la Segunda República y a la abdicación de Alfonso XIII, el 14 de abril de 1931.

La República llegaba alimentando muchas esperanzas. Podría decirse que era el turno de las izquierdas para ensayar un regeneracionismo progresista. La enormidad de fuerzas dispares que se alinearon a su lado en esos primeros tiempos expresaba el deseo del país de domesticar la violencia y encarrilar la economía hacia una línea de progreso. La República se presentaba a los ojos de los españoles como la gran esperanza de transformar un país anclado en estructuras tradicionales, todavía dominado por la oligarquía agraria que se resistía a cualquier cambio y por otros sectores del antiguo régimen. Ciertamente, la hegemonía de la oligarquía, la aristocracia y el alto clero llevaba tiempo resquebrajándose.

En el ínterin, habían aparecido nuevos invitados que se aprestaron a competir por el protagonismo en el escenario patrio. Eran éstos nuevas clases sociales y sus organizaciones políticas y sindicales, que fueron poco a poco arrancando prerrogativas a base de enfrentamientos y conflictos. Nada se les otorgaría gratuitamente. Lucha de clases, huelgas obreras, enfrentamientos religiosos, nacionalismos e intervencionismo militar eran ciertamente las secuelas de una revolución cultural de enormes magnitudes que se venía gestando desde

Movimiento popular en las calles de Barcelona

hacía tiempo. Las clases dominantes, reacias a cualquier cambio, vieron como se aproximaba la tormenta, aunque parecían incapaces de reaccionar, y cuando lo hicieron, fue mediante el aparato represivo.

La cuestión era probar si la República era capaz de dar soluciones a tan profundos problemas y transformar la faz del Estado. Ya no era una cuestión de entusiasmo o fervor. Ahora lo que se necesitaba, una vez superados los primeros momentos de exaltación, era una gran dosis de pragmatismo. ¿Estaba el país lo suficientemente maduro para llevar a cabo este cambio?

España en 1931

Para entender mejor la labor de la República y las tareas que se asumieron, hagamos un repaso de la situación del país en 1931. El censo de 1930 contabilizaba la población española en 23.677.090 de habitantes. Más de la mitad vivía en áreas rurales, aunque desde el último censo de 1900 las migraciones internas habían modificado el reparto poblacional. La sangría que durante siglos había supuesto la emigración a las colonias americanas se frenó en parte, especialmente tras la crisis de 1929. América había representado para la sociedad española la tierra de promisión, el lugar donde ciertos mitos conservados desde los años del descubrimiento serían realizables. Oleadas de emigrantes habían viajado a los territorios españoles del continente americano en busca de oportunidades para mejorar sus vidas. Muchos regresaron. Eran los indianos que, con tanta frecuencia, asoman a las páginas de la literatura peninsular. Todavía en las primeras tres décadas del siglo XX, cerca de un millón de españoles atravesó el océano Atlántico en busca de trabajo, especialmente procedentes de las áreas rurales.

Con una economía marginada y con escasa interacción con las naciones más industrializadas, los cambios económicos de principios de siglo afectaron la composición de la clase trabajadora. El sector obrero (minas, construcción y textil) había evolucionado sensiblemente y superado en número al sector agrario (que representaba el 45 por ciento de la fuerza laboral), aunque se hallaba concentrado fundamentalmente alrededor de Barcelona, Bilbao, Asturias, Madrid y Valencia. El sector de servicios también creció notablemente, y para 1920 representaba el 28 por ciento de la población activa.

Junto al crecimiento de los sectores obreros urbanos y la crónica marginalización de los rurales, los años treinta se caracterizaron por una gran conflictividad laboral. Las reivindicaciones para la obtención de mejoras laborales y salariales, la disminución de las jornadas de trabajo, las garantías laborales y otros beneficios produjeron continuos enfrentamientos con la patronal. Las huelgas y los conflictos fueron continuos y en muchos casos superaron los márgenes de lo puramente laboral para adquirir tonos políticos. Las reformas que la República, con gran esfuerzo, quiso llevar a cabo se vieron emborronadas en muchas instancias por la constante conflictividad laboral. De alguna forma representaban un sueño casi utópico. Se quiso, en muy poco tiempo, reformar la estructura del campo, renovar el ejército, universalizar y secularizar la enseñanza, difundir la cultura y extender la investigación, realizar una reforma fiscal pendiente, modernizar la justicia mediante nuevas leyes civiles, legalizar el divorcio, liberalizar la prensa, suprimir la censura, extender el sufragio universal a las mujeres y responder a las presiones nacionalistas con una ley de autonomías. La República llegaba con un infinito afán reformador. Si de algo pecó fue de querer llevar a cabo un plan demasiado ambicioso cuando el país no estaba aún preparado para ello.

Las transformaciones eran, sin duda, necesarias, si se considera que España, la que fuera conquistadora y emprendedora, se había quedado anclada en las glorias difusas del Imperio. Lo que la República se proponía era acortar el terreno perdido en el menor tiempo posible. Ésta era una labor casi imposible que requería no sólo medios sino tiempo. Había que empezar por educar y alfabetizar a una población que en 1931 contaba con un 32,4 por ciento de analfabetos. No se trataba de mejorar el nivel técnico de los trabajadores, sino simplemente de alfabetizar. Se estimaba que sería necesario construir 27.150 nuevas escuelas para acabar con este déficit. Otras urgencias requerían medios drásticos. Era imprescindible una reforma agraria que convirtiese en productivas grandes extensiones de terrenos baldíos. Había que reformar la propiedad de la tierra dividida entre latifundios improductivos en el sur y minifundios, tan improductivos como los primeros, en el norte. Los campesinos empobrecidos y marginados de la baja Andalucía, de Extremadura y de la Mancha exigían tierras donde laborar, y su paciencia parecía tocar fondo. La reforma fiscal también era urgente, así como la modernización de la Justicia, especialmente las leyes civiles y electorales.

Las regiones exigían un nuevo estatus con que gestionar sus relaciones con el poder central. Los movimientos nacionalistas no habían sido simplemente música de fondo en el contexto nacional. Desde que hicieron su aparición a finales del siglo anterior, habían movilizado a los ciudadanos y reivindicaban el reconocimiento de sus peculiaridades y un nivel de gestión autonómico. Estos y otros muchos problemas los asumieron los gobiernos de la República desde el primer día en el poder. Veamos qué suerte corrieron.

LOS NUEVOS PARTIDOS

Tras las elecciones de abril de 1931, se nombró un gobierno provisional presidido por un político moderado, Niceto Alcalá Zamora. Era un representante del caciquismo andaluz culto, propietario de tierras en el sur, con formación jurídica y gran orador. El pueblo salió a las calles de las ciudades a expresar su júbilo por el advenimiento de la nueva era, mientras que en los mástiles se alzaba una bandera que, a los tradicionales rojo y amarillo, añadía una línea morada. Era la bandera de la República que llegaba al poder por medios democráticos y legales. Lo abandonaría seis años después, por la fuerza de las armas.

Los resultados de las elecciones del 28 de junio, con una participación récord del 70 por ciento de los varones, dieron una mayoría al Partido Socialista, que obtuvo 116 escaños en el Parlamento. No estaban aún definidas las dos corrientes del socialismo representadas por la línea moderada de Indalecio Prieto y la radical de Largo Caballero. Lo seguía en votos el Partido Radical, de Alejandro Lerroux (56 escaños), un político populista catalán opuesto al nacionalismo, sobre el que pesaban sospechas de corrupción. En sus años jóvenes había sido un radical vociferante y belicoso, pero con los años había ido moderando sus posiciones políticas y abogaba por una República burguesa.

Dentro del republicanismo se perfilaban varias corrientes: Acción Republicana, que obtuvo 26 escaños, dominada por la figura de Manuel Azaña, y Ezquerra Republicana de Cataluña, con 36 escaños, fundada por Lluís Companys. La derecha republicana estaba formada por monárquicos desengañados, como Miguel Maura, y republicanos conservadores de la derecha agraria y católica, como Alcalá Zamora. Obtuvieron 26 escaños.

Era un abanico de corrientes e ideologías que buscaba, como todas las ideologías, una utopía. ¿Qué función realizan las ideologías sino crear la ilusión de mundos utópicos? Los marxismos y los anarquismos fueron versiones utópicas de un mundo feliz más o menos alcanzable. Lo fue también el fascismo, que pronto haría su aparición en el escenario político. Socialistas y comunistas soñaban y luchaban por sus utopías, así como las corrientes nacionalistas, bregando por sus patrias chicas. Los republicanos veían en el republicanismo una forma más perfecta y justa de sociabilidad sin la rémora de los privilegios y jerarquías de sangre propios de las monarquías.

El trabajo de las primeras Cortes constituyentes consistió en la redacción de una nueva constitución (1931) cuyo contenido incorporó una gran dosis de idealismo. Establecía un Parlamento con una sola Cámara (el Congreso de Diputados) y definía España como "una República democrática de trabajadores de toda clase, que se organiza en régimen de Libertad y Justicia". Decretaba la separación de la Iglesia y el Estado, contemplaba la creación de autonomías regionales, renunciaba a la guerra como instrumento de política internacional, e instituía el sufragio universal extensible a las mujeres. Era una constitución muy avanzada para su tiempo, ciertamente para un país como la España de 1931, con una minoritaria clase media, un nivel educativo precario y unas estructuras económicas en donde el mercantilismo protector convivía con un incipiente capitalismo.

Un mes después de proclamarse la República, en mayo de 1931, se produjeron los primeros acontecimientos violentos que auguraban una soterrada crispación social que, muy pronto, demoraría e impediría el ejercicio normal de la democracia. En Madrid, grupos radicales incendiaron varios conventos y atacaron el edificio del periódico monárquico, *ABC*. Más graves, si cabe, desde el punto de vista político, fueron los acontecimientos en Barcelona, donde apenas conocidos los resultados de las elecciones, Francesc Macià proclamó la República catalana. Fue necesaria una acción contundente del gobierno central para que se agregara a la declaración catalana la coletilla, "dentro de la República Española".

Las elecciones habían refrendado el deseo político de establecer una república de todas las clases sociales, pero el pluripartidismo intransigente se convirtió en una epidemia y un difícil escollo a la hora de hallar consenso e implementar las leyes. El idealismo utópico y el mesianismo de las muchas corrientes en el panorama político pasaba ahora la cuenta y exigía una parte en el reparto. No sólo lo hacían los grupos que habían cooperado en la llegada de la República, sino aquellos que se fueron formando en los años siguientes y que representaban a los grupos opositores.

La derecha, al sentirse amenazada, no sólo por la pérdida del monopolio político sino por los frecuentes ataques radicales contra la Iglesia y la unidad de España, no tardó en reaccionar a través de la creación de organizaciones y partidos que la representasen. La caída de la monarquía había desprestigiado a la institución y a los partidos monárquicos. Nada quedaba del viejo Partido Conservador de Cánovas del Castillo. Al rescate de la derecha, que parecía perder terreno, llegaron la Confederación de Derechas Autónomas (CEDA), las Juntas Ofensivas Nacional Sindicalistas (JONS) y la Falange Española, todos ellos partidos de reciente creación. José María Gil Robles, uno de los nuevos líderes de la derecha, surgió en la arena pública con incendiarios artículos publicados en el periódico *El Debate* con el pseudónimo de Ángel Herrera. Defendía la noción de que nada ni nadie está por encima de los intereses de la patria y la religión. Se declaraba republicano, pero nada garantizaba que no abandonase a la República como había abandonado a la monarquía. Más preocupante que sus ideas eran sus actitudes. Gustaba de la retórica exaltada y la estética florida del fascismo italiano. A imitación de los seguidores de Benito Mussolini, que vitoreaban a su líder, "Duce, Duce" en las manifestaciones públicas, él se hacía llamar "Jefe, Jefe". Su mayor éxito lo obtuvo en las elecciones generales de 1933, en las que consiguió más votos que ningún otro partido. Sin embargo, sus tendencias dictatoriales y su talante agresivo disminuían las posibilidades de acceso a la jefatura del gobierno. Alejandro Lerroux, viejo político radical, que con el tiempo había ido moderando sus actitudes políticas, fue elegido jefe del gobierno de la coalición de derechas. En la práctica, Gil Robles llevó la responsabilidad del poder durante el período conocido como el bienio negro (1934–1936), en que se dio marcha atrás a prácticamente todas las reformas que la República había iniciado en la fase anterior.

Entre los nuevos partidos que hicieron su aparición en esos años conflictivos, se destacan dos: las JONS y la Falange Española. Las JONS surgieron en 1931 como un partido dispuesto a dar la batalla por la unidad de España frente a lo que sus partidarios consideraban amenazas de comunistas, anarcosindicalistas y nacionalistas catalanes y vascos. Abogaba por un partido de jóvenes imbuidos en la tradición religiosa, dispuestos a luchar por una revolución social y económica en base a la sindicación obligatoria, la intervención nacional en la riqueza y la dignificación de los trabajadores. Ramiro Ledesma, fundador de las JONS junto con Onésimo Redondo, fue uno de los teóricos más interesantes de la época, discípulo del filósofo Ortega y Gasset y colaborador desde muy joven en las prestigiosas *Revista de Occidente* y *La Gazeta Literaria*. Tenía veinticinco años cuando ocupó la dirección de la revista *La Conquista del Estado*. En el primer número se incluía un texto-proclamación de diecisiete puntos que sentaba las bases de los principios doctrinales del fascismo español. Ledesma ejerció una gran influencia sobre José Antonio Primo de Rivera, fundador a su vez de la Falange Española, partido con el que se fusionaría.

Fue 1933 el año del fascismo. Adolfo Hitler ocupó la cancillería del Reich y creó el nacionalsocialismo alemán. No fue un fenómeno aislado, ya que se produjo conjuntamente en varios países europeos. Según el historiador Javier Tusell, estos movimientos de derecha representaron básicamente acciones de resistencia cuyo propósito era filtrar las innovaciones de la izquierda. El nuevo terrorismo y la conflictividad masiva del proletariado los hizo replantearse temas básicos como las libertades constitucionales. En Europa, los gobiernos autoritarios surgieron con la rapidez de una epidemia en Italia, Hungría, España, Alemania y Portugal. Otra versión es que estos regímenes autoritarios no fueron sino una expresión del difícil proceso de adaptación de sociedades poco evolucionadas a sistemas democráticos. Si el gobierno de Primo de Rivera fue un proyecto autoritario y no había funcionado, el fascismo se inauguraba con opciones más radicales y expeditivas. Empezó a darse a conocer en los años 30 a través de varias revistas literarias en las que colaboraban figuras destacadas como Rafael Sánchez Mazas, Ernesto Giménez Caballero y Onésimo Redondo, entre otros. Sin embargo, la gran personalidad del fascismo español fue José Antonio Primo de Rivera.

José Antonio Primo de Rivera, fundador de la Falange

José Antonio era el hijo mayor del general Miguel Primo de Rivera. Como tal, descendía de familia noble. Su padre había heredado de su tío Fernando el título de marqués de Estella. El exilio del padre y su repentina muerte en París lo afectaron sobremanera. Según uno de sus biógrafos, Julio Gil Pecharromán, "en la prehistoria falangista de José Antonio no hay más que dos ingredientes claros, su monarquismo y su fidelidad por defender la memoria de su padre". Esta devoción lo llevó a cometer actos irracionales como retar en duelo a críticos del padre. José Antonio había nacido en un ambiente familiar que rendía culto al honor y la disciplina. De personalidad apacible y trato correcto, podía pasar fácilmente a "arrebatos de cólera bíblica". Precisamente por ello adquirió la fama de chulo y provocador que lo acompañó hasta su muerte.

La Falange Española ocupa un lugar predominante en la historia del período y durante el franquismo, más por lo que no hizo que por lo que fue. Durante los años de la República y la Guerra Civil, no pasó de ser un partido minoritario compuesto por jóvenes universitarios y de clase media, aun a pesar de los muchos intentos de José Antonio por atraer al campesinado. Según el historiador norteamericano Stanley Payne, la primera línea, los auténticos militantes, no pasaron de cinco mil. Se los conoció como "camisas viejas". Sus principios coinciden con los del nacionalsocialismo y fueron expresados por José Antonio en el acto fundacional celebrado en el teatro de la Comedia de Madrid el 29 de octubre de 1933, y a través de los numerosos artículos periodísticos que redactó en su corta vida. En las bases del acuerdo de unión entre las JONS y la Falange Española, el artículo 7 expresa: "Elaboración de un programa concreto nacional sindicalista, donde aparezcan defendidas y justificadas las bases fundamentales del nuevo movimiento: unidad directa, antimarxismo y una línea económica revolucionaria que asegure la redención de la población obrera, campesina y de pequeños industriales".

Con una desconfianza total hacia el ejercicio de la democracia y el parlamentarismo, la Falange recurrió a una estrategia que en teoría parecería contradictoria: retórica poética y uso de la violencia. En muchos de sus escritos, José Antonio había dejado claro la necesidad de defender a la patria con los puños. "Porque ¿quién ha dicho al hablar de todo menos de violencia, que la suprema jerarquía de los valores morales reside en la amabilidad?... Bien está, sí, la dialéctica como primer elemento de comunicación, pero no hay dialéctica más admisible que la dialéctica de los puños y de las pistolas cuando se ofende a la justicia o a la patria". En el discurso inaugural pronunciado en el teatro de la Comedia, había declarado que el destino más noble de todas las urnas es el ser rotas, para mantener la supremacía de la jefatura ejercida a partir del liderazgo absoluto. En cuanto a la poesía, el periódico *El Sol*, al hacerse eco del acto fundacional de la Falange, lo describía como una epidemia que afecta a la juventud y como "un movimiento poético más". Uno de sus teóricos, Giménez Caballero, definió el papel de la poesía en los orígenes del fascismo en estos términos: "Nosotros —los poetas, los escritores— hemos creado en gran parte la atmósfera densa y apta que el fascismo encuentra en nuestra nación. Ha sido nuestro lirismo, nuestra propaganda, el gran fermento de creación fascista española". Uno se pregunta, ¿cómo es posible que un movimiento que exaltó la retórica de las armas y cuyos actos de violencia salpicaron las calles de las ciudades españolas (principalmente Madrid) con sangre de obreros y sindicalistas, se proclamase a sí mismo como un movimiento poético? El fascismo español, que buscó sus raíces en las pasadas glorias del Imperio, compensó su deficiencia a nivel teórico con una irracionalidad poética, emocional, lírica y dramática. Heredero de la tradición monárquica y católica, atacó al capitalismo como egoísta, abogando por un tipo de idealismo rural más próximo al misticismo del Siglo de Oro que al dinamismo comercial e industrial del presente. En sus artículos aparecen la noción de "movimiento fascista al servicio del catolicismo español", defensor de la sindicalización obrera, mientras advierte sobre las amenazas internacionales del comunismo y el capitalismo.

Gran parte de la argumentación fascista reside en elementos estéticos y coreográficos. Según Alexander Cirici, la estética es un elemento esencial de todos los fascismos que sustituyen el raciocinio y la lógica por "castillos de fuego verbales". De hecho, tras la Guerra Civil, la derecha franquista se apropió fundamentalmente de los aspectos externos de la Falange: su retórica, sus consignas y sus lemas. Se incluyó "el yugo y las flechas" en el escudo nacional que, a su vez, la Falange se había apropiado de los Reyes Católicos. También se incorporaron el saludo con el brazo en alto, los gritos de ritual: "¡Arriba España!", "¡España, Una, Grande y Libre!", así como el uniforme con la camisa azul. Parte de la parafernalia, exhibición de símbolos y gesticulación militar fue copiada del fascismo italiano.

En las elecciones de 1934, José Antonio logró un escaño en el Parlamento y desde esa tribuna continuó su exaltada batalla retórica. Los extremismos continuados y el apoyo a las acciones de violencia callejera de sus militantes juveniles forzaron su detención. La Guerra Civil lo pilló en la Cárcel Modelo de Madrid, de donde fue trasladado a Valencia por razones preventivas. Nunca llegó a salir. Una vez iniciada la guerra, lo juzgó un tribunal popular en Alicante, que lo halló culpable, y en razón de ello ordenó fusilarlo. De esta manera, José Antonio Primo de Rivera pasó a engrosar las filas de asesinatos y fusilamientos gratuitos cometidos por ambos bandos durante la terrible conflagración. Fueron ejecutados por las mismas fechas su hermano, Fernando Primo de Rivera, Julio Ruiz de Alda y Ramiro Ledesma, fundador de las JONS.

PERIODIZACIÓN DE LA REPÚBLICA

No hubo un solo año de los casi cinco de vida republicana (1931–1936) sin disturbios ni confrontaciones. España se movía en un torbellino de agitación y de causas partidistas. Era el resultado del enfrentamiento entre las llamadas dos Españas. Antonio Machado, poeta visionario, lo expresó así: "Españolito que vienes al mundo, te guarde Dios, una de las dos Españas ha de helarte el corazón". Efectivamente, tanto en los primeros años de andadura como en el llamado bienio negro (1934–1936) parecería que los acontecimientos helaban el corazón de los españoles.

La historia de la República se puede dividir en tres períodos. El primero se extiende desde las primeras elecciones en abril de 1931 hasta las siguientes de noviembre de 1933, es decir dos años y siete meses. Fue un período dominado por diversas coaliciones de partidos moderados y de izquierda, principalmente republicanos y socialistas. El segundo período va desde las elecciones de 1933 hasta las de febrero de 1936, es decir dos años y dos meses. Durante ambos períodos presidió la República Aniceto Alcalá Zamora, aunque los gobiernos estuvieron formados por personalidades provenientes de distintas filiaciones políticas según los resultados de las urnas. El tercer período abarca desde las elecciones de febrero de 1936, en las que salió victorioso el Frente Popular, hasta el levantamiento militar de julio del mismo año y el inicio de la Guerra Civil. Durante los tres años que duró la guerra, el poder legítimo continuó en manos de la República presidida por Manuel Azaña.

En el primer período, con predominio de los partidos republicanos y de izquierdas, la constitución aprobada en diciembre de 1931 abrió el camino a una serie de leyes progresistas y hasta revolucionarias. En el aspecto religioso se promovió un estado laico con clara separación entre la Iglesia y el Estado. El artículo 27 declaraba la libertad de cultos. No era una reforma sencilla, considerando la extraordinaria influencia que la Iglesia había tenido en aspectos religiosos, ideológicos y educativos. La cuestión religiosa provocó numerosas protestas, así como la dimisión de Alcalá Zamora como presidente. Qué fue substituido por Manuel Azaña, el verdadero hombre fuerte del primer bienio republicano. En la práctica, muchas de las reformas de este período legislativo no se llevaron a cabo o se hicieron parcialmente.

De los grandes problemas a los que se enfrentaba la República, reforma educativa y la del ejército, autonomías, cuestión religiosa y reforma agraria, esta última presentó las mayores resistencias. Los decretos de expropiación de tierras alcanzaron un mínimo de fincas, mientras que las zonas rurales del sur y centro de España permanecían en estado de efervescencia en demanda de la esperada desamortización de tierras. Los acontecimientos violentos en Casas Viejas y Castilblanco, en las que levantamientos armados de campesinos acabaron en masacres, refrendaban una situación límite del campesinado alimentado por el anarcosindicalismo y más tarde por los sindicatos socialistas. La esperada reforma agraria tuvo que seguir aguardando mientras incitaba el furor de propietarios amenazados y campesinos esperanzados.

El año 1933 fue desastroso para la economía española. En él se registró un aumento dramático del desempleo. De 389.000 desempleados en 1932 se pasó a 619.000 en 1933. El impacto de la crisis económica mundial se hizo notar en todo Occidente y predispuso la conflictividad de las clases obreras. En las ciudades, el descontento social se expresó en las injustificadas quemas de conventos y continuas huelgas promovidas por partidos y organizaciones obreras. La nota característica de todos los movimientos revolucionarios en la España de la época fue el anticlericalismo. En este tema, los distintos sindicatos que representaban a campesinos y obreros urbanos también estaban divididos. Los anarcosindicalistas, partidarios de la revolución armada, no cesaban en sus estrategias violentas (bombas, asaltos a cuarteles, tomas de ayuntamientos) para alcanzar la meta soñada: el comunismo libertario. Para éstos, la Iglesia era tan enemiga como el Estado.

Por su parte, el ejército no se quedaba atrás e hizo acto de presencia cuando la ocasión se presentó o las amenazas separatistas y revolucionarias sobrepasaron los límites de lo aceptado por la institución. En 1932, el general Sanjurjo, militar golpista por antonomasia, inició un levantamiento de protesta contra los decretos de reforma del ejército sugeridos por Manuel Azaña. Afectaban a los tribunales de Justicia militar, promovían la reestructuración de las capitanías generales y el cierre de la Academia General Militar, que dirigía entonces el general Francisco Franco. Poco tiempo después se creaba, por militares contrarios a la República, la Unión Militar Española, a la que se trató de contrarrestar con la Unión Militar Republicana Antifascista (UMRA).

La República tuvo también que enfrentarse con una pésima situación económica empeorada por la coyuntura de los años 30. La caída de la Bolsa en Wall Street, Nueva York, y sus repercusiones en Occidente se hicieron notar sin duda en la península. Para hacer frente a la crisis, se anunció una serie de reformas radicales que amenazaban tanto a propietarios como a inversionistas, que produjo dos efectos: uno, de fuga de capitales al exterior, y otro, de ausencia de inversiones. La subida de salario mínimo, que las organizaciones laborales demandaban, tuvo el efecto de aumentar el desempleo especialmente en los años 1932 y 1933. En nada favorecía la gran conflictividad laboral y los intentos de colectivización en Cataluña y otras regiones. Se dejó de importar bienes de equipo y se paralizaron proyectos de modernización. Por otra parte, el gobierno amenazaba con desamortizar tierras, pero no llegaba a poner en marcha los planes, ni a materializar las esperadas leyes proteccionistas. Tanto 1932 como 1933 fueron años de extraordinaria agitación social. El país gozaba de unas libertades a los que no estaba acostumbrado. El ejercicio de la democracia exige moderación, pero los problemas económicos y la pobreza endémica demandaban soluciones rápidas. En el ínterin, el país se desangraba.

La serie continuada de acontecimientos sin control minó la capacidad reformista republicana-socialista, y el gobierno hubo de dimitir. Las siguientes elecciones (noviembre de 1933) supusieron un vuelco definitivo, al dar el triunfo a los partidos de la derecha, aunque los resultados fuesen engañosos, ya que los anarquistas decidieron no participar. Los grandes beneficiados en estas elecciones fueron dos partidos conservadores: la Confederación Española de Derechas Autónomas (CEDA), de Gil Robles, y el Partido Radical Republicano, de Alejandro Lerroux. Este último fue nombrado jefe de un gobierno que intentó dar marcha atrás a algunas de las reformas más radicales del período anterior. La nobleza y la Iglesia recobraron algunas de las propiedades que les habían sido confiscadas, y se decretó un indulto a los militares que habían participado en el levantamiento de Sanjurjo. Comenzaba el segundo acto de la República que se conoce como el bienio negro (1934–1936). La reacción no se hizo esperar. En Madrid, las milicias socialistas intentaron, por la fuerza, la toma del Ministerio de la Gobernación y se enfrentaron a los guardias de asalto (fuerzas de orden público) en barrios donde las escaramuzas obreras se extendieron. Fue una primera explosión de violencia a la que siguieron otras muchas. En Barcelona, Lluís Companys, sucesor de Macià en la Generalitat Catalana, se anticipó a los acontecimientos y animó una rebelión desde el poder. Declaró el Estat Catalá e hizo una llamada a la oposición para formar un gobierno alternativo al de Lerroux. El poder central respondió pronta y vigorosamente, proclamó el estado de guerra y ordenó a la artillería dirigir sus armas contra los edificios del ayuntamiento barcelonés y la Generalitat. Fueron detenidos el alcalde de la ciudad, Pi i Sunyer, y Lluís Companys. Este último, juzgado por un Tribunal de Garantía Constitucional, fue condenado a 30 años de cárcel. La República Catalana duró diez horas.

En Asturias, la situación fue aun más dramática. En las minas de carbón se declaró una huelga general en protesta contra las medidas represivas del nuevo gobierno. Grupos huelguistas asaltaron los cuarteles de la Guardia Civil en la comarca minera, se apoderaron de armamento y tomaron la capital, Oviedo. Durante semanas, comités obreros gobernaron la ciudad, haciéndose cargo de los servicios, el abastecimiento y el transporte. Para frenar el levantamiento, el joven general Francisco Franco, entonces gobernador militar de Baleares, recomendó al gobierno el envío de tropas regulares de legionarios de los acuartelamientos africanos. La resistencia de los mineros a las tropas enviadas produjo un enfrentamiento sangriento en el que perdieron la vida 284 soldados y 1.051 obreros. La represión posterior fue incluso más violenta. Hubo detenciones masivas, fusilamientos apresurados, malos tratos y torturas, y quedó en el ambiente la sensación de que la violencia reflejaba la crispación crónica que padecía el país. Políticos relevantes del gobierno anterior, Largo Caballero y Azaña entre otros, acabaron en la cárcel. A partir de entonces, las peticiones de amnistía acompañaron todas las campañas de la izquierda. Mientras, los comunistas, que todavía eran un partido minoritario, comenzaban a situarse políticamente. Las dos Españas pasaban del enfrentamiento verbal a la lucha armada. Para el historiador inglés Gerard Brenan, los acontecimientos de Asturias "pueden ser considerados como la primera batalla de la Guerra Civil".

La derecha podía respirar momentáneamente con cierta tranquilidad aunque no por mucho tiempo. Además de la CEDA de Gil Robles, surgió el Bloque Nacional, con personalidades como José Calvo Sotelo, político conservador que empezó a hacerse notar por sus acciones en las Cortes, mientras que la Falange de José Antonio Primo de Rivera se fusionaba con las JONS de Ramiro Ledesma. Gil Robles, desde el Ministerio de la Guerra que ocupó en el nuevo gobierno, nombró jefe del Estado Mayor Central al general Franco, quien se había destacado en la represión de las huelgas mineras en Asturias. La reacción de la derecha se extendía por todo el país en un intento por recuperar la iniciativa política. Las primeras medidas del gobierno fueron encaminadas a legislar en contra de las leyes aprobadas en el período anterior. La más controvertida fue, sin duda, la ley de Arrendamientos Rústicos, que afectaba a las tierras arrendadas y al usufructo. Se dio marcha atrás a la Reforma Agraria y se establecieron fuertes indemnizaciones en el caso de fincas afectadas. También se suprimió la ley que había estipulado la jornada de 44 horas, uno de los primeros logros de la reforma laboral.

A la derecha tampoco le fue fácil gobernar, no sólo por la fuerte resistencia que presentaron las fuerzas de izquierdas dispuestas a defender sus conquistas, sino por la división en el gobierno entre radicales y cedeístas, y entre la extrema derecha, violenta e intransigente, y la derecha moderada. Diversos escándalos financieros y la aparición del término "estraperlo", especie de mercado negro que se generalizó desde entonces, provocaron una profunda crisis en el gobierno y el desmoronamiento de la mayoría parlamentaria. El nuevo gabinete dirigido por Portela Valladares no contó con ningún ministro de la CEDA. Se aproximaba el fin de 1935 y se anunciaron nuevas elecciones.

EL FRENTE POPULAR

En esta ocasión los partidos de la izquierda aprendieron de las pasadas elecciones cuando el PSOE se presentó como partido único, y el anarquismo recomendó la abstención, lo que les costó la pérdida de mayoría parlamentaria. A tal efecto, el 15 de enero de 1936 se firmó el pacto del llamado Frente Popular. Lo firmaron la Unión Republicana, Izquierda Republicana, PSOE, Partido Comunista de España, UGT, un nuevo Partido Socialista fundado por Ángel Pestaña y el Partido Obrero de Unificación Marxista (POUM). En Cataluña se adhirieron al pacto todos los partidos catalanistas republicanos. No se unieron ni la CNT ni los demás grupos anarquistas, aunque se abstuvieron de hacer campaña abstencionista.

La plataforma del Frente Popular era relativamente moderada. Se proponía una amnistía general, la puesta en marcha de la reforma agraria, la restauración del estatuto de autonomía de Cataluña, la aplicación de la obligatoriedad de la enseñanza primaria y secundaria, y otras reformas que habían sido anuladas durante el "bienio negro".

Las elecciones se llevaron a cabo el 16 de febrero. La participación electoral alcanzó al 72 por ciento de un censo de 13.553.710 votantes. La derecha estaba representada por la CEDA, con acuerdos con el Bloque Nacional, la Lliga y el partido Radical. La Falange y el

Partido Nacionalista Vasco (PNV) se presentaron en solitario. El resultado de las elecciones fue muy reñido. El Frente Popular salió victorioso con un cómputo de 4.654.116 votos, frente a 4.503.524 de la oposición. Dado el sistema electoral que primaba a las mayorías, el Frente Popular logró 278 diputados, el bloque de derechas 130, y el resto de los partidos (Radical, Lliga, PNV y Falange) tan sólo consiguieron 526.615 votos.

Las dos Españas aparecían divididas en un perfecto 50 por ciento, mientras que sus posiciones eran cada vez más equidistantes. ¿Qué era España para las derechas y para las izquierdas? Éste es un tema que ha dividido al país durante siglos y que ha suscitado más debate y literatura que cualquier otro tema. Para muchos de los ciudadanos, especialmente para los nacionalismos periféricos, una cosa es el Estado Español y otra la nación, por lo que rechazaban el término España. El sociólogo Amando de Miguel opina que éste es un problema de construcción mental. No se duda de la existencia de un estado constitucional aunque la idea de España tiene muchas acepciones, y se refiere a nacionalidad o cultura, de tal forma que incluso el concepto "los españoles" es puesto a debate. Desde principios de siglo XX, los términos "nación española" y "cultura española" han sido identificados con la derecha, al igual que sus símbolos, bandera, escudo y lemas: "¡Arriba España!". La izquierda liberal fue republicana, anticlerical y autonomista, es decir, contraria a los tres fundamentos de la derecha: monarquía, Iglesia y unidad nacional. Durante la Guerra Civil, las fuerzas levantiscas de la derecha se llamaron a sí mismas nacionalistas. A la otra España se la denominó republicana, no española. En 1936, la división no sólo era teórica, y del debate se pasó a las armas a partir del levantamiento militar que produjo una de las mayores catástrofes de la historia de España, la Guerra Civil.

Tras las elecciones, el gobierno del Frente Popular, presidido por Manuel Azaña, intentó acelerar las reformas. El Instituto de Reforma Agraria fue autorizado a ocupar tierras con carácter provisional, lo que volvió a despertar viejas heridas. Las Cortes continuaron la elaboración del Estatuto de Autonomía Vasco. La derecha, desplazada, se debatía entre seguir respetando las normas democráticas o adoptar medidas más radicales propuestas por la Falange y miembros de la extrema derecha. José Antonio mantenía que "la violencia puede ser lícita cuando se emplee por un ideal que la justifique". La violencia se intensificó en las calles de las ciudades donde, provocados o no, piquetes sindicalistas agredían a miembros de las juventudes falangistas y viceversa. Se produjeron asesinatos de figuras políticas, de estudiantes y de obreros. José Calvo Sotelo fue una de las primeras víctimas. Economista y diputado en las Cortes por Renovación Española, era, en el momento de su asesinato, la figura política más destacada de la derecha. Los entierros de las víctimas daban paso a manifestaciones políticas. Todo parecía aproximarse hacia un enfrentamiento final y éste se produjo el 17 de julio de 1936.

La Guerra Civil 1936 –1939

La Guerra Civil española (1936–1939) no fue la guerra más sangrienta, ni la más violenta, ni la que produjo más muertos o destrucción en el muy conflictivo siglo XX. Sin embargo, interesó por otras razones asociadas al balance de poderes en Occidente y, consecuentemente, debe ser estudiada con detenimiento. La Guerra Civil española anticipó un conflicto europeo a gran escala en el que se debatía un nuevo orden internacional que desembocó en la Segunda Guerra Mundial. Cabría decir que la Guerra Civil española fue un preámbulo o ensayo general de la fatal conflagración. Si nos fijamos en las fuerzas y corrientes ideológicas que participaron, nos percatamos de que ambos conflictos fueron, de alguna forma, semejantes. Había una derecha tradicional alarmada por la creciente pérdida de privilegios y poder (partidos conservadores y monárquicos), y una nueva derecha formada por partidos autoritarios que desconfiaban del sistema parlamentario y dudaban de su eficacia.

La crisis del parlamentarismo liberal fue consecuencia de la inestabilidad gubernamental, el fraude electoral y el pluripartidismo. Esta derecha cuestiona que la democracia sea la mejor forma de gobernar, puesto que produce gobiernos de la mayoría, no de los mejores o más capacitados. Sobre estas premisas surgen los partidos fascistas y muchos de los poderes autoritarios o totalitarios de nuevo cuño que, desde finales del siglo XIX hasta comienzos de los años treinta, protagonizan la historia europea. Al otro lado del espectro se sitúan los recién creados partidos de izquierda, socialistas y marxistas, así como los sindicatos anarcosindicalistas entroncados en estas corrientes. Son hijos de las filosofías sociales del siglo XIX y reivindican un lugar que, por derecho, les corresponde. Tanto el marxismo y el anarquismo, como el fascismo y otras ideologías autoritarias, consideran la violencia como un mal inevitable para la consecución de sus metas. Por otra parte, recurren a tácticas retóricas semejantes que aluden a factores ideológicos de gran atracción y a eslóganes de emotiva simplicidad.

En la Guerra Civil Española intervinieron directa o indirectamente muchas de las naciones que participarían en la Segunda Guerra Mundial diez meses después. Del lado de los militares alzados se situó la Alemania de Hitler y la Italia de Mussolini. Del lado de la República, lo hizo la Unión Soviética. Europa occidental mantuvo una hipócrita actitud de neutralidad, que no fue tal, y que en la práctica favoreció a los rebeldes.

El 17 de julio fue la fecha elegida por los sublevados para alzarse contra el gobierno de la República. Se inició en la guarnición de Melilla que, como resultado de la guerra en Marruecos, era el mayor reducto militar del país, con más de 30.000 soldados, entre ellos 12.000 marroquíes, y con las tropas más preparadas. La sublevación tuvo puntos de apoyo en toda la península, aunque no consiguió la rápida adhesión que esperaban sus protagonistas.

Tres militares de rango asumieron la cabeza de la rebelión: el general José Sanjurjo, golpista con experiencia, a la sazón desterrado en Portugal; el general Emilio Mola, desde la guarnición de Pamplona, quien diseñó el golpe de Estado; y el general Francisco Franco, a quien el gobierno había enviado a las islas Canarias para mantenerlo alejado. El golpe inicial encontró importantes focos de resistencia, principalmente en las ciudades, donde las grandes organizaciones sindicales y partidos políticos obreros se aprestaron a defender la legalidad del gobierno republicano. Tampoco el golpe consiguió la adhesión de todos los militares de grado. Un número importante de oficiales y la Guardia Civil permanecieron fieles a la República y defendieron el orden constitucional. La división fue un hecho a todos los niveles y afectó a todos los sectores de la sociedad, lo que la convirtió en un conflicto fratricida como son todas las guerras civiles. Aunque los síntomas conspiratorios se habían venido sintiendo desde hacía tiempo, hasta el punto de apartar del poder central a los militares más sospechosos, en el momento del golpe, el gobierno no reaccionó como debería haberlo hecho. Nada más producido, el jefe del Gobierno, Casares Quiroga, intentó negociar con los sublevados y ante la negativa, presentó su dimisión. Lo sustituyó José Giral y más tarde el socialista Largo Caballero quien, el 4 de septiembre de 1936, formó un gobierno con el apoyo de la CNT, socialistas y comunistas, que optó por la medida extrema de armar a las milicias populares. De esa forma se crearon ejércitos de voluntarios, conocidos como milicianos, que camparon a sus anchas, pues veían en la contienda una forma de llevar a cabo su revolución social al margen del poder institucionalizado.

El golpe militar podría haber durado unos días, pero una serie de circunstancias se aunaron para que se extendiese por tres largos y penosos años. Antonio Domínguez Ortiz, historiador español, escribió esta hipótesis: "Si el pronunciamiento hubiera triunfado en Madrid o en Barcelona todo se hubiera resuelto en un día o en pocos días; si hubiera fracasado en Sevilla, todo el artilugio conspiratorio se hubiera hundido, porque la intervención del ejército de África era la pieza clave del plan". Sin embargo, no ocurrió así. El golpe fracasó en la capital de España y en Barcelona, así como en las ciudades más populosas e industriales. En Barcelona, las milicias populares, con el refuerzo de los guardias de asalto y la Guardia Civil, tomaron prisionero al sublevado general Goded e iniciaron la defensa de la ciudad. En Madrid, el levantamiento tuvo sus momentos más dramáticos en el Cuartel de la Montaña, donde se encerraron las tropas sublevadas y algunos falangistas, que se negaron a entregar las armas. También en Valencia y Bilbao fracasó la sublevación. En Sevilla, en cambio, la resistencia popular fue sorprendida por la estrategia del general Queipo de Llano, quien se hizo con una emisora de radio y con un puñado de soldados controló la ciudad.

Antes de finalizar 1936, el ejército nacionalista sublevado dominaba gran parte del sur, y había llegado a las puertas de Madrid, ciudad que desde el 28 de agosto de ese año fue bombardeada sistemáticamente. El gobierno había decidido abandonar la capital y trasladarse a Valencia, dejando la defensa del frente en manos del ejército republicano, las brigadas internacionales y las milicias voluntarias. Gran parte del norte de España y Galicia también cayeron en manos nacionalistas. Del lado republicano resistió parte del País Vasco. Aunque tradicionalmente católico, el País Vasco apoyó a la República, posiblemente a la espera del prometido estatuto de autonomía. También lo hicieron Valencia, Aragón y Cataluña.

El 17 de mayo de 1937 dimitió Largo Caballero como jefe de Gobierno y fue sustituido por Juan Negrín, quien insistió en continuar la guerra a toda costa a pesar de las continuas derrotas. Mantenía la tesis de que el conflicto se internacionalizaría pronto, ya que la guerra mundial era inevitable y la causa republicana mejoraría como resultado. Sin embargo, el

Republicanos son llevados prisioneros

avance del ejército nacionalista era implacable a pesar de esporádicos éxitos republicanos. Por ejemplo, en Teruel, el ejército republicano consiguió conquistar la ciudad el 7 de enero de 1938, para perderla un mes y medio después, el 22 de febrero. Cataluña quedó aislada, y posteriormente fue tomada el 26 de enero de 1939. Para esas fechas, el territorio ocupado por los republicanos había quedado reducido a Madrid capital, la región valenciana (a donde se había trasladado el gobierno central), las provincias de Castilla la Nueva (Guadalajara, Toledo, Cuenca, Ciudad Real), así como a Murcia y parte de Andalucía. Del lado republicano surgían voces que se inclinaban por una paz pactada, pero ya era tarde. Franco, al que se acusó de prolongar en exceso el conflicto para arrasar a sus enemigos, no aceptaría ningún tipo de compromiso. La promulgación de la Ley de Responsabilidades Políticas negaba cualquier tipo de concesión y declaraba las responsabilidades políticas de cualquier persona implicada en el conflicto directa o indirectamente desde 1934; es decir, con carácter retroactivo.

De hecho, entre las constantes de la guerra se destacan las persecuciones políticas y los fusilamientos sin juicio previo, o con juicio por tribunales militares. Nada más tomar un pueblo, se identificaban aquellas personas afines a la República, a veces acusadas por vecinos y familiares, y sin comprobar su veracidad, eran llevadas frente a pelotones de fusilamiento. En Extremadura, las tropas marroquíes camparon a su antojo y llevaron a cabo fusilamientos masivos. De esta forma fusilaron a Federico García Lorca, el poeta y dramaturgo más importante de su generación, una de las muchas víctimas inocentes y emblemáticas de la guerra. En el lado republicano, los métodos no fueron mucho más justos. Los batallones de milicianos ajusticiaban a sus víctimas una vez enfrentados someramente a comités populares. En la cárcel de Alicante fue fusilado José Antonio Primo de Rivera, fundador de la Falange, el 20 de noviembre de 1936, tras haber sido sometido a un tribunal popular. Se calcula que fueron 72.527 las víctimas de la represión nacionalista y 37.843 las producidas en el bando republicano.

Los últimos días de la República estuvieron marcados por un pesimismo irrefrenable. Los que podían, abandonaban sus hogares y cruzaban las fronteras, huyendo de la represión que se avecinaba. El gobierno republicano, desde Valencia, mostraba su total incapacidad para movilizar las fuerzas extenuadas por el largo conflicto, atraer adhesiones extranjeras o cambiar el rumbo inevitable de la guerra. En Madrid, el 5 de marzo de 1939, el coronel Casado dio un golpe de Estado y nombró un consejo de defensa en el intento de llegar a un acuerdo sin represalias con Franco. Ya era tarde. El 1° de abril de 1939 el ejército nacional entraba en Madrid y Franco firmaba el último parte de guerra: "En el día de hoy, cautivo y desarmado el ejército rojo, han alcanzado nuestras tropas los últimos objetivos militares.

El poeta Miguel Hernández durante la guerra

La guerra ha terminado". Este parte militar se siguió leyendo al inicio de todos los noticieros radiofónicos en el país hasta la década de 1960.

La guerra acabó con un balance siniestro de muertes y destrucción. Nunca se conocerán las cifras exactas, pero las más tímidas indican que el número de muertos ascendió a 600.000, aparte de la devastación que, para otros tantos, supuso el exilio forzado o voluntario. Las largas filas de exiliados camino de las fronteras fue una de las escenas repetidas durante los meses anteriores al final de la contienda. Intelectuales y profesores, artistas y músicos, políticos y simpatizantes, formaron esas exhaustas marchas para escapar de la represión que, en los tres años siguientes, llenó las cárceles de los vencedores. Antonio Machado, Luis Cernuda, Pedro Salinas, León Felipe, Max Aub, Rafael Alberti, María Teresa León y María Zambrano fueron sólo un puñado de los muchos intelectuales que dejaron España vacía de sus hijos más señalados. Otros, como Federico García Lorca y Miguel Hernández, no tuvieron la misma suerte y cayeron víctimas del odio que se extendió por la península como un incendio. García Lorca fue fusilado en Granada en 1937, mientras que el también poeta Miguel Hernández murió en la cárcel de Orihuela en 1941.

Desde el exilio en México, el poeta León Felipe escribía el poema "Dos Españas", que recogía el sentimiento de los exiliados y resumía la tragedia de la división irrevocable del país. Hay dos Españas: la del soldado y la del poeta. La de la espada fratricida y la de la canción vagabunda. Hay dos Españas y una sola canción.

En México, los partidarios fieles a la República se reunieron con el ánimo de mantener un gobierno en el exilio. Nombraron unas Cortes y un presidente del gobierno interino, Diego Martínez Barrio. Les mantuvo la esperanza de que los vencedores no permaneciesen mucho tiempo en el poder. Vana esperanza. El gobierno republicano en el exilio resistió hasta el final de la dictadura en 1975.

LOS DOS BANDOS

El lado nacionalista pronto se inclinó por la jefatura única en manos del general Francisco Franco Bahamonde. Sus mayores competidores, los generales José Sanjurjo y Emilio Mola habían fallecido al poco de iniciarse la contienda, con lo que la vía al poder quedaba libre para Franco. Su reputación provenía de su actuación en África, donde había dado muestras de gran estratega y capacidad de mando. Su carrera militar puede calificarse de meteórica, pues ascendió al grado de general a los 33 años, y ocupó los importantes cargos de director de la Academia Militar de Zaragoza, gobernador militar de las Canarias, y jefe del Estado Mayor Central. Había nacido en Galicia el 4 de diciembre de 1892. Era bajo de estatura, reservado, frío y poco locuaz. Pésimo orador, escondía en un silencio calculado sus carencias intelectuales y teóricas. Su ideario era muy simple, y se asentaba en conceptos de orden, autoridad y defensa a ultranza de la unidad y grandeza de España. Se definía más por lo que rechazaba —comunismo, ateísmo y masonería— que por lo que defendía. Al iniciarse la contienda, Franco tenía 43 años y se presentaba como el candidato idóneo para establecer un mando unificado. En Burgos, donde estableció su cuartel general y la capital provisional, Franco fue nombrado jefe del Estado Mayor del Ejército y jefe del Estado, con la suma de los poderes públicos y militares, el 29 de septiembre de 1936. Sus seguidores usaron los apelativos de Generalísimo, muy en línea con su concepto de mando supremo, y Caudillo, a semejanza de los apelativos usados por Mussolini, "Duce," y Hitler, "Führer", que tanto lo halagaban.

Los generales Cavalcanti, Franco y Mola, durante la Guerra Civil

Mientras en el bando nacionalista el poder se solidificaba bajo las directrices supremas de Franco, en el republicano la división de las distintas facciones producía el efecto inverso. La Guerra Civil presentó en la fase inicial una oportunidad para llevar a cabo la revolución social pendiente. En la práctica produjo un caos tal que el gobierno republicano, presidido por Manuel Azaña, se vio en la obligación de usar la fuerza para reprimir los desafueros. Se puede hablar incluso de otra guerra interna dentro del bando republicano. Los comunistas se oponían a los anarquistas, los leninistas a los trotskistas, los socialistas se dividieron también, así como los republicanos. La Generalitat Catalana aprovechó el desorden y se aventuró a obtener la deseada autonomía. Embargó los fondos del Banco de España, emitió sus propios billetes y se otorgó a sí misma todos los poderes públicos. En algunas zonas de Cataluña, las agrupaciones de milicianos y las organizaciones anarquistas camparon a su antojo. Se ocuparon fábricas, se expulsó a sus legítimos propietarios y se establecieron cooperativas de producción responsables no sólo del mantenimiento de la producción a niveles anteriores a la contienda, sino también de la producción de armas. En Aragón, el consejo provincial estaba controlado por el sindicato anarquista CNT, que sancionó la colectivización de tierras.

El anarcosindicalismo había surgido con la meta de combatir al Estado, al que consideraba el gran represor y origen de todos los males, y ahora se veía en la alternativa de tener que defenderlo si se quería ganar la guerra. Las contradicciones obvias y los resultados a la larga negativos pusieron a prueba la capacidad republicana para imponer la normalidad y

Manuel Azaña, presidente de la República
de 1936 a 1939

enfrentarse a un enemigo muy bien organizado, aunque con inferiores recursos económicos. Las grandes industrias en los cinturones de las principales ciudades, así como los recursos del Banco de España, estaban en manos republicanas. ¿Por qué se perdió, pues, la guerra?

Las acciones de grupos descontrolados inyectaron de violencia el diario quehacer. La quema de iglesias, los asaltos a conventos y los asesinatos de sacerdotes y religiosos continuaron ante la incapacidad del gobierno de imponer orden. La persecución e inquina contra la Iglesia fue, además de una atrocidad, un grave error que desprestigió la causa republicana y dividió a sus fuerzas. El proceso de secularización se podría haber ido negociando, pero la intransigencia y anticlericalismo de muchos de los partidarios del Frente Popular acarrearon una serie de actos indefendibles en un estado de derecho.

El gobierno republicano trató de poner freno a la explosión anárquica inicial y consiguió organizar un ejército con cierta coherencia, pero sus líderes carecieron de la suficiente autoridad para dominar las situaciones que se presentaban. A la férrea estructura del poder del lado nacional respondía una multitud de poderes en el republicano. Los primeros tenían muy claro que el objetivo era primero ganar la guerra, y limpiar el país después. Los segundos estaban divididos en sus prioridades. ¿Qué era primero, hacer la revolución proletaria o ganar la guerra? La indecisión los fue minando poco a poco, carentes de disciplina y unidad de fines y criterios. Sin embargo, hubo otros factores en juego que contaron a la hora de desnivelar la balanza.

La situación europea era muy delicada, pues las cancillerías observaban con notoria preocupación el surgimiento de los gobiernos autoritarios y sus aspiraciones expansionistas. Mussolini tenía claras pretensiones de expandir su influencia en el Mediterráneo y en África. Alemania se preparaba para un expansionismo depredador sobre las naciones vecinas y ambicionaba las islas Canarias. En Francia, el gobierno socialista de León Blum inclinaba sus simpatías por el Frente Popular, pero temía, igual que Inglaterra, irritar a Alemania, cuya carrera armamentista era, a todas luces, preocupante. En esa coyuntura las naciones europeas y Estados Unidos optaron por la no intervención, lo que representaba renunciar a la solución de los conflictos por vía pacífica. Occidente se lavaba las manos aunque el golpe de Estado en España violaba el orden constitucional y la legalidad nacional e internacional.

En la práctica, Alemania e Italia usaron el conflicto español como una forma de entrenamiento de sus ejércitos y para probar la eficacia de los nuevos armamentos. La Alemania de Hitler formulaba estrategias para un nuevo tipo de guerra basada en la aviación, el bombardeo masivo de ciudades y los efectos destructivos del nuevo armamento: carros blindados y artillería antiaérea. Las ciudades españolas le sirvieron de laboratorio en donde experimentar no sólo con armamentos, sino con los efectos psicológicos que sobre la población civil ejercieran los bombardeos masivos. Guernica y Madrid, especialmente, sufrieron masivos bombardeos que años más tarde serían comunes en Europa durante la Segunda Guerra Mundial. Por su parte, las ciudades de Oviedo, Teruel y Belchite fueron objeto de asedios durísimos que castigaron a la población con artillería pesada. Alemania mantuvo en la península un número rotativo de tropas que en total llegó a sumar 20.000 hombres, aunque nunca hubo más de 5.000 en forma simultánea. Italia estuvo más comprometida. Desde el primer momento en que la marina italiana puso cerco al Estrecho de Gibraltar para ayudar a las tropas de Franco, así como en la isla de Mallorca con el fin de estorbar el desembarco de tropas catalanas, la Italia de Mussolini se volcó sobre España. Se calcula que Italia cooperó con 750 aviones, 150 vehículos de tierra, 1.800 cañones y 78.000 soldados.

Del lado republicano, la Unión Soviética fue la gran aliada, aportando material bélico aunque vendido a precio de oro. Los objetivos soviéticos eran dobles: por una parte mejorar la imagen del gobierno estalinista fuera del cerco soviético, y por otra ayudar al Partido Comunista Español.

La República recibió ayuda adicional, material y emocional, por parte de las Brigadas Internacionales, ejércitos de voluntarios reclutados en distintas ciudades de Europa y Estados Unidos, que se movilizaron para combatir la represión y el fascismo. Los inspiraba el idealismo que la República proyectaba en el exterior en un momento en que se debatía en el mundo un nuevo orden internacional. A las amenazas de la Rusia comunista y la Italia y Alemania fascistas, respondía el paulatino surgimiento de organizaciones de clase que abogaban por naciones más justas y participativas. Muchos de los voluntarios de la Brigadas Internacionales eran miembros de partidos o sindicatos obreros, aunque también se reclutó entre universitarios e intelectuales. Lo que pasara en España podría afectar al resto de Occidente. No sorprende que durante los años de la contienda, Madrid, Barcelona y Valencia fueran centro de reunión de sectores de la intelectualidad.

Hitos destacados de la guerra

Guernica

Durante una fría mañana del 26 de abril de 1937, cuando la vida comenzaba su lento despertar en la ciudad vasca de Guernica, el horizonte se cubrió con el bronco tronar de motores. La mirada al cielo se tiñó de horror. La Legión Cóndor, de la renovada fuerza aérea alemana, dejó caer, sobre la indefensa ciudad, trescientas toneladas de bombas incendiarias de extraordinario poder destructivo durante tres interminables y dolorosas horas. La población fue tomada por sorpresa y, entre el caos y el estupor del indeleble acto, cerca de seiscientas personas fueron heridas o perdieron la vida. El fuego no se extinguió en tres días, y trepó por las paredes de los destrozados edificios hasta dejar una ciudad en ascuas.

El bombardeo de Guernica pareció una premonición de lo que se avecinaba tanto en España como en Europa. Nunca antes los bombardeos sistemáticos habían afectado a la población civil. A partir de esa fecha, este tipo de ataques se repetiría en varias ciudades españolas y durante la Segunda Guerra Mundial en las maltratadas urbes europeas. Los esqueletos de los edificios de la ciudad vasca se convirtieron en emblema del horror. Las razones que justificaron el bombardeo todavía son materia de debate, así como la posible participación directa del gobierno de Franco. Se arguye que Hitler quería experimentar con los efectos psicológicos que un bombardeo masivo podría tener, con el fin de doblegar la resistencia enemiga. Se discute si la decisión fue tomada al margen del gobierno nacionalista.

Lo cierto es que varios días después, en París, se concentró más de un millón de personas expresando su repudio contra la masacre. El pintor español Pablo Picasso, a quien el gobierno republicano había encargado un mural para representar a España en la Exposición Internacional de 1937, encontró inspiración en la devastada población. Tres meses después, Picasso entregaba la magna obra, que quedó expuesta en el pabellón español de la feria. La obra, estructurada a partir de una combinación heterodoxa de símbolos, sirvió para recordar el horror de la guerra y perpetuó el acontecimiento en la memoria colectiva. No hay duda de que la pintura *Guernica,* que Picasso tituló *Los desastres de la guerra,* pone en cuestión nuestras nociones de guerra necesaria e incluso heroica, al exponer la brutalidad de su efectos externos y autodestructivos.

Las Brigadas Internacionales

Uno de los acontecimientos más significativos de la Guerra Civil fue la participación de las Brigadas Internacionales. La idea surgió de Maurice Thorez, miembro del Partido Comunista francés, ante la inacción de los países europeos. Al gobierno soviético la iniciativa le pareció una forma viable de superar la decisión internacional de no intervención, y debido a ello el proyecto se puso en marcha con la aprobación de José Stalin. Las brigadas estaban formadas por voluntarios que, por distintas razones y motivos, dejaron sus hogares para combatir al lado de la República Española contra la amenaza del fascismo. Las primeras brigadas llegaron a la península el 12 de agosto de 1936 y permanecieron hasta 1938, cuando el entonces jefe del gobierno de la República, Juan Negrín, decretó su retirada. Un total de 52.380 voluntarios defendió la bandera tricolor de la República. Tomaron los nombres de Brigada Abraham Lincoln, George Washington, Dimitrov, British, Connoly, Dajakovich, Mackenzie-Papineau, Mickiewicz y Thaelmann. Las formaron voluntarios venidos de Francia, Inglaterra, Rusia, Polonia, Hungría, Canadá, Yugoslavia, República Checa, Escandinavia y Estados Unidos. También hubo voluntarios italianos y alemanes que debieron vencer las prohibiciones de sus propios gobiernos para desplazarse al territorio español. Ése fue también el caso de los brigadistas estadounidenses, quienes se las tuvieron que ingeniar para salir del país clandestinamente, puesto que el gobierno de su país había decretado la no participación en el conflicto.

Ya desde el primer momento de su desembarco y entrenamiento, un aura de idealismo envolvió a estos hombres y mujeres que eligieron luchar en una guerra ajena, en un país ajeno, donde muchos perdieron la vida. De los 52.380 voluntarios, 9.934 murieron y 7.686 fueron heridos de gravedad. Eran jóvenes de distintos orígenes y clases sociales, obreros, militantes de partidos, principalmente del Partido Comunista, pero también universitarios, académicos, artistas y escritores. George Orwell es una de las figuras destacadas de ese calidoscopio de brigadistas.

En Estados Unidos, la guerra española cobró gran interés, así como la noticia de las brigadas. Ciudadanos de distintos estados se fueron dando cita en Nueva York, donde como primer paso se hicieron con uniformes en tiendas de productos usados del ejército. La partida hacia Europa no fue simple. Salieron de forma clandestina, unos a través de Canadá, otros desde el puerto de Nueva York. Al llegar al sur de Francia, se desplazaban hacia los Pirineos para después cruzar a la zona española atravesando las macizas montañas. La ciudad de Figueras,

Brigadas Internacionales en su despedida en Barcelona

cerca de la frontera, funcionó como el primer centro organizativo y de entrenamiento, aunque el cuartel general estuvo localizado en el sur, en Albacete. Muchos de los voluntarios nunca habían tomado en sus manos un rifle, ni tenían conocimiento alguno de prácticas militares. El número de estadounidenses fue creciendo desde el grupo original, hasta alcanzar la cifra de 2.800. Se agruparon bajo el nombre de Brigada Abraham Lincoln, con el que tomaron parte en algunas de las más transcendentes batallas de la guerra: El Jarama, donde cerca de 300 brigadistas perdieron la vida, Brunete, Teruel y Belchite. Para 1938, a pesar de los esfuerzos de voluntarios, brigadistas y milicianos, la guerra se daba por perdida.

Jarama Valley

There's a valley in Spain called Jarama
It's a place that we all love so well
It was there that we gave of our manhood
Where so many of our brave comrades fell.

We are proud of the Lincoln Battalion
And the fight for Madrid that it made
There we fought like true sons of the people
As part of the Fifteenth Brigade

Now we're far from that valley of sorrow
But its memory we ne'er will forget
So before we conclude this reunion
Let us stand to our glorious dead

Dolores Ibarruri, La Pasionaria

La República trajo consigo una gran cantidad de reformas económicas, políticas y sociales. Muchas de ellas, como la extensión del sufragio universal y la incorporación a la educación obligatoria, afectaron la situación de crónica postergación de la mujer en la sociedad. Como resultado, muchas mujeres saltaron a la palestra de la política y la cultura, y dejaron su marca. Entre ese grupo selecto hay que destacar la personalidad política de Dolores Ibarruri (1895–1989), conocida como "La Pasionaria".

Había nacido en 1895 en Gallarta, Vizcaya, de una familia minera. Nunca recibió una educación formal y a los 20 años era esposa de un minero socialista y pronto madre. La vida con el esposo minero, su participación en la huelga general revolucionaria de 1917 y el advenimiento de la Rusia comunista del mismo año, la influyeron notablemente. Pronto entró a militar en el naciente Partido Comunista de España, segregado del PSOE en 1920, y llegó a formar parte del comité central en 1930. El Partido Comunista era un partido minoritario antes de esa fecha, con menos de 100.000 afiliados. Su importancia fue creciendo y recibió su mayor impulso durante la Guerra Civil, cuando adqui-rió un papel relevante debido a su capacidad de organización y liderazgo. El Partido Comunista fue centro de las atenciones y ayudas de la Unión Soviética, la principal aliada de la República, y de las Brigadas Internacionales en las que militaban numerosos comunistas.

En 1930, Dolores Ibarruri, la personalidad más notable de los comunistas españoles, aparece en Madrid como redactora del periódico del partido, *Mundo Obrero*. Durante su juventud había sido una devota católica. Perdió a tres de sus hijas en edad temprana y, desde entonces, Dolores transfirió a Carlos Marx su antigua devoción a la Virgen de Begoña. Vestía de negro y su rostro proyectaba una intensidad carismática. Las masas que escuchaban sus discursos la consideraban una especie de santa o figura icónica. Como consecuencia de su activismo militante, fue encarcelada en dos ocasiones entre 1931 y 1933. Su fuerte personalidad carismática, sus dotes oratorias y capacidad de réplica le valieron el pseudónimo de "La Pasionaria". Durante la Guerra Civil desplegó aún más actividad, y se transformó en un símbolo de la combatividad de la España republicana contra las tropas rebeldes. De sus labios surgió el eslogan "No pasarán", vitoreado por las milicias republicanas en la defensa de Madrid. Al finalizar la guerra, se exilió en la Unión Soviética, donde permaneció hasta 1977. Ocupó el puesto de secretaria general del Partido Comunista de España entre 1942 y 1960. Regresó a España en 1977 y fue elegida por segunda vez diputada a las Cortes por Asturias. Mantuvo el cargo honorífico de presidenta del Partido Comunista, que tras la transición perdió afiliados e importancia. Murió en 1989.

Dolores Ibarruri, La Pasionaria, líder del Partido Comunista

Bibliografía

Brenan, Gerad. *El laberinto español. Antecedentes sociales y políticos de la guerra civil.* Paris: Ruedo Ibérico, 1962.

Carr, Raymond. *España 1808–1939.* Barcelona: Ariel, 1970.

Domínguez Ortiz, Antonio. *España, tres milenios de historia.* Madrid: Marcial Pons, 2003.

García de Cortázar, Fernando, ed. *Memoria de España.* Madrid: Aguilar, 2004.

Gil Pecharromán, Julio. *José Antonio Primo de Rivera. Retrato de un visionario.* Madrid: Temas de Hoy, 2003.

Haro Tecglen, Eduardo. *Arde Madrid.* Madrid: Temas de Hoy, 2000.

Thomas, Hugh. *La Guerra Civil Española.* Barcelona: DeBolsillo, 2003.

CAPÍTULO 3

LA ESPAÑA DE FRANCO (1939-1975)

TEMAS

- El triunfo de la derecha

- Autoritarismo y represión

- Las fases de la dictadura

- El franquismo

- Francisco Franco, Caudillo de España

- El milagro económico

- El inicio de la integración europea

- La resistencia política

- El fin de la dictadura

CRONOLOGÍA

■ 1939

14 de marzo *Alemania invade Checoslovaquia.*
1° de abril *Declaración del fin de la guerra.*
14 de mayo *Se crea el tribunal de Responsabilidades Políticas.*
19 de mayo *Se celebra el primer desfile militar de la Victoria.*
1° de septiembre *Se desencadena la Segunda Guerra Mundial con la invasión de Polonia.*

■ 1940

1° de marzo *Ley de Represión de la Masonería y el Comunismo.*
13 de junio *El régimen declara la no beligerancia.*
15 de octubre *Fusilamiento de Lluís Companys, ex presidente de la Generalitat de Cataluña.*
23 de octubre *Reunión en Hendaya, Francia, entre Hitler y Franco, sin llegar a ningún acuerdo.*
3 de noviembre *Fallece en Francia Manuel Azaña.*

■ 1941

5 de enero *Alfonso XIII renuncia a sus derechos dinásticos en favor de su hijo Juan.*
12 de febrero *Entrevista de Franco y Mussolini en Bordighera.*
28 de febrero *Alfonso XIII muere en el exilio en Roma.*
13 de julio *España envía a Alemania la División Azul, que actuó en la Guerra Mundial en el frente ruso.*
25 de septiembre *Se crea el Instituto Nacional de Industria (INI) para promover desde el Estado la industrial nacional.*

■ 1942

28 de marzo *Muere en la cárcel el poeta Miguel Hernández.*
17 de julio *Se constituyen las Cortes franquistas, que no son electivas.*
3 de septiembre *Destitución de Ramón Serrano Suñer, ministro de Exteriores y cuñado de Franco.*

■ 1943

10 de octubre *El régimen de Franco declara su neutralidad en la Segunda Guerra Mundial.*

■ 1944

Grupos guerrilleros (los maquis) tratan de desequilibrar al gobierno con acciones guerrilleras en el norte de España.

(*Continúa*)

16 de octubre *Guerrilleros comunistas entran en el Valle de Arán, donde son rechazados.*
3 de noviembre *Regresan a España las tropas de la División Azul que habían combatido en Rusia al lado alemán.*

■ 1945

10 de enero *Primera reunión de las Cortes republicanas en el exilio, en México.*
19 de marzo *Don Juan de Borbón firma un manifiesto contra Franco en Lausana.*
17 de julio *Se decreta el Fuero de los Españoles.*
Se inician el aislamiento internacional y los años del hambre.

■ 1946

9 de febrero *La asamblea de la Organización de la Naciones Unidas (ONU) condena el régimen de Franco.*
1° de marzo *El gobierno francés cierra la frontera con España.*
13 de diciembre *Se declara un bloqueo económico y diplomático internacional contra España.*
Grandes manifestaciones en España de apoyo a Franco.

■ 1947

5 de junio *Estados Unidos promueve el Plan Marshall, cuyo objetivo es la reconstrucción europea. España es excluida.*
6 de julio *Se promulga la ley de Sucesión de la Jefatura del Estado. Se celebra un referéndum para la aprobación de la ley de Sucesión.*

■ 1948

10 de febrero *Se abre la frontera con Francia.*
9 de abril *Se firma un protocolo entre el presidente Perón de Argentina y Franco, jefe del Estado español.*

■ 1951

Huelga general en varias ciudades del territorio nacional.

■ 1953

27 de agosto *Se renueva el Concordato con la Santa Sede.*
26 de septiembre *Se firman los primeros acuerdos diplomáticos con Estados Unidos. La contrapartida es la instalación de bases militares estadounidenses en territorio español.*

■ 1955

18 de octubre *Muere el filósofo José Ortega y Gasset.*

(*Continúa*)

14 de diciembre *La ONU aprueba el ingreso de España en el organismo, con plenos derechos.*

■ 1956

10 de febrero *Primeras manifestaciones de protesta universitarias en Madrid.*
7 de abril *España reconoce la independencia de Marruecos.*

■ 1957

25 de febrero *Aprobación de los Planes de Estabilización. Se forma el primer gobierno con miembros del Opus Dei.*

■ 1958

17 de mayo *Se aprueba la ley de Principios del Movimiento Nacional.*
4 de julio *España ingresa en el Fondo Monetario Internacional (FMI) y en el Banco Mundial.*

■ 1959

Puesta en marcha de los Planes de Estabilización. Inicio de la recuperación económica.
31 de julio *Se crea ETA (Euskadi Ta Askatasuna).*
23 de diciembre *El presidente estadounidense Dwight D. Eisenhower visita oficialmente España y se amplían las relaciones entre ambos países.*

■ 1962

España solicita, sin éxito, el ingreso en la Comunidad Económica Europea.
12 de abril *Se aprueba la nacionalización del Banco de España.*

■ 1963

20 de abril *Ejecución de Juan Grimau, dirigente comunista.*
28 de noviembre *Las Cortes aprueban el estatuto de autonomía de Guinea Española.*
28 de diciembre *Puesta en marcha del primer Plan de Desarrollo.*

■ 1964

1° de enero *Entra en marcha el primer Plan de Desarrollo.*
20 de noviembre *Asamblea constitutiva del sindicato Comisiones Obreras.*

■ 1965

20 de agosto *Destitución de Enrique Tierno Galván de su cargo de catedrático de derecho político de la Universidad de Salamanca.*

(Continúa)

■ 1966

Ley de Libertad de Prensa de Manuel Fraga Iribarne.
14 de diciembre *Se aprueba en referéndum la Ley Orgánica del Estado.*

■ 1967

1° de enero *Segundo Plan de Desarrollo.*
14 de marzo *Un tribunal declara ilegal a Comisiones Obreras.*
21 de septiembre *Francisco Franco nombra al almirante Carrero Blanco vicepresidente del gobierno.*

■ 1968

7 de junio *La organización terrorista ETA comete el primer asesinato en la persona del guardia civil José Pardines.*
9 de octubre *Independencia de la Guinea Española.*

■ 1969

22 de julio *Proclamación de la ley de Sucesión por la que se nombra heredero a Juan Carlos de Borbón.*

■ 1970

29 de junio *Firma de un acuerdo preferencial con la Comunidad Económica Europea.*
1° de diciembre *Juicios en Burgos contra miembros de ETA.*

■ 1972

9 de mayo *Tercer Plan de Desarrollo.*

■ 1973

8 de abril *Muere en Francia el pintor Pablo Picasso.*
11 de junio *Carrero Blanco es nombrado jefe del Gobierno.*
20 de diciembre *El almirante Luis Carrero Blanco es asesinado por un comando de ETA. Carlos Arias Navarro es nombrado sucesor.*

■ 1974

19 de julio *Don Juan Carlos de Borbón asume temporalmente la jefatura del Estado por enfermedad de Franco.*
13 de octubre *Felipe González es elegido secretario del PSOE en Suresnes, Francia.*

■ 1975

Crisis en Marruecos sobre la cuestión del Sahara español.
27 de septiembre *Ejecución de tres miembros de ETA y dos del Frente Revolucionario Antifascista y Patriótico (FRAP).*

(Continúa)

29 de octubre *Se inicia en Marruecos la Marcha Verde para ocupar el Sahara Español.*
Se crea la plataforma de Convergencia Democrática.
30 de octubre *Ante la enfermedad de Franco, el príncipe Juan Carlos asume las funciones de jefe del Estado.*
14 de noviembre *Acuerdo con Marruecos sobre el Sahara español, que pasará a Marruecos y a Mauritania.*
20 de noviembre *Muere Francisco Franco Bahamonde.*
22 de noviembre *Proclamación de Juan Carlos I como rey de España.*

EL ASCENSO AL PODER

E l período que se inicia con la derrota de la República y se extiende hasta 1975, expresa un segundo intento de regeneracionismo de la derecha radical. El triunfo militar justificó la represión contra la oposición y el establecimiento de un gobierno autoritario apoyado en el poder ideológico de la Iglesia y la fuerza del ejército. Las primeras medidas consistieron en anular prácticamente todas las leyes aprobadas por las Cortes republicanas, algunas con carácter retroactivo.

Cuarenta años en el ejercicio del poder es un período muy extenso e incluso extraño. De hecho, el régimen impuesto por los vencedores no cambió demasiado a lo largo de esos cuarenta largos años, y su continuidad ha sido materia de muchos estudios sobre dictaduras. Se puede señalar el 1° de febrero de 1938 como la fecha de iniciación de un régimen que es difícil de explicar sin su cabeza rectora. En esa fecha se formó el primer gobierno militar presidido por Francisco Franco Bahamonde, la figura emblemática, jefe de Estado y del Gobierno, Generalísimo de los Ejércitos y Caudillo de España, títulos que acaparó y que gustaba usar.

El franquismo fue un régimen de derecha autoritario militarista del tipo de los regímenes autoritarios que se produjeron en Europa desde finales del siglo XIX. La particularidad de estos regímenes es que se trata de gobiernos de pocos que ejercen el poder en nombre de muchos o de la totalidad de la población. En el autoritarismo anterior (las monarquías no constitucionales) no se daba esta circunstancia porque el gobierno de pocos se legitimaba en nombre de esos pocos. Regímenes autoritarios surgieron y alcanzaron el poder en Rusia, Alemania, Francia y Polonia, por citar algunos. En España, hallamos antecedentes de derecha radical en los partidos Acción Católica, CEDA y Falange. La Falange fue el partido fascista español, que aunque minoritario en un principio, ejerció gran influencia en la trayectoria de la dictadura de Franco.

Es importante señalar, sin embargo, las diferencias entre la derecha conservadora tradicional y el fascismo. El franquismo no fue un régimen fascista aunque estuviese vinculado con el fascismo por simpatías y algunas ideas troncales. Fue más bien un régimen autoritario, formado por una coalición de derechas de distintos matices. Aprovechó las energías juveniles, consignas e ideas sociales y corporativas de la Falange, pero estuvo lejos de ser un partido fascista en su trayectoria, y Franco se las arregló para distanciarse en los momentos oportunos.

Francisco Franco llegó al poder a través de un golpe militar y una larga y costosa guerra civil con la misión de salvar al país de la bancarrota y el caos de las izquierdas. Una vez en el poder puso en marcha todos los mecanismos del Estado para crear un sistema basado en unos principios ideológicos de raíz tradicional y católica. Estaba claro que para conseguir estos propósitos debía robustecer su autoridad, lo cual realizó mediante fórmulas corporativas supuestamente representativas. De esa forma daría la impresión de que se actuaba de forma legal o pseudolegal, para convencer y no sólo vencer. No olvidemos que accedió a la jefatura de la nación a través de un golpe militar contra un gobierno constitucional y democráticamente elegido. El hecho de que llegara al poder a través de la fuerza supuso la marginalización de, al menos, la mitad de la población a la que tuvo que someter. Uno se pregunta cómo es posible que ese régimen autoritario y dictatorial, que estuvo durante mucho tiempo excluido del contexto internacional, se mantuviese en el poder por cuarenta largos años. Las respuestas hay que buscarlas en el impacto que la desastrosa Guerra Civil tuvo en la población, tanto del lado de los vencedores como de los vencidos. No olvidemos también que tan sólo cinco meses separan la Guerra Civil Española del inicio de la Segunda Guerra Mundial. Y que España estuvo involucrada indirectamente en este segundo conflicto cuyas consecuencias impactaron, sin duda, en la opinión pública y en el comportamiento del gobierno. Pero hagamos un poco de cronología para situarnos.

FRANCO EN LA SEGUNDA GUERRA MUNDIAL

Cinco meses después de la entrada triunfal de Francisco Franco y sus tropas en Madrid y la toma de la capital, los ejércitos de Adolfo Hitler invadían Polonia. En poco tiempo, el conflicto había alcanzado grandes proporciones y Occidente se dividía. Franco estaba más próximo a los gobiernos fascistas del Eje, Alemania e Italia principalmente (de los que había recibido ayuda fundamental durante el conflicto bélico en España) que del resto de las democracias europeas. Sin embargo, se las arregló para adoptar una postura de neutralidad que no lo comprometiese demasiado. El 23 de octubre de 1940 se llevó a cabo en Hendaya la única reunión entre Hitler y Franco. Tuvo lugar en los andenes de la estación de ferrocarriles de la ciudad francesa. Como anécdota curiosa, Franco llegó tarde a la cita, refrendando la reputación hispana de falta de puntualidad, lo que enfureció al dirigente alemán. En la reunión, que duró varias horas, no se llegó a ninguna conclusión. Hitler había solicitado el permiso español para desplazar sus tropas a través de la península con el fin de controlar el estrecho de Gibraltar, punto estratégico del paso mediterráneo. Sin embargo, Franco se negó o, mejor dicho, exigió una serie de condiciones que fueron consideradas inaceptables por los alemanes, entre ellas la restitución de Gibraltar y la soberanía sobre el protectorado francés de Marruecos. Para el ejército alemán, cruzar la península Ibérica camino del estrecho hubiese representado un paseo sin complicaciones. Pero justo cuando se estaba contemplando la estrategia a seguir, Hitler decidió invadir Rusia y desplazó tropas fundamentales al este del continente. De esta forma, España pudo mantener la no beligerancia aunque no por mucho tiempo.

Encuentro de Franco y Hitler en la estación de trenes de Hendaya

Por su parte, Mussolini tampoco estaba muy interesado en que España entrara en la guerra, pues tenía pretensiones de reservarse un papel protagonista en el Mediterráneo. Tras la invasión de Rusia, considerada como el gran enemigo ideológico, Franco decidió el envío de tropas voluntarias españolas para apoyar al Eje. Dieciocho mil soldados españoles, en su gran mayoría viejas guardias, falangistas y requetés, organizados bajo el nombre de División Azul, fueron enviados al frente ruso, donde permanecieron hasta 1944. Entraron en combate en el frente ruso con gran pérdida de vidas, aunque los alemanes nunca se fiaron de la pericia de los voluntarios españoles y en ocasiones los enviaron a la retaguardia, a cargo de prisioneros.

En 1943, tras las penetraciones aliadas en Italia, Franco realizó una nueva declaración de neutralidad. Nada cambiaba ya, la guerra estaba perdida por las potencias del Eje. Tras la contienda y los consiguientes acuerdos internacionales (Postdam), llegó la hora de pasar cuentas al gobierno español. Poco importaba que la posición española hubiese pendulado entre la neutralidad y la no beligerancia. Poco importaba que su participación en la guerra hubiese sido mínima. La cuestión es que en Europa había triunfado la democracia y el gobierno franquista no era precisamente democrático. El concierto de naciones pidió cuentas a España, y como resultado fue excluida de la ONU y marginada de todos los acuerdos internacionales.

Las fuerzas contrarias al régimen esperaban que los aliados invadiesen España y la liberaran del dictador. Vana esperanza. El bloqueo económico decretado en 1946 y la marginalización internacional del que fue objeto tuvieron el efecto de radicalizar el régimen, que aprovechó el bloqueo para culpar a distintos enemigos exteriores, por ejemplo el comunismo y la masonería. La Organización de las Naciones Unidas (ONU), heredera de la Sociedad de Naciones, creada en 1945, condenó al régimen en 1946 y propuso la retirada de embajadores. Tan sólo permanecieron abiertas las sedes representativas de Argentina, Portugal, Irlanda, Suiza y la Santa Sede.

Éste fue el inicio de los años de aislamiento internacional y del endurecimiento del régimen. La máquina propagandista del franquismo se puso en funcionamiento iniciándose el período de las grandes manifestaciones y el culto a la personalidad del Caudillo. Fue también el período en que más cerca se estuvo del fascismo. Las monedas acuñadas por el Banco de España llevaban junto con la efigie de Franco la leyenda: "Francisco Franco, Caudillo de España por la gracia de Dios", lema que sugería la providencialidad divina del dictador. La Iglesia cerraba filas a su lado, y mientras le permitía pasar bajo palio en las ceremonias religiosas y catedralicias, exaltaba su presencia providencial que le autorizaba a ejercer de árbitro de la moral y la educación.

PERIODIZACIÓN DEL RÉGIMEN

Hubo muchos en el país que predijeron que, con tantas presiones exteriores y un bloqueo internacional, el gobierno no resistiría mucho. Se equivocaron. La economía, mortalmente herida por las irregularidades de la guerra, se cerró en planes autárquicos que permitieron producir los mínimos requeridos para cubrir las necesidades básicas. Fue forzoso crear cartillas de racionamiento para la distribución de alimentos entre las clases menos privilegiadas. Se conocen esos años como "los años del hambre", porque realmente la hubo. El régimen se cerró sobre sí mismo e inició numerosas campañas que culpaban a utópicos enemigos exteriores de los males que se cernían sobre el país. La propaganda franquista aireaba la idea de que España era la depositaria de los valores cristianos de Occidente, o también la manida frase "o Franco o el caos". Cierto que hubo numerosos intentos, tanto en el interior como en el exterior, de desequilibrar el régimen. Aparecieron los maquis, grupos de republicanos que, con tácticas de guerrillas, hostigaron a las fuerzas del orden en las zonas montañosas del norte del país, sin mayor repercusión. En la práctica, la oposición en el exilio continuó tan dividida como lo estuvo durante la Guerra Civil, por lo que nunca amenazó seriamente la continuidad del régimen. Franco superó los años difíciles hasta que en 1951, con los primeros contactos diplomáticos con Estados Unidos, llegó el balón de oxígeno que necesitaba.

Francisco Franco durante un mitin político desde el Palacio Real de Madrid

Mientras tanto y campeando el aislamiento internacional, Franco realizaba las oportunas maniobras para asegurarse su permanencia en el poder. ¿Qué tipo de gobierno regía los destinos del país? ¿Era España una monarquía o una dictadura vitalicia? ¿En dónde desembocaría el régimen impuesto por la fuerza? Se intentó responder a algunas de estas cuestiones con la ley de Sucesión a la Jefatura del Estado, promulgada en 1947. Determinaba que España era un reino, lo que en teoría significa el restablecimiento de la monarquía destituida en 1930 con el exilio de Alfonso XIII. Esta misma ley nominaba a Franco como jefe del Estado por vida, con el poder de elegir a su sucesor. En la práctica esto significaba que la monarquía no se instauraría hasta la muerte o dimisión del jefe vitalicio. Los monárquicos, que en su gran mayoría habían apoyado el golpe militar en 1936, ratificaban que Franco no tenía ninguna intención de abandonar el mando. El poder era demasiado atrayente, y la monarquía y su heredero, Juan de Borbón, conde de Barcelona, hijo de Alfonso XIII, tendrían que esperar por tiempo indefinido.

El malestar creció entre monárquicos y militares, y se planearon algunas sublevaciones que no pasaron del papel. Lo que sí empeoró fueron las relaciones entre Franco y Juan de Borbón, que no aceptó la ley de Sucesión. Años más tarde, sin embargo, llegó a un acuerdo con el Caudillo por el cual su hijo, el príncipe Juan Carlos, regresaría al país para ser educado bajo tutela del régimen, como requisito imprescindible para ser nombrado heredero al trono.

En 1953, el régimen recibió la bendición de Estados Unidos tras dos años de negociaciones, que culminaron con la firma de una serie de acuerdos. A través de ellos, se levantaba el embargo económico que pesaba sobre el país y se promovía su admisión en la ONU (1955). Estados Unidos obtenía a cambio cuatro bases militares en territorio español por nueve años —prorrogables de mutuo acuerdo— y la alianza española contra la amenaza comunista. Recuérdese que eran los años de la guerra fría y el mayor enemigo de las democracias occidentales era el comunismo internacional.

Unos años antes, en 1953, se firmó el concordato con el Vaticano, por el que se ratificó el catolicismo como la religión oficial del Estado, lo que equivalía a declaración de confesionalidad. La enseñanza religiosa se hacía obligatoria y el Estado asumía la obligación de mantener al clero, que además quedaba exento del pago de impuestos. El Vaticano, por su parte, concedía a Franco la facultad de nominar una terna, de la que Roma seleccionaba obispos. La Iglesia bendecía al régimen y se inauguraba una etapa de conservadurismo religioso tradicionalista.

El necesario proceso de institucionalización iba tomando cuerpo. Recordemos que un régimen no es un partido. El franquismo fue un régimen autoritario formado por una coalición de derechas, con el apoyo del ejército y la Iglesia. Con el fin de darle forma, en 1958 se aprobó la ley de Principios Fundamentales del Movimiento Nacional. El Movimiento Nacional, sin pretensiones de ser un partido, se articulaba como un movimiento abarcador de la voluntad de todos los españoles, presidido por un líder único. Para Franco, los partidos políticos generaban divisiones, ruptura y conflictos por intereses partidistas que nunca deberían estar por encima de los destinos de la patria. El Movimiento Nacional, como corriente aglutinadora por encima de los partidos y sus principios, exigía lealtad incondicional. Su legalidad residía, teóricamente, en el hecho de ser los vencedores de la guerra. El resultado fue que, entre 1951 y 1959, se produjo la consolidación del régimen de Franco de acuerdo con los planes establecidos al finalizar el conflicto bélico. El ejército fue un pilar fundamental que, al haber sido protagonista de la guerra, demandaba el poder en la paz. Era también una garantía de orden público y de unidad nacional.

LAS PRIMERAS CRISIS

La paz externa escondía un descontento que, poco a poco, se fue manifestando a través de esporádicas manifestaciones en contra del régimen. En Barcelona, la huelga de tranvías de 1951 daba el primer toque de alerta, a la que seguirían distintos disturbios universitarios en Madrid en 1956. El país bregaba muy tímidamente por expresarse y escapar del corsé de la dictadura. En ciertos momentos, la represión contra la oposición fue muy dura, especialmente contra líderes comunistas y miembros de ETA. Con el tiempo, la oposición creció mientras la mayoría aprobaba con su silencio las acciones de grupos radicales. De vez en cuando, la dictadura mostraba sus dientes con actos represivos dirigidos contra manifestaciones públicas y líderes políticos. Por su parte, sectores minoritarios de la Iglesia iniciaban críticas contra un sistema donde las libertades fundamentales del cristiano eran recortadas. Numerosos sacerdotes y religiosos eran detenidos por participar en acciones de protesta, apoyar a la oposición o firmar escritos subversivos. Un nuevo sector dentro de la Iglesia se distanciaba del poder, y su labor a la larga sería muy valiosa en el proceso de concienciación de la situación política.

Por su parte, la economía languidecía sin llegar a alcanzar los niveles de producción de los años de la República. Se experimentó un retroceso de los niveles productivos y un descenso del nivel de vida. Hubo de recurrirse a racionar los productos básicos. Así hicieron su aparición las "cartillas de racionamiento", por las cuales se calculaba los alimentos básicos que debía recibir cada familia. Las fases autárquicas (1945–1959) habían estancado los principales sectores productivos sin acceso a las necesarias importaciones, especialmente de bienes de equipo. La investigación y el desarrollo de la tecnología eran ignorados, y no existían prácticamente inversiones autóctonas que suplieran la carencia de capital extranjero. La innovación más dinámica de la economía llegó con la creación del Instituto Nacional de Industria (INI), en 1941, con el objeto de promover la industria nacional desde las esferas del Estado. La agricultura también regresó a niveles por debajo de los conseguidos durante la República. Los planes de reforma habían sido anulados y se habían devuelto las tierras a los antiguos propietarios. La media de la renta nacional de 1935 no fue superada hasta 1951, con alguna excepción. La política económica era un calco de la practicada en la Alemania e Italia fascistas: autarquía y estatismo. El país parecía quedarse atrás en el proceso de modernización.

EL LLAMADO MILAGRO ECONÓMICO

La apertura internacional experimentada a partir de 1953 presentaba una serie de posibilidades macroeconómicas que España no podía desaprovechar si quería salir del letargo económico en que se encontraba. Los malos resultados obtenidos en el período autárquico requerían modificaciones sustanciales. El Plan de Estabilización elaborado entre 1957 y 1959 fue un primer paso en esa dirección. Tuvo como finalidad fundamental realizar un saneamiento monetario en conjunción con las instituciones financieras internacionales que redujese el déficit público, frenase la inflación, unificase los cambios de la moneda y los definiese con arreglo a la equivalencia de oro fino, y por último, que atrajese las inversiones extranjeras. En 1959 el plan se puso en marcha con síntomas positivos.

Para 1962, era obvio que se requería un nuevo paso en el proceso dinamizador del país. Se formularon entonces los Planes de Desarrollo, que fueron pieza clave en la evolución de la economía y la sociedad española en general. Las bases consistían en la promoción de la industria mediante una política que aparejase los estímulos estatales con la iniciativa privada. Era de particular interés conseguir que la industrialización abarcase a otras provincias y balancease un tanto los sectores industriales centrados primordialmente en el País Vasco y Cataluña. Los resultados fueron espectaculares, ya que se consiguieron crecimientos económicos sostenidos sin igual en la historia de España. Se habló por esas fechas del "milagro económico español" y, de alguna forma sin tener en cuenta muchas de sus lacras, lo fue. Las tasas de crecimiento españolas sobrepasaron a todas las economías capitalistas, con excepción de Japón. La cuestión que los historiadores han planteado es si el fenómeno se debió al acierto de los Planes de Desarrollo o a una serie de coyunturas interiores y exteriores. Según el historiador Javier Tusell, el franquismo no hizo otra cosa que retrasar un desarrollo económico que hubiera podido producirse antes. La cuestión es que España incrementó su capacidad exportadora, redujo el déficit de la balanza comercial, controló la inflación y se las arregló para que en el país no hubiera desempleados. ¿Cómo fue posible? Tres factores se aunaron en este proceso de rápido crecimiento: la emigración de trabajadores españoles a Europa, la inversión masiva de capital extranjero y el "boom" del turismo.

Tras la Segunda Guerra Mundial, Europa había quedado destrozada, especialmente los países directamente involucrados en el conflicto. Muchas ciudades fueron prácticamente arrasadas, con el consiguiente destrozo de la infraestructura urbana, vial e industrial. Todavía estremece la visión de algunas ciudades europeas que parecían salir de una noche apocalíptica. El gran beneficiado de la conflagración fue Estados Unidos, que se apostó a presidir sobre la reorganización de poderes en Occidente. La Unión Soviética quedó en un segundo plano, como la contrapartida de las democracias europeas. Se había iniciado así el proceso de la guerra fría bajo la mirada vigilante de la Organización del Tratado del Atlántico Norte (OTAN). Había que reconstruir Europa para que Estados Unidos contase con aliados estables y presentar un frente firme a las amenazas soviéticas. Se requería también un mercado consistente que agilizase los procesos industriales y el crecimiento económico sostenido. Europa había perdido a muchos de sus mejores hijos. Se calcula en millones las víctimas de la guerra. Las fábricas no sólo carecían de maquinaria e infraestructuras, sino de mano de obra para levantar sus plantas y poner en marcha sus turbinas.

Conscientes de la importancia de una Europa recuperada, Estados Unidos aprobó el Plan Marshall (1948–1952) para su reconstrucción. El plan supuso infusiones masivas de capital estadounidense que se inyectaron sobre Europa y agilizaron un proceso necesario de revitalización. Había que levantar las ciudades europeas, pavimentar sus carreteras y engrasar sus máquinas para que pudiesen producir con la celeridad que la economía exigía.

España quedó al margen del Plan Marshall. En su haber pesaba todavía la carga de ser una de las pocas dictaduras sobrevivientes de Europa occidental. La otra era Portugal. España tuvo que consolarse con algunos préstamos y con una ayuda en forma de excedentes agrícolas y ganaderos que llegaron como subsidios. Ese momento tragicómico de la vida de España está recogido en la película de Luis García Berlanga, *Bienvenido Mister Marshall*, en donde un pueblo de la España profunda ve pasar sus ilusiones cuando el coche del esperado Mr. Marshall cruza por la carretera principal sin parar siquiera.

En Europa, además de capital, se requería mano de obra, y ésta se buscó en el sur. Masas de inmigrantes europeos de los países mediterráneos hicieron su aparición en los centros industriales de Francia, Alemania, Bélgica, Inglaterra, Holanda y Suiza. Se calcula que fueron cerca de un millón de trabajadores españoles los que se mudaron al norte en busca de oportunidades laborales. En muchos casos, eran viajes estacionales de corta duración para vendimiar. El fenómeno tuvo varios efectos. La oferta de trabajo mitigaba el desempleo interior y reducía la masa de trabajadores campesinos o urbanos que de otra forma hubieran necesitado la ayuda de subsidios de desempleo y creado desasosiego laboral. La población española, a pesar de la dificultad de los años de posguerra, había aumentado de 26 millones en 1940 a cerca de 36 millones a finales de la década del 60.

La gran demanda de mano de obra de las fábricas de Europa vino como agua de mayo a la economía española, ya que facilitaba los procedimientos para que grandes masas de trabajadores encontrasen puestos de trabajo en destinos determinados. Se abrieron oficinas de emigración en las grandes ciudades de toda la península, en las que se proporcionaba información sobre puestos de trabajo, pasaportes y ayudas para los desplazamientos. Estos emigrantes se desplazaban con el ánimo de conseguir trabajo que restaurase su dignidad, que les permitiese mantener a sus familias, y ahorrar, con la fe puesta en el retorno. En general, esos trabajadores se trasladaban sin sus familias, a las que dejaban en los lugares de origen. Vivían en situación precaria y enviaban a sus hogares el fruto de su trabajo. Las cantidades acumuladas y transferidas a cuentas en España representaron un extraordinario monto de divisas que llegaba a las arcas españolas a cambio de un inesperado producto de exportación, consistente en mano de obra.

Lo que España exportaba era energía de trabajo que le sobraba. A cambio recibía cuantiosas cantidades de capital en pequeñas porciones asalariadas. Hasta 1957, la combinación de una continua inflación más la rigidez del sistema monetario habían devastado las arcas españolas, y los asesores financieros de Franco tuvieron que anunciarle en varias ocasiones que sólo quedaban divisas para varias semanas. Los envíos realizados por los emigrantes venían como anillo al dedo. Por otra parte, se reducía prácticamente a cero el desempleo y se capeaba así su conflictividad. Del millón de españoles que salieron del país entre 1957 y 1974, muchos no regresaron; otros lo hicieron tras varios años y luego de haber adquirido un oficio o conseguido una especialización.

Otro factor primordial que explica el crecimiento de la economía española en esas fechas fue la llegada sostenida de capital extranjero. Se debió en parte a los préstamos de urgencia que realizaron bancos estadounidenses tras la firma de los acuerdos de 1953 y años sucesivos. Fue también el resultado de las inversiones de capital privado de distinto origen que robustecieron ciertos sectores productivos y levantaron plantas industriales en territorio nacional. Uno se pregunta qué incentivos ofrecía España al gran capital si se considera que la clase trabajadora, aunque con limitaciones sindicales, había estado respaldada por una legislación proteccionista.

Una de las partes más interesantes de la legislación española fue el Fuero del Trabajo, promulgado en 1938, antes de finalizar la guerra. Este interesante contrato legislativo de inspiración falangista, hacía énfasis en el derecho inalienable al trabajo de todos los españoles y en su organización a través de un sindicato vertical. El sindicalismo vertical suponía una ruptura con el concepto capitalista de libre contratación, que era sustituido por la cooperación entre propietarios y trabajadores. Condenaba la huelga, principal arma del sindicalismo, por considerarla dañina a los intereses de todos los españoles agrupados laboralmente. Defendía el trabajo, pero fundamentalmente los derechos de los patrones, salvaguardando la propiedad. Una clase laboral no conflictiva, pues, era una panacea, especialmente comparada con la problematización de los sectores obreros surgidos de la Segunda Guerra Mundial con sindicatos politizados y combativos. A una legislación tan favorable se unían unos salarios mínimos muy bajos si se los comparaba con los europeos. ¿Qué más se podía pedir? Ante esta coyuntura, se inició en distintas partes de Europa un proceso de desmantelamiento de fábricas que luego se instalaron en España. Grandes compañías de automóviles, químicas y de bienes de equipo se asentaron en el territorio nacional, que ofrecía otras ventajas adicionales.

La geografía de la España peninsular presenta una serie de extraordinarias ventajas geopolíticas y económicas. España es el país de Europa con más costas. Sus puertos se abren al Atlántico por Galicia y Huelva, a Europa del norte por la costa cantábrica y el País Vasco, a África por Cádiz y Málaga, y al resto del Mediterráneo a través de las costas levantinas. Es uno de los países más occidentales de Europa, lo que reduce las distancias con las costas americanas. Es decir, España es estratégicamente ideal para el comercio por sus ventajas para el transporte marítimo. Alemania lo había entendido así durante la Guerra Mundial, cuando quiso controlar el Mediterráneo mediante el acceso al estrecho de Gibraltar. Las concesiones otorgadas por las autoridades españolas, estatales y locales, a las industrias extranjeras, hacían de España un paraíso económico y fiscal, mucho antes de que se inventaran los paraísos fiscales. No es, pues, ninguna sorpresa que España se convirtiera en un país favorito para el capital foráneo.

El turismo se alzó como el tercer motor del desarrollo. La década de los 60 marca el inicio de la expansión del turismo mundial como fenómeno de masas. Las mejores condiciones viales, el contacto entre pueblos iniciado durante la guerra, el ánimo de conocer y una cultura expansiva de masas incentivaron su desarrollo. Viajar se hizo más sencillo y más común. España ofrecía muchos alicientes. A la extensión de sus costas mediterráneas y norteñas, sus montañas y pueblos, había que añadir el atractivo de su riqueza monumental. Los románticos franceses habían descrito España como un país exótico, de mujeres vestidas de negro que escondían tras sus velos unos misteriosos ojos oscuros; un país de gitanas que leían las palmas de las manos; de toreros y de bailaores de flamenco; un país más próximo a África que a Europa. Estas descripciones habían herido la sensibilidad de los intelectuales españoles, que se consideraban propietarios de una alta cultura que había dado al mundo grandes escritores y artistas. En cualquier caso, ese cierto exotismo proporcionaba alicientes adicionales para viajeros y turistas en busca de novedades. España era la tierra de Don Quijote, Bernarda Alba y Picasso, y además tenía sol y mar para todos, y a bajos precios.

El fenómeno del turismo se extendió como una bendición económica. Millones de viajeros, en número creciente de año en año, se desparramaron por las costas, ciudades y pueblos españoles. Los bajos costos de la vida, la riqueza culinaria y la hospitalidad de los españoles añadían elementos extras de atracción. En poco tiempo, el turismo se convirtió en el más importante motor de la economía. Sus efectos fueron múltiples. El turismo genera trabajo y repercute en la hostelería: hoteles, residencias, restaurantes, bares y discotecas. Y tiene un efecto en cadena en otras ramas de la producción: construcción, alimentación y agencias. Genera empleo temporal y permanente. Como resultado del fenómeno turístico, se construyeron nuevos hoteles, hostales y apartamentos, se mejoraron las carreteras, y se incrementó la red de ferrocarriles, muy necesitada de atención. A los aeropuertos y estaciones de trenes comenzaron a llegar turistas de todas partes de Europa: suecas en bikinis, franceses en rulotes, alemanes dispuestos a broncearse e ingleses deseosos de emular a Richard Ford, a Washington Irving y a algunos de los clásicos viajeros del siglo XIX.

Los españoles, un tanto aislados como efecto de la censura franquista, entraron en contacto con nuevas gentes e ideas. Hablar idiomas fue una necesidad, e intercambiar opiniones una liberación. Lógicamente, hubieron de liberalizarse las leyes comerciales muy anquilosadas por la estructura de monopolios y las cuotas de la política económica franquista. Tan sólo un 20 por ciento de los bienes importados permaneció como comercio de Estado. El turismo cambió la España de los 60 para transformarla en un país en vías de desarrollo.

Así se presentaba España en 1975, a la muerte del dictador. Los datos de la distribución de la población ayudan a entender mejor el trasfondo de los cambios. En 1975, el sector agrícola componía el 22 por ciento de la fuerza laboral; la industria representaba el 27 por ciento; la construcción, el 10 por ciento; y el sector servicios, el 41 por ciento. Hay que recordar que en 1940, justo al final de la guerra, las cifras se distribuían así: el 22 por ciento industria y construcción; el 27,5 por ciento, servicios; y el 50,5 por ciento, agricultura.

Los arquitectos de la nueva política económica que había de iniciar la revolución industrial y el consumo de masas fueron los tecnócratas relacionados con la orden religiosa Opus Dei. Impulsado originalmente por el ministro de Hacienda, Navarro Rubio, fue Laureano López Rodó, el gran artífice, bajo cuya dirección se llevaron a cabo los planes de desarrollo y modernización que se extendieron desde 1959 a 1970. Para mediados de la década de los 70, sin embargo, el modelo había tocado fondo. Era obvio que se necesitaban nuevos estímulos. La crisis del petróleo, el rechazo al ingreso de España en la Unión Europea, las trabas proteccionistas aún existentes, la falta de claridad de las cuentas del Estado y el fracaso de los planes para promover el desarrollo en ciertas regiones presagiaban el fin del proyecto. ¿Cuál sería el siguiente paso?

En 1962, España solicitó la entrada en la Comunidad Económica Europea. No tuvo éxito. En 1970, consiguió un acuerdo preferencial. No sería hasta la instauración de la democracia que sus deseos fueron oídos. En esa disyuntiva, Franco se presentaba a la burguesía industrial como un estorbo. Había que deshacerse de él. Sin embargo, los españoles no fueron capaces de romper el sólido poder del viejo dictador, que murió en un hospital en noviembre de 1975, tras una larga enfermedad. A pesar de todo, su legado fue inmenso y marcó la vida de todos los españoles durante 40 años. Los efectos aún se sienten.

FRANCISCO FRANCO

Los estudios dedicados a la dictadura de Franco, su sistema político, su figura y legado son múltiples. Todavía hay piezas del rompecabezas que resulta difícil colocar. Los españoles miramos hacia atrás sorprendidos y nos es difícil dar respuesta a simples preguntas. ¿Cómo es posible que permaneciese cuarenta años en el poder una personalidad tan mediocre y sin una ideología definida? Sólo es posible dar respuestas plausibles a esta pregunta si estudiamos con minuciosidad la personalidad y la trayectoria del Caudillo. El régimen que instauró, vacío de ideología, primitivo económicamente y represor en lo político, fue viable por las circunstancias que se dieron cita, especialmente las dos guerras, y el modo en que Franco condujo el timón de mando. Las razones que Franco aludió para justificar su participación en el golpe de Estado de 1936 y la continuación en el poder tantos años, parecen descansar en el sentido profundo de responsabilidad de un militar comprometido con España y su unidad. Frente al caos social, los ataques a la Iglesia y la desintegración de la unidad nacional, este soldado educado en las escuelas militares e iluminado por un profundo sentido de la disciplina, se aprestó a aceptar la llamada del destino. Desde un principio aparece en el proceso de toma de decisiones una argumentación de carácter providencialista. Franco se sintió elegido por la providencia divina para salvar el país. Por lo tanto, ya desde el inicio, la religión desempeñó un papel fundamental.

¿De qué religión estamos hablando? Sin duda de un catolicismo tradicional cuya raíz hay que hallarla en el carácter semiteocrático de la monarquía española. Para el pensamiento conservador, España es católica y sólo se puede entender bajo este prisma. Lo mejor de la tradición española, argumentan, está relacionado con el imperialismo, cuyo proyecto de Monarquía Universal Cristiana de los Reyes Católicos no sólo cimentó el Imperio español sino que se expandió al Nuevo Mundo, y fue durante siglos el baluarte de la ortodoxia católica. Es decir, hallamos en esta concepción un integrismo conceptual que considera la fe como una vocación de pureza racial apegada a moldes arcaicos.

El hecho de que el golpe de Estado militar fuese calificado como "cruzada de liberación nacional" expresa perfectamente este sentido. Había que liberar al país de sus enemigos fundamentales: comunistas, ateos y masones, y a esa labor se prestó Franco. Católico practicante, radicalizó su fe después de su matrimonio con Carmen Polo, su esposa y madre de su única hija. La idea de cruzada cristiana de liberación sin duda lo atrajo, pues inyectaba credibilidad a lo que, desde el punto de vista legal, había sido un golpe de Estado contra el gobierno establecido democráticamente. Desde los años de la guerra, Franco se hizo acompañar por la reliquia del brazo incorrupto de Santa Teresa de Jesús, lo cual sorprende en el comportamiento de un jefe de Estado europeo. El brazo permaneció en su dormitorio en el Palacio del Pardo hasta su muerte.

Varios fueron los monumentos religiosos inaugurados tras la guerra. Se destacan el Valle de los Caídos (monumental basílica y cruz que preside en el valle de Guadarrama, entre el monasterio de El Escorial y el puerto de los Leones) donde se registraron importantes batallas durante la guerra, y el edificio al Sagrado Corazón de Jesús, monumento que se alza en el kilómetro cero de la España peninsular a las afueras de Madrid. Ambos monumentos simbolizan la vocación católica restablecida por la dictadura. Tanto en la película *Raza*, cuyo guión cinematográfico fue escrito por el mismo Franco, como en muchas de sus íntimas notas, Franco atribuye la victoria en la Guerra Civil a la intervención divina. Así lo insinuó en varias ocasiones y en esta oración que pronunció para conmemorar el fin de la guerra: "Señor, acepta complacido la ofrenda de este pueblo que conmigo y por tu nombre ha vencido a los enemigos de la verdad, que están ciegos. Señor Dios en cuyas manos está el derecho y todo el poder, préstame tu asistencia para conducir este pueblo a la plena libertad del Imperio, para gloria tuya y de la Iglesia". Sobre esas bases se aprestó a regenerar el país en función de lo que denominó "nacionalcatolicismo". Esta fue su marca o lema, de inspiración falangista. El nacionalcatolicismo establecía un matrimonio entre la Iglesia y el Estado, lo mismo que el nacionalmilitarismo hacía depender del ejército la esencia nacional,

Monumento a la Cruz de los Caídos

y el nacionalismo histórico establecía la relación entre el pasado imperial de los Reyes Católicos y la monarquía española con el presente.

Franco sintió la evolución liberadora de la Iglesia Católica a partir del Concilio Vaticano II de Juan XXIII (1962-1965) como una traición y no dejó de expresar ese sentimiento. Algunos de sus biógrafos han comentado que incluso llegó a pensar en sus últimos años de vida la posibilidad de romper con la Santa Sede, a la vista de lo que consideraba posiciones liberadoras en contradicción fundamental con la más rancia ortodoxia cristiana.

Hasta que en 1926 fue ascendido a general, su carrera militar había sido brillante, pero no excepcional. Tenía 33 años y era el oficial más joven de Europa que ascendía a tal rango. En la escuela militar no destacó necesariamente y pasó por ella con una reputación de trabajador, austero y disciplinado, pero nada más. Posiblemente en el sentido de la disciplina reside uno de sus rasgos formativos y explican la forma en que gobernó. Podría decirse que Franco gobernó España como si de un cuartel se tratase. Es decir: respeto a las jerarquías, obediencia ciega si se quiere ser eficaz y agrupación nacional en un proyecto común. La presencia del ejército fue fundamental en sus gobiernos, lo mismo que lo fue durante la guerra, cuando la concentración de poder era absoluta. Pensemos que al no estar sometido a los límites de una ideología específica o doctrina, incluso la fascista, el poder no tenía límites.

En la España de Franco se hacía lo que el Caudillo y Generalísimo de los ejércitos deseaba en cada instante. Así fue durante todos sus gobiernos, con la particularidad de que Franco odiaba de tal forma las discusiones y desacuerdos, y estaba tan desinteresado por ciertos aspectos del ejercicio del poder que, en la práctica, dejaba hacer a sus ministros más de lo que se podría imaginar en una dictadura autoritaria de corte militar. Uno de sus ministros, Joaquín Ruiz Giménez, comentaba que para dar fin a ciertos debates dentro del consejo de ministros, decía "hagan lo que les dé la gana", con lo que dejaba zanjada la discusión. Ante tal carencia de principios ideológicos, el régimen se mantuvo en base a un equilibrio dentro de las familias que componían el sistema que tenía como centro pivotal la persona del dictador.

Su carisma personal se reducía a cero. Era introvertido, parco en palabras y mal orador, pero de una gran sagacidad a la hora de identificar peligros y enemigos. Según el historiador Salvador de Madariaga, "para Franco lo esencial es durar; no hay acto suyo que tenga otra misión que ésa". Sin embargo, sus apologistas, que fueron también muchos, lo describen a la inversa. Según Raimundo Fernández Cuesta, uno de los falangistas fundadores y más tarde ministro, "Franco no es ni jefe de Gobierno ni dictador vulgar: es el jefe carismático, el hombre dado por la providencia para salvar a un pueblo, figura más que jurídica, histórica, filosófica, que escapa a los límites de la ciencia política para entrar en los del héroe de Carlyle o el superhombre de Nietzsche". Las opiniones no pueden ser más dispares.

No hay duda de que durante todos los años en el poder, la máquina propagandística del régimen trabajó en reproducir una persona, un héroe salvador de la patria, Caudillo indiscutible, bajo cuyo liderazgo el país alcanzaría sus más altas metas. El mensaje repetido una y otra vez, acabó teniendo algún efecto. Con motivo del referéndum de 1967, Franco decía al pueblo español: "¿Es mucho exigir el que yo os pida vuestro respaldo a las leyes que en vuestro exclusivo beneficio y en el de la nación van a someterse a referéndum?" La cuestión parece provenir de un padre protector que pide a sus hijos lealtad incondicional, algo que Franco pensaba que merecía. El hecho de haber ganado la guerra con el retorno del orden social y callejero, el hecho de que la guerra fue muy larga y costosa en vidas, el hecho de que la oposición huyó al exilio y que se le dio crédito por haberse opuesto a los deseos de Hitler de invadir el territorio nacional, pavimentaron su prestigio y posibilitaron la permanencia en el poder. El suyo fue un régimen que no se puede explicar sin Franco, aunque caracterizar un personaje histórico como dictador no es suficiente para resolver el problema de la definición política del sistema.

Franco nunca adscribió una ideología formal perfectamente delineada comparable a alguna de las corrientes políticas del siglo XX. Su ideario estaba constituido por un conjunto de creencias extraídas de distintas fuentes, entre ellas, la Falange. Según el historiador Stanley G. Payne, uno de sus biógrafos, Franco "creía en el nacionalismo, la unidad central, la religión católica, un gobierno fuerte y autoritario sin partidos políticos y un programa de desarrollo moderno, determinado en la máxima medida posible por las prioridades políticas y nacionalistas, con la reforma social como producto secundario del desarrollo económico... Era fundamentalmente monárquico en cuanto a principios políticos, aunque se sintió también tentado por algunas de las ambiciones radicales del fascismo antes de 1943, tentación a la que nunca sucumbió del todo".

Es difícil determinar hasta qué punto Franco se llegó a identificar con la Falange. Es posible que algunos de los aspectos fundamentales del ideario falangista lo atrajesen, especialmente el fuerte sentido de unidad nacional, las añoranzas imperiales, el ideal de un orden nuevo, la disciplina por encima de todo basada en un líder único, el espíritu religioso y la organización corporativa. La Falange sin duda le proporcionó una coherencia ideológica necesaria que supo aprovechar. Franco vio las ventajas que ésta podría proporcionarle y, desde el principio de la guerra, vistió en numerosas ocasiones el uniforme de la Falange, y adoptó también el saludo con el brazo en alto usado por fascistas y nazis.

La hermana de José Antonio, Pilar Primo de Rivera enlazó simbólicamente ambos personajes después de la muerte de José Antonio, fusilado en la cárcel. Fue prácticamente la única mujer que durante el régimen ocupó un cargo de importancia. Fue promotora y figura emblemática de la Sección Femenina, a través de la cual se pretendió incorporar a las mujeres al régimen.

Otros militantes de la Falange original corrieron distinta suerte. Tal fue el caso de Manuel Hedilla, sucesor de José Antonio, quien sostuvo que "Franco asesinó a la Falange. Y los muertos no resucitan". Los que pensaban como él fueron encarcelados, expulsados o marginados. La Falange, absorbida dentro del Movimiento Nacional, se redujo a prestar sus símbolos y consignas.

FUNCIONAMIENTO DEL RÉGIMEN

La Falange, como partido, participó en el régimen franquista tanto como lo hicieron otras de las consideradas familias políticas. El sociólogo Amando de Miguel ha identificado nueve "familias": militares, falangistas, primorriveristas, tradicionalistas, monárquicos, integristas, católicos, tecnócratas y técnicos. Los distintos gobiernos de Franco estuvieron formados por miembros de las principales familias políticas en un número bastante parejo. La idea central es que ninguna de esas familias llegase a alcanzar una primacía o influencia sobre las otras; así se destacaba el papel de árbitro adoptado por el dictador.

La distribución de carteras ministeriales se hacía en general de acuerdo con la procedencia de los ministros. La tendencia fue que los ministerios de Agricultura, Relaciones Sindicales y Trabajo estuvieran asignados a miembros de la Falange. Los de Economía, Justicia y Presidencia del Gobierno recaían en manos de los tradicionalistas. Los militares se reservaban los ministerios de Defensa y alguna vicepresidencia. Los católicos solían controlar los ministerios de Educación, Cultura y Turismo. De los 114 ministros que sirvieron a Franco, 40 fueron militares. Su peso, no obstante, fue disminuyendo con el correr del tiempo.

Las crisis ministeriales, en muchos casos provocadas desde arriba, tenían la misión de reorganizar el balance de poder que pudiera haberse desvirtuado por el excesivo protagonismo de una de las familias. El escándalo conocido como el caso Matesa, que estalló en 1969, sirvió para apear del poder a los flamantes ministros del Opus Dei, cuyo prestigio había crecido en demasía. El escándalo financiero de la compañía Matesa involucró a algunos de los ministros vinculados con la orden y fue aireado por la prensa del Movimiento Nacional, relacionada con la Falange. Franco lo solucionó como era costumbre, nombrando un nuevo gabinete en el que no apareciera ninguno de los personajes vinculados al escándalo.

Una de las familias políticas más complejas dentro del franquismo fue la de los monárquicos. Durante la guerra apoyaron, en un principio, el golpe militar así como a sus líderes, con la esperanza de obtener la restauración monárquica. No era una familia fácil de conciliar ya que, desde la Restauración Borbónica de 1874, habían estado divididos entre conservadores y liberales. Franco mantuvo viva la llama de la restauración monárquica y así lo expresó en numerosas ocasiones, aunque dejando claro que no favorecía una monarquía constitucional. Desde el final de la guerra, Franco sugirió que permanecería en el poder hasta que la labor que lo movilizó a tomar las armas fuese concluida. Bajo esa premisa podría renunciar en cualquier momento o mantenerse hasta su muerte, como fue el caso.

Su constante desdén hacia los políticos y la política hacía pensar que Franco era un militar llamado por el sentido de responsabilidad a realizar una misión y, una vez cumplida, renunciaría. Nunca fue más cierta la máxima de que "el poder corrompe y el poder absoluto corrompe absolutamente". En 1947 Franco procedió a la instauración del Reino, es decir, definió a España en la ley de Sucesión como una Monarquía y se reservó el derecho de elegir a su sucesor. De esta forma mantuvo encandilado a don Juan de Borbón, hijo de Alfonso XIII, y a la familia política de los monárquicos, que no tuvieron más remedio que aceptar los ritmos impuestos por el sistema. De hecho, a pesar del nombramiento de Juan Carlos como su sucesor en 1969, la posibilidad de perder su favor si contravenía los deseos del dictador marca su comportamiento.

A pesar de la ausencia total de democracia, el régimen fue muy coherente con lo que se consideran sus leyes fundamentales. Aunque muy lejos de la democracia y el parlamentarismo, su actuación fue legalista en cuanto que se rigió por leyes inspiradas en la autoridad del Caudillo y ratificadas por el Parlamento. Por su parte, el ejército no actuó violentamente ni jamás se produjeron actuaciones de grupos paramilitares propias de regímenes autoritarios radicales.

El franquismo se definió a partir de una fórmula conocida como "democracia orgánica", caracterizada por un pluralismo limitado y peculiar, radicalmente diferente de lo que se entiende por democracia en Occidente. La carencia de partidos políticos, con excepción de la Falange, fue compensada por el Movimiento Nacional, que deseaba recoger las voluntades de todos los españoles representados no por partidos políticos, a los que se consideraba desintegradores, sino por una voluntad común del ser español. De los siete textos constitucionales que rigieron la vida del régimen, el séptimo, la ley Orgánica del Estado, es lo que más cerca está de una constitución. Se la denominó orgánica porque la movía el deseo de integrar a todos los ciudadanos a través de fórmulas de participación indirecta. La ley Orgánica acabó con la concepción de movimiento-comunión expresada en el Fuero de los Españoles (1945), y definió las formas de participación de los ciudadanos a través de la representación orgánica de los estamentos: familia, sindicato y municipio.

Las Cortes fueron constituidas en 1942 con la misión de "ser el organismo superior de participación del pueblo español en las tareas del Estado". No fue una Cámara elegida en forma democrática, sino previamente seleccionada por las autoridades y aprobada por el jefe del Estado, que se adjudicó el poder de sancionar las leyes o vetarlas. Por lo tanto, las Cortes fueron una Cámara de representación indirecta y sometida a la voluntad del Ejecutivo. Deliberaban, pero no sancionaban. Sólo a partir de la ley Orgánica de 1967 se les confirió potestad legislativa. En realidad, cualquier forma de participación directa de los ciudadanos en la vida política fue sistemáticamente rechazada por el régimen, con la excepción de los referendos. El primero tuvo lugar en 1947, tras la aprobación de la ley de Sucesión en la Jefatura del Estado; el segundo, en 1967.

Arco del Triunfo, Ciudad Universitaria, Madrid

Los límites a la libertad marcaron la vida de todos los españoles durante los largos cuarenta años de dictadura. Se pusieron límites a la libertad de expresión, tanto de palabra como escrita. Se censuró la prensa y los libros que se imprimían, pero también los que se importaban, el cine, el teatro, la radio, la televisión, todo tipo de espectáculo, además de cualquier manifestación o protesta exterior. La huelga fue vetada y para especiales mítines callejeros se requerían permisos especiales. El país quedó encapsulado con una censura que vigilaba y velaba por el mantenimiento de la ortodoxia conservadora, una moral estrecha, y los principios políticos y leyes fundamentales del Estado. Se impuso la temida censura que se encargó de cortar cualquier brote de sedición o desviación política o moral. Se revivió el Índice, publicación de la Iglesia que contenía títulos de todos aquellos libros considerados peligrosos o subversivos. La censura previa obligó a editores a enviar copias del contenido de las publicaciones antes de su publicación.

La historia de la censura y los censores merece un capítulo aparte por el rico contenido anecdótico, especialmente en el cine y el teatro. Las películas debían ser autorizadas y para ello eran sometidas a censores que las mutilaban en sus contenidos sexuales, sociales y políticos. Los españoles se veían obligados a salir del país para poder ver las producciones de los grandes cineastas europeos. En las ciudades francesas fronterizas, se organizaban festivales de cine programados exclusivamente para ciudadanos españoles. A las ciudades de Le Boulou y Perpiñán llegaban caravanas de peninsulares motorizados cuyo destino era asistir a festivales donde se podían ver los últimos filmes de Ingmar Bergman, Federico Fellini, François Truffaut, Bernardo Bertolucci, o del director español Luis Buñuel.

En las librerías del país vecino se compraban ediciones de autores prohibidos o incluidos en el Índice de libros vedados. No sólo los decididamente "inaceptables", como Carlos Marx, Federico Engels, Miguel Bakunin, y las ediciones sobre la historia de España y la Guerra Civil de la editorial El Ruedo Ibérico, sino también muchos de nuestros más queridos y entrañables escritores: Federico García Lorca, Miguel Hernández, León Felipe, Max Aub y muchos otros. Los españoles se vieron aislados de las corrientes de opinión, difusión de ideas, exposición de tendencias artísticas y literarias y, de alguna forma, marginados intelectualmente del resto del mundo.

En los teatros españoles se estrenaban autores de comedia burguesa, muy de moda en la época, mientras se prohibían las vanguardias y lo más crítico entre nuestros autores dramáticos. No se llegó a estrenar ninguna obra de Fernando Arrabal, posiblemente el autor español de más proyección internacional en esos años, autor de *El cementerio de automóviles* y *El triciclo*.

La universidad creció rápidamente y también sintió el peso de la censura. Sin embargo, supo desarrollar un tipo de actividad interna, en muchos casos subversiva, que sorprendió a los dirigentes. La universidad española se convirtió en la caldera donde se coció la oposición al régimen, tanto a nivel del nuevo profesorado como del creciente estudiantado. Sus edificios fueron un baluarte en cuyas aulas se discutían temas que no se podían tratar en ningún otro foro y de donde surgieron las primeras expresiones externas de oposición. El régimen temía precisamente las manifestaciones exteriores más que ninguna otra cosa. Cualquier brote de oposición o manifestación exterior fue radical y violentamente reprimido. La policía, infamosamente conocida como "los grises" en razón del color de su uniforme, arremetía contra los manifestantes, realizando arrestos y sembrando el pánico. Sin embargo, en el interior de la universidad podría explicarse teoría marxista siempre que la sensación de paz y equilibrio dominase la vida del campus universitario. En esas aulas se adoctrinó a lo más selecto de la oposición y se educó a una nueva clase media consciente de sus derechos.

LOS ÚLTIMOS AÑOS DE LA DICTADURA

Los últimos años del franquismo fueron un constante declinar, como si el gran invento de la dictadura hubiese dejado de funcionar y se necesitase un modelo de reemplazo. Contrariamente a lo que sus fieles pensaban, la prosperidad económica no llegó pareja a una mayor adhesión al régimen. Todo lo contrario: la aparición de una sólida clase media con un mayor poder adquisitivo y mejor educada exigió el ejercicio de unas libertades que estaban vedadas.

Parecía que a Franco le interesaban cada vez menos las labores de gobierno, que delegaba progresivamente en ciertas figuras de su confianza, especialmente el almirante Luis Carrero Blanco, lo que le permitía dedicarse a sus pasatiempos favoritos. Le interesaban especialmente la caza y la pesca. Los noticieros oficiales, el NODO, lo mostraban como hábil cazador y experto marinero. Pasaba largas temporadas en su yate, el *Azor*, y dedicaba horas a otro de sus pasatiempos favoritos, el cine. Su interés lo llevó a escribir el guión de una película, *Raza*, especie de catálogo de sus ideas básicas. Cuando regresaba de sus viajes de fin de semana postergaba retomar los temas más urgentes, lo que irritaba a sus ministros. Sin embargo, no sorprendía a nadie, pues era la lógica consecuencia de una de sus virtudes, la paciencia. Franco nunca precipitó una decisión. Al contrario, pensaba que el tiempo atempera los problemas. El escritor José María Pemán contaba, en broma, que Franco tenía en la mesa de su despacho en el Palacio del Pardo dos montones de documentos: uno bajo la calificación de "problemas que el tiempo resolverá", el otro, "problemas que el tiempo ya ha resuelto".

Una de sus preocupaciones mayores en esos años fue dar sucesión al régimen. Franco expresaba gran confianza en sus declaraciones públicas, cuando decía "todo está atado y bien atado", haciendo referencia a que el régimen no se resquebrajaría tras su muerte. La ley de Sucesión había establecido que España era un reino. Ahora que se aproximaba la fecha de nombrar a un sucesor, se echó mano de la ley y se fijó la fecha del 21 de julio de 1969 para la proclamación del sucesor. El Consejo del Reino y las Cortes se aprestaron a recibir la noticia para ratificarla, pues estaba claro que la decisión sería única y exclusivamente de Franco. Era obvio que se trataba de un acto de instauración y no de restauración de la monarquía. La diferencia era fundamental, porque marcaba la deseada ruptura con el pasado.

En el día indicado, Franco nombró al príncipe Juan Carlos de Borbón y Borbón como su sucesor. Había sido educado bajo las directrices del régimen según lo convenido en su día con su padre, y se consideraba o se esperaba de él que fuese fiel a los principios fundamentales del Movimiento Nacional. El 23 de julio el Príncipe aceptó, declarando su fidelidad al Caudillo y afirmando que la Guerra Civil fue dolorosa pero "necesaria para que nuestra Patria encauzase de nuevo su destino". Ni las derechas ni las izquierdas estaban convencidas. La oposición y la prensa internacional calificaron a Juan Carlos de marioneta del dictador. El periódico francés *Le Figaro* se refería al futuro rey como "Juan el Breve", sugiriendo la corta vida que le aguardaba una vez desaparecida la figura señera del Caudillo.

El descontento por la falta de libertades se hizo sentir en muchos sectores de la sociedad. La Iglesia, su principal sostén, se fue distanciando poco a poco, especialmente los grupos católicos de base que fueron surgiendo en barrios pobres y las organizaciones de jóvenes. De gran actividad fueron las organizaciones católicas HOAC, JOC y Movimiento Católico de Empleados, que realizaron una gran tarea de concienciación en torno al papel de la Iglesia en el mundo y los derechos y libertades del cristiano. También la cúpula de la

Iglesia española se movilizó y en 1973 solicitó la revisión del Concordato de 1953, especialmente en lo referente a la separación de la Iglesia y el Estado.

En 1959 apareció una organización terrorista vasca con las siglas de ETA (Euskadi Ta Askatasuna) cuyas consecuencias eran difíciles de predecir. Progresivamente las acciones de este grupo se fueron incrementado con la aprobación tácita de la mayoría silenciosa, la masa de españoles que se congratulaban internamente por los actos del grupo, al ver en ellos una forma de minar la omnipotencia del régimen.

En diciembre de 1970 se celebró el llamado proceso de Burgos, por el que una serie de miembros de la banda fueron juzgados y condenados a pena de muerte. El gobierno pretendía dar un escarmiento con medidas radicales, comportamiento seguido por el régimen en momentos especiales. La decisión tuvo el efecto contrario y levantó una ola de protestas, huelgas, asambleas y manifestaciones en toda la península. Incluso la Conferencia Episcopal española pidió clemencia. La respuesta del Ejecutivo fue la normal: declarar el estado de excepción que limitaba aún más las libertades y montar una magna manifestación patriótica de apoyo al Caudillo. Las sentencias no se llevaron a cabo, pues a última hora llegó el indulto. Sin embargo, el daño estaba hecho y tanto en la sociedad vasca como en la opinión pública en general se evidenció la separación entre la sociedad y el poder.

El atentado más espectacular de ETA estaba por venir. En diciembre de 1973, la banda llevó a cabo una acción planificada con años de antelación y que acabó con la vida del almirante Carrero Blanco, recién elegido jefe del Gobierno. La acción conocida como Operación Ogro se inició mediante la construcción de un túnel bajo el pavimento de la calle Claudio Coello de Madrid, por donde el almirante transitaba diariamente tras escuchar misa en la iglesia de San Francisco Borja. Al pasar con su vehículo, hicieron explotar la carga de dinamita y enviaron el coche del almirante al patio interior del edificio adyacente. La acción, vitoreada por muchos, produjo un clamor contrario en la ultraderecha, que pidió la toma del poder por el ejército.

El acontecimiento ocurría muy próximo a una de las primeras recaídas serias de la salud del Generalísimo. Carrero Blanco era considerado en esa fecha el pilar fundamental del régimen, el hombre fuerte y de confianza de Franco. Se rompía con él uno de los canales de la continuidad. El nuevo jefe de Gobierno, Carlos Arias Navarro, tendría que presidir sobre una crisis creciente que se extendía en diversos frentes. La economía se resentía sin posibilidades de la revitalización que hubiera supuesto la entrada de España en la Comunidad Económica Europea. Esta vía parecía cerrada mientras no se reemplazara dictadura por democracia.

Los problemas de orden público se disparaban. Nuevos grupos violentos habían hecho su aparición. A las acciones de la ETA se sumaban las del Grupo de Resistencia Antifascista Primero de Octubre (GRAPO). Por su parte, del cuerpo del ejército surgía la Unión Militar Democrática (UMD), solidaria con la tendencia democratizadora que vivía toda la sociedad. El gobierno propuso una reforma que se materializó en las nuevas leyes de Asociación y de Prensa. Mediante la primera se proponía la elección democrática de alcaldes, la creación de asociaciones políticas y una mayor libertad sindical. Como dato importante que expresa la lucha soterrada de la sociedad, entre 1963 y 1975, según el historiador Álvaro Soto, hubo en España 11.789 huelgas. La ley de prensa suavizaba en cierta medida el papel de la censura.

En 1974, la oposición en el exterior comenzó a dar señales de vida. En julio se formó la Junta Democrática, que agrupó a diversos partidos, viejos y de nuevo cuño, sindicatos socialistas, comunistas y otras asociaciones. La reacción del último gabinete franquista cayó en las medidas represivas tradicionales, promulgando una nueva ley Antiterrorista. El régimen se rompía en vida del dictador. En 1974, una tromboflebitis dio la primera señal de alarma. De acuerdo con la ley de Sucesión, se traspasó el poder al príncipe Juan Carlos, quien asumió

Atentado contra el almirante Carrero Blanco

las funciones de jefe del Estado. Sin embargo, la recuperación temporal revirtió el proceso sucesorio y Franco recuperó el poder, que siempre había considerado vitalicio. La camarilla que lo rodeaba hizo todo lo posible para disuadir cualquier duda sobre la capacidad del Caudillo para ejercer el mando. Se orquestaron nuevas manifestaciones multitudinarias de apoyo, la última en octubre de 1975. En las semanas siguientes, nuevas complicaciones de salud hicieron mella en el cuerpo del octogenario jefe de Estado. Infartos y hemorragias internas lo arrastraron a una larga agonía en las últimas semanas de vida. Los medios de comunicación mostraban el espectáculo público de su agonía, que culminó en la madrugada del 20 de noviembre de 1975.

Acababa con él la dictadura más larga de la historia de España. La cuestión de si había conseguido regenerar el país quedaba sin responder. La incertidumbre del futuro se abría en la mente de todos los españoles, los que se pasearon para rendir homenaje a su figura postrada y los que celebraron su defunción con champaña el día del sepelio. Un ciclo importante de la historia se cerraba.

HITOS DEL PERÍODO FRANQUISTA

Dionisio Ridruejo

Una figura muy interesante e ignorada del período es Dionisio Ridruejo (1912–1975). Nacido en Burgo de Osma en 1912, tenía diecinueve años cuando se declaró la República. Para ese entonces militaba en el Partido Socialista y hacía sus primeros ensayos poéticos. Sin embargo, la serie de ataques realizados contra la Iglesia por grupos extremistas lo hicieron replantearse sus ideas e inclinar sus simpatías por un nuevo partido, la Falange, que nacía en 1933 con la promesa de una nueva aurora para España. En el discurso que José Antonio Primo de Rivera, su fundador, realizó en el teatro de la Comedia en Madrid en octubre de 1933, se articulaba un ideario en el que se mezclaban la mística de las armas con la elevación de la poesía, extraño matrimonio que fue, sin embargo, la marca registrada del partido. "En un movimiento poético, nosotros levantaremos este fervoroso afán de España. Yo creo que está alzada la bandera. Ahora vamos a defenderla alegremente, poéticamente. A los pueblos no los han movido nunca más que los poetas, y ¡ay del que no sepa levantar, frente a la poesía que destruye, la poesía que promete!" Ridruejo sentía como poeta y las palabras del fundador sonaban con tonos de seducción. Se afilió a la Falange, militó en ella y se convirtió en el vate falangista que prestó su voz al glorioso amanecer.

Entre 1934 y 1942 escribió un poemario fundamental, *Sonetos a la piedra*. En él se recogen las ideas básicas del ideario fascista. Según el hispanista Juan Cano Ballesta, Ridruejo "escribe este libro impregnándolo de hondas inquietudes y convicciones falangistas y constituyendo toda una teoría de la España que él sueña como paradigma político y encarnación de ideales básicos de la nueva era". La temática gira en torno a este ideal imágenes de la España heroica y caballeresca, de místicos y soñadores, castillos y almenas, alusiones constantes al Imperio y sus logros. El tema de la tierra castellana cobra gran protagonismo en varios sonetos dedicados al monasterio de El Escorial, la gran obra arquitectónica de Felipe II y símbolo de la España imperial, en la que se mira la España conservadora. En su muy extensa producción poética de marcado tono espiritual, se encuentran también algunos sonetos dedicados a José Antonio, aparecidos en la colección *Corona de sonetos*.

Hasta 1950, fecha en que obtuvo el Premio Nacional de Poesía, su producción literaria fue muy sólida, con más de diez poemarios, recogidos más tarde en la antología *En once años*. Sin embargo, su fervor político decayó notablemente después de la guerra, al igual que con muchos militantes falangistas de primera ola. En 1942, Ridruejo rompió con la Falange y dimitió de todos sus cargos políticos para dar paso a un proceso de marginalización que le costaría el destierro y la cárcel en dos ocasiones, en 1956 y 1957. En esta última fecha, firmó un informe confidencial en el que se denunciaba la situación política del país. Por esta y otras causas, debió emigrar a Estados Unidos y a Francia, donde se dedicó a la docencia. En 1974, poco antes de su muerte, fundó la Unión Democrática Española.

Los que lo conocieron no dejaron de señalar su tremenda honestidad y el afán por expresar un ideal colectivo. El crítico José Luis Cano escribe: "En 1952 con ocasión del Primer Congreso de Poesía en Segovia, le oí hablar por primera vez en público, y aún recuerdo la honda emoción que sentí al escucharle. Fue su discurso un canto emocionado a la libertad y a la fraternidad de los poetas de todas las Españas. Por primera vez se hablaba, en la dura España de la posguerra, de la libertad, y no para vituperarla sino para reivindicarla y ensalzarla".

Dionisio Ridruejo ha sido uno de los poetas malditos cuya obra, por sus originales ideales fascistas, ha sido ignorada. Su nombre y obra no aparecen en las grandes antologías de la poesía contemporánea. No todos los escritores e intelectuales estuvieron con la República; hubo un grupo selecto de escritores que convivió con el régimen y produjo literatura dentro de un ambiente que, bien es cierto, no era propicio para la libertad de expresión. En 1973, Ridruejo declaraba: "El poeta no puede dejar de revelar en lo que escribe las creencias, ideas, valores o preferencias que como ciudadano mantiene y profesa". Murió en Madrid en 1975, en la misma fecha que el dictador.

Luis Carrero Blanco

Cuando un atentado perpetrado por un comando de ETA en diciembre de 1973 acababa con la vida del almirante Luis Carrero Blanco (1903–1973), parte de las esperanzas de la derecha radical de dar continuidad al régimen se diluían. La presencia de este marino, fiel al Caudillo y a los principios por él inspirados desde el levantamiento, había ido adquiriendo mayor protagonismo. Algunos lo consideraban el cerebro gris del gobierno o un valido del jefe del Estado. Para otros, su presidencia había endurecido el régimen, lanzado desde 1969 a la labor de frenar la creciente ola de protestas, manifestaciones, huelgas y muestras de descontento.

Había nacido en Santoña, provincia de Santander, en 1903. En 1919 ingresó en la Escuela Naval y, años más tarde, participó en algunas campañas en la guerra de Marruecos, donde militares participantes en el alzamiento hicieron sus armas y ganaron su prestigio. Al iniciarse el golpe militar, se hallaba en Madrid, donde era profesor de la Escuela Naval. En el ambiente republicano de la ciudad, pidió asilo en varias legaciones extranjeras con la esperanza de poder cruzar el frente militar y refugiarse en la zona nacionalista. Allí se integró al mando de un crucero, primero, y al de un submarino, después.

La fidelidad al Caudillo fue la tónica que animó su trayectoria política. A Carrero Blanco le pertenece un escrito fundamental de 1940 en el que recomienda adoptar una posición de neutralidad en la Guerra Mundial. Como se sabe, ésta fue una de las piezas claves que permitió a Franco salvar su gobierno. Otra suerte hubiese corrido si España se hubiera involucrado directamente en la contienda. Inspiración suya fue la ley Orgánica del Estado que reguló de forma constitucional el Movimiento Nacional, y consiguió que Franco no se opusiese a ella. Algo semejante ocurrió con los Planes de Desarrollo. Carrero Blanco no fue

Jura como primer ministro del almirante Carrero Blanco, en la foto detrás de Franco.

miembro del Opus Dei, pero estuvo vinculado a él a través de su esposa. De su mano se incorporaron al gobierno los ministros tecnócratas del Opus, Laureano López Rodó y Gregorio López Bravo, responsables de los planes de Estabilización y Desarrollo. La apertura económica definitiva que flexibilizase la autarquía era un paso demasiado acelerado para los ritmos de Franco. En ese sentido, Carrero Blanco fue instrumental para convencerlo de la necesidad de apertura de la economía con el fin de inyectar la flexibilidad de que carecía.

En 1967, se incorporó directamente a la dirección del Estado al ser nombrado vicepresidente del gobierno. Había sobrevivido a muchos cambios ministeriales desde 1951, cuando entró a formar parte del gobierno como ministro secretario. Su celo, paciencia, sabiduría soterrada, y el saber amoldarse a los tiempos del dictador, fueron premiados con la primera presidencia del gobierno, que ocupó en 1973. Franco se reservaba el papel de jefe del Estado. Para entonces era un hecho que Carrero Blanco se encargaría de vigilar al recién elegido sucesor a la jefatura del Estado, el príncipe Juan Carlos de Borbón, y lo encarrilaría para que no se produjese ninguna desviación sustancial del plan sucesorio. Sin embargo, el atentado y su muerte acabaron con esa esperanzada posibilidad. Su sucesor como jefe de Gobierno, Carlos Arias Navarro, no estuvo a la altura de las circunstancias, o bien el país ya estaba preparado para el siguiente paso, la democracia.

Bibliografía

Cano Ballesta, Juan. *Las estrategias de la imaginación. Utopías literarias y retórica política bajo el franquismo.* Madrid: Siglo XXI de España, 1994.

Lafuente, Isaías. *Tiempos de hambre. Viaje a la España de posguerra.* Madrid: Temas de Hoy, 1999.

Payne, Stanley G. *Franco. El perfil de la historia.* Madrid: Espasa Calpe, 1992.

Soto Carmona, Álvaro, ed. *Historia de la España actual 1939–2000. Autoritarismo y democracia.* Madrid: Marcial Pons, 2001.

Tamames, Ramón. *Introducción a la economía española.* Madrid: Alianza Editorial, 1986.

Tusell, Javier. *La dictadura de Franco.* Madrid: Alianza Editorial, 1988.

CRONOLOGÍA

■ 1976

enero *El primer ministro Carlos Arias Navarro presenta su programa de gobierno a las Cortes.*
La Junta Democrática y la Plataforma de Coordinación Democrática, ambas formadas en el exilio para acelerar el proceso democrático, crean una coalición conocida como la Platajunta.
Primer congreso del sindicato socialista UGT desde la Guerra Civil.
1° de julio *Dimite Arias Navarro. Adolfo Suárez es elegido como nuevo jefe de Gobierno.*
octubre *Manuel Fraga Iribarne forma Alianza Popular, un partido conservador.*
Las Cortes franquistas votan su propia disolución.
noviembre *Las Cortes aprueban la nueva ley de Reforma Política.*
diciembre *El PSOE celebra su XVII congreso en Madrid, el primero desde 1932.*
15 de diciembre *Se aprueba la ley de Reforma Política.*

■ 1977

enero *Grupos extremistas de derecha asesinan en Madrid a cinco abogados laboralistas.*
9 de abril *Se aprueba la ley de Partidos Políticos.*
Se legaliza el Partido Comunista. Santiago Carrillo regresa a España.
14 de mayo *Juan de Borbón renuncia a sus derechos dinásticos en favor de su hijo Juan Carlos I.*
27 de mayo *Se concede amnistía a los prisioneros políticos, excepto a los acusados de terrorismo.*
16 de junio *Se celebran las primeras elecciones democráticas en España desde 1936. La Unión del Centro Democrático (UCD), partido recién formado, sale victorioso.*
septiembre *Se celebra la Diada en Barcelona. Se restablece la Generalitat Catalana.*
octubre *El gobierno y la oposición firman los Acuerdos de la Moncloa.*
Las Cortes concluyen la redacción de la Constitución española.
6 de diciembre *Se celebra un referéndum para la aprobación de la Constitución.*
Se otorga la preautonomía al País Vasco.
Desaparece la censura.

(Continúa)

■ **1978**

Se restablece provisionalmente la autonomía vasca.
15 de junio *Suárez disuelve las Cortes y convoca elecciones generales.*
21 de julio *El general Sánchez Ramos es asesinado por ETA.*
6 de diciembre *Se aprueba por mayoría la nueva Constitución en un referéndum.*

■ **1979**

18 de diciembre *Catalanes y vascos aprueban los estatutos de autonomía. ETA asesina al gobernador militar de Guipúzcoa.*

■ **1980**

24 de abril *Jordi Pujol es elegido presidente de la Generalitat Catalana.*

■ **1981**

23 de febrero *Intento de golpe de estado por un comando de la Guardia Civil que toma por unas horas las Cortes y a los diputados reunidos. El rey reafirma su fidelidad a la Constitución y a la democracia.*
25 de febrero *Suárez presenta su dimisión como primer ministro y líder de la UCD.*
El rey propone a Calvo Sotelo como sucesor al mando del gobierno.
junio *Se aprueba la ley del Divorcio.*

■ **1982**

21–30 de junio *Se aprueba la Ley Orgánica de Armonización del Proceso Autonómico (LOAPA), la ley que armoniza y regulariza el proceso autonómico. Se inician las negociaciones para el ingreso de España en la CEE.*
28 de octubre *El PSOE gana por mayoría absoluta en las elecciones generales.*

■ **1984**

Victoria del PNV en las elecciones en el País Vasco.
29 de abril *Jordi Pujol, líder de Convergència i Unió (CiU), gana por mayoría en las elecciones en Cataluña. Es acusado de irregularidades en negocios económicos en la Banca Catalana.*

■ **1986**

10 de enero *Se firman los acuerdos para el ingreso de España en la CEE.*
19 de enero *Se regularizan las relaciones diplomáticas con Israel.*
marzo *Se celebra un referéndum para el ingreso de España en la OTAN.*

(Continúa)

■ 1987

19 de junio *ETA pone una bomba en un supermercado en Barcelona donde mueren más de 15 personas.*

■ 1989

1° de enero *España asume la presidencia de la Unión Europea.*
4 de septiembre *José María Aznar es elegido líder del Partido Popular (PP).*
29 de octubre *El PSOE obtiene el triunfo electoral por tercera vez consecutiva.*
5 de diciembre *Manuel Fraga Iribarne es elegido presidente de la Xunta de Galicia.*
Líderes catalanes y vascos demandan el derecho a la autodeterminación.

■ 1992

Madrid es elegida capital cultural de Europa.
7 de febrero *Se aprueba el tratado de Maastricht.*
20 de abril *Se abre oficialmente la Expo Universal en Sevilla.*
mayo *Huelga general en toda España en demanda de mejoras laborales.*
25 de julio *Inauguración de la Olimpiada de Barcelona.*

■ 1993

6 de junio *El PSOE gana las elecciones generales por un estrecho margen.*

■ 1995

19 de abril *Intento de asesinato de José María Aznar, líder del PP, por un comando de ETA.*
Grandes demostraciones en España contra el terrorismo.

■ 1996

3 de marzo *El PP gana las elecciones generales y José María Aznar forma gobierno.*

■ 1999

1° de enero *Se crea el euro como moneda única en Europa.*

■ 2000

12 de marzo *Las elecciones legislativas son ganadas por el PP por mayoría absoluta.*

(Continúa)

■ 2003

11 de marzo *Atentado terrorista en Madrid, en las estaciones de tren de Atocha, del Pozo y de Santa Justa.*
En Cataluña, Pasqual Maragall, del partido Socialista de Cataluña (PSC), es nombrado nuevo presidente de la Generalitat.

■ 2004

14 de marzo *El PSOE gana las elecciones nacionales y forma gobierno.*

■ 2005

febrero *Referéndum para la aprobación de la Constitución europea. Los españoles se definen a favor, con un 76 por ciento de los votos.*
Propuesta de los partidos catalanistas para la aprobación de un nuevo estatuto que les conceda mayores autonomías. Se propone en el preámbulo que Cataluña sea considerada una nación.
El PSOE promueve y las Cortes aprueban una ley autorizando el matrimonio entre homosexuales.

■ 2006

Se aprueban los nuevos Estatutos de Autonomía para Cataluña, Valencia y las islas Baleares.
30 de diciembre *Nuevo atentado de ETA en el aeropuerto de Barajas en Madrid, que rompe una tregua encaminada a un acuerdo de paz.*

LA TRANSICIÓN

S e conoce la transición como el proceso por el cual España pasó de una larga dictadura a una progresiva democracia. No fue fácil. Desde una perspectiva histórica, no son muchos los países que han sido capaces de realizar un proceso de tal magnitud sin derramamiento de sangre. Los estudiosos se muestran escépticos sobre las posibilidades de éxito de estos procesos políticos a no ser que se produzcan condiciones especiales o extraordinarias. ¿Cómo apear del poder y sus beneficios a las clases que lo han detentado por décadas? El dilema con que se enfrentaba el país al final de la era franquista era que había que elegir entre continuidad o ruptura. Tras la muerte del dictador, la incógnita se presentaba a todos los españoles que amanecieron una mañana de noviembre sin el gobernante que los había regido con mano dura durante cuatro décadas, y se encontraban con la posibilidad de decidir su propio futuro. Por un lado estaban los que querían dar continuidad al régimen que había traído un nivel de paz social y de progreso económico sin precedentes en la historia contemporánea; por otra, los que esperaban, contando cada uno de los días, para romper con el pasado y resucitar la democracia y las muchas libertades perdidas.

En sólo cuatro años (1975–1979) España dio pasos gigantes en la homologación de su sistema político con los estados europeos. Con un sentido del compromiso político y voluntad de entendimiento admirables, en un breve período se desmanteló la democracia orgánica del franquismo y sus instituciones, se pactó la Ley de Reforma Política, se celebraron las primeras elecciones en más de 40 años (las últimas tuvieron lugar en 1936), se redactó y aprobó en referéndum una Constitución que regulaba las relaciones entre todos los españoles y sus regiones, y se puso en marcha la democracia. La anterior, la llamada "democracia orgánica", toma su nombre de un sistema orgánico a partir del cual los procuradores a Cortes eran elegidos en función de su representación institucional. Es decir, los ciudadanos tenían poco que decir, pues no existía un sistema de sufragio universal. Los procuradores de las Cortes eran elegidos por las corporaciones locales: representantes familiares, sindicales y municipales.

Sin embargo, el proceso no fue sencillo y sus resultados, aunque optimistas, fueron desiguales. La cuestión sería preguntarse si la transición, que se inició en 1975, puede darse por cerrada. ¿Es España un país democrático según los estándares establecidos por las democracias occidentales? Para dar respuesta a esta pregunta deberíamos establecer criterios relacionados con el ejercicio de la democracia, es decir, ¿existe en la España actual libertad de prensa, un sistema judicial independiente, un mercado libre sin interferencias estatales y el imprescindible balance entre los poderes legislativo, judicial y ejecutivo? ¿Se respetan los derechos de todos los individuos? ¿Se ha controlado la corrupción y el nepotismo? ¿Es España un estado laico donde se garantizan las libertades religiosas? Y aun más importante, ¿existe un sentido colectivo de unidad nacional? Este capítulo tratará de dar respuesta a estas cuestiones con el propósito de hacernos una mejor idea de la realidad nacional en los albores del siglo XXI.

EL DESMANTELAMIENTO DEL RÉGIMEN FRANQUISTA

El primer paso tras las pompas fúnebres y el entierro de Francisco Franco en el Valle de los Caídos, panteón construido por el dictador en la sierra de Madrid, fue la declaración de Juan Carlos de Borbón como jefe del Estado español según las directrices de la ley de Sucesión. Acto seguido se reunió el Consejo del Reino que presentó una terna de candidatos al nuevo jefe del Estado, quien se decantó por el continuismo nombrando jefe del Gobierno a Carlos Arias Navarro, un hombre del franquismo, sucesor de Luis Carrero Blanco. Las posibilidades de ruptura, pues, eran mínimas, ya que tanto el ejecutivo como el legislativo estaban formados con figuras pertenecientes al régimen anterior. Arias Navarro anunció una cierta apertura política, inevitable por otra parte, mediante una ley de Asociaciones tan limitante que no dejaba de ser una parodia democrática. Como era lógico, duró en el poder seis meses. El rey, que no había querido dar señales alarmantes nada más obtenida su investidura, lo sustituyó con una figura que en aquel momento parecía enigmática, Adolfo Suárez. Era un candidato improbable y desconocido, con el agravante de ser un antiguo falangista y director del SEU, sindicato universitario de ideología falangista. Tenía 44 años y no contaba con una trayectoria democrática, había estado emparentado con el franquismo duro, en posiciones cercanas a las de Carrero Blanco. Sin embargo, con él se inició el auténtico proceso de autorruptura o cambio de la legalidad desde dentro del sistema a través de la aprobación de la ley de Reforma Política.

La transformación radical de un sistema político a otro no es exclusivamente un proceso político que tiene lugar en las altas esferas del poder. Un proceso de democratización abarca no sólo las estrategias políticas y sus principales actores, sino que se extiende a los planos sociales, económicos y culturales. La democracia es un ejercicio difícil y exige una práctica. Precisamente por esa falta de práctica, y porque los actores seguían siendo los convidados del antiguo régimen, la incertidumbre frente al cambio era la tónica general de aquellos años. Hay que tener en cuenta que una de las características fundamentales de la transición fue el hecho de que las reglas del juego no estaban definidas y no se sabía tampoco quiénes serían los jugadores. No había antecedentes ni existían modelos recientes para emular. ¿Cómo sería posible el proceso? ¿Estaban los españoles preparados para dar el paso?

En la práctica, se produjeron dos dinámicas conjuntas que facilitaron el cambio. Se generó una reforma desde arriba que vino acompañada por presiones desde abajo. Ambas estuvieron presentes en el proceso dialéctico de cambio político, aunque no se dieran siempre en situación de equilibrio, por lo que los desajustes fueron múltiples. Como hemos indicado en el capítulo anterior, la sociedad española había experimentado profundas transformaciones desde finales de la década del 60. Al desarrollo económico rápido e incremento del poder adquisitivo de la población en general, hay que añadir la mejora de la educación básica, la incorporación masiva de jóvenes a la universidad, mayores contactos con el extranjero y una conciencia general de pertenencia a Occidente. La inclinación de la sociedad al cambio era una señal inconfundible que las élites políticas no podían desoír. Cierto que existía un sector de la sociedad apegado al franquismo, que muchos años después de desaparecido

Juan Carlos I, en las Cortes, jura la Constitución

seguiría clamando aquello de "con Franco vivíamos mejor". Pero en general, la sociedad pugnaba por un país libre y moderno integrado en Europa.

Las fuerzas políticas opuestas al régimen que habían vivido los acontecimientos políticos en el exterior tuvieron una influencia apenas perceptible. El gobierno republicano en el exilio era una fachada sin peso específico, y tan sólo los comunistas continuaron una cierta tarea propagandista que llegaba a España soterradamente o por vías indirectas. En 1975 se dieron las primeras señales de acción con la creación de una Plataforma de Convergencia Democrática en el exilio con dominio socialista y una Junta Democrática bajo control comunista que se formó en París. En 1976, ambas fuerzas se unirían en un frente común.

Sin embargo, el fenómeno político realmente notable en la época de la transición política (1975–1979), fue la auto disolución de las Cortes franquistas. Estaban formadas por políticos elegidos directamente por Franco, con una representación equitativa de las familias franquistas. Esas Cortes, herederas del régimen anterior, votaron en 1976 por una mayoría de 425 a favor, 59 en contra y 13 abstenciones, su propia disolución, al tiempo que se aprobaba la ley de Reforma Política. En la práctica era un suicidio. Se trató de una ruptura pactada y la singularidad del caso merece especial mención.

La ley de Reforma Política dio paso a las primeras elecciones legislativas que se celebraron, con la emoción correspondiente, el 16 de junio de 1977. Con anterioridad se aprobó la ley de Partidos Políticos el 9 de abril de 1977, que legalizó dichas formaciones incluido el Partido Comunista, a pesar de la oposición de los sectores más conservadores y del ejército. Para muchos españoles representó un estreno, pues era la primera vez que votaban en su vida. Ciertamente, no lo había hecho ningún menor de 60 años. Las elecciones se celebraron con un aire de fiesta y novedad y dieron los siguientes resultados: Unión del Centro Democrático (UCD), coalición de 42 partidos liberales, demócratacristianos y socialdemócratas, de reciente creación, liderada por Adolfo Suárez, obtuvo el mayor número de votos, el 34,6 por ciento, con 166 escaños en el Parlamento. Lo siguió el Partido Socialista Obrero Español (PSOE), con el 29,3 por ciento de los votos y 118 escaños. La tercera fuerza fue el Partido Comunista (PCE) con el 9,4 por ciento de los votos y 20 escaños. Alianza Popular (AP), partido de derecha no radical liderado por Manuel Fraga Iribarne, obtuvo el 8,8 por ciento de los votos y 16 escaños. El resto lo formaron partidos regionales y una larga lista de cerca de 200 partidos que se registraron para participar en estas primeras elecciones tras de 40 años de sequía democrática. Muchos fueron partidos improvisados, con un gran componente de oportunismo, que buscaban un espacio político en la nueva era.

LOS PACTOS DE LA MONCLOA

A partir de enero de 1977 y hasta las elecciones de junio, el frenesí legislativo fue la tónica. El gobierno procedió, mediante decretos ley, al desmantelamiento de las instituciones y leyes franquistas, 338 entre enero y junio de 1977. Al no existir ni constitución ni Cortes, recientemente disueltas, el gobierno optó por la vía directa. No se podía perder tiempo y la oportunidad histórica lo exigía.

En esa coyuntura de extraordinaria precariedad tuvieron lugar los Pactos de la Moncloa. Su nombre proviene del Palacio de la Moncloa, en Madrid, residencia del jefe del Gobierno, donde tuvieron lugar las conversaciones y los acuerdos. Entre las muchas amenazas que ponían en peligro la naciente democracia, destacaba la posibilidad de nuevos enfrentamientos entre las fuerzas políticas y la crisis económica que desde 1973 se cernía sobre el país. Había que evitar los maniqueos enfrentamientos que condujeron a la caída de la República. Las medidas de emergencia propuestas por el ministro de Economía exigían la aprobación de los partidos y los sindicatos.

¿Era posible que los españoles se pusiesen de acuerdo? La leyenda negra había pregonado a los cuatro vientos el individualismo hispano y su ingobernabilidad. Era pues tiempo de probar la invalidez del aserto. A tal efecto, convocados por el jefe del Gobierno, Adolfo Suárez, se reunieron representantes de las fuerzas que habían obtenido votos en las últimas elecciones. Uno de los objetivos fundamentales era conseguir un consenso de paz social y armonía laboral que permitiese la puesta en marcha de los planes económicos y sociales de modernización. Se negociaron cambios estructurales fundamentales, entre ellos la reforma fiscal, el control del gasto público, el mejoramiento de la seguridad social, medidas contra la especulación descontrolada del suelo, una nueva legislación laboral, la reforma del sistema financiero y bancario, la modernización de las estructuras agrarias, una política energética y un nuevo estatuto de empresas. Como puede verse, los cambios eran profundos y sin el acuerdo de todas las partes no sería posible llevarlos a cabo. Se pedía entendimiento y armonía de todas las fuerzas económicas y sociales. Los sindicatos no participaron en las primeras negociaciones, pero su aceptación fue imprescindible puesto que se necesitaba el sometimiento de la clase obrera al esquema de una política salarial fijada según la inflación.

En octubre de 1977 se firmaron los acuerdos a los que, por su importancia, se denominó "pactos en defensa de la democracia". Según el historiador Fernández Navarrete, a pesar de las limitaciones y las críticas, "la perspectiva histórica que ya existe nos permite calificarlos de un éxito rotundo". Efectivamente, a partir de estos acuerdos, se observó un comportamiento de las distintas nominaciones políticas y de las relaciones laborales caracterizado por el entendimiento y sometimiento a los objetivos macroeconómicos establecidos por el gobierno.

Palacio de la Moncloa de Madrid, edificio de la Presidencia del Gobierno

Adolfo Suárez

Las movilizaciones obreras y las huelgas fueron casi inexistentes. La democracia, en sus albores, parecía moverse con paso seguro y prometedor. Restaba ahora pactar un acuerdo entre todos los españoles, sus regiones y nacionalidades, que estableciese la forma en que todos serían gobernados. Es decir, se necesitaba una constitución.

La Constitución de 1978

La labor más importante y urgente de las Cortes fue la redacción de una constitución. Hasta entonces, el impacto de las constituciones había sido relativo. Desde 1812, fecha de la histórica Constitución de Cádiz que dio fin al absolutismo monárquico, diez habían sido las constituciones que probaron su suerte, cada una de distinto tono y carácter. Se aprobaron constituciones en 1812, 1839, 1845, 1856, 1869, 1873, 1876 y 1931. Tuvieron corta vida y respondieron a la llegada al poder de un nuevo grupo o partido, en muchas ocasiones como consecuencia de un golpe militar. ¿Tendría más suerte esta nueva y esperada constitución?

Fue redactada por treinta y seis miembros pertenecientes a los partidos con mayor representación en las Cortes. Intervinieron 17 miembros de UCD (el partido mayoritario), 13 del PSOE, 2 de AP, 2 del PCE y 2 de las minorías vasca y catalana. Tras muchos meses de trabajo, la comisión presentó un borrador que fue sometido a referéndum el 6 de diciembre de 1978. La participación fue reducida (el 67,1 por ciento) aunque se aprobó con un 87 por ciento de votos afirmativos. La elevada abstención, del 32,9 por ciento, fue más notable y preocupante en el País Vasco, donde el 43 por ciento de la población se abstuvo. Sin embargo, no mermó la legitimidad democrática del proceso.

Se le dio el nombre de "Constitución de la Concordia y Conciliación", por el espíritu de reconciliación nacional que la inspiró. Establece que la democracia es el principio básico legitimador de las relaciones entre los españoles, pues se asienta en la soberanía del pueblo al que pertenece el poder constituyente. Define que España es un Estado social y democrático de derecho, organizado como una monarquía parlamentaria, aunque los poderes de la Corona están muy limitados. El rasgo más relevante del proceso constitutivo fue el consenso, aunque las fuerzas representadas tuvieran que pactar un texto que no satisfacía totalmente a nadie. Sin embargo, era aceptable para todos.

¿Cuáles son sus características esenciales? 1) Es una constitución larga, con 169 artículos, que establece la forma de gobierno como monarquía parlamentaria democrática y limita los poderes del monarca como jefe del Estado. 2) Reconoce los derechos autonómicos de las regiones. 3) Establece el estado constitucional de los sindicatos de trabajadores y de los partidos políticos, sin excepción. 4) Refrenda el sufragio universal para todos los españoles mayores de 18 años. 5) Establece que el Estado no tiene una religión oficial, aunque uno de los artículos hace mención al valor especial del catolicismo. 6) Divide las Cortes en dos Cámaras: el Senado, con cuatro senadores por provincia, y el Congreso, elegido por representación proporcional. Con algunas menores rectificaciones, y con la constante presión de las autonomías por modificar el estatuto autonómico con el fin de obtener mayores prioridades, la Constitución sigue vigente hoy y es el texto fundamental que normaliza la relación de todos los españoles. Sin embargo, las amenazas contra la democracia y su regularización seguían presentes, y prueba de ello fue el intento de golpe de Estado de 1981.

CRISIS Y CONSOLIDACIÓN DEMOCRÁTICA

1981–1986

El acontecimiento más desequilibrante del proceso de la transición fue el intento de golpe de Estado perpetrado por el coronel de la Guardia Civil Antonio Tejero, el 23 de febrero de 1981. En plena sesión parlamentaria donde se preparaba la investidura del nuevo presidente del Gobierno, Leopoldo Calvo Sotelo, un grupo de guardias civiles penetró en el edificio de las Cortes en la carrera de San Jerónimo, en Madrid, y obligó a todos los parlamentarios a arrojarse al suelo bajo amenaza. La escena tuvo notas tragicómicas. La modernidad tiene sus servidumbres, y por suerte o desgracia para los españoles, la televisión que retransmitía el acto parlamentario siguió difundiendo por las ondas las primeras escenas del atentado que llegaban a los hogares de los atónitos españoles. Los guardias civiles buscaron intimidar a los congresistas reunidos con disparos de ametralladora dirigidos al techo del histórico edificio. La escena recordaba el golpe militar perpetrado en el mismo lugar cien años antes, el 3 de enero de 1874, que dio fin a la corta vida de la Primera República. La indumentaria había cambiado, los caballos del general Pavía habían sido sustituidos por tanques, pero el espíritu golpista parecía rememorar viejas hazañas.

El golpe podía interpretarse como la expresión de un cierto descontento entre un sector intransigente del ejército frente al inevitable proceso de reforma política. Especialmente la legalización del Partido Comunista de España había herido muchas sensibilidades formadas durante el franquismo. Mientras los guardias civiles mantenían a los asustados congresistas en sus estrados, el capitán general de Valencia, Jaime Milláns de Bosch, sacaba los tanques a las avenidas de la ciudad mediterránea y declaraba el estado de excepción. Milláns de Bosch representaba la línea dura de la llamada solución armada. La otra opción, militar también, estaba representada por el general Armada y perseguía, respetando la democracia y la monarquía, conducir la situación política hacia un gobierno de coalición de todas las fuerzas parlamentarias encabezado por el ejército.

La clave para la resolución de una situación tan embarazosa residía en la actitud que adoptara el rey Juan Carlos I. Éste, desde el primer momento, optó por defender la Constitución. A tal efecto, se dirigió a la población española a través de un mensaje televisado. Se definió claramente al margen del golpe, manifestando que la Corona, símbolo de la unidad de España, no toleraría ningún tipo de acción encaminada a interrumpir el proceso democratizador en marcha. De esta forma, legitimaba la monarquía como defensora de la democracia. Ningún otro cuartel o regimiento se unió al golpe. Al día siguiente, Tejero y sus hombres entregaban las armas y abandonaban el palacio de las Cortes. El suceso sirvió como punto de inflexión para la consolidación de la democracia. Algunos autores señalan esta fecha como el final de la transición y el inicio de la consolidación democrática.

Las siguientes elecciones parlamentarias nacionales de 1982 representaron el gran triunfo de la izquierda a través de la mayoría absoluta obtenida por el PSOE. El partido llegaba de la mano de Felipe González, un joven abogado nacido en Sevilla en 1942. Aportaba juventud y optimismo. De alguna forma, más que una victoria de las izquierdas frente a las derechas, fue una victoria de la España joven frente a la caduca. Las campañas multitudinarias que antecedieron a las elecciones eran todo un canto de la nueva España que quería definitivamente romper con el pasado y sus estigmas. El atractivo personal de Felipe González, su don de palabra y promesas de cambio, simplemente arrasaron en los comicios, obteniendo 201 escaños de los 305 de la Cámara baja. El gobierno de UCD, presidido por Calvo Sotelo, sucesor de Suárez, sufrió una derrota estrepitosa, y perdió más de cinco millones de votos. UCD, que había servido bien a la transición, se retiraba de la arena política sin sucesión.

En 1982, se inició el período de la España socialista, responsable de muchos de los profundos cambios experimentados desde entonces. Las primeras elecciones se gestaron bajo el lema de "el cambio". Y así fue. La gestión del PSOE consolidó la democracia. Era un partido orientado al poder que había sabido recuperar lo que había de recuperable del partido fundado en el siglo XIX por el legendario Pablo Iglesias. Sus hombres claves se habían educado en el exterior durante la dictadura de Franco. Habían sido capaces de montar un partido enfocado en la toma del poder, disciplinado y con fuerte liderazgo político. En los meses anteriores a las elecciones, Felipe González se proyectaba con la imagen de un político carismático que correspondía con los nuevos tiempos. Por otra parte, los líderes eran andaluces, no representaban al poder central y llenaron el país de sevillanas y corridas de toros, símbolos de la España profunda. Un editorial de la revista *Cambio 16* del 1° de noviembre de 1982, recogía bien el sentimiento del país: "Un PSOE arrollador que podrá gobernar en solitario, y que cuenta con una mayoría absoluta holgada, tiene ahora por delante un auténtico desafío histórico para devolver la confianza a un pueblo atemorizado por el golpismo, preocupado por la grave crisis económica, asustado por el terrorismo y descontento en general con la forma en que se ha gobernado el país durante la transición política".

Felipe González, en un mitin político

Lo interesante de la fórmula del PSOE fue su capacidad de cambio. De los planteamientos originalmente marxistas, el partido se fue desplazando hacia el centro, abandonando sus posiciones más radicales y llevando a cabo una política económica de corte capitalista, aunque en lo social fueron más fieles a su ideología. En la práctica, gestionaron un socialismo democrático acorde con los tiempos. Sin embargo, las promesas eran muchas y las dificultades con las que se enfrentarían, mayores.

Posiblemente uno de los problemas que afectaron su gestión a la larga fue el hecho de que, durante varias legislaturas, el PSOE gobernó el país con la mayoría absoluta. El hecho de existir en el sistema político español un tipo de elecciones por listas de partido disminuye las posibilidades de iniciativa de los parlamentarios. Éstos se presentan, no como individuos sino dentro de las listas de sus partidos. Por lo tanto, el político elegido sólo en parte se debe a su propia persona y campaña; es un peón del partido y le debe fidelidad. La disciplina que el partido exige impide, en teoría, romper filas en cualquier votación parlamentaria.

En la práctica, esto significó que el PSOE gobernó como si de una dictadura de partido se tratara. La oposición tenía poco o ningún peso, puesto que las votaciones siempre favorecían al partido en el poder. También es cierto que la mayoría absoluta les permitió llevar a cabo algunas medidas impopulares cuya aprobación hubiera sido dudosa, como por ejemplo la necesaria reconversión industrial. Un cierto nivel de intransigencia y arrogancia fue minando con el tiempo su labor.

Hasta 1986, la acción legisladora encaminada al cambio fue muy dinámica. De los grandes problemas que afectaban al país en el proceso de consolidación, el económico era posiblemente el más urgente, pues de su resolución podría depender la estabilidad general. A tal efecto, se intensificó el proceso de adaptación del aparato productivo para el ingreso en la Comunidad Económica Europea. Ésta era sin duda la tarea pendiente. Si España quería modernizarse como sociedad tendría que homologarse a las comunidades europeas. Las diferencias estadísticamente eran muchas, tanto a nivel económico, como social, laboral y militar.

La Comunidad Económica Europea

Una cosa estaba clara en las esferas del poder y era que, para entrar en Europa, había que ser competitivos. La apertura a los mercados europeos era un grave riesgo, especialmente para una economía no acostumbrada a competir debido al proteccionismo de las directrices franquistas. Era preciso diseñar un nuevo plan económico que revisase los índices productivos, modernizase la gestión empresarial y estatal, y liberalizase los mercados. Los socialistas habían ascendido al poder con la promesa de crear 800.000 nuevos puestos de trabajo. Las expectaciones del cambio debían hacerse buenas. Y ciertamente el desempleo, llamado "el paro", era el gran mal que podría corroer y dar al traste con todas las expectativas y promesas.

La modernización, la pérdida de seguridad de empleo y el regreso masivo de emigrantes no favorecían el proceso. Entre 1974 y 1977 regresaron de Europa 230.000 emigrantes. El desempleo se disparó, alcanzando cuotas imprevistas. Del 3 por ciento de paro en 1974 se pasó en poco tiempo al 16 por ciento, para alcanzar el 23 por ciento en 1986. Las previsiones realizadas de pérdida de empleo en el sector industrial, debido a la reconversión de dicho sector, se calcularon en unos 91.000 puestos de trabajo. ¿Cómo era posible que un país resistiese las naturales presiones sociales y se planteara un futuro prometedor con esas cifras?

Cierto que los Pactos de la Moncloa habían hecho posible un nivel de estabilidad temporal necesario en el período de transformación y ajuste. Cierto que el sindicato de la UGT de tendencia socialista y afiliado al PSOE colaboró activamente, apoyando durante un tiempo de gracia las medidas del partido. Pero había que hacer más. A tal fin, se devaluó la peseta para hacerla más competitiva y se congelaron los salarios con el fin de reducir la inflación.

La liberalización de otras áreas de actividad económica, especialmente la banca, era necesaria ante la crisis del sector. No fue hasta 1978 que se autorizó, por vez primera, la instalación en España de bancos extranjeros. Este sector había sido uno de los más protegidos. Pero, sin duda, la medida más impopular fue la reconversión industrial emprendida por los socialistas. Parece una contradicción que un partido socialista, responsable fundamentalmente de mantener un estado de bienestar social y con lazos ideológicos con sindicatos de clase, fuese quien acometiese esta acción. Hay que tener en cuenta que, durante el régimen franquista, la clase obrera gozó de prebendas extraordinarias, especialmente la seguridad del empleo, que se consideró un derecho más que un deber.

El ingreso en la Comunidad Económica Europea (CEE) exigía una serie de medidas impopulares. Para ser competitivos en los nuevos mercados, había que aligerar plantillas y permitir una flexibilidad en el mercado laboral hasta entonces desconocida. Los socialistas habían heredado una estructura económica lastrada con grandes déficits, y modernizarla no sería una tarea fácil. Éste era un requisito para homologar las empresas en el ámbito europeo y una necesidad para aliviar las enormes cargas del Estado. El Instituto Nacional de Industria (INI), que había sido pieza fundamental en el período desarrollista como promotor de la industria ante la pasividad del sector privado, ahora se mostraba como una traba.

Por su parte, los empresarios españoles parecían estar en huelga de inversiones y se mostraban incapaces de arrastrar el carro de la economía. De hecho, los inversionistas extranjeros mostraron más fe en la economía española que los autóctonos. La esperada y temida reconversión industrial cerró importantes empresas industriales y extractivas, y afectó a los sectores del metal en el País Vasco y Valencia, la minería y la siderurgia en Asturias, y la construcción naval en Galicia y Cádiz. Hasta 1986, la pérdida de puestos de trabajo se realizó con el respaldo del sindicato socialista Unión General de Trabajadores (UGT), pero tras esa fecha, se iniciaron tensiones y se produjo una cierta ruptura entre el sindicato y el partido.

El gran balón de oxígeno llegó con el ingreso de España en Europa. Los acuerdos, que se habían venido gestando desde 1982, fueron largos y penosos, debido principalmente a las reticencias francesas. En 1986, se estampó la firma del acuerdo oficial, aunque la incorporación total y definitiva no se produjo hasta 1992. Desde 1984, se había ido observando una recuperación económica paulatina que se mantuvo constante hasta 1992. Se debió a varios factores: primero, el crecimiento continuo y rápido del sector de servicios, especialmente el turismo. No olvidemos que el turismo ha sido y es el motor de la economía española. Del turismo dependen muchos otros sectores económicos secundarios. Las cifras de turistas que visitan España ha seguido ascendiendo consistentemente desde que se iniciara el "boom" turístico al inicio de los 70. En 2005, el número de turistas que visitó España superó los 54 millones. Esta cifra sitúa a España como el segundo país turístico del mundo detrás de Estados Unidos. El segundo motor fue la llegada de remesas de inversiones extranjeras, tanto europeas comunitarias como de países fuera de la comunidad. Empresas japonesas y de los emiratos árabes invirtieron en España como una forma de acceder indirectamente a los mercados europeos. El tercero fueron las muy importantes ayudas que llegaron de Europa a través de los fondos de cohesión e incorporación comunitaria.

El gran tema de la reforma agraria, pieza fundamental de los reformismos, también tuvo una incidencia positiva como factor dinámico. El sector agrario se mecanizó y modernizó. Se elevó sustancialmente el porcentaje de hectáreas arables. La agricultura de regadío alcanzó cuotas desconocidas, y si no progresó más, se debió a las rígidas cuotas mantenidas por los acuerdos europeos que encorsetan el sector.

Los resultados del ingreso en Europa fueron inminentes. El producto interior bruto (PIB) aumentó un 40 por ciento entre 1980 y 1992, y supuso un paso importante en el proceso de modernización de la economía española, principalmente en cuanto a la adopción definitiva de una estructura de mercado. Se produjo la necesaria apertura a nuevos mercados internacionales, se liberalizaron los servicios y el movimiento de capitales, y se levantó cualquier restricción a la movilidad de las personas. España era europea, su gran deseo desde la crisis de 1898. Sin embargo, no todo fueron rosas. Con la democracia y la nueva prosperidad apareció en la sociedad española un fuerte materialismo, traducido en el afán por consumir y por obtener una mayor prosperidad material. En un país definido por un cierto sentido de austeridad y sobriedad, la nueva moda tuvo sus consecuencias. El progreso trajo también escándalo y corrupción. Se disparó la especulación y el dinero negro circuló sin control, que produjo una especulación desmedida de las propiedades urbanas y de los suelos.

Como parte del proceso de privatización, y dentro del paquete de medidas de homologación exigidas por la Comunidad Económica Europea, se requería el desmantelamiento de las empresas públicas, la desaparición total de los monopolios y la privatización. Ésta se inició también con los socialistas en 1985 y fue concluida en los primeros años de los gobiernos del Partido Popular. Se vendieron aproximadamente cien empresas públicas, algunas de ellas muy importantes: Argentaria, Casa, Endesa, GasNatural, Redesa, Repsol, Retevisión y Telefónica. Según el análisis económico realizado con posterioridad, se puede afirmar que en general el Estado no malvendió su patrimonio.

Otra tarea pendiente era la modernización de la infraestructura de obras públicas: carreteras, autopistas, puentes y ferrocarriles. A tal efecto, se puso en marcha un gigantesco plan de obras públicas con un costo muy elevado, pero con buenos resultados. Para 1992, fecha de la Olimpiada de Barcelona y de la Exposición Universal de Sevilla, era sencillo viajar de un lugar a otro de la península a través de modernas autopistas, autovías o en ferrocarriles de alta velocidad. España proyectaba una imagen de modernidad, aunque más tarde habría que pagar las cuentas.

ESPAÑA EN EUROPA

En las elecciones de 1986, los socialistas pudieron revalidar la mayoría absoluta, aunque las señales de la crisis comenzaban a sentirse. Consiguieron 186 escaños frente a 105 del Partido Popular. Un dato significativo en estas elecciones fue la merma de votos de Izquierda Unida, que representaba una coalición de partidos de izquierda, entre ellos y principal, el PCE. La evolución de la sociedad española y el enfrentamiento de algunos de los líderes dentro del partido debilitaron la coalición. Santiago Carrillo, el histórico dirigente que había vivido en el exilio desde la Guerra Civil y que regresó a España para gozar las mieles de la libertad, había abandonado el partido en 1985 por desavenencias con la nueva directiva. El comunismo había ido perdiendo adeptos no sólo en España sino en toda Europa.

El ejercicio del poder desgasta, y el poder absoluto invita al uso del poder indiscriminado. En la nueva fase, el PSOE tuvo que enfrentarse a nuevas e inesperadas crisis: revuelta de los sindicatos, el referéndum para el ingreso de España en la Organización del Tratado del Atlántico Norte (OTAN), la regularización de las autonomías y el terrorismo de ETA.

Desde los Pactos de la Moncloa, el sindicato socialista UGT había apoyado al PSOE, al que estaba afiliado, a pesar de las medidas impopulares que adoptaron en muchas ocasiones. Quizás por esta razón, en las elecciones sindicales de 1986 se observó una tendencia que benefició a Comisiones Obreras (CCOO), sindicato de filiación comunista que durante los procesos de reconversión industrial había mantenido una línea más combativa e intransigente. Estos resultados fueron interpretados por los líderes de UGT como la contrapartida por el sometimiento que la central sindical había realizado a la política económica del gobierno. A tal efecto, las dos centrales sindicales decidieron crear un frente común ante la percepción de que el PSOE prestaba más importancia al desarrollo económico que a la situación de la clase obrera. A partir de entonces, se atestiguó un período de conflictividad social que había sido de baja incidencia hasta esa fecha.

En el mismo año de 1986, se llevó a cabo un referéndum que decidiría la entrada de España en la OTAN. Los socialistas habían mantenido durante las iniciales campañas electorales su oposición al ingreso en la organización, cuya misión residía en la defensa de Europa occidental frente al bloque soviético. Pero una vez en el poder, no pudieron resistir las presiones exteriores y decidieron apoyar el voto afirmativo en un referéndum que decidiría su ingreso. La política antiarmamentista de los socialistas y la reducción y modernización del ejército español contradecían la nueva postura adoptada por el partido a favor del tratado. En realidad, este cambio no era nuevo. Los socialistas tuvieron que moderar muchos de sus planteamientos teóricos una vez enfrentados a las difíciles tareas del ejercicio del poder. Se habían definido históricamente como republicanos, pero servían a un rey que además gozaba de gran popularidad según avanzaba el tiempo. Sus ideas radicalmente anticlericales se enfrentaban con la disyuntiva de convivir con la Iglesia, todavía muy influyente. Ya hemos comentado como los principios marxistas, propagandísticamente aireados, habían dado paso a la defensa de una economía de mercado con la consiguiente liberalización de los contratos de trabajo y la venta de las empresas públicas. La campaña a favor del ingreso en la OTAN, en la que Felipe González se involucró personalmente con el consiguiente gasto de capital político, favoreció la entrada. El referéndum fue positivo y España dio otro paso en su andadura europea.

De una mayor complejidad resultó el problema de balancear las leyes autonómicas, enfrentadas principalmente a las constantes demandas de vascos y catalanes por ampliar el estatuto de autonomía. Lo que estaba en juego era la unidad de España y el balance entre todas las autonomías. Relacionado con este tema, hay que situar el revulsivo que para la sociedad española en general ha supuesto el terrorismo, principalmente el de ETA. Su acción es posiblemente el elemento más desequilibrador de la democracia española y que ha puesto en jaque su capacidad de convivencia. Autonomía y terrorismo son temas que revisten gran importancia, además de estar íntimamente relacionados. Por este motivo, los desarrollamos con mayor profundidad en el capítulo 5.

En las elecciones anticipadas de 1989, Felipe González tuvo que recurrir de nuevo a la varita mágica para convencer al electorado de la capacidad de su partido para continuar con las riendas del Estado. Conservó la mayoría absoluta, aunque perdió 800.000 votos. El descontento hacía sus primeras demostraciones. Sin embargo, dentro del período de esta legislatura (1989–1993), España se proyectó muy positivamente hacia el exterior a través de los extraordinarios acontecimientos que engalanaron 1992.

Coincidieron una serie de celebraciones de un extraordinario valor simbólico. La primera fue el Quinto Aniversario del Descubrimiento de América. El continente americano había dado a España la oportunidad de expandir su blasón por el mundo y gozar de siglos de imperio. La creación de la comunidad hispana en el continente americano, con la que España está unida por lazos de lengua, religión y cultura, es sin duda un logro que no ha tenido parangón en la historia universal. La fecha de 1992 sirvió para revisitar muchas de las ideas obsoletas sobre el descubrimiento. ¿Fue una conquista o un encuentro entre dos mundos? ¿Fue un acontecimiento del que españoles y portugueses deberían estar orgullosos, o una fecha para olvidar, pues significó la destrucción de muchas culturas y el exterminio de millones de individuos?

Para el pensamiento conservador, el período de expansión colonial simbolizó lo más brillante y genuino de sus aportaciones universales. Para ellos, España regó el mundo de conquistadores audaces, monjes intrépidos y sacrificados, y administradores geniales que fueron capaces de crear una cultura común universal. Exaltaron la construcción de la Monarquía Universal Cristiana y sus acciones como un consistente rosario de logros. La celebración del Quinto Aniversario sirvió para revisitar muchos temas y, cuando menos, para que se publicasen textos y crónicas coloniales olvidadas, y promover un extenso debate a un lado y otro del Atlántico. La Expo Internacional de Sevilla sirvió de marco del encuentro al que asistieron millones de visitantes.

No fue casual que en la misma fecha se celebrase la Olimpiada en Barcelona y que Madrid fuese elegida como capital cultural de Europa. Este importante año y sus celebraciones materializaron el tan esperado reconocimiento internacional hacia España y sus logros. Recordemos que cien años atrás, en 1898, se producía una de las crisis más profundas de la España contemporánea. En aquel entonces, la situación de precariedad de la sociedad española despojada de sus galas, su atrasada economía, la pérdida de las colonias y del poco prestigio internacional que le quedaba, habían provocado una crisis profunda de la que surgirían multitud de intentos regeneracionistas entendidos como soluciones a los muchos males de fondo. El país sufrió en sus carnes los intentos regeneracionistas de Primo de Rivera, la Segunda República y la dictadura de Franco, sin contar los muchos planteamientos ideológicos enfrentados. España había pasado por conflictos, divisiones, enfrentamientos, una Guerra Civil y varias dictaduras.

Cien años después, se disponía a recoger los frutos de tan duras tareas y sacrificios. La España de 1992 lucía, con los atletas que daban la vuelta al estadio olímpico, los laureles de un cierto triunfo. No se interpreten estos comentarios como expresión de triunfalismo. En 1992, la democracia española todavía sufría de muchos males y sólo recién había empezado a funcionar con cierta soltura. La unidad nacional no se podía dar por hecho. Al separatismo vasco y, en cierta medida, al catalán, se unía la polarización de la vida política, el desempleo desequilibrante y el terrorismo como presencia amenazante. Sin embargo, no se podía dudar de que España había obtenido su más deseado galardón, el de ser europea y reconocida como tal.

El PP, la alternativa política al PSOE

La tercera y última legislatura del PSOE fue el resultado de las elecciones de 1993 que ganaron por un estrecho margen. Para poder formar gobierno les fue necesario pactar con Convergència i Unió (CiU), el partido nacionalista catalán, liderado por uno de los políticos más destacados de la democracia, Jordi Pujol. El ejercicio del poder desgasta, y ejercido por mayoría absoluta, requiere un estado de vigilancia que no es siempre posible. Los gobiernos socialistas, seguros de su posición privilegiada, se fueron deslizando lentamente hacia un comportamiento marcado por abusos y corrupción. A los múltiples casos de favoritismo para miembros o familiares del partido, se sumó el escándalo de la ficticia empresa Filesa, que no era sino una tapadera para financiar campañas políticas del partido.

El escándalo más dañino provino del caso GAL. Con el fin de contrarrestar la ofensiva de ETA, cada vez más violenta, se creó una fuerza especial que tenía por objeto amedrentar a miembros de ETA en sus retiros del sur de Francia. Las siglas GAL corresponden a la denominación Grupos Antiterroristas de Liberación. Sus miembros actuaban según consignas que provenían de las altas esferas del poder. Cometieron, por error o falta de preparación, actos más allá de su misión en los que cayeron víctimas sin conexión con la banda terrorista. El escándalo saltó a la opinión pública a través de periodistas del diario *El Mundo*, que pusieron en jaque a toda la cúpula del partido. Se señaló como principal implicado al ministro del Interior, José Barrionuevo, pero las salpicaduras del caso llegaron hasta el jefe del Gobierno, Felipe González. La complejidad del caso radicó en que las acciones del GAL estaban encaminadas a contrarrestar los actos de terror cada vez más indiscriminados de los militantes de ETA.

En las siguientes elecciones, convocadas anticipadamente para campear el temporal, los socialistas se presentaron con la arrogancia que catorce años en el poder les permitía. Las predicciones no se cumplieron y los resultados dieron como triunfador al Partido Popular al mando de un joven líder, José María Aznar. El PP era un partido de reciente cuño, nacido de los residuos de UCD y de la evolución de AP (Alianza Popular), que llegaba al poder con la esperanza de ocupar el espacio del centro en el espectro político. Se presentaba de la mano de un joven político castellano que se perfiló como su líder en el congreso celebrado en 1989. Obtuvieron 156 escaños frente a 141 del PSOE. Era una mayoría precaria que los obligaría a gobernar en acuerdo con alguno de los grupos parlamentarios minoritarios. Izquierda Unida también consiguió un sustancial aumento de votos, pues se beneficiaron del descontento de los votantes de izquierdas con la política de los socialistas.

José María Aznar, con su esposa

El enfoque del PP se dirigió a tres frentes prioritarios: la política económica, las autonomías y el terrorismo. Por otro lado, el nuevo partido supo obtener beneficio de la bonanza económica que había empezado a sentirse desde 1994. Junto a los positivos estímulos económicos, su mayor logro consistió en reducir sustancialmente el desempleo mediante una política de creación de puestos de trabajo.

El Partido Popular presidió sobre uno de los actos más relevantes de la Europa Comunitaria, la creación y consolidación del euro como moneda única europea, acto histórico inaugurado en enero de 1999. Este acto histórico tuvo un gran significado político y financiero, ya que reafirmaba la voluntad europea de presentar un frente común ante el dólar y el yen, monedas sólidamente establecidas en los mercados internacionales. Simbolizaba también la voluntad europea de continuar avanzando en el proceso unificador en contraste con las corrientes reduccionistas.

Con respecto a los otros dos temas, autonomías y terrorismo, la acción del PP siguió una línea menos negociadora y más combativa, anticipando las acciones del gobierno en vez de limitarse a responder a los acontecimientos. Ciertamente que, el 11 de septiembre de 2001, la destrucción de las torres gemelas de Manhattan y del edificio del Pentágono en Washington por acciones sincronizadas del terrorismo islámico tuvieron un efecto de dominó que, a la larga, fue positivo para la lucha contra el terrorismo de ETA y radicalizó la línea seguida por el gobierno.

En las elecciones del año 2000, el electorado se inclinó por otorgar una mayor confianza al PP. Las ganaron por una mayoría absoluta, 27 escaños más que en 1996 y un total de 10.230.354 votos. El PSOE, que había gozado de mayoría durante muchos años, sólo fue capaz de obtener 7.829.210 votos. La confianza del electorado en la política del PP fue contundente. En esta ocasión no tendrían que negociar con unos compañeros de viaje incómodos. Los logros del Partido Popular fueron muchos a lo largo de unos años de bonanza económica. Hay que destacar la reducción del desempleo, que cayó a niveles desconocidos en la democracia, el 11,7 por ciento en 2003. Incluso en el País Vasco, el PP se alzó como la segunda fuerza muy cerca del Partido Nacionalista Vasco (PNV), el partido mayoritario. Frente a los 21 escaños del PNV, el PP obtuvo 16, con 14 para los socialistas. Durante la legislatura del PP, España ejerció la presidencia de la Comunidad Económica Europea, y su contribución a Europa comenzó a valorarse.

Dos acontecimientos vinieron a enturbiar la imagen del partido tan cuidadosamente defendida durante dos legislaturas. La primera fue la decidida alineación de Aznar con la política norteamericana del presidente George W. Bush en la impopular guerra de Irak, y la segunda, el atentado terrorista islámico contra las estaciones madrileñas de Atocha de Madrid, el Pozo y Santa Justa, el 11 de marzo de 2003, donde murieron cientos de inocentes víctimas. En las elecciones generales celebradas tres días después, los españoles infringieron un voto de castigo al partido de José María Aznar. No le perdonaron su intransigente apoyo a la guerra. El PSOE, encabezado por José Luis Rodríguez Zapatero, se alzó con la mayoría. Lo interesante es que las encuestas previas daban por ganador al Partido Popular. Sin embargo, el golpe terrorista se conectó con la Guerra del Golfo, en la que Aznar se definió sumiso al lado de Estados Unidos, desoyendo a la población que masivamente se había expresado en las calles de las ciudades españolas contra la guerra. Por otra parte, nada más ocurrido el atentado en las estaciones de tren, el gobierno de Aznar culpó al terrorismo de ETA, aunque los indicios indicaban otra dirección. Fue un error de cálculo que le costó las elecciones y enturbió ocho años de gestión administrativa con muchos aciertos, especialmente en lo económico.

José Luis Rodríguez Zapatero

España en el exterior

Poca o nula presencia tuvo la España franquista en el exterior. Al aislamiento a que fue sometida tras la Segunda Guerra Mundial, siguió un período de cierta apertura sin gran significado, matizado por secundar las acciones de los Estados Unidos e intentar algún tipo de aproximación a Europa que, una y otra vez, rechazaba las pretensiones españolas. La dictadura actuaba como un cinturón aislacionista que se justificaba como la necesidad de defenderse contra los enemigos que la acechaban. Las mejores relaciones se mantuvieron con países con dictaduras, el Portugal de Salazar y la Argentina de Juan Domingo Perón. La carismática esposa del presidente argentino, Eva Perón, visitó España y se entrevistó con Franco. Argentina fue de las pocas naciones que rompieron el bloqueo económico decretado contra España y envió productos agrícolas y ganaderos a la hambrienta península. En los mercados españoles campeaba el anuncio de "carne argentina".

España se había mantenido al margen de la mayoría de los pactos europeos, el más doloroso de todos, su aislamiento de la Comunidad Económica Europea. Para contrarrestar esta situación, el régimen se esforzó por revivir los lazos deteriorados que en su día unieron a España con el continente americano. Con ese fin, se promocionó una idea eurocentrista de la Hispanidad, entendida como una comunidad espiritual de naciones unidas por una lengua, una religión y una historia común. En esta comunidad, España actuaba como Madre Patria, protectora de valores universales. La idea tuvo corto vuelo. México nunca renovó sus lazos diplomáticos hasta la muerte del Caudillo y mantuvo en la capital federal un gobierno republicano en el exilio.

Como dato anecdótico hay que señalar que, durante la dictadura de Franco, España mantuvo unas buenas relaciones económicas con la Cuba de Fidel Castro. Los acuerdos entre ambos países supusieron un balón de oxígeno para el régimen castrista, que se benefició de contratos de compra de azúcar a precios preestablecidos, que en muchos casos superaban la cotización del azúcar en los mercados internacionales.

La democracia y la transición permitieron a España gozar de un protagonismo ausente en casi todo el siglo XX. Los primeros gobiernos de la democracia se plantearon las urgentes necesidades de establecer una política exterior comprensiva. El primer gabinete de Adolfo Suárez dio los primeros pasos articulando un plan ambicioso que definía sus intenciones: universalizar las relaciones internacionales, fortalecer la paz y la seguridad a través de la distensión, el desarme y la defensa de los derechos humanos, el reconocimiento de pleno derecho en la Unión Europea a través de su integración, el mantenimiento y mejora de las relaciones con los Estados Unidos, y la definición de una línea de actuación en el Mediterráneo e Hispanoamérica.

La prioridad, sin embargo, estuvo en Europa. Ésta fue una meta que abrazaron tanto los gobiernos de izquierda como los de derecha. La frase "África comienza en los Pirineos", articulada por los románticos franceses en el siglo XIX, ha funcionado históricamente como un revulsivo que ha crispado la sensibilidad tanto de liberales como de conservadores, aunque por distintas razones. Puesta en los platos de la balanza, la vocación europea de España ha superado con creces a la africana o americana, a pesar de que España fue forjada históricamente durante setecientos años de influencias afroislámicas y su grandeza la debe al continente americano.

España ha mantenido tradicionalmente unas relaciones contradictorias con los países árabes, desaprovechando las oportunidades que su historia en común podrían proporcionar. Se ha mantenido una fachada proárabe, apoyando las causas palestinas, y en ciertos momentos las del Frente Polisario, con la vista puesta en las ventajas de un mercado que favoreciera sus exportaciones. Por otro lado, no fue hasta 1986 que se regularizaron las relaciones con Israel. En 1977, la UCD tuvo que hacerse cargo de una situación muy complicada en el norte de África. El régimen de Franco había decidido en 1975, como parte del proceso descolonizador, entregar la antigua colonia del Sahara Español, rica en fosfatos, a Marruecos y a Mauritania. En el interior del desértico territorio saharaui se formó el Frente Polisario, como organización de resistencia que reivindicaba los derechos de autodeterminación para sus habitantes. El gobierno de la UCD decidió dar marcha atrás y exigir un referéndum entre la población saharaui como paso previo a la entrega de la soberanía a Rabat. Las relaciones con Marruecos y Argelia empeoraron a partir de esa fecha y han permanecido en un continuo flujo de desavenencias.

España conserva dos ciudades en el corazón de Marruecos, Ceuta y Melilla. Estas ciudades son polo de atracción de inmigrantes y constante fuente de conflicto. De la misma forma, los ricos bancos pesqueros del oeste africano, entre Marruecos y las islas Canarias, se prestan a continuados procesos de difícil negociación sobre permisos y cuotas de pesca. En los últimos años, las oleadas de emigrantes provenientes del norte africano que cruzan en pateras el estrecho de Gibraltar en busca de trabajo han dificultado aun más las relaciones.

Con respecto a Europa, en 1979 se inician los primeros contactos con la Comunidad, aunque no fue hasta 1982 que se abrieron oficialmente las negociaciones que culminaron en 1986 con el pleno reconocimiento de España como miembro de la CEE. Desde entonces España se ha integrado en Europa como miembro de la OTAN y otros muchos acuerdos bilaterales, mostrando una voluntad europeísta superior a muchos de los países de la alianza. Los resultados del referéndum, febrero de 2005, para la aprobación de la nueva constitución europea, son muy significativos. La gran mayoría de los ciudadanos europeos no tiene muy claro el significado de la constitución ni cómo ésta los va a afectar. Tampoco España. Sin embargo, nadie dudaba en Europa de que el voto de los españoles sería afirmativo, como así fue. No se podría decir lo mismo de los franceses, que rechazaron la constitución, así como los holandeses, que lo hicieron por inmensa mayoría. Los ingleses fueron incapaces de aprobar el euro y han mantenido su moneda frente al resto de la Europa continental. En España nadie duda de que ser europeos es la auténtica baza, y por lo tanto, los resultados de las elecciones dieron el esperado 76 por ciento a favor. Prácticamente todos los partidos en el congreso estaban a favor. Uno de los eslóganes de la campaña expresaba muy bien el sentimiento en el país: "Europa ha sido buena con España".

Durante el período de gobiernos socialistas se intentó articular de forma más coherente las relaciones con América latina. En España se ha usado durante años el término Iberoamérica, aunque cada vez menos. Para ello, se propuso la idea de que España actúe de puente con Europa. De esta forma, la integración europea de la península favorecería los contactos con las naciones del continente. Su línea de comportamiento ha sido coherente. España se opuso al bloqueo estadounidense a la Nicaragua sandinista. Desde una perspectiva económica, las relaciones se han incrementado sustancialmente a través de fuertes inversiones españolas, especialmente en Argentina, Chile, México y Venezuela, y se mantiene un fondo común de ayuda a los países más necesitados.

España, modelo a seguir

Un reciente artículo de la revista *The Economist*, del 24 de junio de 2004, comentaba: "Es difícil no gustar de España, no disfrutar del ambiente de una sociedad civilizada y no admirar los logros de sus gentes. En 30 años —el Generalísimo Franco murió en noviembre de 1975— España ha emergido de la dictadura y del aislamiento internacional, construido una próspera economía y establecido una democracia efectiva. Quizás ningún país en Europa ha conseguido tanto, y en tantos frentes, tan rápidamente".

Este sentimiento ha radiado más allá de nuestras fronteras y se ha visto en el modelo español un ejemplo a emular, especialmente por países en vías de desarrollo que se afanan por liberarse de los viejos vicios de dictaduras de clase y de oligarquías locales. Para los ciudadanos de América Latina especialmente, el modelo español es un recordatorio concreto de que el cambio es posible. Felipe González, considerado internacionalmente como uno de los principales arquitectos del cambio, es un personaje admirado. Durante la Guerra Civil la interrogante era: ¿es posible la paz? Años después, la cuestión se transformó en ¿es posible la democracia? Ambas cuestiones han sido contestadas satisfactoriamente: sí, paz y democracia son posibles.

Sin duda que el país en su conjunto se benefició notablemente de su encuadre en el contexto europeo. Europa funcionó como meta y modelo, también como guía. Las estructuras económicas sintieron el influjo del contacto con sus vecinos. Los empresarios españoles tuvieron que trabajar codo a codo con sus coetáneos europeos, igual que lo hicieron sus militares, políticos, científicos y universitarios. La entrada en Europa exigió un proceso de homologación de sus leyes: los monopolios fueron un anatema; el proteccionismo, un mal; y el caciquismo, un tumor antiguo que había que extirpar.

El rejuvenecimiento de la economía es visible en los intercambios con el exterior que crecieron de $23,8 billones en 1975, para pasar a $52,5 en 1980 y $143 en 1990. Bien es cierto que España ha recibido más recursos financieros del presupuesto comunitario de los que ha aportado. Entre 1995 y 1999, las aportaciones de la CEE alcanzaron

$22,8 billones, encaminadas principalmente a proyectos de infraestructura, carreteras, ferrocarriles y comunicaciones. Sin estas ayudas múltiples uno se pregunta si habría sido posible la transición.

También hay que dar crédito y reconocer que los españoles han mostrado, durante estos difíciles y emocionantes años, un talante negociador y conciliador ejemplar. La autodisolución de las Cortes en 1977, los Pactos de la Moncloa en la misma fecha, la respuesta de la sociedad encabezada por la Corona al intento de golpe militar de 1981, la capacidad de respuesta expresada en manifestaciones multitudinarias en rechazo a los atentados de ETA, a la guerra en Irak, y al golpe sangriento del 11 de marzo de 2003 en Madrid, son pruebas de gran madurez que hablan por sí mismas. Cierto que los nacionalismos y el terrorismo siguen funcionando como elementos desestabilizadores. El artículo de *The Economist* concluye: "¿Puede un país capaz de tan rápidos cambios estar además un tanto confuso?" La democracia es un ejercicio muy duro que exige constante práctica y vigilancia. A los españoles no se les había dado esa oportunidad. Han ido aprendiendo y mejorando con los años, a pesar de sus muchas imperfecciones. Por eso, quizás todavía se muestren un tanto confusos.

HITOS DE LA HISTORIA

Jordi Pujol

No hay una personalidad más significativa durante la transición en Cataluña que Jordi Pujol i Soley (1930–). Su trayectoria política está asociada a un auténtico renacimiento de la cultura y la sociedad catalana tras la dictadura de Franco. Su saber hacer e instinto político han conducido Cataluña durante uno de los períodos más extensos y florecientes de su historia. Esto explica que Jordi Pujol haya ejercido como presidente incontestado de la Generalitat catalana desde el 24 de abril de 1980 al 16 de diciembre del 2003. Son veintitrés años que deberían haber consumido a cualquier político. Sin embargo, Pujol ha navegado por ellos resistiendo el empuje del muy consolidado Partido Socialista de Cataluña (PSC), bandeando crisis y acusaciones de corrupción financiera. Jordi Pujol ha sido una figura carismática, líder indiscutible del catalanismo conservador, que lideró su pueblo hacia la consecución de muchas de las metas nacionalistas.

Nació en 1930 de una familia de la burguesía catalana. Durante los años más represivos del régimen de Franco, la década de los 50, estuvo asociado con actividades procatalanistas que le costaron ser arrestado y encarcelado por dos años y medio. Parte de su leyenda se inicia entonces, en el fragor del combate contra la represión. Junto con su padre fue fundador de la Banca Catalana, institución financiera asociada a la financiación de proyectos industriales en la región, pero también a la especulación de suelos en los años de la gran emigración a Cataluña.

Dentro de las corrientes nacionalistas de Cataluña, la radical está representada por Ezquerra Republicana de Cataluña (ERC), un partido minoritario cuya suerte ha fluctuado con los tiempos. ERC tiene antecedentes históricos que se extienden a la Segunda República, con las personalidades de Francesc Macià y Lluís Companys, promotores de la Generalitat de Cataluña, el gobierno autónomo resultado del Estatuto de Autonomía de 1932. La otra corriente es la inspirada por la Lliga Regionalista de Francesc Cambó, defensora de los intereses industriales y financieros de la burguesía catalana. De esta segunda rama, más moderada,

Jordi Pujol, presidente de la Generalitat de Cataluña, con José María Aznar

surge el núcleo principal de Convergencia Democrática de Catalunya, más tarde Convergència i Unió (CiU), el partido de Jordi Pujol, con el que ganó las elecciones autonómicas de 1980 y con el que condujo la administración de Cataluña hasta 2003.

Su liderazgo comenzó a perfilarse en 1977 con motivo de la *Diada*, la masiva manifestación que como pueblo unido marchó por las principales avenidas de Barcelona el 11 de septiembre de 1977 para exigir la recuperación de las instituciones catalanas. En tan memorable manifestación multitudinaria se sentía la vibrante energía de un pueblo que ha estado presionando durante todo el siglo XX por conseguir las cuotas de libertad necesarias para la expresión de su identidad. Pujol no sólo ha sabido defender las prerrogativas del pueblo catalán sino que ha luchado por ellas en un constante proceso negociador que, sin forzar rupturas, ha ido extrayendo de la administración central más amplias libertades autonómicas. Su partido, Convergència i Unió, ha permitido la gobernabilidad tanto del PSOE como del PP en distintas legislaturas nacionales a través de pactos legislativos.

En las elecciones de 2003, Jordi Pujol decidió que había tocado la hora de pasar la antorcha a posibles sucesores. Su desaparición de la escena política tuvo consecuencias en las últimas elecciones, cuando CiU fue desbancado de la presidencia de la Generalitat por otro político de talla, Pasqual Maragall, secretario del Partido Socialista de Cataluña (PSC), y más tarde por Manuel Montilla, también del PSC, en las elecciones de noviembre de 2006.

Manuel Fraga Iribarne

Hay políticos de casta que nacen con una capacidad de supervivencia que les hace inmunes a las más dramáticas situaciones y los cambios más radicales. Uno de ellos es Manuel Fraga Iribarne (1922–), político gallego que ocupó el cargo de presidente de la Xunta de Galicia

Manuel Fraga Iribarne

(la autonomía gallega). Nació en Villalba, La Coruña en 1922, y su actividad, clarividencia y capacidad de trabajo parecen ser inagotables. Si bien es cierto que hay muchos políticos longevos que continúan activos después de muchos años en la oposición o en el poder, hay pocos que son capaces de sobrevivir las defenestraciones que se produjeron en España en el paso de la dictadura a la democracia. Algunos fueron capaces de sobrevivir los primeros años de la transición, pero por cortos períodos. Fraga Iribarne lo superó todo.

Inició su carrera diplomática en 1951, en los años duros del régimen franquista, como secretario general del Instituto de Cultura Hispánica. Ocupó distintos cargos diplomáticos en embajadas y en oficinas técnicas, hasta que por fin, en 1962, fue elegido ministro de Información y Turismo. El recién estrenado ministerio era de importancia capital por sus dos vertientes. En lo que afecta al turismo, por la importancia que para España tuvo en esos años esta nueva industria que canalizaba millones de turistas y engrosaba sus arcas. La política diseñada por Fraga Iribarne y su equipo supo atraer un creciente número de extranjeros y difundir una imagen más positiva de España. Inauguró la cadena de Paradores Nacionales —hoteles creados sobre antiguos castillos, conventos y palacios— que son una de las marcas registradas del turismo de la península. En lo que se relaciona con la información, Fraga Iribarne maniobró dentro del complejísimo aparato de la administración franquista y fue capaz de producir una nueva ley de prensa que, si no otorgaba libertades de expresión, al menos aminoraba el rígido papel de la censura.

Fraga Iribarne fue y es un político conservador que ha mantenido una línea consecuente a pesar de la evolución observada desde su vinculación al servicio de Franco, más tarde como ministro del Interior en 1976, responsable del mantenimiento del orden —de esa fecha es esta frase que le pertenece: "la calle es mía"—, y hasta el momento actual, paladín de las libertades y mayores autonomías para la Xunta de Galicia. Dentro del espectro de los gobiernos franquistas, presentó una faz moderada, una pincelada de brisa en el sofocante ambiente dictatorial. En un momento jugó fuerte, retando el predominio de los gobiernos del Opus Dei y estuvo involucrado en airear el escándalo de Matesa holding de empresas asociadas con el Opus Dei. Esta intervención le costó el cargo. Sin embargo, como hizo una y otra vez en su trayectoria política, salió ileso del incidente y en 1973 fue nombrado embajador de España en el Reino Unido. En Londres bebió de las fuentes de la democracia inglesa y estudió su sistema de partidos y su democracia.

Hay que recordar que, anteriormente a su entrada en la vida política, había sido catedrático de derecho político en la Universidad de Valencia y de derecho constitucional en la Facultad de Ciencias Políticas de la Universidad de Madrid. Su obra como autor es muy extensa. Basten algunos títulos: *España y Europa* (1988), *El cambio que fracasó* (1987), *España bloqueada* (1986), *El estado de la nación* (1985), *Razón de estado y pasión de estado* (1985), *El pensamiento conservador* (1981), *El debate nacional* (1981), *Ideas para la reconstrucción de una España con futuro* (1980), y una larga lista que supera los sesenta títulos.

Quizás una de sus aportaciones más singulares es la de ser padre de la Constitución de 1979. Los que lo conocen no dejan de señalar su agudeza crítica, su preparación extraordinaria y su capacidad intelectual que supera, en mucho, a lo que se está acostumbrado entre la clase política. Posiblemente es su capacidad de autocrítica lo que le ha permitido navegar a través de cambios radicales hasta convertirlo en una figura legendaria, bien amado en su Galicia natal y entre los votantes conservadores.

Fue fundador y presidente de Alianza Popular (AP), partido surgido en la transición y con presencia sólida en las primeras elecciones de 1977. En aquella ocasión, Fraga Iribarne obtuvo un escaño en el Parlamento, que mantuvo sucesivamente en las elecciones de 1979, 1982 y 1986. En 1989, AP se refundió con PP, y bajo esta sigla, el dirigente se presentó a las elecciones autonómicas de 1989. Fue elegido, por mayoría absoluta, presidente de la Xunta de Galicia, cargo que ha desempeñado hasta las elecciones de 2005, cuando perdió por un mínimo margen. Fraga Iribarne se considera hoy un gallego que piensa como gallego y reivindica cuanta autonomía puede arañar a la Constitución española. Son los tiempos que corren, y si hay un denominador común a su andadura, ha sido su capacidad de cambio dentro de la piel de un trabajador incansable y brillante intelectual.

Bibliografía

García de Cortázar, Fernando, ed. *Memoria de España*. Madrid: Aguilar, 2004.

Gibson, Ian. *Fire in the Blood. The New Spain*. London: Faber and Faber, 1992.

Hooper, John. *Los nuevos españoles*. Madrid: Javier Vergara editor, 1996.

Pérez Picazo, María Teresa. *Historia de España del siglo XX*. Barcelona: Crítica, 1996.

Soto Carmona, Álvaro, ed. *Historia de la España actual 1939–2000. Autoritarismo y democracia*. Madrid: Marcial Pons, 2001.

Tusell, Javier. *La transición española a la democracia*. Madrid: Historia 16, 1991.

LA CONSTRUCCIÓN DE LA NUEVA ESPAÑA

TEMAS

- La transición

- Fuerzas políticas y sociales

- Las autonomías y su regulación

- Los nacionalismos

- Cataluña y el País Vasco

- El terrorismo de ETA

- Evolución de la sociedad española

- Retos y amenazas

LOS CAMBIOS EN LA TRANSICIÓN

Los cambios observados en España desde 1975 han sido tantos y de tal magnitud que en muchos sentidos han transformado la faz del país. Aquellos turistas que visitaron la península con anterioridad a esa fecha y regresaron después no dejan de expresar su asombro por los profundos cambios operados. Muchos de los estereotipos de la España tradicional han sido borrados, e incluso los nuevos españoles se refieren a ellos como anecdotario del país que fue y en el que no se reconocen. Los trenes y autobuses salen y llegan a tiempo. En los viajes de alta velocidad se garantiza un boleto gratis en caso de arribar al destino con más de una hora de retraso. Las destartaladas carreteras, mal diseñadas y señalizadas, que atravesaban puertos de montaña en un sin fin de curvas y desniveles, han sido substituidas por modernas autopistas que conectan el país en un sistema vial rápido y bien abastecido. La burocracia ineficaz del "vuelva usted mañana", al que se refería el escritor Mariano José de Larra en sus artículos de costumbres escritos en el siglo XIX, y con la que tuvieron que bregar todos los españoles a los que les tocó por desgracia acercarse a las ventanillas de cualquier organismo oficial en la España franquista, ha sido reemplazado por una burocracia que usa ordenadores y observa una actitud inusitada de atención al público. Las imágenes de mujeres vestidas de negro y hombres con burros vendiendo botijos son recuerdos del pasado que se conservan sólo en postales.

La remodelación y embellecimiento de las ciudades ha sido una de las metas conseguidas por las nuevas autonomías que se han preocupado por conservar el patrimonio arquitectónico y cultural. Cada pueblo, pequeña o gran ciudad, organiza su concurso de poesía, festival de las letras y conciertos de música que reivindica el color de la cultura local. Las ciudades se han puesto guapas y los ciudadanos se enorgullecen de ello. Un sentir joven, relajado y al tiempo energético se respira en el ambiente. El orgullo regional se ha revitalizado con la transición y las autonomías.

LA FIEBRE DE LAS AUTONOMÍAS

Desde los últimos años de la dictadura, cuando era un hecho insoslayable que Franco no era eterno, se reabrieron algunos de los temas que habían estado clausurados por mucho tiempo. Durante cuarenta años, la estructura de la sociedad española fue centrípeta, girando en torno a un Estado que monopolizaba el poder en todas sus vertientes. La capital estaba en Madrid, y en Madrid residía el poder político, jurídico y legislativo. Madrid era también el centro geográfico por el que pasaban de forma radial todas las carreteras y las líneas férreas. La idea de una España monolítica, unificada y poderosa había inspirado la conspiración militar y mantenido el modelo centralizador durante la dictadura. Con el fin de sedimentar el modelo, se había asfixiado cualquier intento autonómico que sonase a divisivo.

Una de las razones esgrimidas por los golpistas en 1936 para justificar sus acciones militares fue la descomposición política y espiritual de España. Durante el régimen de Franco, las expresiones de las culturas locales y regionales se entendieron como formas diferenciadas de un cuerpo común, y ese cuerpo común era España. La Sección Femenina de la Falange promocionó bailes, música y trajes regionales, cocina local, artesanía y costumbres, que se entendían como factores integradores de la variedad y riqueza patria, pero no como elementos diferenciadores. Jamás se comprendió que la diversidad lingüística aportase alguna riqueza al acervo peninsular. Todo lo contrario, se temía la variedad lingüística y su poder multicultural por considerarla un elemento disgregador. Una nación, una lengua y una religión componían el núcleo central de la grandeza nacional.

La represión sostenida y la propaganda continuada tuvieron resultados desiguales. Era lógico, puesto que la unidad se había conseguido silenciando voces. De hecho, España, al contrario de otros países europeos y ciertamente Estados Unidos, no ha sabido jamás crear una conciencia histórica común que sirva de base a la unidad. Los vagos intentos por crear una historia unificada realizados por el Estado en distintas épocas han chocado una y otra vez con corrientes centrífugas que tiran en dirección opuesta. La Segunda República estuvo predispuesta a reconocer la variedad de los pueblos de la península y, a tal efecto, autorizó leyes federalistas y autonómicas.

Como si de un breve lapso de tiempo sin memoria se tratase, nada más ser anunciado el fallecimiento de Franco, se desató la fiebre de las autonomías. Las llamadas nacionalidades históricas (Cataluña, País Vasco y Galicia) se adelantaron al proceso, exigiendo la legislación de leyes autonómicas y competencias de autogestión. Se basaban en la existencia de unas

Mapa de las autonomías de España

características diferenciadoras propias: lengua, instituciones e historia. El centralismo franquista había sido tan dominante que prácticamente todas las provincias o regiones se apuntaron al proceso. La España de la transición estaba con las autonomías que se presentaban como una forma de equilibrar las diferencias regionales. El hecho de que existiesen razones históricas no importaba mucho. Los nacionalismos funcionan un poco como las religiones: se basan en la fe. No hay un pueblo más variado étnica y lingüísticamente, y con más religiones y diversidades culturales, que Estados Unidos; y posiblemente no hay un pueblo que tenga un sentido más profundo de unidad nacional que el norteamericano. Al inicio de cada competición deportiva en colegios y universidades, en ligas profesionales o actos multitudinarios, se interpreta con fervor el himno nacional. Los nuevos estadounidenses, hijos de la emigración reciente, no han necesitado una historia común para sentirse fervientemente nacionalistas. Les ha bastado un querer ser. Las segundas generaciones de inmigrantes se unen al acervo cultural con el fervor del converso.

En España, los deseos autonómicos se originaron en los albores del siglo XIX a la par que los nacionalismos y han representado una demanda constante con la que el país ha tenido que lidiar. Las exigencias autonómicas se presentaban a los gobiernos de la democracia como una asignatura pendiente a la que había que dar respuesta. La Constitución de 1978 reconoció los derechos a la autonomía de los pueblos que componen el estado español. El título VIII de la constitución reza así: "La constitución se fundamenta en la indisoluble unidad de la nación española, patria común e indivisible de todos los españoles, y reconoce y garantiza el derecho a la autonomía de las nacionalidades y regiones que la integran y la solidaridad entre todas ellas".

LA CUESTIÓN DE LOS NACIONALISMOS

La dificultad con este título constitucional reside en la interpretación de dos conceptos, nación y nacionalidades, en el contexto español. El primero hace referencia a una formación social muy amplia que es el Estado y el ámbito que lo compone; el segundo particulariza una comunidad autónoma. Es decir, en la práctica, nos encontramos con dos conceptos, la nación-Estado y las varias nacionalidades dentro del mismo estado. Para muchos españoles a lo largo de todo el siglo XX, España era una sola nación, habitada por un pueblo, el español, con una personalidad propia y una lengua. La derecha reivindicó esta versión. Para otros españoles, España era simplemente un Estado con un gobierno que unificaba a diversos pueblos con distintas personalidades, en ocasiones llamadas naciones. De esta problemática se deriva el tema de las dos Españas.

Intentemos aclarar primero qué es una nación y qué entendemos por nacionalismos. El hispanista Inman Fox escribe: "Los límites de una nación no están definidos por lengua, geografía, raza, religión u otra cosa. Las naciones se forman con la voluntad de los individuos, y la nación es una conciencia moral". Por su parte, el pensador Ernest Geller opina que los nacionalismos no son una toma de conciencia sino lo contrario, que los nacionalismos inventan naciones donde antes no las hubo. Coincide con la antropología cultural en que las naciones son casi siempre comunidades imaginadas. En la práctica, y para el caso español, el tema se complica puesto que, estudiadas individualmente, encontramos distintas concepciones nacionalistas. Como se verá más adelante y tomando las dos expresiones más genuinas del nacionalismo periférico, el catalán y el vasco, percibimos que poco tienen en común. Lo que las hermana es su relación con el problema fundamental de la construcción histórica del Estado español y la identidad.

A lo largo de su historia, los españoles han estado extraordinariamente preocupados con algo tan intangible como el ser. Tanto en expresiones políticas como en tratados teóricos surgen, una y otra vez, constantes elucubraciones en torno a lo más esencial del individuo o de los individuos como comunidad. Este discurso, un tanto maniqueo, desborda los límites de lo definible entrando en sutilezas reflexivas de tono existencial. ¿Quiénes somos los españoles? ¿Qué nos hace distintos? ¿Qué elementos genuinos o espirituales nos diferencian a unos de otros? A Franco le gustaba referirse a España como "la reserva espiritual de Occidente". ¿Hay una expresión más vaga para definir el ser de un pueblo? ¿En qué consiste una reserva espiritual? Las constantes alusiones a las dos Españas incorporan elementos conceptualmente opuestos: laicismo o religiosidad, republicanismo o monarquía, unidad o pluralidad, pero también hacen referencia al ser murciano, gallego, o extremeño, como si de esencias excluyentes se tratase.

No es pura coincidencia que en el castellano, como en el resto de las lenguas habladas en la península, se distingan dos verbos que en otras lenguas son uno: ser y estar. Ser se refiere a algo esencial, íntimo, indefinido; estar expresa una presencia, una localización, estado temporal o de ánimo. Para algunos, se puede estar en España y no ser español, o ser más vasco y catalán que español, como si ambos conceptos fuesen cuantificables o excluyentes. "España es una invención de los Reyes Católicos, una nación compuesta de reinos", expresaba Enrique Villamayor, residente en Bilbao. Y continuaba: "Por razones históricas, nuestro común denominador es la lengua española, pero aparte de eso todas las regiones son radicalmente diferentes".

No es éste un tema nuevo. El ser y la razón de ser han generado un apasionado y constante debate en España donde lo singular y lo plural se entrecruzan y mezclan. El debate se complica con conceptos como identidad nacional y comunidad autonómica que requieren definición, tarea casi imposible, pues la identidad se refiere no sólo a aspectos tangibles, sino, en la mayoría de los casos, intangibles. Cada autonomía busca identificar ciertas señas de identidad que la separen del vecino. En un reciente artículo del periódico *Levante* de Valencia (16 de marzo de 2005), Manuel García Ferrando, catedrático de Sociología de la Universidad de Valencia, exponía su opinión frente a la pretensión catalana de incluir a Valencia dentro de la comunidad nacional catalana. Su argumento se basaba en que, para los catalanes, "la lengua, denominada sin más matices como catalana, es el elemento aglutinador de unos Países Catalanes en los que un imaginario pueblo, el catalán, junto con el valenciano y el balear, ha de luchar por alcanzar una hipotética independencia del dominio español. En cambio, para los segundos (los valencianos) la lengua valenciana no se siente de manera tan profunda como un elemento a cultivar y defender, y mantiene una ambigüedad entre lo español y lo valenciano, que imposibilita, obviamente, la existencia, como ocurre en Cataluña, de una amplia base política que sostenga a unos sólidos e influyentes partidos nacionalistas".

La existencia de múltiples identidades culturales promovidas por organismos e instituciones, tanto estatales como regionales, es una las características de los estados europeos y tiene sus orígenes en el siglo XIX. En el caso español, las invasiones napoleónicas entre 1808 y 1814 incorporaron nuevas ideas revolucionarias que cambiaron la naturaleza de la sociedad y le inyectaron renovados conceptos de identidad que se añadieron de forma acumulativa a las herencias del pasado. Las invasiones estimularon un profundo sentimiento de nacionalidad que sirvió para desarrollar nuevas expresiones de ciudadanía, pertenencia y representación. La burguesía española rompía con el absolutismo borbónico para sustituirlo por conceptos constitucionales de representación individual con todo el bagaje de derechos y deberes adscritos a la ciudadanía. Más tarde, la llamada

Revolución Gloriosa de 1868 aceleró el proceso al introducir principios democráticos como bases fundamentales de la práctica constitucional. La Constitución de la misma fecha fijó el sentido institucional de la nación española con toda una imaginería asociada: símbolos, emblemas, ritos liberales que incluso los seguidores carlistas y republicanos se aprestaron a aceptar. La nueva fe se asentaba en la concepción de un individuo libre de elegir unas formas de asociación u otras, tendentes a identificarse con localismos y particularismos, o con el Estado.

La gran crisis del siglo XIX, con las invasiones napoleónicas que aceleraron los movimientos de independencia en la América hispánica, tuvo consecuencias extraordinarias. La pérdida paulatina del poder colonial a lo largo del siglo aceleró el proceso de descomposición del Estado. La Primera República de 1873 se constituyó en base al fomento de localismos y federalismos. La tendencia fue tan fuerte que alcanzó niveles epidémicos. En aquella ocasión, incluso pequeñas ciudades se declararon parte independiente de una España federal o cantonal. Cuando por fin la crisis de 1898 se precipitó, el gobierno español poco tenía que ofrecer. En esa tesitura aparecieron los nacionalismos que miraron al exterior en busca de modelos y soluciones. Es posible que si el Estado español hubiera incorporado a las naciones hispanoamericanas a la Constitución de 1812, como estaba previsto, y se hubiera creado un tipo de mancomunidad de países hispanos, los nacionalismos no hubieran brotado con tanta virulencia. La balanza entre nación-Estado y los nacionalismos periféricos se volcó al lado de los últimos por debilidad del primero.

Cataluña y los catalanes

El desigual desarrollo de distintas zonas en España a principios del siglo XX aceleró el proceso autonómico. En Cataluña, la incipiente revolución industrial promovió un crecimiento económico desconocido, pero también mostró las lacras del poder central, su ineficacia y corruptelas tanto económicas como electorales. La pérdida de las últimas colonias americanas dañó el prestigio de la Corona y el ejército clasista. Los catalanes sufrieron por la pérdida de mercados muy remunerativos en las colonias. El regeneracionismo periférico resucitaba la conciencia de sus particulares intereses al margen de Madrid y miraba al exterior como alternativa. La crisis del 98 propició sin duda el resurgimiento de movimientos ideológicos, unos enfocados en la gran nación (muy propio de la generación intelectual del 98), los otros en los nacionalismos periféricos. En Cataluña, esta conciencia creó una corriente dinámica conocida como la Renaixença; una serie de factores fundamentales convergían, principalmente el poder creciente económico ligado a una ciudad, Barcelona, que crecía en importancia y energía cultural.

Las raíces del nacionalismo catalanoaragonés hay que buscarlas en la Edad Media, cuando se experimentó un sólido expansionismo en el área mediterránea, tan profundamente ligada a su cultura. Entonces, las diversas empresas militares y comerciales del Principado llegaron a las islas Baleares, reconquistadas entre 1228 y 1229, a Cerdeña, a Nápoles, y al reino de Valencia entre 1232 y 1245. Parte de esa energía expansionista se debe al impulso de Ramón Berenguer IV, conde de Barcelona, nombrado rey de Aragón en 1137, y una larga dinastía de Berengueres. Elemento primordial de la expansión fue la difusión del catalán, lengua romance que penetra hasta los principados de Andorra y el Rosellón, así como las tierras costeras del Levante y Aragón.

La situación geográfica de Cataluña facilitó su expansionismo y los contactos con el exterior. A las empresas catalanas les era más sencillo comerciar con puertos europeos, tanto franceses como italianos, conectados por ese mar apacible, que con Castilla, separada por otro mar de tierra, cruzado por ríos y montañas de difícil comunicación. Cataluña sintió las influencias de la romanización (la extensión de la Roma clásica) posiblemente más que otras zonas, aunque una vez establecida, la romanización cobró vida propia y dejó sus marcas en casi toda la península. Algo similar puede decirse de los contactos con Francia, siempre fluidos y constantes. Hasta su pérdida, a primeros del siglo XVIII, fueron catalanes los territorios franceses de Rosellón, Vallespir y Conflent. La cercanía y la evolución europea atrajeron a sus habitantes y no es error decir que Cataluña ha tenido y mantenido durante siglos una profunda vocación continental.

En la península, los catalanes se aliaron con los aragoneses durante los siglos XII y XIV, a través de pactos y enlaces matrimoniales marcadamente beneficiosos. Obra maestra de esta época fue la creación del primer Parlamento europeo, posiblemente el primero en su género, que tomó el nombre de Generalitat. Se remonta a 1399 y adquiere la estructura de un gobierno parlamentario con el fin de administrar los territorios de Aragón y Cataluña. Su sede fue la ciudad de Barcelona, donde trabajaron en unión con el Consejo de Ciento, especie de Parlamento que regía los negocios de la ciudad. En el siglo XIV, la confederación catalanoaragonesa se había expandido sólidamente en el Mediterráneo y gobernaba en amplias zonas de Valencia, las Baleares, Cerdeña, Sicilia, Córcega y puntos bien establecidos de Grecia. Éste fue un siglo de oro catalán que ha quedado un tanto borrado en la memoria. Su dinamismo comercial no cesó, aunque sí disminuyó en intensidad, especialmente tras el desastre bancario de 1381, provocado en parte por el costo de la administración, pero principalmente por el ascenso del Imperio otomano. La crisis se produjo antes de que la suerte peninsular decantara la balanza hacia el Atlántico.

La evolución del reino de Aragón acabó inclinándose hacia un asociacionismo peninsular con el matrimonio de Isabel de Castilla y Fernando de Aragón en 1471. Con estas nupcias se consolidó la monarquía española dando forma a lo que se considera la primera forma de Estado central europeo.

Es importante destacar las particularidades y dificultades de la creación de los estados europeos. La gran mayoría fue el resultado de alianzas matrimoniales y constantes conflictos que los unieron o separaron por jornadas. Fueron estados fraguados con sangre y matrimonios con el clamor de las armas y la firma de los tratados. No hay ningún país-Estado europeo que no haya pasado por las vicisitudes de frágiles uniones y sediciones. Las fronteras de los estados actuales son formas aleatorias que han ido cambiando con el transcurso del tiempo. En la última década del siglo XX, los europeos atestiguaron, con los brazos cruzados, el desmembramiento de Yugoslavia para dar paso a cuatro naciones, que cincuenta años antes habían sido unificadas a través de sospechosos acuerdos.

España nació como Estado a través de un pacto matrimonial que tuvo una vitalidad extraordinaria por los muchos acontecimientos que lo jalonaron. Durante el reinado de Isabel y Fernando, los llamados Reyes Católicos, se incorporó el reino de Granada que antes estaba en manos del Islam y se expandieron sus límites más allá del Atlántico, en el recién descubierto continente americano. De esta forma el reino de Aragón se incorporó al imperio de los Austria, aunque los monarcas respetaron sus instituciones y lengua. La labor de Fernando, el rey aragonés, fue fundamental en el mantenimiento y consolidación de la nueva monarquía peninsular.

En esa época, el catalán era una lengua vibrante y expansiva, y en las ciudades de Valencia y Barcelona se producían más libros en catalán y valenciano que los que se imprimían en

Madrid o Toledo. Sin embargo, el hecho de que el descubrimiento y expansión en las Indias fuese una empresa castellana sirvió como motor de difusión del castellano, que de otra forma no hubiese pasado de ser una lengua regional. Con la unificación peninsular, la aristocracia aragonesa y catalana adoptó el castellano, que se impuso como lengua franca para facilitar el comercio entre los reinos de la península.

La situación se complicó en 1700 al morir, sin herencia, el último rey de la dinastía de los Austria, Carlos II. Ello originó una guerra de sucesión en la que estuvieron involucrados intereses ingleses y franceses. La fatal conflagración se inició a raíz del nombramiento de Felipe de Anjou, nieto de Luis XIV, como heredero al trono. La guerra terminó con el triunfo francés y Felipe V fue reconocido como rey de España. Pero el compromiso sucesorio no vino sin factura. En el proceso de negociación, Cataluña se vio desposeída de sus territorios al norte de los Pirineos (Rosellón, Vallespir y Capcir), lo cual produjo un creciente malestar en el Principado. De alguna forma, los catalanes sintieron que el asociacionismo con Castilla hería sus intereses sin producir beneficios cuantificables. Las protestas se multiplicaron y el descontento creció hasta dar paso a una serie de revueltas que acabaron en sangre. No fue ni la primera vez ni la última. Los ejércitos franceses y castellanos pusieron sitio a la ciudad Condal, que a la sazón contaba con unos 34.000 habitantes quienes, ante el brutal asedio, acabaron por deponer las armas. La señal estaba dada y sus secuelas no fueron fácilmente olvidadas. La burguesía catalana confirmaba su desconfianza hacia el poder central, no importaba su color u origen. Sentían que los intereses del Principado nunca serían bien defendidos desde los palacios madrileños.

El nacionalismo catalán propiamente dicho no se inicia hasta los albores del siglo XIX, cuando toman forma todos los nacionalismos en la península. La década de 1830 atestiguó el primer renacimiento (Reinaxença) de su cultura y sociedad. Estuvo asociado a un dinamismo económico producto de los intereses algodoneros de las colonias y una toma de conciencia cultural que se identifica con la publicación de la *Oda a la Patria,* de Bonaventura Aribau. A partir de la mitad de siglo XIX, el catalán cobra un nuevo impulso como lengua literaria. Premios y juegos florales dan a conocer las obras de importantes poetas y escritores: Jacint Verdaguer, Angel Guimerá, Narcís Oller y Joan Maragall, entre otros. El catalán, que había sido marginado a zonas rurales, entra de nuevo por la puerta grande de la cultura barcelonesa.

Desde el centro neurálgico de la ciudad de Barcelona, y no mucho más allá, se expande este resurgir. En 1859, un arquitecto visionario de los muchos que ha producido Cataluña, Ildefons Cerdá, concibió el ambicioso plan de ampliación y modernización de la ciudad. Se conoce con el nombre de "Plan Cerdá" y dio como resultado el ensanche. Efectivamente, la ciudad se ensanchó más allá de las murallas que aún la encorsetaban y se extendió hacia las faldas del monte Tibidabo, frontera natural que la limita. Entre 1860 y 1900 la ciudad creció a través de la construcción de 4.728 bloques de casas en una concepción futurista para la época que incorporaba a los diseños patios interiores para facilitar la convivencia, y chaflanes entre las manzanas de las casas que sirvieran las necesidades de los vecinos. La moderna ciudad, ejemplo de habitabilidad, era el resultado de un dinamismo expansivo asociado a la industria textil, y del orgullo de una sociedad que hacía buenos sus planteamientos.

Con todo, el experimento republicano de 1873 se movía aún entre federalismo y regionalismo, sin que los límites estuviesen muy claros. Valentí Almirall, el padre del catalanismo y autor de *Lo Catalanisme,* fue básicamente un regionalista. Si tras el desastre de 1898 se produjo una serie de manifestaciones nacionalistas, éstas se debieron al disgusto general por la ineficacia de los gobiernos centrales. El regeneracionismo catalán buscó soluciones propias a problemas globales y, consecuentemente, no tuvo una única expresión, ya que se formaron tanto corrientes de izquierdas (Ezquerra Republicana) como de derechas (La Lliga). La Lliga fue un grupo conservador compuesto por elementos de la burguesía catalana. Sin embargo, el primer intento serio de dar forma a un gobierno catalán fue la creación de las mancomunidades poco antes de la Primera Guerra Mundial. Sus competencias fueron el resultado de la participación de las gobernaciones provinciales y las asociaciones de vecinos. Tan sólo en las cuatro provincias catalanas, Barcelona, Tarragona, Lérida y Gerona, el experimento tomó forma, aunque tuvieron corta vida, pues Miguel Primo de Rivera las suspendió en 1923.

Con la proclamación de la Segunda República en 1931, se desató el fervor nacionalista. Los gobiernos republicanos que prometieron leyes autonómicas para Cataluña, Galicia y el País Vasco, vieron superadas sus intenciones con la autoproclamación en Barcelona de la República Catalana. Con este acto se resucitaba la Generalitat medieval, y el catalanismo ligaba con el pasado estableciendo unas conexiones que, aunque discontinuas, servían como bases al discurso ideológico. Ya hemos estudiado en el capítulo 2 la suerte que corrió la Segunda República y todos sus ensayos libertarios y autonómicos.

El levantamiento militar de Franco acabó con todos ellos con mano firme y decidida. El furor de la posguerra se desató y junto con los fusilamientos de opositores, se quiso fusilar la lengua y sus expresiones culturales. Hubo allanamientos de bibliotecas, librerías e instituciones catalanas. Más triste aún fue la quema de libros de la biblioteca Pompeu Fabra, que trajo a la actualidad reminiscencias de la Inquisición. Los nombres de las calles y pueblos fueron castellanizados. Las libertades fueron abolidas en toda la península, sin excepción ni privilegios. Para el franquismo, el catalanismo era una expresión regional y folklórica que enriquecía la herencia de una raza común. La religión, una; el Estado, uno; el destino, uno, así como la lengua. La cohabitación del castellano y el catalán fue suprimida. Sin embargo, el furor cesó pronto, quizás porque Franco fue siempre consciente de la importancia económica de Cataluña y de lo involucrada que estaba la lengua en el entramado de la burguesía. A finales de 1941 se autorizó la publicación de libros y la representación de obras de teatro en catalán. En la práctica, el régimen se las arregló para hacer la vista gorda, y en las últimas décadas antes de la muerte del dictador, en algunos colegios particulares y en la universidad se impartían clases en catalán.

El catalán es un pueblo con un lado pragmático que sopesa sus decisiones y analiza el lado práctico de las cosas. La gran conflictividad generada por anarquistas y anarcosindicalistas durante las primeras décadas del siglo hizo retraerse a la burguesía, especialmente en Barcelona, precisamente en momentos en que se vivía el debate más acalorado en torno a la autonomía catalana. El golpe militar de Miguel Primo de Rivera se inició en Cataluña. La burguesía se sentía más amenazada por las desmedidas expresiones del anarcosindicalismo que por la convivencia con el poder central. A la hora de las grandes decisiones, el pueblo catalán ha sabido avanzar con pasos medidos en sus proyectos institucionales, antes que lanzarse por una pendiente sin freno. En Cataluña no se experimentó la misma resistencia al franquismo que en el País Vasco o en Madrid, donde residió la dirección de los movimientos estudiantiles de resistencia.

Aunque durante la dictadura el catalán no pudo usarse a través de los medios de comunicación, radio y televisión, se siguió usando en casa y en el trabajo y, más importante, siguió manteniendo una estable producción literaria. La confianza depositada en sus propios recursos y la necesidad de supervivencia hicieron que el nacionalismo catalán fuese abierto, en busca de un dualismo que le permitiese asociaciones de participación con el Estado.

Las mayores amenazas al catalanismo llegaron con la emigración. Las grandes olas de emigrantes andaluces y aragoneses, principalmente, desequilibraron un tanto la balanza poblacional. A finales de la década de 1920 llegaban anualmente a Barcelona más de treinta mil emigrantes. Las cifras se dispararon después de la guerra, creciendo potencialmente a 100.000 emigrantes por año, hasta alcanzar el medio millón en la década de los 60. En la cuenca del Llobregat surgían ciudades de andaluces que superaban en número a muchos de los pueblos y ciudades de Andalucía. Aunque la segunda generación aprendía sin dificultad la lengua, se precisaban formas de restitución.

Pensemos que la lengua ha sido uno de los factores principales, quizás el principal, de homologación de la cultura catalana. Parte del debate sobre la nacionalidad gira en torno a la exclusividad y singularidad de la lengua. No fue hasta 1932 que se publicó el primer diccionario completo del catalán, obra del filólogo Pompeu y Fabra. En las décadas de los 60 y 70, irrumpió con gran fuerza la Nova Cançó, movimiento cultural de marcado atractivo y energía que popularizó un estilo de música de cantautores en catalán. Sus baladas y canciones protesta se expandieron por toda la península en las voces de Joan Manuel Serrat, María del Mar Bonet, Lluis Llach y Raimon, entre otros. Cataluña se aprestaba a inaugurar una nueva era usando su lengua.

La explosión llegó con la democracia. La celebración de la Diada en 1977 fue un acontecimiento difícil de olvidar. Más de un millón de personas marcharon por las principales avenidas de la Ciudad Condal para exigir el retorno de sus instituciones y libertades. Su consolidación fue liderada por Jordi Pujol, secretario general de Convergencia Democrática de Cataluña (CDC), más tarde Convergencia i Unió (CiU), que desde 1974 ha estado al frente del partido y de la Generalitat.

Pujol es un continuador directo de la tradición del nacionalismo catalán burgués. Durante toda la transición, hasta su renuncia en 2003, ha sido el máximo exponente de una vía negociadora con el gobierno central. Su obrar colocó en la sombra las posturas más radicales de Ezquerra Republicana de Cataluña (ERC), el partido de Francesc Maciá y Lluís Companys. Sólo recientemente, en las últimas elecciones generales de marzo de 2004, el balance ha experimentado un cierto desplazamiento con el éxito obtenido por ERC, que consiguió 649.614 votos, frente a 828.578 de CiU.

El año 2005 se cerró con una controversia que adquirió carácter nacional en torno a la discusión de un nuevo Estatut catalán que revise las relaciones entre Cataluña, el Estado español y el resto de las autonomías. Entre las aspiraciones del Estatut está el reconocimiento de Cataluña como nación, y la capacidad gestora de la Generalitat para recoger y administrar sus propios impuestos, para más tarde negociar con el gobierno central la parte proporcional con la que Cataluña participará en los gastos generales del Estado español. Las discusiones y negociaciones han radicalizado ciertas posiciones en el resto de la península, aunque en numerosas encuestas realizadas en Cataluña, sus habitantes parecen estar menos preocupados por el Estatut que por sus dirigentes.

El nacionalismo catalán está más vivo que nunca, aunque las circunstancias en que se desenvuelve, en una Europa que tiende a la unión, matizarán posiblemente sus posturas. El futuro lo dirá.

LOS VASCOS Y EL PAÍS VASCO

En el País Vasco, la expresión del nacionalismo, tanto en su desarrollo como en sus manifestaciones exteriores, ha sido y es un fenómeno distinto. Su gestación y evolución han tenido su expresión en un dualismo negativo que, mirando hacia dentro, se ha nutrido de un sentimiento conservador religioso y de una nostalgia rural que lo ha hecho cerrarse sobre sí mismo con el fin de evitar cualquier contagio del exterior. En ese sentido es y ha sido muy distinto del catalán.

Las primeras expresiones de un evidente descontento y toma de postura frente al Estado se remontan a la sucesión a la Corona de Fernando VII en 1833. Este rey, responsable de la marcha atrás en el proceso constitucional, abolió la ley sálica que impedía a las mujeres acceder a la Corona y nombró a su hija Isabel, menor de edad, para sucederlo en contra de la candidatura de su hermano menor, Carlos María Isidro. Inesperadamente, sectores dentro del País Vasco optaron por la defensa de la candidatura de Carlos, lo que se interpretó como un rechazo del centralismo borbónico que amenazaba sus históricos derechos.

Los vascos habían mantenido desde la Edad Media una serie de derechos conocidos como fueros. La radicalización de las dos facciones monárquicas provocó las primeras Guerras Carlistas, que se extendieron por Cataluña, Aragón y el norte de Valencia, y acabaron en 1839 sin un acuerdo formal. El conflicto acarreó la pérdida de los fueros. Restaurados más tarde, fueron otra vez abolidos tras la finalización de las segundas Guerras Carlistas en 1876. Conservaron un concierto económico por el que se les permitía cobrar sus propios impuestos y desembolsar una cifra fijada al tesoro del Estado. Para esa época, el descontento empezaba a extenderse por los pueblos donde surgiría una incipiente conciencia nacionalista que sirvió de base a la articulación que Sabino Arana, padre del nacionalismo vasco, llevó a cabo.

Sabino Arana nació en 1865 en el seno de una familia carlista. El padre tuvo que exiliarse en Francia por su militancia. Sabino trabajó como maestro de escuela y su interés se centró en la lingüística, especialmente en el estudio de la lengua vasca. Para esa fecha, el vasco era una lengua carente de una gramática sintetizadora y se hablaban más de nueve dialectos en los valles lindantes, con diferencias fonéticas muy marcadas. Arana asumió la misión de dar forma ortográfica a la lengua para facilitar su comprensión y homologarla en la medida de lo posible. Escribió numerosos artículos en los que señalaba las lacras y corrupciones que el español había introducido en el vasco. Fue una misión casi antropológica de restauración de términos, que en muchos casos fueron puras invenciones. Así por ejemplo, renombró la región conocida como *Euskalerría*, que pasó a ser *Eukería*, y más tarde *Euskadi*, que significa "reunión de vascos", nombre empleado hoy en día. Diseñó también una bandera, la *ikurriña*, creó otros símbolos e inventó numerosos gentilicios usados en la actualidad.

Los marcados accidentes geográficos de los valles del País Vasco, cerrados entre montañas y de difícil acceso, habían promovido un aislamiento local de diversas consecuencias. Por ejemplo, la romanización, que tanta influencia tuvo en el resto de la península, fue mínima. Tampoco penetró el Islam en el siglo VIII, cuyo impacto transformador se había extendido en el resto del territorio durante setecientos años de convivencia. No están claros los orígenes del vasco, aunque se piensa que es una de las lenguas originales indoeuropeas. Si bien es cierto que el uso tomó inesperados rumbos, su evolución fue mínima. Hay que tener en cuenta que el resto de las lenguas habladas en la península tienen el mismo origen, el latín, y que a partir de ese tronco común surgieron el catalán, el gallego, el valenciano, el castellano y el leonés en un constante proceso de interrelación. Todas ellas fueron penetradas por el árabe, que se vertió como una civilización expansiva que afectó las formas de vida de la península y sus lenguas. El vasco permaneció más aislado, y no es hasta la incipiente revolución industrial de finales del siglo XIX y comienzos del XX que la llegada de emigrantes ejerció un primer efecto transformador. Para entonces, la lengua vasca contaba apenas con literatura escrita. Dada su dificultad, no fue aprendida y adoptada por los emigrantes, y permaneció sin sufrir demasiadas transformaciones en los valles y caseríos donde se había hablado por siglos.

La misión de Sabino Arana fue encomiable: había que salvar la lengua, que es mucho más que un código de comunicación. La lengua es una cultura y sus muchas manifestaciones. Es también un modo de ser y de sentir. Sin embargo, las ideas de Arana fueron de un extraordinario primitivismo teórico. Rechazaba los cambios de la industrialización, lógicamente la emigración, y abogó por el regreso a una especie de época preindustrial en que la sociedad se atuviera a los dictados de la religión. En muchos de sus escritos se trasluce una xenofobia básica. Escribe: "Se vinieron para acá —se refiere a la emigración española— trayendo consigo corridas de toros, el baile y el cante flamenco, la cultísima lengua tan pródiga en blasfemias y sucias expresiones, la navaja y tantos excelentes medios de civilización". El miedo a una supuesta corrupción proveniente del exterior lo hizo adoptar posturas claramente represivas y lo llevó a recomendar, entre otras cosas, el cierre de centros culturales regionales donde se tocase otra música que no fuese vasca. Recurrió a nociones trasnochadas de pureza de raza y otras teorías pseudocientíficas claramente indefendibles hoy, que chocaban con la evolución inmanente resultado de la rápida transformación económica. Arana proponía una vuelta al pasado y eso no era posible.

Los años en que desarrolló más actividad política fueron entre 1893 y 1903. Para entonces había escrito y propagado el famoso Juramento de Larrazábal, en el que expresa sus ideas, que sirvieron de base para la fundación del Partido Nacionalista Vasco (1894). Entendía que el País Vasco lo componían no sólo las provincias de Vizcaya, Guipúzcoa y Álava, sino también Navarra, a la que consideraba la cuna, y las tres provincias vascofrancesas de Zuberoa, Lapurdi y Benavarra (baja Navarra). Aunque no abogó por la independencia, sino por una amplia autonomía, su obra fructificó en un momento en que la profunda crisis de identidad en España facilitaba la expresión de corrientes nacionalistas. Para el radicalismo nacionalista vasco, Sabino Arana es padre y apóstol. Como todo apóstol, sufrió la cárcel y dejó numerosos discípulos.

Durante la Segunda República se redactó un estatuto de autonomía que incorporaba a Navarra dentro de las tres provincias tradicionales. Pronto la delegación navarra rompió las negociaciones. Sin embargo, el texto del estatuto reconocía, después de muchas décadas, los derechos vascos a la autonomía y autogobierno. Todo se fue de cauce con el alzamiento nacional y el inicio de la Guerra Civil. Las provincias de Vizcaya y Guipúzcoa permanecieron fieles a la República, y como resultado y durante la guerra, se les concedió el estatuto de autonomía. Por su parte, las provincias de Álava y Navarra se inclinaron desde el principio por el lado de los sublevados. Bien es cierto que en Navarra, por diversas razones, el nacionalismo nunca ha alcanzado el mismo vigor que en las otras provincias.

En plena ebullición republicana, una consulta realizada en Navarra en 1932 concluyó que la población no estaba interesada en integrarse en un Euskadi autónomo. En aquella ocasión, como en otras muchas, los navarros optaron por separarse y mantener su propia identidad y destino. Navarra es fundamentalmente agrícola y el PNV se ha nutrido tradicionalmente de los sectores obreros de las industrias del norte. El sur de la provincia, más rico, no se considera vasco. Por otra parte, los navarros nunca perdieron sus fueros. Pamplona, la capital, es sin embargo un bullidero en donde las confrontaciones nacionalistas son constantes. En las fiestas de San Fermín, en julio, se puede atestiguar el enarbolar de *ikurriñas* e incluso pancartas de expresión a favor de ETA.

La posibilidad de un País Vasco con sólo tres provincias, de reducido tamaño y recursos, merma las posibilidades de autogestión en caso de obtener la independencia. Para su subsistencia, el País Vasco precisa de Navarra y del resto de sus provincias. En términos de porcentajes, recibe mucho más de lo que aporta. Por esta razón, los dirigentes nacionalistas han incluido siempre en sus plataformas reivindicativas a Navarra, provincia con grandes recursos agrícolas. La extensión de las tres provincias españolas es de 20.000 km², con una población de 2.115.279 de habitantes, más de la mitad concentrados en la ciudad de Bilbao y sus aledaños. La población de las provincias vascofrancesas ronda los 230.000 habitantes, y la de Navarra suma un millón.

La Guerra Civil y la dictadura de Franco quisieron acabar con toda expresión nacionalista que no fuese la de una sola nación, objeto y meta del destino patrio. Con esa cantinela, repetida hasta la saciedad, se quiso silenciar el clamor de los nacionalismos. No funcionó. Tras la dictadura, la democracia tuvo que hacer frente a las mismas demandas. La cuestión es cómo proceder para contentar a unos sin marginar a otros. El texto constitucional que reconoce las autonomías es demasiado ambiguo y no señala, con mediana exactitud, la relación ni las competencias de las administraciones autonómicas. De hecho, cuando el texto constitucional se ofreció a la aprobación de la población mediante un referéndum en 1978, el 43 por ciento de los vascos se abstuvieron. Bien es cierto que los que votaron lo hicieron en un 90,2 por ciento. De alguna forma, estos porcentajes han venido manteniéndose desde entonces con ligeras variaciones. La población vasca está radicalmente dividida, casi en un 50 por ciento. Por una parte están los que claramente buscan la independencia, junto con los que simpatizan con la idea de una mayor autonomía; por la otra, los que sienten el nacionalismo como algo primordial pero entienden que puede manifestarse dentro del Estado español.

ETA Y SU ENTORNO

El terrorismo de la organización nacionalista ETA sigue siendo el mayor problema con el que la sociedad española tiene que enfrentarse 30 años después de restablecida la democracia y normalizadas sus instituciones. Si hay una asignatura pendiente en la transición es dar fin a la violencia, controlar el terrorismo y conseguir un consenso social aceptable por todos los españoles. Las deficiencias económicas, el problema creciente de la inmigración, las desigualdades regionales, la parcialidad de los medios de comunicación, el desempleo, el estatuto de autonomías, y otros tantos problemas, no son comparables a las amenazas de ETA y sus reivindicaciones independentistas. ETA es el gran problema a resolver por los gobiernos de la democracia.

En las dos últimas décadas del régimen anterior, cuando una mayor conciencia de democracia y libertad iba extendiéndose por amplios sectores del país, las acciones de ETA se toleraban como un instrumento fundamental para minar la solidez de la dictadura. Los atentados contra cuarteles de la Guardia Civil, edificios públicos e incluso asesinatos de las fuerzas del orden, eran acogidos por una población silenciosa que escuchaba las noticias desde el confort de sus casas. ETA materializaba un amplio sentimiento de frustración e incapacidad de todos los españoles que, en términos freudianos, eran incapaces de matar al padre y tomar en las manos su destino como ciudadanos conscientes de sus derechos y responsabilidades. Las esporádicas resistencias de maquis, comunistas infiltrados, manifestaciones callejeras de estudiantes o huelgas obreras, eran fácilmente aplastadas por las fuerzas del orden público, los odiados *grises*. La represión policial controlaba las calles, aunque la insurgencia fuese adueñándose de los corazones de muchos, especialmente entre los jóvenes. Para los españoles de entonces, las acciones violentas de ETA eran loables y un primer paso hacia la insurrección final. El terrorismo de ETA doblegaría, a la larga, la solidez del búnker franquista.

Terroristas de ETA

El asesinato del almirante Luis Carrero Blanco en 1973 fue el atentado más espectacular jamás perpetrado por la banda. Tanto en su preparación y ejecución como en los logros, mostraba una capacidad y una determinación extraordinaria. Con la muerte del vicepresidente del gobierno se asestaba un duro golpe al franquismo, al acabar con uno de los pilares del régimen en los años de decadencia del dictador. Gran parte de España celebró el atentado. Sin embargo, la represión fue brutal aunque poco eficaz. La organización contaba con muchos medios para eludir la presión de las fuerzas de orden público que, con sus acciones represivas, enajenaba a la población y la predisponía a simpatizar con las acciones de la banda.

Ése era el sentir de grandes sectores de la población hasta la muerte de Franco, el 20 de noviembre de 1975. El rápido transcurrir de los acontecimientos tras esa fecha, con la regularización de la instituciones democráticas y la aprobación de la constitución en la que se reconocía el derecho a las autonomías, hizo pensar que los días de ETA estaban contados. Ilusoriamente se esperaba que ETA se disolviera como lo hicieron las Cortes franquistas, puesto que en democracia ya no tenía razón de existir. El dictador dormía su sueño eterno y la democracia campeaba. ¿Qué otra meta podían tener los miembros de la organización terrorista? Todos se engañaron. Primero, porque la violencia genera violencia y una vez desatada es casi imposible frenarla, y menos transformarla en respeto por los derechos democráticos. Segundo, porque las metas de ETA iban más allá que simplemente acabar con el régimen franquista.

Las siglas de ETA (*Euskadi Ta Askatasuna*), se traducen por "Euskadi y Libertad". Comenzaron a aparecer en las calles de las ciudades vascas en la década de los 60, junto con los símbolos de otras organizaciones violentas surgidas en la misma fecha: Frente de Liberación Popular (FLP) y el Grupos de Resistencia Antifascista Primero de Octubre (GRAPO). Su primera acción se produjo en 1961 con el intento de descarrilamiento de un tren que se dirigía a San Sebastián, cargado de excombatientes de la Guerra Civil, para celebrar un acto conmemorativo. A través del periódico *Egin*, ETA dio a conocer sus objetivos, que se centraban en la defensa de la lengua, la construcción de un pueblo étnicamente homogéneo y la independencia de los territorios considerados vascos, entre ellos Navarra y las provincias vascofrancesas. Todo ello mezclado con un antiespañolismo básico, motor emocional de muchas de sus acciones.

Sus primeros miembros fueron reclutados entre universitarios y en los caseríos y pueblos de los valles interiores, en localidades como Mondragón y Oñati, no en las ciudades de la costa. Eran jóvenes que habían sido alimentados en una cultura xenófoba en la que Madrid simbolizaba el enemigo perpetuo. En las escuelas los hacían estudiar en castellano, lengua que identificaban con el opresor. Cuando iban a las ciudades en busca de trabajo, mal pagado y en malas condiciones, el resentimiento crecía.

La historia de la organización está marcada por conflictos internos, cambios de dirección, divisiones, facciones y nuevos inicios. Es lógico. El secretismo y el riesgo en que viven sus afiliados genera un proceso de constante revisionismo. Una y otra vez los miembros históricos, tras procesos de encarcelamiento o persecución, expresan la necesidad de cambiar de estrategias y negociar. Mientras, los recién captados militantes renuevan la línea radical de la banda y abogan por la lucha armada. A poco de su fundación, en 1966, el grupo original se dividió en dos facciones, ETA-Zarra (ETA vieja) y ETA-Berri (ETA nueva). Mientras la primera reivindicaba una línea de atentados, la segunda abandonaba las armas y se fundía con el Partido Comunista. ETA-Zarra se volvería a dividir en ETA V Asamblea y ETA VI Asamblea. Esta última fracción renunció también a la lucha armada y se asimiló dentro de la Liga Comunista Revolucionaria. Todo esto ocurría en los 70.

Las divisiones, sin embargo, continuaron así como las deserciones. Una vez iniciada la lucha no es fácil el asimilamiento dentro de la sociedad, especialmente por los riesgos implícitos para los miembros que permanecen. El asesinato en 1986 de María Dolores González Katarain, conocida por Yoyes, es emblemático de las contradicciones de la banda y la violencia indiscriminada. Yoyes había sido militante de ETA desde los 16 años y había estado implicada en algunas acciones comprometidas. Pertenecía a la cúpula de la organización. En 1979, decide que no merece la pena continuar y marcha al exilio en México. Aprovechando una amnistía ofrecida por el gobierno, regresa a su ciudad natal, Ordizia, a pesar de las advertencias de amigos y antiguos colaboradores. Yoyes nunca había sido amedrentada por amenazas y regresó. Fue asesinada por un tiro en la nuca, en una plaza pública y a la luz del día, cuando paseaba con su hijo de tres años. Un comunicado de ETA reivindicó el asesinato y su inevitabilidad, justificándolo por la traición de María Dolores. La indignación fue general y erosionó el apoyo silencioso que la organización había recibido en el País Vasco a lo largo de los años.

Pronto, los medios de difusión comenzaron a referirse a ETA como una banda terrorista y no como una organización nacionalista. La actividad se extendió por todo el país. Si al principio las víctimas de la organización eran seleccionadas entre miembros del ejército, la Guardia Civil, las fuerzas de orden público, jueces y políticos, más tarde sus acciones se hicieron más indiscriminadas. ETA asumió la estrategia del terror que crease una situación de ingobernabilidad y dañase los intereses del país, principalmente el turismo, que es su principal industria. Sólo en 1980, ETA asesinó a 118 personas. Las estrategias se multiplicaron en muchas direcciones.

Uno de los mecanismos a través del cual ETA mantiene sus cuadros y financia los atentados es mediante el cobro del llamado "impuesto revolucionario". Consiste en una campaña de extorsión a empresarios, profesionales y pequeños propietarios, a los que se exige el pago de un impuesto bajo amenazas de secuestro y asesinato. Desde su imposición, cientos de amenazados han pagado anualmente su cuota, y los que no lo han hecho han sufrido en sus carnes el miedo y la represión. El 10 de octubre de 2004, un artículo del periódico *El Mundo* se iniciaba con este encabezamiento: "Un etarra detenido acusa a Arzak, Berasategui, Arguiñano y Subijana de pagar el impuesto revolucionario". Continuaba: "Los prestigiosos cocineros vascos Carlos Arguiñano, Martín Berasategui, Pedro Subijana y Juan María Arzak podrían ser citados por el juez de la Audiencia Nacional Fernando Anderu. El motivo es que el etarra José Luis Beotegui, detenido el pasado jueves en la localidad vizcaína de Miravalles, los acusa de haber pagado el impuesto revolucionario a la banda terrorista. El terrorista había dicho que había remitido una carta exigiéndoles el pago de 12 millones de pesetas". La difusión de la noticia expone la conflictividad del caso. Importantes cocineros con prestigiosos restaurantes internacionalmente conocidos acceden al pago del impuesto con el fin de librarse de represalias. ¿Quién no lo haría? Son muchas las empresas, profesores universitarios, periodistas y figuras públicas que han dejado el País Vasco debido a las constantes amenazas. Tienen que vivir acompañados de guardaespaldas y con protección policial, incluso fuera del País Vasco. La estrategia del terror ha penetrado en la sociedad vasca como un cáncer y se ha extendido fuera.

ETA tiene otras muchas formas de coacción que no proceden exclusivamente de los miembros de la organización, sino de los simpatizantes. Son jóvenes alevines que están haciendo su armas y preparándose para el ingreso en la organización. Se caracterizan por protagonizar actos de violencia callejera (*kale borroka*) e intimidar. Entre las misiones de esta sección juvenil está dejar mensajes en las tiendas pidiendo una contribución a los propietarios que, de no ser retribuida, puede costar destrozos en los establecimientos. Campean libremente por las calles y pueblos realizando acciones indiscriminadas de violencia que, en muchos casos, pasan desatendidas por la policía autonómica.

ETA se ha beneficiado también de un complejo entramado de organizaciones que se han filtrado a través de las rendijas de la legalidad. Esto es algo que ha ocurrido en la España de la transición con demasiada frecuencia y es una consecuencia y herencia del franquismo. Los españoles que vivieron la transición sufrieron una especie de obsesión paranoica que les hacía alejarse de cualquier acción autoritaria que sonase a represiva, como una forma inconsciente de repudio a los procedimientos franquistas. Como consecuencia, la sociedad en general y sus instituciones se han comportado con una tolerancia exasperante. Se llegó al extremo de conceder representación parlamentaria a miembros de partidos políticos simpatizantes o colaboradores con la organización terrorista, como Herri Batasuna, que fue un partido y se presentó a las elecciones. En ese ambiente de relajación o tolerancia extrema crecieron organizaciones y grupos promotores de la violencia sin ningún ánimo de respetar las instituciones democráticas. Se financió con dineros públicos las *ikastolas* o escuelas para la enseñanza del vascuence o euskera. La misión original era la difusión y enseñanza de la lengua. Esta tarea tan necesaria y educativa estuvo enturbiada por la promoción de ideas antiespañolas y estrategias de acción violenta. Parte de la actividad destructiva de la *kale borroka* callejera ha sido asociada con las *ikastolas*.

Todas estas organizaciones surgieron en 1975 como parte de la Koordinadora Abertzale Socialista (KAS), encuadrada dentro del entramado del Movimiento de Liberación Nacional Vasco (MLNV). El objetivo consistía en coordinar las acciones de diversos grupos que se movían paralelamente con ETA. Un año después, durante la celebración de la Mesa de Alcasura, estas agrupaciones políticas decidieron integrarse y dar forma a un tipo de organización política que les permitiera participar en elecciones generales y locales. En ese congreso surgió Herri Batasuna, que ha sido hasta recientemente el brazo político de la organización terrorista. Sus miembros han tenido acceso a los beneficios de la democracia a todos los niveles, aunque sus acciones hayan sido la tapadera y motor de la banda. En ese congreso, se definió la llamada alternativa KAS, que básicamente recogía las aspiraciones de ETA: 1) amnistía para los presos políticos que se encontraban en las cárceles españolas y regreso de todos los exiliados; 2) expulsión del País Vasco de todas las fuerzas de orden público nacional, policía y Guardia Civil; 3) adopción de medidas para mejorar las condiciones de la clase obrera; 4) reconocimiento de la soberanía del pueblo vasco y derecho a la autodeterminación; 5) medios y poderes necesarios para la creación de estructuras sociales, políticas y económicas independientes.

Para llevar a cabo este ambicioso plan, se definieron las funciones de las distintas secciones. ETA actuaría como el brazo armado; Herri Batasuna como la rama política; Jarrai sería la organización juvenil; el sindicato Lab y las gestoras Pro Amnistía actuarían como defensoras de los presos etarras. Cada una de ellas, casi sin excepción, aunque con métodos distintos, ha empleado técnicas de amedrantamiento de cualquier sector de la sociedad que se atreva a criticar sus acciones. Desde 1975 más de ochocientas personas han perdido la vida a manos de ETA. El terror se ha adueñado del País Vasco y perturbado el proceso de socialización.

La sociedad española ha tardado en reaccionar, pero lo ha hecho. A partir de 1980 surgió una serie de organizaciones dirigidas a contrarrestar las acciones indiscriminadas de ETA y sus secciones afiliadas. Se crearon la organización universitaria Manos Blancas, el movimiento pacifista Denon Artean, la iniciativa ciudadana Basta Ya, el Colectivo de Víctimas del Terrorismo en el País Vasco (COVITE) y el grupo cívico Foro de Ermúa. En junio de 2005, una manifestación de más de ochocientas mil personas recorrió las calles de Madrid para protestar contra la decisión del gobierno socialista de José Luis Rodríguez Zapatero de negociar con ETA. La masiva manifestación estaba presidida por miembros de estas organizaciones pacíficas. Acciones de este tipo han aumentado en fechas recientes.

El 1996, el juez de la Audiencia Nacional Baltasar Garzón señaló, en un auto de procesamiento, la necesidad de investigar al colectivo KAS por sus posibles vinculaciones con ETA. Como resultado, el 20 de noviembre de 1997, se juzgó a veintitrés miembros de Herri Batasuna que fueron condenados a siete años de prisión por un delito de colaboración con la banda armada. Años más tarde, se pudo ilegalizar Herri Batasuna, que se transformó en Batasuna y volvió a ser declarado ilegal. El pasado 25 de mayo de 2005, el juez de la Audiencia Nacional Fernando Grande-Marlaska envió a prisión a Arnaldo Otegi, secretario general de Batasuna, después de que prestara declaración durante casi tres horas. Salió de prisión 41 horas después tras pagar una fianza de 400.000 euros. En su informe, el fiscal aludió a su participación "como responsable de aquellas otras estructuras (KAS-EKIN, Saki, Jarrai-Haika-Segi, Gestoras pro Amnistía o el entramado de herriko tabernas) que integran ETA, y por tanto con conocimiento y participación directa o delegada en el proyecto delictivo común". Desde su fundación en 1978, Herri Batasuna ha actuado como fachada exterior de ETA. Ha silenciado sus atentados y se ha negado a condenarlos públicamente. Contribuye a su financiación, facilita la difusión de mensajes y sirve de apoyo logístico a todo el entramado de la banda. Sus miembros siguen actuando dentro de la legalidad y teniendo representación parlamentaria en el País Vasco.

Durante años, los miembros de ETA cruzaron la frontera con Francia para evitar la presión policial. El país vecino hizo la vista gorda y los terroristas gozaron de cierta inmunidad siempre y cuando sus acciones no lo afectaran directamente. Durante las negociaciones para la entrada de España en la Comunidad Económica Europea, Francia jugó la carta de ETA con el fin de disuadir a España de retirar su petición de ingreso. A partir de 1980, sin embargo, Francia se mostró más colaboradora y varios santuarios de ETA fueron desmantelados y sus miembros exiliados en Argelia y en países de América Latina. Tras el ataque terrorista a las torres gemelas en Nueva York, en septiembre de 2001, la sensibilización internacional con respecto al terrorismo cambió las tornas. Una más estrecha colaboración entre los países industriales ha permitido la captura de numerosos miembros, así como sus líderes más destacados. Se han intervenido sus cuentas bancarias y disuelto en gran parte su entramado. No ha sido tarea fácil, ya que en el País Vasco ETA todavía cuenta con numerosos simpatizantes que suman entre el 17 por ciento en 1985 y el 8 por ciento en 2004, que votan por los candidatos de Herri Batasuna en las elecciones autonómicas y nacionales. Aunque globalmente son números muy bajos, en porcentajes la cifra es significativa, lo suficiente para considerar seriamente las demandas del nacionalismo abertzale.

El futuro de ETA y sus planteamientos de independencia para el País Vasco es un tema sobre el que es difícil hacer predicciones. Es posible que el nacionalismo vasco evolucione en sus demandas y estrategias. Como todo proceso político, sólo el tiempo dará la respuesta. Hay muchos factores en juego como la evolución de la Europa de las nacionalidades en la que España puede integrarse como un Estado o como un conjunto de nacionalidades autonómicas. Sin embargo, el proceso de negociación continuará, y en ello está implicada la capacidad de respuesta que el legislativo dé al proyecto autonómico. El más reciente desarrollo en la evolución del problema ETA ha sido el anuncio del "alto el fuego permanente" difundido por la organización terrorista el 22 de marzo de 2006 y roto de nuevo el 30 de diciembre del mismo año.

LA LEY DE AUTONOMÍAS

El modelo autonómico fue aprobado por la Constitución de 1979 y ha funcionado desde entonces. Años más tarde, la Ley Orgánica de Armonización del Proceso Autonómico (LOAPA) se encargó de armonizar las ambigüedades del texto original. Su aprobación y puesta en funcionamiento ha sido fundamental en el desarrollo de las distintas autonomías, al incentivar el crecimiento regional.

Cuando en 1977 el gobierno de Adolfo Suárez se planteó qué solución dar a las reclamaciones autonómicas, las posibilidades eran varias. Se pensó en crear un estatuto especial para aquellas regiones donde las reclamaciones eran históricas y habían existido con anterioridad: Cataluña, País Vasco y Galicia. Se pensó también en redactar modelos distintos de acuerdo con las características de cada una de ellas. Las repercusiones de esta solución habrían creado dos Españas, la autonómica, que funcionaría bajo estatutos y foros especiales, y el resto. La otra posibilidad era crear un sistema autonómico o federal para todo el Estado español, y equiparar las leyes autonómicas. Se optó por este segundo modelo, por considerar que serviría para diluir las reclamaciones de catalanes y vascos, y a tal efecto se otorgaría autonomía a aquellas regiones que la reclamasen.

En la práctica, se crearon diecisiete autonomías que respondían en parte a la división administrativa previa: Cataluña, Aragón, Navarra, País Vasco, Principado de Asturias, Cantabria, Galicia, La Rioja, Castilla-León, Castilla-La Mancha, Comunidad de Madrid, Extremadura, Andalucía, Murcia, Comunidad Valenciana, Baleares y Canarias. Los beneficios han sido muchos, especialmente en lo referente al desarrollo regional. Se ha incentivado el comercio y el turismo, se ha protegido el legado histórico y cultural, y se ha promovido la cultura y la literatura local con certámenes, premios y publicaciones. Se ha mejorado las carreteras y se ha creado un orgullo por lo local y regional que antes se daba por asumido. En el anterior modelo, los proyectos de mejoramiento debían ser aprobados por el poder central y, en muchos casos, se producía un abandono crónico que arrojaba a ciertas zonas al saco roto de los olvidos.

El problema ha radicado en que cada autonomía cuenta con un presidente, un gobierno, un parlamento y un tribunal supremo, y toda una larga lista de cargos oficiales. En algunas autonomías, como en Cataluña y País Vasco, se cuenta también con policía autonómica. Por lo tanto, se ha multiplicado la burocracia con un número creciente de funcionarios y el consiguiente aumento del gasto público. Por otra parte, se ha producido una duplicación de cargos entre los asumidos por las nuevas administraciones autonómicas y los existentes de las gobernaciones civiles que no han desaparecido.

El modelo, ciertamente, no es equitativo. Hay autonomías limitadas y otras plenas, de acuerdo con los componentes históricos. Estas últimas gozan de unas mayores atribuciones que, además de las áreas de vivienda, salud y servicios sociales, se extienden a la educación, la lengua, la policía, y las emisoras de radio y televisión. Tanto la Ley Orgánica de Armonización del Proceso Autonómico (LOAPA), como la Ley Orgánica de Financiación de las Comunidades Autonómicas (LOFCA) no han conseguido paliar el descontento general por un sistema que no place a todos. Las demandas de mayor control financiero exigidas por las autonomías históricas han recibido duras críticas del resto, pues consideran que no favorece a las regiones más pobres e impiden la equiparación entre todos los españoles y el crecimiento económico.

La constitución no se aproxima a ninguno de los tipos autonómicos reconocidos, aunque en la práctica es mucho más liberal que la gran mayoría de las constituciones europeas, especialmente en cuanto a la concesión de competencias. Es curioso observar que en las autonomías históricas se han formado, por lo general, gobiernos con inclinaciones a la derecha: Convergencia i Unió de Cataluña, donde Jordi Pujol presidió la Generalitat durante 30 años; el Partido Nacionalista Vasco, con los lehendakaris Carlos Garaikoetxea y Juan José Ibarretxe; y en Galicia, la Xunta gobernada por Manuel Fraga Iribarne. En Andalucía, sin embargo, han predominado los gobernantes socialistas prácticamente desde las primeras elecciones.

El proceso autonómico, aunque controvertido, ha representado un importante paso en la descentralización que ha dado un vuelco al reparto de las funciones del sector público y de la gestión del gasto. El proceso ha tenido repercusiones muy positivas que afectan al bienestar del ciudadano en muchos aspectos. La gran lacra ha sido el creciente proceso de endeudamiento que será una asignatura a solucionar por futuros gobiernos. En 2006 se renovaron varios de los estatutos de autonomía. El más controvertido fue el Estatut catalá, porque las demandas de los políticos catalanes parecían inaceptables a la oposición política, especialmente el Partido Popular, que se opuso a la totalidad del Estatut. Pero al final el Estatut se aprobó, así como el valenciano y de otras autonomías.

HITOS ACTUALES

María Teresa Fernández de la Vega

Un hito histórico de primordial importancia en el proceso de transformación de la sociedad española ha sido la elección de María Teresa Fernández de la Vega como vicepresidenta primera del Gobierno y ministra de la Presidencia. Es la primera vez en democracia que una mujer accede a un cargo de tal nivel. Lo hizo como parte del gabinete ministerial del Partido Socialista Obrero Español encabezado por José Luis Rodríguez Zapatero, en el que el cincuenta por ciento de los ministros son mujeres. Fernández de la Vega, con una larga experiencia en la jurisprudencia, se ha ganado una reputación por su capacidad de trabajo y organización, y por su dedicación a los derechos de la mujer. Participó activamente en la campaña para reformar la ley del aborto en España y fue una fuerza activa en el comité del Instituto de la Mujer a cargo de la elaboración del Primer Plan de Igualdad de Oportunidades para la Mujer.

Es una persona que se ha ido haciendo con trabajo, constancia y dedicación. Estudió derecho en la Universidad Complutense de Madrid y obtuvo el doctorado en Jurisprudencia por la Universidad de Barcelona, donde comenzó a trabajar en la oposición al régimen de Franco a través de su afiliación al Partido Socialista Unificado de Cataluña (PSUC), donde militó hasta 1979. Ha admitido repetidamente que su carrera comenzó desde abajo, como secretaria judicial en los 60. Posteriormente fue de las primeras mujeres en formar parte de Justicia Democrática —hoy Jueces para la Democracia—, cuya labor fue fundamental durante la transición.

Con la llegada del PSOE al poder en 1982, su vida tomó un vuelo distinto. El ministro de Justicia del primer equipo socialista, Fernando Ledesma, la designó jefa de su gabinete. Su intensa labor ha estado relacionada en su mayoría con la reforma de la Justicia. A partir de 1996, después de ocupar diversos cargos en la administración de justicia, trabajó intensamente en la reforma del Código Penal. En 1996 fue elegida diputada por la provincia de Jaén y asumió el cargo de secretaria general del PSOE.

El cargo actual de vicepresidenta requiere la coordinación de todos los ministerios, con excepción del área de economía. Fernández de la Vega es soltera, exquisita en su trato, eficaz, y ha ganado su reputación por saber combinar firmeza, eficacia y un toque humano en sus relaciones.

Bibliografía

Fusi, Juan Pablo. *España. La evolución de la identidad nacional.* Madrid: Temas de Hoy, 2000.

Gibson, Ian. *Fire in the Blood. The New Spain.* London: Faber and Faber, 1992.

Gies, David T., ed. *Modern Spanish Culture.* Cambridge: Cambridge University Press, 1999.

Graham, Helen and Jo Labanyi, eds. *Spanish Cultural Studies.* Oxford: Oxford University Press, 1995.

Hooper, John. *Los nuevos españoles.* Madrid: Javier Vergara editor, 1996.

Soto Carmona, Álvaro, ed. *Historia de la España actual 1939–2000. Autoritarismo y democracia.* Madrid: Marcial Pons, 2001.

PARTE

2

SOCIEDAD

LA CIUDAD Y EL CAMPO

TEMAS

- Una geografía accidentada

- El mapa geopolítico de la península

- Una cultura urbana

- Las ciudades españolas (Madrid y Barcelona)

- Población y diversidad

- Emigración e inmigración

- El tema de la identidad

- Clases tradicionales y nuevas clases

- La monarquía borbónica

UNA GEOGRAFÍA ACCIDENTADA

Situada al extremo oeste del continente europeo, tres países ocupan la Península Ibérica: España, Portugal y Andorra. España abarca el 85 por ciento del territorio, con una extensión de,504.788 kilómetros cuadrados (194.900 millas cuadradas). Portugal se extiende a lo largo de la costa Atlántica y Andorra es un principado situado en el interior del Pirineo catalán. La Península Ibérica, con más de 3.200 kilómetros de costa (2.000 millas), está unida al continente europeo por los Pirineos, cordillera de montañas encrespadas de difícil acceso, de 435 kilómetros.

La forma de la Península Ibérica asemeja la de una piel de toro extendida, con las cuatro patas situadas en los cabos de Finisterre (noroeste), cabo de San Vicente (sudoeste), cabo de Gata (sudeste) y cabo de Creus (noreste), y el rabo en Gibraltar. Curiosamente, en España el toro es un animal mítico que está asociado a supuestas características de sus habitantes, e incorporado a la cultura a través de una de sus fiestas más tradicionales, corridas y otros espectáculos taurinos.

Mientras que la extensión de sus costas ha mantenido abiertas sus puertas al contacto con el exterior, las muchas irregularidades del terreno peninsular, cruzado por una serie de cadenas montañosas y sierras, han dificultado por otra parte las comunicaciones en el interior. Desde el siglo XIX, los viajeros ingleses y franceses que visitaron el país hicieron mención de estas irregularidades. George Borrow, en su clásico libro de viajes, *The Bible in Spain*, publicado en 1843, se refiere a lo accidentado del terreno como "esas singulares montañas que se elevan en desnudos horrores como las costillas de poderosos esqueletos despojados de la carne". Otro de sus compatriotas, Laurie Lee, en su libro, *As I Went Out One Midsummer Morning* (1962), no se limita a describir sino que saca importantes deducciones. "Esas murallas que van en hilera este-oeste cruzando España y dividen a sus gentes en razas separadas". Por su parte, Salvador de Madariaga señala lo que sus habitantes han conocido siempre, que "la característica fundamental de España es su inaccesibilidad". Y añade, "España es un castillo". Los tres mencionan las dificultades del transporte en un terreno que ha contribuido a crear, a través de los siglos, miniculturas aisladas en valles rodeados de montañas o en pequeños oasis distribuidos por su geografía.

Todavía hoy, a comienzos del siglo veintiuno, la moderna tecnología tiene que hacer milagros para superar los accidentes geográficos a la hora de construir nuevas rutas y vías férreas. Las guías turísticas, hasta recientemente, hacían mención de las muchas dificultades de viajar por un país por carreteras desiguales y constantemente accidentadas. Los romanos que llegaron a Hispania —así la bautizaron— dos siglos antes de Cristo, realizaron la primera labor de construcción de vías y caminos. No tenían otra opción. Los romanos se refirieron a la península como *Duras tellus Iberiae*, que significa "áspera tierra de Iberia". Fueron tan extraordinarios ingenieros que, todavía hoy, conservamos muchas de sus calzadas aun en las zonas más agrestes. En la madrileña sierra de Guadarrama, el viajero puede subir al puerto de la Fuenfría que separa Madrid de Segovia, a través de una calzada romana que ha resistido la acción de la nieve y los temporales por cerca de 2.000 años. Las calzadas romanas hicieron posible la romanización de la península al establecer conexiones fundamentales entre los distintos pueblos que la habitaban. Crearon así las bases de la futura nación. Sin embargo, no pudieron llegar a todos los rincones. Poco impacto dejaron en los verdes y cerrados valles que enmarcan el País Vasco o en las umbrías de los nudos montañosos de Galicia, donde la romanización fue mínima. Tampoco llegó a estas zonas el impacto de las invasiones árabes, y en las encrespadas montañas de los Picos de Europa, entre Asturias y León, se forjó la resistencia cristiana. Tanto las características geográficas como climáticas se unieron para producir miniculturas en el suelo de la Península Ibérica, que con el tiempo han dado paso a regiones y naciones con lenguas y culturas singulares.

Es importante destacar la influencia africana en el desarrollo y evolución de las culturas peninsulares. El estrecho de Gibraltar dista de la península 11 kilómetros, más sencillos de cruzar que los escarpados Pirineos, de modo que hasta el descubrimiento de América su historia ha estado ligada fundamentalmente a África. Prácticamente todas las invasiones y la gran mayoría de las influencias llegaron desde el sur, lo que explica que los gobernantes españoles siempre hayan mirado al sur con recelo. Desde la época de los romanos, que consideraban Hispania como una provincia de la Mauritania Tingitania del norte de África, pasando por el rey Fernando que a finales de 1492 pensó en continuar la Reconquista más allá de Gibraltar, la relación entre España y África ha sido intensa y contradictoria.

Hay que tener en cuenta que la posición geopolítica de la península, situada entre un norte europeo y un sur africano, la convirtió en zona de choque entre culturas, pero también de contacto, y dio lugar a un mestizaje cultural que los españoles trasladaron a América.

Para entender este complicado mapa de ríos y montañas, climas y culturas, podemos valernos de dos aproximaciones. La primera corresponde a una división del mapa peninsular según una relación centro-periferia. El centro lo forma una gran meseta —la meseta castellana— que se alza en el medio de la península, rodeada en su exterior por una periferia costera. La meseta central abarca la mitad de la península, es llana y árida, con una altitud media de 660 metros (2.000 pies). Está cruzada por cordilleras transversales —la sierra de Gredos, los Montes de Toledo y la Sierra Morena— y ríos, y rodeada por las cadenas costeras. El clima es continental, con inviernos fríos, de una media de 6 grados centígrados, y veranos calurosos, de 25 grados. En la Meseta Norte, que corresponde a Castilla-León, las temperaturas pueden alcanzar los 39 grados en verano y 20 bajo cero en invierno. El paisaje está dominado por colores dorados y pardos, que dan la sensación de una terreno calcinado por el sol. El invierno abre paso al verano casi sin paréntesis de primavera y otoño. En las riberas de los ríos, como una cicatriz verde, las alamedas refrendan la falta de bosques, cuyo efecto negativo se siente en la pluviosidad. Llueve poco y cuando lo hace, es torrencialmente. La desertificación ha sido y es uno de los mayores problemas a los que hay que hacer frente. Los principales ríos, Duero (920 kilómetros), Tajo (1050 kilómetros) y Guadiana (550 kilómetros), no muy caudalosos ni navegables, se inclinan lentamente hacia la costa atlántica, en la forma natural de una meseta, con un declive de 0,3 grados. En el sur, el Guadalquivir (470 kilómetros) es el río más importante. Desde del río Guadalquivir en la ciudad de Sevilla, partían y regresaban las naves que cruzaban el Atlántico en tiempos de la colonia.

Los bordes de la meseta se detienen en las cordilleras costeras. En el norte se encuentran las montañas del Cantábrico —el Macizo Asturiano, Umbral del País Vasco y el Macizo Gallego—, con alturas que superan los 2.000 metros en los Picos de Europa. En el norte, se sitúan los Pirineos, cuyas cadenas montañosas hacia el interior se ensanchan tanto en el lado español como en el francés con alturas que superan los 3.000 metros (Monte Aneto, Perdido y Maladeta). Más al sur, el sistema Ibérico cruza en diagonal en paralelo con el río Ebro. Descendiendo a lo largo de la costa mediterránea desde Barcelona, una serie de cadenas costeras, catalanas y del levante separan una zona rica y habitable entre la meseta y el mar.

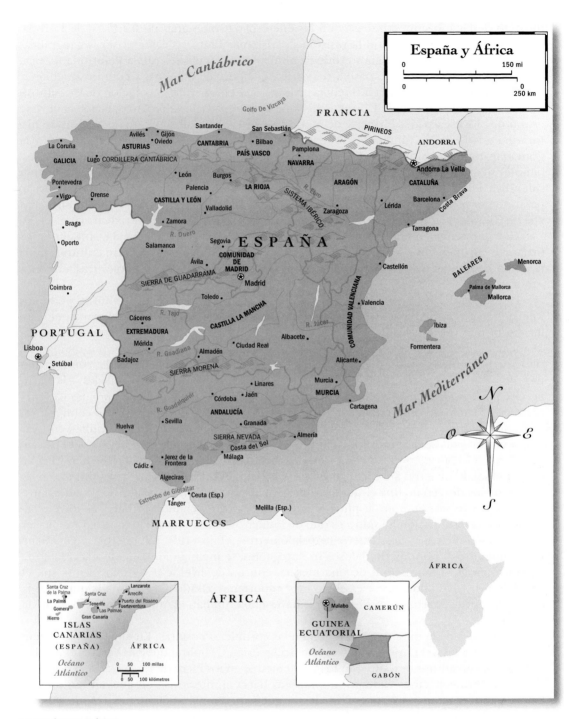

La Península Ibérica

Al sur, en la cordillera Bética, la Sierra Nevada y las Alpujarras, se hallan las cumbres más altas de la península, el Mulhacén (3.478 metros) y el Veleta (3.394 metros). Entre las cordilleras costeras y el mar hay una franja amplia y rica de terreno donde se establecieron culturas muy fecundas, cuya vocación se inclinó más hacia el mar que hacia el interior. Éste es, ciertamente, el caso de Galicia, el País Vasco, Cataluña y Valencia, que desarrollaron sus propias lenguas, sistemas productivos, arquitectura y folklore que les han otorgado una identidad propia. Cataluña y Valencia tuvieron históricamente una clara vocación mediterránea. El País Vasco se relacionó bien con Inglaterra. Los gallegos miraron a América y fueron sus más devotos emigrantes en un viaje continuo de ida y vuelta.

Es, precisamente, en estas regiones periféricas donde se han producido las corrientes autonómicas y los movimientos independentistas más significativos. Esto no significa que en otras regiones del interior no se hayan producido corrientes culturales autóctonas, muy al contrario. El aislamiento producido por los accidentes de la geografía y el clima, y el impacto de las muchas culturas que llegaron a la península desde los orígenes más remotos (celtas, iberos, fenicios, cartagineses, romanos y árabes), resultaron en una extraordinaria diversidad cultural, tanto en la España mesetaria como en la costera. Nótese que en una extensión relativamente reducida en términos continentales como la Península Ibérica —su tamaño es similar al estado de Texas—, la variedad climática es extraordinaria. Esto obedece a la situación geográfica de la península entre los 36 y los 43 grados latitud norte, en la zona templada del hemisferio norte, donde se produce la transición del clima oceánico al subtropical de verano, seco o mediterráneo. Por ello, mientras en el norte el tiempo es lluvioso, en el sudeste se llega al límite de la estepa. En su totalidad geográfica, la península registra climas mediterráneos, atlánticos, continentales, semitropicales y desérticos, que favorecen la producción de una rica variedad de productos agrícolas, resultado de estos diferentes ambientes naturales.

En términos de análisis de la geografía, la otra división es la creada entre la España húmeda y la seca. La España húmeda ocupa la cornisa cantábrica, la región gallega y los Pirineos. La España boreal es la que más se asemeja a Europa nórdica. El clima es atlántico, sin grandes oscilaciones en la temperatura —excepto en el Pirineo—, tanto en verano como en invierno. La temperatura está suavizada por la influencia del mar y registra los niveles más altos de pluviosidad, especialmente en Galicia y Asturias, y alcanza entre los 800 y 2.000 litros de agua por metro cuadrado anual, con aproximadamente 150 días de lluvia al año. Las montañas costeras tienen el efecto de detener las borrascas y tormentas que llegan desde el mar del Norte, pero no impiden niveles muy altos de humedad, entre el 70 y el 75 por ciento en la zona cantábrica.

El paisaje no corresponde a la imagen tópica que se tiene de España. Es un paisaje de grandes bosques con hayas, robles y castaños entremezclados con abetos y pinos silvestres, y de montañas cubiertas de verde todo el año. Los valles estrechos de los Picos de Europa se elevan en verticales vertientes tapizadas de vegetación, hasta detenerse en los cerros más altos, el Naranjo de Bulnes, donde las rocas y la nieve cortan abruptamente el paisaje. Se encuentran urogallos, osos, armiños, martas, rebecos y gatos monteses. Los ríos son cortos, pero caudalosos, y están poblados de truchas y salmones. El ganado vacuno y lanar ha sido una de sus producciones estables. En los montes del norte abundan el hierro, el carbón y otros minerales.

El centro, sur y este corresponde a la España seca. El clima es continental en ambas Castillas, con temperaturas extremas en el verano y en el invierno; es mediterráneo en el levante, con inviernos templados y veranos calurosos; semidesértico en ciertas zonas del sur, principalmente en Almería, donde se filmó la película *Lawrence de Arabia* (1962); y semitropical en el litoral penibético, mucho más caluroso y con mayores precipitaciones (Málaga, Tarifa y Sierra Nevada). En general, toda la costa mediterránea está atemperada por la influencia benigna del mar. Los ríos son cortos y poco caudalosos, con la excepción del río Ebro (880 kilómetros) que desemboca en el Mediterráneo. En los últimos años, una gran controversia ha mantenido y mantiene vivo el panorama político con motivo del programado trasvase del caudal del río Ebro a los ríos Turia y Segura en Valencia y Murcia para abastecer a las ricas huertas de la región.

Tanto la producción agrícola como las estructuras sociales están acordes con las variedades climáticas. En la costa del levante se cultivan los tres productos básicos de las culturas mediterráneas, desde España hasta Turquía: trigo, olivas y uvas. Valencia es, desde los tiempos en que estaba dominada por las culturas árabes, famosa por sus frutos y en particular por los cítricos. Sus naranjas son famosas en el mundo. La riqueza que el mar proporciona y lo atemperado del clima han creado una sociedad abierta al exterior. Andalucía, especialmente la provincia de Jaén, es la mayor productora mundial de aceite de oliva. El viajero que cruza esas zonas no deja de sentir el aroma de sus frutos. Al olivo le acompañan las encinas, los alcornoques y el pino. Castilla, la tierra de Don Quijote, es también tierra de cereales y vinos que maduran en las cepas y producen sus caldos más añejos bajo la justicia del sol.

En Castilla, Extremadura y Andalucía, los niveles de pluviosidad son muy bajos, especialmente en el verano, donde el paisaje parece irse emborronando con colores pardos. La escasez de lluvia ha forzado la construcción de recursos hidráulicos. Los romanos construyeron acueductos y presas en diversos lugares de la península. Segovia conserva uno de los más importantes acueductos. También quedan muestras del paso de los romanos en Tarragona, Mérida y Barcelona. Durante el régimen de Franco, la dinámica autárquica incentivó la construcción de presas hidráulicas con motivos de conservación, pero también de producción eléctrica. Tanto en Castilla como en el bajo Guadiana, la pluviosidad cae por debajo de 600 litros por metro cuadrado al año. Es inferior en zonas de Zamora, bajo Aragón, Cuenca y Almería. En la España seca, el promedio de lluvia se sitúa entre 70 a 90 días al año en el interior y entre 45 y 50 días en el levante.

Hay otra España y es la insular, formada por dos archipiélagos, el Balear y el Canario. El archipiélago Canario se encuentra en el Atlántico, a 115 kilómetros de la costa de África y a 1.150 kilómetros de la costa española. Está formado por siete islas, Tenerife, La Palma, Gomera, Hierro, Gran Canaria, Lanzarote, Fuenteventura y diversos islotes. El suelo es volcánico. El Pico Teide, volcán activo de 3.716 metros, es la mayor altura del país. La última erupción ocurrió en 1971. El clima es cálido todo el año y la pluviosidad muy baja. El archipiélago Balear está situado en el Mediterráneo frente a la costa valenciana. Cuenta con cinco islas, Mallorca, Menorca, Ibiza, Formentera y Cabrera, y varios islotes. La extensión es de 5.014 kilómetros cuadrados. Mallorca es una isla montañosa, extensión del sistema Ibérico, con una altitud máxima de 1.445 metros, que se registra en el Puig Mayor. El clima es mediterráneo, árido la mayoría del año, aunque el terreno es rico para la agricultura. Ambos archipiélagos son atractivos focos turísticos la mayor parte del año.

MEDIO AMBIENTE

Por razones de los numerosos tipos de climas y subclimas, y por la situación privilegiada entre África y Europa, España es un país muy rico en flora y fauna. En su suelo conviven tanto plantas como animales típicamente africanos, junto con otras especies características del continente europeo. Para los amantes de la naturaleza es un país paradisíaco, donde se puede pasar en un día de los paisajes alpinos de los Pirineos, con glaciares, al Coto de Doñana en el sur, uno de los mayores santuarios de pájaros migratorios del continente. Muestra de la riqueza geográfica y geológica son sus parques y reservas. Existen en España trece parques nacionales; entre ellos destacan: Picos de Europa y Covadonga en Asturias, creado en 1918; Ordesa y Monte Perdido en el Pirineo aragonés (1918); Aigüestortes i Estany de Sant Maurici en el Pirineo catalán (1955); Tablas de Daimiel, entre Ciudad Real y Toledo (1973); Doñana, en la desembocadura del río Guadalquivir en Huelva (1969); y Cañadas del Teide en la isla de Tenerife (1954). Existen también más de 200 parques naturales y hay planes para abrir otros nuevos. También hay numerosísimas reservas de caza.

El proceso de toma de conciencia con respecto a la riqueza natural y su conservación ha sido muy lento. Durante muchos años, el país vivió a espaldas de esa gran riqueza y sus necesidades de conservación. España es un país con una cultura predominantemente urbana. Los españoles nacen y viven en ciudades, pueblos, villas o villorrios, pero siempre viven en centros urbanos. Incluso en los lugares más aislados, los campesinos salen al campo a la labranza y regresan a sus hogares al terminar el día. Aunque aficionados a los deportes al aire libre, se piensa que la naturaleza es del dominio de los animales y de la vida salvaje. Esta tradición hizo que durante años se considerase a numerosas especies animales como muy peligrosas —el águila, el lobo y el oso—, y que se premiase monetariamente cada cabeza

Torla y Parque Nacional de Ordesa, Huesca

de animal muerto. Durante el régimen de Franco fue notoria la carencia de una sensibilidad ecológica. La idea de que se podía construir donde se quisiera sin mayor preocupación por los problemas de contaminación tuvo su efecto en la erosión del medio. Se cometió una serie de atrocidades contra el medio ambiente que están siendo difíciles de corregir.

Desde la muerte del dictador, y especialmente desde la entrada en la Unión Europea en 1986, han aparecido numerosas asociaciones conservacionistas y ecológicas que realizan una labor extraordinaria para frenar los procesos de contaminación y degeneración que avanzaban imparables. En las escuelas se educa a los niños en una nueva sensibilidad con el medio, resultado de varias leyes aprobadas por las Cortes, entre ellas la ley de Preservación de los Espacios Naturales de 1989. Sin embargo, se está lejos de conseguir logros idóneos.

Hasta muy recientemente, España era uno de los pocos países en Europa que carecía de un ministerio de Medio Ambiente. El Ministerio de Obras Públicas gestionaba los problemas del sector, lo cual parece una contradicción. La construcción de nuevas vías de ferrocarril o carreteras fue llevada a cabo sin grandes cuidados por parte de este ministerio, y de ese modo ha conducido a la destrucción de importantes tesoros naturales. Una de las peores devastaciones ocurrió en Sierra Morena, al sur de la Mancha, donde fueron cortados cientos de robles de más de 200 años para dar paso a vías férreas. Como en otros aspectos de la evolución del país, la Unión Europea ha tenido un efecto muy positivo, al obligar a respetar las leyes comunitarias que afectan a la conservación de plantas y animales, así como a todo lo relacionado a la contaminación de aguas en ríos, lagos y mares. Un tema aparte es la polémica alrededor de los toros de lidia, y que trataremos en el capítulo correspondiente.

Hoy, España cuenta con un ministerio de Medio Ambiente y la protección se acentúa. El Tribunal Constitucional decretó recientemente, en noviembre de 2004, que el cuidado de los parques nacionales debería ser competencia de las comunidades autónomas. Para muchos ecologistas esta decisión es un "golpe mortal" a la red de Parques Nacionales, por considerar que la falta de recursos de ciertas comunidades podría afectar la salvaguardia de estos parajes únicos.

Molinos de viento, Navarra

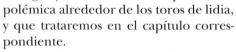

CIUDAD Y CAMPO

En el difícil balance entre la ciudad y el campo, la ciudad ha inclinado la balanza a su favor. La vida en la ciudad caracteriza toda la cultura mediterránea y ciertamente la española. De herencia griega y romana arranca un concepto de vida que gira en torno a la ciudad y el *ágora* como depositaria de las formas más desarrolladas de sociabilidad. Los romanos construyeron *urbes* en cuyo seno se fue desarrollando un tipo de cultura republicana orgullosa de sus academias, ciudadelas, parlamentos y *foros* o plazas públicas, donde tenían lugar los mercados y los actos públicos, teatros y coliseos. En la Edad Media se siguió este modelo con la construcción de burgos rodeados de murallas que los protegían de enemigos y en general de las amenazas del exterior. En España se conservan varias ciudades amuralladas y en muy buen estado (Ávila, Badajoz, Arévalo, Burgo de Osma y Ciudad Rodrigo, entre otras). Los pueblos crecieron alrededor de un castillo al que servían y del que recibían protección. La vida transcurría, sin variación, dentro de esos muros y los que se aventuraban fuera lo hacían conscientes de los riesgos o eran los marginados de la sociedad.

Muchas de las ciudades y pueblos se levantaron siguiendo un modelo común cuyo trazado responde a un orden geométrico, y éste, a su vez, es la representación de la jerarquía social. Es un modelo centrípeto, que evoluciona pivotando a partir de una plaza central o plaza mayor. En esta plaza, que es generalmente cuadrangular, están representados los poderes públicos (el ayuntamiento o la gobernación) y religiosos (la iglesia). La plaza es también el lugar de reunión, de paseo y encuentros, de celebraciones y manifestaciones. Es el centro y el lugar más importante. A su alrededor, y siguiendo el diseño geométrico, se abren las calles adyacentes cuya importancia va disminuyendo a medida que se alejan del centro neurálgico de la plaza. Las calles y viviendas más distantes albergan los barrios menos privilegiados. Una vez fuera de los contornos de la ciudad, asoman los arrabales o sectores marginales. Más allá, el campo y la naturaleza establecen sus leyes. No todas las ciudades siguieron ese modelo. Sevilla y Córdoba conservan barrios construidos en tiempos de la ocupación árabe y cuyo trazado se asemeja más a las características de esa cultura.

En el País Vasco, donde la romanización fue débil, se produjo un tipo de vida rural caracterizada por caseríos o granjas de tipo agrícola y ganadera de mediana extensión. En Cataluña, las masías representaron un modelo similar. En Andalucía, y de herencia árabe, los cortijos se crearon como viviendas rurales dedicadas a la cría de ganado caballar y vacuno de una mayor extensión. En muchas ocasiones, los cortijos controlaron grandes extensiones de terreno. Sin embargo, el modelo dominante de la cultura en la península fue el urbano.

El triunfo de la urbanización ha continuado en la España contemporánea con la excepción de los años 40 y 50, cuando se puso un freno temporal al éxodo rural a las ciudades. En 1960, una tercera parte de la población española vivía en ciudades de más de 70.000 habitantes. Los desplazamientos migratorios interiores, especialmente los que se dirigían desde las zonas rurales a las grandes ciudades, se han ralentizado a partir de que la Constitución aprobase la ley de Autonomías. La transformación de la economía agraria, un mayor poder adquisitivo de la población, más las nuevas oportunidades que las autonomías han creado, frenaron el proceso que en cierto momento pareció alarmante. En 1980, la mitad de la población de Madrid no había nacido en la ciudad. Esta cifra era superada por ciertas metrópolis provinciales como Valencia y Zaragoza.

El éxodo rural a las ciudades que se inició tras la Guerra Civil contradecía el sueño falangista de una campiña poblada por labriegos laboriosos, propietarios de una parcela de tierra, y en armonía con la naturaleza y los destinos de la patria. En la década de los 40 y 50, las autoridades franquistas frenaron el éxodo por la fuerza, montando incluso vigilancia en las estaciones ferroviarias de las grandes metrópolis para detener y enviar a sus destinos a todos aquellos que llegasen sin el permiso de trabajo preciso. La emigración a Europa resolvió en parte el problema, pues el excedente de desempleados obreros halló trabajo en el exterior. De esta forma, España pudo mantener un cierto balance poblacional. Aunque Madrid y Barcelona son grandes urbes, el número de habitantes nunca ha crecido desproporcionadamente como ha ocurrido en muchas ciudades latinoamericanas: México DF, Buenos Aires o San Pablo. La mayoría de las ciudades ha mantenido un buen nivel poblacional sin crecimientos desmesurados, al tiempo que evitado la desertización de las zonas más pobres del sur, Andalucía y Extremadura.

LAS CIUDADES

No hay ciudad, pueblo o villa en España que no ofrezca atractivos al visitante. La razón hay que buscarla en su historia reflejada en la arquitectura. Las ciudades fueron construidas a lo largo de siglos en un proceso continuo de renovación y reconstrucción. Los fenicios, provenientes del extremo oeste del Mediterráneo, dejaron los primeros trazos y fundaron en suelo peninsular varias ciudades entre los siglos VIII y VI a. C. Perdura Gadir, la ciudad más antigua de Europa, hoy Cádiz, en el extremo sur de Andalucía. La colonización griega se inició a partir del siglo VI a. C. Los griegos recorrieron las costas levantinas y se establecieron en lugares estratégicos. En Cataluña, fundaron la hermosa ciudad de Emporio, hoy Ampurias, joya de la arquitectura helénica en la península. Los cartagineses, provenientes de Cartago, en el norte de África, entraron en conflicto con griegos y romanos por el dominio del Mediterráneo occidental y avanzaron por la península en campañas militares que concluyeron en las llamadas Guerras Púnicas. Se establecieron en Carthago Nova, hoy Cartagena, en la provincia de Murcia.

En 205 a. C. los romanos impusieron su dominio sobre la península y con ellos se inició el más fértil período de influencia, conocido como la romanización. Los romanos se extendieron por todo el territorio, excepto pequeños bolsones en el País Vasco, y tras vencer las resistencias de sus originales pobladores, construyeron ciudades, calzadas, puentes, acueductos y teatros. Dividieron el territorio en marcas y lo administraron con un gobernador y asambleas provinciales desde las ciudades: Itálica en Sevilla; Emerita Augusta, hoy Mérida, en Extremadura; Tarraco (Tarragona); Barcino (Barcelona); Astigi (Ecija); y Caesar Augusta (Zaragoza), entre otras muchas. Al igual que en Roma, cada ciudad contaba con un cónsul o edil y un senado o curia. Desde estos centros gestores se extendió la romanización que afectó a todos y cada uno de los aspectos de la cultura: lengua, agronomía, arquitectura, política y sociedad. La romanización sentó las bases del proceso de urbanización. Su influencia fue tan grande que, a la caída del imperio Romano en el siglo IV, los visigodos y otros pueblos nórdicos que invadieron la península no pudieron sino asentarse sobre una cultura bien establecida.

Más impactante fue el proceso que se inició en 711 con las diversas invasiones musulmanas. Tanto el emirato Omeya de Abderramán I como el califato de Córdoba de Abderramán III, pasando por los reinos de Taifas y las posteriores llegadas africanas de almorávides y almohades, la presencia musulmana en España dejó imborrables huellas en un proceso continuo de imposición, interacción y yuxtaposición con el sustrato de la sociedad hispano-romana existente. Bajo su dominio, se levantaron o reconstruyeron las ciudades más atractivas e imponentes de la España musulmana, Sevilla, Córdoba y Granada. Esta última fue gobernada por la dinastía nazarí hasta su caída en 1492, que marcó el fin del período musulmán y el inicio de la dominación cristiana.

Hoy en día, en muchas ciudades de todo el territorio, es difícil iniciar una nueva construcción y excavar sus cimientos sin toparse con restos de murallas romanas o baños árabes. En el casco viejo de Valencia, cada nuevo edificio se asienta sobre las bases de lo que fueron capas superpuestas de distintas construcciones pertenecientes a períodos y siglos anteriores. Su diversidad es extraordinaria, como lo fue la historia de su fundación y evolución. Madrid y Barcelona, las dos ciudades más pobladas del país, nos servirán como perfectos casos de estudio comparativo.

Madrid

Madrid es la capital del Estado español. Está situada en el centro geográfico de la península y linda con las dos Castillas (la Vieja y la Nueva). La población del término municipal es de 3.099.834 habitantes y el de la Comunidad Autónoma de 6.023.384. Se han hallado restos fosilizados de asentamientos humanos en las terrazas del río Manzanares y el cerro de San Isidro, así como restos de la época romana en la Casa de Campo y en la villa de Carabanchel. Los primeros datos escritos se remontan al siglo IX y dan cuenta de una pequeña población árabe con el nombre de Mageritum. Se alzaba sobre una colina cubierta de bosques de madroños y supuestamente habitada por osos. El escudo de Madrid lo forman un oso y un madroño. Los árabes construyeron un alcázar cerca de lo que es hoy el Palacio Real y lo llamaron Magerit. Fue conquistado en 939 por Ramiro II, rey de León. En 1203, el rey Alfonso VII le otorgó el primer fuero (norma o jurisdicción sobre un territorio) y por la misma fecha surge la primera referencia a Madrit. En el siglo XV, el rey Juan II mandó construir la plaza del Arrabal, que más tarde se trasformaría en la Plaza Mayor. Madrid no era en esa época un lugar importante, era más bien una ciudad de paso entre Valladolid y

Plaza Mayor, Madrid

Puerta del Sol de Madrid

Toledo, esta última capital provisional del reino. Muy pocos edificios se conservan de esa época.

Fue el rey Felipe II quien, en 1561, decidió transferir los consejos de gobierno a Madrid, lo que equivalía a capitalizar esta ciudad. Se cuenta que su padre, Carlos I, le advirtió: "Si quieres aumentar tus reinos lleva la Corte a Lisboa. Si quieres mantener lo que tienes, déjala en Toledo. Y si quieres perder tierras y poder, elige Madrid". En aquel entonces, el imperio se extendía sin límites por la Europa meridional y septentrional, y en el oeste más allá del Atlántico en el vasto y todavía desconocido continente americano. Sin embargo, a pesar de las grandezas del imperio, Madrid era una población con unas 2.500 casas y 15.000 vecinos. El empuje y dinamismo de su capitalización la transformó completamente de tal forma que para finales del siglo XVI la población había crecido hasta 30.000 habitantes. Junto con la monarquía llegó una población itinerante que componía la corte, con su nobleza y aristocracia, administradores, militares, siervos y una gran burocracia que cambió el ambiente de la ciudad. De esta forma se levantó la Madrid de los Austria, cuyos barrios todavía dan fe de esa época.

Madrid siguió creciendo desordenadamente, siguiendo el ritmo de la monarquía y sus muchas crisis. En el siglo XVII se construyó el Palacio del Buen Retiro y la Plaza Mayor. En el siglo XVIII se llevó a cabo un importante proceso de urbanización y embellecimiento. Se diseñaron nuevas avenidas y parques, y se levantaron las Reales Academias, iglesias (San Francisco el Grande) y el Palacio Real (1738–1764). Las obras del Palacio Real se iniciaron en 1737, en el solar de un antiguo Alcázar que se había incendiado tres años antes. Al subir al trono Carlos III (1759–1788), realizó la más ingente labor de ordenación urbanística de la ciudad. Bajo su impulso, se renovó la periferia y se mejoró el interior con carreteras y entradas: Puerta de Alcalá, Puerta de Hierro, Puerta de San Vicente y Puerta de Atocha, que señalaban los puntos extremos de una ciudad que, en parte, estaba amurallada. Se adornó el interior con las fuentes de Cibeles (1781) y de Neptuno (1784), y se alzó el edificio del Museo del Prado. Se abrió el Parque del Retiro al público, se canalizó el río Manzanares y se empedraron las más importantes vías públicas.

Para 1786, Madrid estaba habitada por 156.000 vecinos. El cuadro del pintor Francisco de Goya *Pradera de San Isidro*, con fondo del Palacio Real, es una viva estampa donde se observa a los madrileños festejando a su santo patrón, San Isidro. Son el chulo y la chulapa madrileños los que aparecen en el cuadro, disfrutando en una de las muchas fiestas y verbenas que han caracterizado la pujanza de la ciudad.

El gran impulso de remodelación de Madrid llegó con la desamortización de 1837–1838, cuando se puso a la venta una gran cantidad de fincas urbanas que pertenecían al clero. Fueron un total de quinientas cuarenta, según el historiador Juan Pablo Fusi, el 8,18 por ciento de los edificios de la ciudad. Más tarde, en 1860, se pusieron en marcha los planes de ensanche de Madrid que dieron paso a la construcción de los barrios de Salamanca, Chamberí, Retiro y Argüelles. En esa fecha, la población de Madrid era de 250.000 habitantes, una cifra exigua si se la compara con París, que sobrepasaba un millón, y Londres, con dos millones y medio de habitantes.

A finales del siglo XIX y principios del XX se produjo un nuevo proceso acelerado de construcción y se sentaron las bases para el crecimiento de una ciudad castiza. El desarrollo económico, la explosión demográfica y la formación de una poderosa burguesía dan cuenta de este impulso que afectó especialmente al espacio urbanístico. Las grandes avenidas madrileñas, la Gran Vía, las estaciones de Atocha, Príncipe Pío y Delicias, los paseos de la Castellana y Recoletos, datan de esa época. Para dar paso a estas grandes avenidas que tipifican el crecimiento demográfico, se demolieron barrios viejos y apareció una ciudad elegante pero ecléctica, donde a la par de edificios neoplaterescos y neobarrocos con detalles regionalistas asoman construcciones modernistas en una yuxtaposición de estilos.

Durante el franquismo se quiso adaptar la ciudad para dar cabida al automóvil. Se llevaron a cabo los planes para pavimentar las mejores avenidas por la que circularía la modernidad en cuatro ruedas, a costa de sacrificar paseos de arboledas. En tiempos de Carlos Arias Navarro como alcalde de Madrid, se llevó a cabo la mayor tala de árboles y demolición de edificios históricos, justificadas por la creencia de que el automóvil impregnaría la capital de modernidad bajo la égida del hormigón. La sangría podría haber continuado, ya que los intereses económicos asociados a la explotación del terreno y las inmobiliarias se dispararon sin control, en parte porque Franco premiaba a sus fieles con concesiones urbanísticas muy lucrativas. Es imposible saber qué hubiese sido de Madrid con diez años más de demoliciones. En alguna medida podemos imaginarlo si tenemos en cuenta que la arquitectura del franquismo estuvo muy influenciada por la estética fascista: edificios de piedra y hormigón, serios, de corte herreriano. De esa época datan el Arco del Triunfo de la Ciudad Universitaria, la Torre de Madrid, el Ministerio del Aire, los Nuevos Ministerios, el Museo de América, y la obra emblemática del franquismo, el Valle de los Caídos, cripta mausoleo donde descansan los restos del dictador.

Con la democracia, llegó a la alcaldía de Madrid un hombre providencial, Enrique Tierno Galván, el Viejo Profesor, tal como se lo apodó (abril de 1979). Este profesor de derecho político de la Universidad de Salamanca, que había sido alejado de su cargo durante la dictadura y que fundó en la transición el Partido Socialista Popular (no hay que confundirlo con el PSOE), fue elegido alcalde de Madrid. Bajo su batuta de mando, Madrid se embelleció. Tierno Galván, que escribía bandos a los madrileños en castellano antiguo, decía: "Sólo a los poetas y los filósofos compete la visión práctica del mundo, porque sólo a éstos se les ha concedido no tener ilusiones". La ley de ordenación del suelo supuso un freno a la especulación de los terrenos al forzar a los propietarios a ceder parte de los solares para equipamientos y zonas verdes. Una de las propuestas de Tierno Galván fue construir al menos un parque por año. Y lo cumplió. Como alcalde practicó la ética de la tolerancia y supo ganarse a todos los sectores de la sociedad, jóvenes y mayores. La señal más visible de la nueva actitud fue el fenómeno conocido como "la movida madrileña". Simboliza el deseo de los madrileños de tomar la calle tras la liberación social, política y sexual, y explotar el ocio hasta sus límites; apropiarse de los espacios públicos para algo que los madrileños han hecho siempre bien, ver y ser vistos. "La movida" como fenómeno se extendió desde Madrid

Las Ramblas de Barcelona

a otros muchos pueblos y ciudades. Tierno Galván representó los nuevos aires que llegaban con la democracia.

Madrid es una ciudad que quiso representar el imperio en sus galas y su centralización. La monarquía dio a Madrid el rasgo que la caracteriza: un aire de ciudad oficial, abierta y acogedora. Quizás por eso fue una ciudad un tanto de paso, que recibía con los brazos abiertos a sus visitantes. Ciudad castiza, pública y sin complejos. Ciudad del ocio y la administración. Los madrileños han creado una comunidad en donde al visitante no se le pregunta su lugar de origen. Cualquiera puede ser madrileño por el mero hecho de residir en Madrid. De hecho, los nacionalismos han pillado a los madrileños por sorpresa, forzándolos a definir señas de identidad, cuando para muchos, Madrid era simplemente el lugar donde se está.

Barcelona

Barcelona es una de las ciudades más bellas y atractivas de Europa mediterránea. Disfruta de una situación geográfica privilegiada que la ha mantenido expuesta a influencias exteriores a lo largo de los siglos. Compite con Madrid en tamaño y población, aunque su construcción y evolución han seguido caminos muy distintos. La población de la ciudad es de 1.582.738 habitantes, pero esta cifra se eleva a cerca de 4.000.000 si se incluye el área metropolitana, cuyos límites se extienden a lo largo del litoral de norte a sur. La población de la provincia es de 5.052.666 habitantes.

Es una ciudad inequívocamente mediterránea en su clima e historia, marcada por los distintos estratos culturales que se han ido acumulando desde el subsuelo hasta las más altas atalayas de su cultura. Los documentos y residuos arqueológicos se remontan a una colonia romana en el siglo II a. C. Desde el siglo IX en adelante, la ciudad fue gobernada independientemente por los condes de Barcelona y gozó del privilegio de ser el centro comercial de una amplia región que abarcaba Aragón y Cataluña, así como importantes puertos en el

Mediterráneo, rivalizando con Venecia y Génova. Buena parte del Barrio Gótico barcelonés fue construido en el siglo XV. Destaca el Salón del Tinell, donde los reyes Fernando de Aragón e Isabel de Castilla supuestamente recibieron a Cristóbal Colón tras su regreso del primer viaje del descubrimiento. La catedral gótica fue construida entre 1322 y 1486. A mediados del siglo XVI, el mapa de Georges Hoefragge (1567) da fe de una ciudad amurallada que se vuelca hacia la Barceloneta, el barrio portuario. Del siglo XVII datan las ramblas, las grandes avenidas de la ciudad que conectan la montaña con el mar y que descienden desde las faldas del Tibidabo hasta el puerto.

Las murallas fueron demolidas entre 1854–1865, para dar paso a un ambicioso plan de modernización que se llevó a cabo bajo la mano rectora de Ildefonso Cerdá, y se conoce como "el ensanche". A decir del escritor catalán Josep Pla, "nadie podría haber concebido un plan de esta escala o con tanta regularidad sin el prototipo del París de Napoleón III". Pero mientras que en París fue necesario destruir barrios enteros, en Barcelona el plan Cerdá se alzó en terrenos sin ocupar entre las antiguas murallas y los pueblos del extrarradio: Sarriá, San Gervasio, Horta, les Corts y Gracia. Ildefonso Cerdá (1815–1876) fue un arquitecto socialista muy influenciado por las ideas francesas de vida comunitaria, lo que se refleja en su proyecto. El plan, en su concepción funcional urbana, incorporaba parques para recreo (parque de la Ciudadela, 1888), mercados (mercado de la Boquería, 1870) y monumentos (monumento a Colón, 1882), en la entrada del puerto.

La popularidad del anarquismo entre ciertos sectores de la clase obrera a comienzos del siglo XX hizo de Barcelona una de las ciudades más violentas de Europa. Sin embargo, por la misma época, la ciudad experimentó un espectacular crecimiento y desarrollo económico que posibilitaron su modernización y embellecimiento. La Feria Internacional de 1888 vino a representar un símbolo de la capacidad de trabajo de los barceloneses, así como la arquitectura modernista lo fue de su creatividad. Los muchos edificios de estilo modernista, tanto de Antoni Gaudí, su figura prominente, como de Lluís Domenech y Josep María Jujol, estuvieron financiados por la burguesía catalana deseosa de dotar a la ciudad de señas indelebles de una cultura vital en un tiempo y un lugar. Barcelona no se construyó con fondos del Estado, como Madrid, para embellecer la sede de la monarquía. Fue una ciudad burguesa, orgullosa de sus orígenes, construida por y para sus habitantes.

La explotación del suelo

Un reciente artículo del periódico *ABC* (27 de septiembre de 2004) señalaba que durante los últimos siete años el precio de la vivienda en España ha aumentado un 121 por ciento, lo que supone la tasa más alta de las registradas en los principales países industriales del mundo. Este fenómeno viene a refrendar aspectos muy importantes de la cultura del país. Los españoles aun habiéndose puesto al día en muchos aspectos sociales y políticos, no se fían de los mercados bursátiles. Quizás por desconfianza con un sistema que nunca ha gozado de popularidad, o quizás todavía fascinados por la solidez del ladrillo, como se dice irónicamente en medios financieros.

Lo cierto es que los españoles quieren poseer una casa y si son dos, mejor. Gracias a esa tendencia, el sector ha seguido progresando y se ha expandido el radio limítrofe de las ciudades, aunque no haya aumentado prácticamente el número de sus habitantes. En los últimos años, Madrid prácticamente no ha crecido. Incluso en algunos períodos, la población ha descendido. Por otra parte, la inversión en bienes inmobiliarios ha permitido la conservación de muchos pueblos que de otra forma hubieran desaparecido al emigrar sus habitantes. Hay numerosos pueblos en la geografía peninsular que siguen existiendo gracias a que las casas antiguas han sido adquiridas por vecinos de las ciudades, que las usan como su segunda vivienda.

¿QUIÉNES SON LOS ESPAÑOLES?

Dentro de ese territorio plural que es España, existe una comunidad de individuos a los que llamamos españoles. Lo que ciertamente podemos afirmar, sin herir las sensibilidades de los promotores del nacionalismo excluyente, es que España es una sociedad. El sociólogo Amando de Miguel escribe: "Se entiende por sociedad la población dentro de un territorio cuyas relaciones internas superan con mucho los contactos con el exterior". El término *España* ha sido por mucho tiempo tabú para cierta izquierda militante y para los movimientos nacionalistas. Éstos prefieren usar *Estado* para referirse a España.

La población española es baja si se la compara con otros países de Europa. La densidad actual es de 75 habitantes por kilómetro cuadrado, mientras que es de 99 en Francia y de 187 en Italia. En cifras globales, la población ha aumentado de la siguiente manera: 18.000.000 habitantes en 1900; 31.023.099 en 1962; 37.746.260 en 1981; 41.767.000 en 2003 y 45.000.000 en 2005. Las causas de esta baja densidad hay que buscarlas en el hecho de que España ha sido un país de emigrantes. Desde 1492, fecha del descubrimiento de América, hasta las últimas oleadas migratorias a Europa después de la Segunda Guerra Mundial, los españoles no han dejado de emigrar. Lo hicieron en un principio por afán de conquistar o evangelizar. La construcción del Imperio español exigió un constante flujo de personas que, abandonando sus lugares de origen, fueron formando el tejido social de las Américas en constante mestizaje con los nativos.

Tras la independencia de la América hispánica, el proceso se ralentizó para volver a incrementarse sustancialmente en la segunda mitad del siglo XIX, hasta 1930, en que pudo darse por cerrado el ciclo emigratorio al otro lado del Atlántico. Entre la población española, los gallegos fueron el pueblo con más tendencia a la emigración. Tanto es así, que en algunas zonas de América, Argentina, Uruguay y el Caribe, a todos los españoles, no importa de qué región sean, se los denomina gallegos. Para el período comprendido entre 1861 y 1990 del que tenemos datos, fueron 345.000 los gallegos que emigraron a América. Las primeras décadas del siglo XX atestiguan la cumbre de la emigración a América. Entre 1911 y 1915, el 42 por ciento de la emigración española provenía de Galicia, y alcanzó el 73 por ciento para 1931. Entre 1911 y 1930, más de 700.000 gallegos emigraron a Latinoamérica. En su gran mayoría abandonaron su tierra por razones económicas. La Guerra Civil provocó el exilio por razones políticas.

INMIGRACIÓN

A partir de 1980 el proceso se invirtió y, de ser un país de emigrantes, España se ha convertido en un país receptor. Si la población ha crecido en los últimos años es debido a la existencia de cerca de cuatro millones de inmigrantes que viven en el territorio nacional. La integración en Europa y el mejoramiento de la economía han convertido a España en un país receptor. Desde el punto de vista cultural, esta llegada masiva ha transformado la actitud de los españoles, que siempre se habían jactado de pertenecer a una sociedad libre de racismo. Sin embargo, numerosos incidentes violentos muestran que esta odiosa reacción social no es privativa de algún pueblo o cultura en particular.

España ha sido, hasta recientemente, un país extraordinariamente homogéneo desde el punto de vista étnico. Es normal si consideramos que desde las últimas expulsiones de árabes, judíos y moriscos en los siglos XV y XVI, la población se reprodujo vegetativamente con poco aporte foráneo. Desde el punto de vista poblacional, la actual ola de inmigrantes ha permitido que la demografía haya registrado un aumento de la población en los dos últimos años, cuando la tendencia desde 1980 había sido la inversa. Más del 10 por ciento de todos los bebés nacidos en 2002 eran de madres extranjeras. El fenómeno puede observarse paseando por las calles de las ciudades y pueblos, especialmente por Barcelona y Madrid, sin necesidad de recurrir a las estadísticas. Éstas registran que el 3,2 por ciento de las personas que viven en España guarda en sus carteras un permiso de residencia, en vez del carné de identidad que portan todos los españoles.

Nuevos barrios de inmigrantes han crecido a la sombra de las viejas ciudades. Se pueden observar anuncios de establecimientos en árabe, lo que parece romper la homogeneidad tradicional. Las últimas cifras oficiales de mayo del 2007 elevan el número de extranjeros en España a cinco millones. En cuanto a la procedencia, el 35 por ciento llegó de Europa del Este, especialmente de países de Europa comunista; el 28 por ciento procede de América Latina; el 27 por ciento de África, y el 8 por ciento, de Asia. Los rumanos y búlgaros son los colectivos más numerosos, seguidos de marroquís, ecuatorianos y británicos. Estos últimos llegan a España por distintas razones. Son personas de más edad que arriban al sur a disfrutar bajo el sol español de años de jubilación. Los inmigrantes están poco a poco transformando la faz del país, cuyas cifras de natalidad han estado dando señales alarmantes desde comienzos de los 90. La dinámica poblacional pasó del *baby boom* al *baby bust* en tan sólo tres décadas.

La reacción de la población con respecto a esta llegada masiva de inmigrantes, fenómeno desconocido anteriormente, es muy diversa. Una encuesta del Centro de Investigaciones Sociológicas (CIS) indica que más de la mitad de los españoles, el 53,3 por ciento, considera que hay demasiados inmigrantes en España. Sin embargo, y en una proporción ligeramente mayor, el 53,7 por ciento de los encuestados cree que estos trabajadores son necesarios a la economía. En términos generales, el 89,3 por ciento considera que toda persona debería tener libertad para vivir y trabajar en cualquier país. El 42 por ciento cree que el fenómeno de la inmigración es más bien positivo para España, frente al 28 por ciento que lo considera negativo. A la pregunta de si les importa que sus hijos compartan en el colegio la misma clase que los hijos de familias inmigrantes, el 75,2 por ciento responde que no les importa nada, el 13 por ciento afirma que les importa poco, y el 5,7 por ciento asegura que les importa bastante. En la realidad, el comportamiento de la población no es tan tolerante como las encuestas parecen señalar, aunque bien es cierto que los muchos incidentes ocurridos han tenido lugar en poblaciones afectadas directamente por el aluvión inmigrante. En algunos pueblos de Almería y el sur, la cifra de inmigrantes se aproxima al 50 por ciento. A los españoles les importa mucho el origen de los que llegan.

Tradicionalmente tanto árabes como moros han sido considerados "los malos" de la historia. Desde la supuestamente idílica convivencia de las tres culturas, judíos, musulmanes y cristianos de la época medieval, a nuestros días, han pasado muchas cosas. La unidad de España se cimentó sobre la unificación religiosa y de sangre. Tanto conversos como moriscos fueron considerados ciudadanos de segunda clase. La pureza de sangre y el pertenecer a la hidalguía de cristianos viejos preservó una homologación promovida por el Estado. Desde entonces ha prevalecido algún tipo de sectarismo, por no llamarlo racismo. Un país que tiene muy claro el concepto de clase, también lo tiene de origen. Las ocupaciones a que se dedican los nuevos inmigrantes están en parte determinadas por el origen. Los marroquíes y otros africanos se dedican principalmente a la agricultura y a la minería. Curiosamente, y no hace mucho tiempo, eran los españoles los que se desplazaban a Francia a hacer la vendimia y recoger la fruta.

EL SER ESPAÑOL

Siempre se produce una cierta disonancia entre la imagen que tenemos de nosotros mismos y como nos perciben desde fuera. De esas discrepancias surge una enormidad de estereotipos creados desde dentro o proyectados desde el exterior. En una encuesta realizada hace unos años, los encuestados que se identificaban como conservadores definían a los españoles como apasionados, valerosos, católicos, ascéticos, ingobernables y anarquistas. Los liberales, por su parte, los describían como tolerantes, espontáneos, creativos y amantes de la libertad. De dónde provienen estas calificaciones y en qué se basan es algo para meditar. Muchos de estos calificativos o estereotipos que a veces alcanzan el nivel de mito son, en parte, el resultado de construcciones intelectuales. Desde las tantas veces mencionada crisis del 98, la tendencia dominante entre la intelectualidad ha sido la de analizar España en términos negativos. La crisis nacional inclinó la balanza hacia la descalificación o el pesimismo. Si a España le iba tan mal, algo se había hecho mal. El filósofo José Ortega y Gasset, que tanta influencia ejerció en su época, escribió un libro titulado *España invertebrada,* en cuyo prólogo revela que el objetivo de su meditación es definir la enfermedad de España a la vista de la disolución que, en su opinión, se estaba produciendo en la sociedad. Para Ramiro de Maeztu, uno de los escritores de la generación del 98, "España no se nos aparece como una afirmación o una negación, sino como un problema". Muchos años después, el influyente sociólogo Juan Linz concluyó que España es una sociedad no sedimentada en busca de identidad. Por su parte, el escritor norteamericano James Michener, escribe: "España es un misterio y no logro convencerme del todo de que sus naturales la entiendan mejor que yo". Ernest Hemingway, quien visitó España numerosas veces y ubicó en ella algunos de sus mejores personajes novelísticos, escribió: "Si las gentes de España tienen un rasgo en común es el orgullo y si tienen otro es su sentido común, y si un tercero, es su impracticabilidad".

Obsérvese que Michener y Hemingway hacen mención a una suerte de misteriosa condición. Sin embargo, ambos eran viajeros en una tierra de contrastes, mientras que Ortega y Gasset, Ramiro de Maeztu y tantos otros, lo hacían desde dentro, abrumados por un país en ruinas que habían de regenerar. Pero, ¿cómo? Los remedios debían ir parejos a las enfermedades, así que urgía localizarlas y diagnosticar. Se recetó todo tipo de remedios "sin que acertase la mano con la herida", escribió el poeta Antonio Machado.

Muchos años después, en la España democrática, moderna y progresista del siglo XXI, la pregunta sigue siendo la misma. ¿Coinciden los españoles en señalar sus virtudes y defectos? ¿Se han puesto de acuerdo en qué remedio aplicar a sus males? ¿Hay acuerdos sobre quiénes son? La realidad es que no. Es más, desde la transición hasta hoy, las discrepancias se han acrecentado en cierto sentido. Son cada vez más los que se identifican con características propias de su región, más que con España como país. Una reciente encuesta realizada en Cataluña sobre los estereotipos y la imagen que los españoles tienen de sí mismos, ponía en evidencia estas discrepancias. Los catalanes se definían a sí mismos como cultos, inteligentes y modernos, mientras que calificaban a los aragoneses de testarudos, amantes de su tierra y brutos. A los andaluces los definían como alegres, exagerados y chistosos. La imagen de los vascos, no sólo en Cataluña sino en el resto del país, aparecía enturbiada por el fenómeno del terrorismo al que por la acción de ETA se asocia la región.

Sin embargo, para el visitante que desconoce las sutilezas de los regionalismos y las identidades nacionales, los españoles todos son iguales. Luis Romero, economista mexicano que frecuentemente visita España, lo expresaba en estos términos: "No importa a qué aeropuerto o ciudad llegas, la sensación de estar en España es inconfundible".

La España de nuestros días ha dado suficientes muestras de querer vivir en paz, y para ello ha ejercitado la tolerancia hasta el límite de sus últimas consecuencias. Ha sabido adaptarse al cambio de los tiempos, mezclando el ejercicio del ocio con el trabajo duro. Ha continuado siendo una sociedad que se divierte y que trabaja, que es religiosa y laica. España ha sido el segundo país europeo en legalizar el matrimonio entre homosexuales, lo que parece una contradicción en una sociedad que se definió tradicionalmente como católica, en la que el 80 por ciento de los ciudadanos se declara católico, y cuya historia imperial está aparejada con la defensa de la ortodoxia católica; un país en el que el misticismo, el idealismo, el sentido del sacrificio y la devoción fueron en su día marcas registradas del ser nacional.

Ciertamente no se puede olvidar la profunda transformación experimentada en toda la sociedad tanto rural como urbana en los últimos cuarenta años. La prosperidad económica ha incorporado los valores de la sociedad de consumo y la globalización. El placer por el buen vivir y la pericia en la cultura del ocio se han combinado en los últimos años con la necesidad de trabajar —no lo llamaríamos una ética del trabajo, como en los países anglosajones— con el fin de no perder el tren de la evolución económica europea. Los españoles aprendieron su lección durante la dictadura y se aprestaron a hacer uso de las libertades políticas y sociales. Con muchos desajustes aún, no hay duda de que España merece el calificativo de sociedad abierta.

En un estudio realizado por el sociólogo Luis Martín de Dios sobre los valores entre los españoles, llegaba a las siguientes conclusiones basadas en una metódica encuesta. Entre las preocupaciones personales destacaba la familia como el principal interés (74,7 por ciento); la felicidad (67,4 por ciento) y la amistad (62,4 por ciento). Lo que menos preocupaba a los encuestados era la religión (9,6 por ciento). Entre los valores personales destacaban la libertad (62,8 por ciento), la igualdad (50,8 por ciento) y la honestidad (48,3 por ciento).

El periodista británico John Hooper se refiere a España como una nación de pacifistas. Esta aseveración parecería contradecir la tan extendida leyenda negra difundida a través de los siglos, principalmente en su país. No se pensaría que la trayectoria de golpes de estado militares que jalonaron el siglo XIX corroborase esta afirmación. Tampoco los numerosos y belicosos acontecimientos que salpicaron la historia de España a comienzos del siglo XX hasta llegar a la Guerra Civil. Sin embargo, tras el intento de golpe militar del 23 de febrero de 1981, la población dio muestras de que quería vivir en paz. Lo mismo puede decirse de la reacción popular al bombardeo en Irak decretado por el presidente estadounidense George W. Bush en marzo de 2003. Manifestaciones de más de un millón de personas invadieron las calles en Madrid y Barcelona para protestar contra las amenazas de guerra. Más del 90 por ciento de los españoles se declararon en contra de la guerra. Incluso tras el feroz atentado en la estación de trenes de Atocha en marzo del 2004, la población pidió, en diversas manifestaciones, paz. Ni venganza, ni odio, ni escalada de violencia. Los españoles se han declarado a favor de la paz y la concordia en cada una de las oportunidades que se les ha brindado. Sin embargo, las diferencias regionales y las desigualdades sociales siguen siendo muchas, en una sociedad que siempre ha creído en la existencia de clases sociales.

Clases sociales

La estructura de la sociedad española ha venido evolucionando lenta y a veces drásticamente desde el siglo XIX, cuando se produjeron los primeros asaltos al Antiguo Régimen. Aquélla era una sociedad de signo hereditario dividida desde la cuna, con oportunidades de movilidad social prácticamente nulas. La gran conflictividad política y social de los siglos XIX y XX es una expresión clara de los muchos desajustes de clase y una toma de conciencia de la situación. Los campesinos andaluces y los obreros de los núcleos industriales de las ciudades bregaron constantemente por romper con ese cinturón opresor y exigieron un mayor protagonismo en el contexto nacional. Las huelgas, la invasión de tierras por la fuerza, los actos de violencia y vandalismo, fueron algunas de las armas utilizadas. Los partidos comunistas y socialistas, los anarquistas, y sus respectivos sindicatos, protagonizaron algunos de los pasajes más impactantes de la historia del siglo XX. Tras el paréntesis de la dictadura franquista y los pactos de buena voluntad obtenidos durante la transición, la realidad volvió sobre sus pasos.

España es un país con grandes desigualdades de clase que se han acrecentado con la globalización. Es un país donde todavía existe una amplia aristocracia y donde la pobreza es notable en los extrarradios de las ciudades, con la presencia del chabolismo (*shanty towns*). Bien es cierto que no es un país de mendigos y la mendicidad no es visible como en otras muchas partes del planeta. Según el informe de la Fundación Foessa, la evolución de las distintas clases sociales ha seguido este patrón:

	1951 (%)	1981 (%)
Clase alta	0,1	5,0
Clase media	27,0	42,0
Clase baja	72,9	53,0

Hace apenas cincuenta años, España era un país eminentemente agrícola con sólo un puñado de grandes ciudades. El campo estaba dominado por una élite de caciques y grandes propietarios, y una masa de trabajadores desposeídos. La Guerra Civil dejó al país prácticamente en ruinas, con dos clases sociales, los ricos y los pobres. Desde entonces, la transformación del medio rural ha sido muy significativa. Hoy día, el porcentaje de obreros agrícolas ha descendido y no existen prácticamente jornaleros. La clase terrateniente y latifundista, que apoyó al régimen franquista durante cuarenta años, perdió parte de su poder político y prestigio social a medida que los procesos de industrialización se desarrollaban y privaban en los contextos económicos. España pasó, en la década de los 70, de ser un país agrícola a uno industrial. Su peso en el conjunto de la sociedad se debilitó sustancialmente como resultado de la aparición de un nuevo empresariado agrícola de mentalidad abierta, más preocupado por los resultados económicos que por el ejercicio del poder político local. El excedente de trabajadores agrícolas se fue desplazando paulatinamente a los sectores de la industria y los servicios. En 1990, el total de trabajadores del campo era del 9,2 por ciento; el de la industria, el 30,1; y el de los servicios, del 60,7 por ciento.

Durante el régimen franquista, la clase trabajadora estuvo estrechamente controlada por las leyes que prohibían las huelgas y por la creación de sindicatos de tipo vertical. Tras la dictadura, obreros y sindicatos volvieron a mostrar su talante reivindicativo, aunque los tiempos habían cambiado y sus manifestaciones fueron netamente económicas y no revolucionarias.

A partir de 1983, el PSOE gobernó en un largo período de poca conflictividad laboral, aunque se convocaron huelgas generales como la de diciembre de 1988. Poderosos sindicatos, especialmente la UGT y CCOO, han liderado la defensa de los intereses obreros, consiguiendo sustanciales mejoras sociales y salariales. Sin embargo, el gran cambio social fue el experimentado con la aparición de una sólida clase media, especialmente técnica y profesional. Como se puede ver en las estadísticas de Foessa, la clase media española creció del 27 por ciento de la población en 1951 al 42 por ciento en 1981. El proceso se aceleró en la década de los 60 como resultado de los Planes de Desarrollo y del rápido aumento de la población universitaria. Los contactos con Europa, impulsados por la relocalización de grandes empresas multinacionales en el territorio nacional, la aparición de un pequeño empresariado local, el boom del sector servicios, especialmente del turismo, aceleraron este proceso cuyas últimas consecuencias resultaron en un profundo cambio de mentalidad. La economía capitalista ya no se vio como un enemigo, todo lo contrario. Las políticas económicas de los gobiernos del PSOE fueron claramente capitalistas en lo económico, situación que legitimó el lucro y la sociedad de consumo. La existencia de una clase media amplia, educada, que viaja y está al tanto del acontecer internacional, es la prueba fehaciente de una sociedad moderna que se enfrenta a muchos de los problemas de las sociedades industriales modernas. ¿Qué papel desempeña pues la aristocracia?

La aristocracia española

Existe todavía en España una aristocracia de sangre heredera de la histórica nobleza que gobernó el país desde su fundación en el siglo XV, e incluso desde fechas anteriores. Aunque sus privilegios han sido prácticamente reducidos a cero y goza de los mismos derechos y obligaciones que el resto de los ciudadanos, todavía esta clase o superclase mantiene lazos de parentesco y afiliación con la monarquía española. La aristocracia o nobleza es de alguna forma antigua y a la vez moderna. Lo curioso es que todavía se conceden en España títulos nobiliarios, lo que sorprende en una sociedad donde todo parece haberse igualado. El "don" ha desaparecido del vocabulario diario y el tuteo domina las relaciones sociales, incluso entre las altas esferas políticas. En 1987 se concedió el título de marqués al doctor Gregorio Marañón, y a Adolfo Suárez, primer ministro de la UCD durante la transición, el de duque de Suárez.

La gente expresa reacciones dispares con respecto a la aristocracia. Por una parte les hace gracia que aún existan estos individuos que parecen sacados de los libros de historia antigua o de los cuadros de mansiones señoriales. ¿Son fósiles? ¿gente normal? ¿residuos de la España imperial? En la práctica, viven al lado del resto de los ciudadanos, participan activamente en el acontecer cultural y están relativamente unidos a la nobleza de otros países. Su función, ciertamente, parece alimentar las noticias de las revistas del corazón, entre ellas, *Hola* y *Semana*. Lo cierto es que la nobleza atrae tanto que, en las últimas décadas, se han presentado ante la Justicia española diversos casos de disputas hereditarias, principalmente de mujeres que retan los derechos de primogenitura que todavía prevalecen en los hijos varones. En España sólo el primogénito varón hereda el título familiar.

Según datos recientes, existen todavía 2.613 títulos nobiliarios y son 2.078 los miembros de la nobleza. Ello es debido a que son varios los que poseen más de un título. El escalafón de esta aristocracia se inicia con los grandes de España y duques que totalizan 144, continúa con marqueses (1.295), condes (885), vizcondes (130) y barones (159). El prototipo de esta aristocracia es la duquesa de Alba de Tormes, que es además una de las mujeres más ricas de España. Posee unos cuarenta títulos nobiliarios. Entre ellos, es siete veces Grande de España. Su nombre completo es doña María del Rosario Cayetana Fitz James Stuart y Silva, duquesa de Alba, Condesa duquesa de Olivares y vizcondesa de la Calzada. Acapara seis otros ducados, catorce marquesados y una veintena de condados. Otros de los nombres más resonantes de la aristocracia española son: doña Victoria Eugenia Fernández de Córdoba y Fernández de Hinestrosa, duquesa de Medinaceli; doña Anunciada de Gorosábel y Ramírez de Haro, duquesa de Veragua, viuda de Cristóbal Colón de Carvajal y Mavoto; y doña Luisa Isabel de Toledo y Maura, duquesa de Medina-Sidonia. Títulos todos ellos emparentados con el más regio abolengo de la aristocracia española.

LA MONARQUÍA

Al lado de la aristocracia de sangre se sitúa la familia real española encabezada por el rey Juan Carlos I de Borbón y Borbón. La familia real española, contrariamente a la inglesa, goza de muy buena reputación. La personalidad del rey, un hombre asequible, simpático, con sentido del humor, ha sabido ganarse a los españoles de forma paulatina desde su coronación en 1975. Juan Carlos I ha sabido combinar el doble papel de jefe del Estado y miembro de la realeza con las características de un hombre interesado por el quehacer cotidiano de los españoles. Amante de los deportes, se ha mantenido al margen de las labores del gobierno, algo que no supieron hacer ni su padre Juan de Borbón, conde de Barcelona, ni su abuelo Alfonso XIII. A este último, su vinculación con la dictadura de Primo de Rivera le costó el trono y la disrupción de la línea hereditaria. Su hijo, el Conde de Barcelona, primero acogió el levantamiento militar de 1936 y luego se opuso a Franco, criticándolo en un momento en que la monarquía contaba con pocos apoyos. Consecuentemente, Franco lo excluyó de sus planes de sucesión y eligió a su hijo, que entonces parecía ser una simple marioneta. No fue así. Juan Carlos encontró un lugar en la maquinaria del Estado y otro en el corazón de los españoles.

Una prueba fundamental en la vida de la monarquía fue la difícil situación que el rey, recién nombrado, tuvo que resolver frente al intento de golpe de Estado de 1981. Los militares levantiscos habían calculado que el rey, persona educada en los círculos del Caudillo, se doblegaría a los intentos golpistas que abogaban por la continuidad del Movimiento Nacional. No fue así. El rey adoptó una postura de gran firmeza y, a través de las ondas de la radio y la televisión, declaró su rotunda oposición al golpe, declarando que para triunfar deberían acabar con su vida. A partir de esos momentos, Juan Carlos I se convirtió en el rey de todos los españoles y ha sabido mantener el lugar que le asigna la constitución y defender, por encima de todo, las leyes y la integridad del Estado español.

El artículo primero de la Constitución española de 1978 define al Estado español como una Monarquía Parlamentaria, expresión novedosa pero que resulta válida debido a que el poder del Estado no reside en la Corona sino en las Cortes. Los artículos 62 y 63 establecen las competencias del rey. Entre las más significativas: a) sancionar y promulgar las leyes; b) convocar y disolver las Cortes generales y llamar a elecciones y referendos en los términos previstos por la constitución; c) proponer el candidato a presidente del gobierno y, en su caso, nombrarlo; d) nombrar a los miembros del gobierno a propuesta del presidente; e) el mando supremo de las fuerzas armadas; f) ejercer el derecho de gracia con arreglo a la ley; g) declarar la guerra y hacer la paz, previa autorización de las Cortes generales. Su papel, pues, es representativo y está estrechamente supeditado a la Constitución.

Uno de los logros del rey ha sido funcionar como figura simbólica de la unidad de España. Su presencia ha sido fundamental en momentos clave de la historia reciente. Por ejemplo, ha sabido apaciguar las profundas divergencias entre los gobiernos socialistas, decididamente laicos, y la Iglesia católica. En repetidas ocasiones ha hecho declaraciones públicas de fe, corroborando su adhesión a la doctrina católica, sin contravenir los deseos democráticos del gobierno elegido.

Por otra parte, ha sido capaz de situarse al margen del debate nacionalista, pero manteniendo una postura decididamente integradora de todas y cada una de las regiones y autonomías. Durante los Juegos Olímpicos celebrados en Barcelona en 1992, cuando la organización de los juegos había declarado como lenguas oficiales el catalán y el inglés, Juan Carlos se las arregló para estar presente en la entrega de medallas a los atletas españoles y expresar sus felicitaciones en castellano, idioma oficial del Estado español. Con su presencia, las banderas españolas airearon al lado de las catalanas y de otras nacionalidades.

Juan Carlos I proviene de la dinastía francesa de los Borbón, que llegó al poder tras la guerra de sucesión a comienzos del siglo XVIII, cuando el último monarca de la Casa de los Habsburgo murió sin descendencia. En el siglo XIX, la popularidad de la monarquía decayó. Carlos IV se rindió a los ejércitos de Napoleón y fue destronado temporalmente. Su hijo Fernando VII recuperó la monarquía, pero la malgastó al retroceder al absolutismo borbónico. La elección de su hija Isabel II, menor de edad, originó las Guerras Carlistas. Isabel fue destronada en 1868. La trayectoria de los Borbón no es una página lustrosa. En su recorrido dividieron al país más que lo unieron. La restauración borbónica, tras el paréntesis de la Primera República en 1873, se realizó en la persona de Alfonso XII, hijo de Isabel II, rey castizo que murió muy joven. Alfonso XIII recuperó el trono y volvió a perderlo en 1931 con la llegada de la Segunda República. A su muerte en 1941, le correspondía heredar a su hijo mayor, Alfonso, quien abdicó para casarse con una mujer cubana que no pertenecía a la realeza. Murió años después en un accidente automovilístico, sin heredero. El segundo hijo, Jaime, fue declarado incapacitado para gobernar debido a su sordera. El tercer hijo de Alfonso XIII, Juan, conde de Barcelona, fue declarado heredero legítimo, pero la intransigencia de Franco le impidió alzarse con el trono.

En la práctica, Juan de Borbón era el tercer varón y el cuarto hijo de la dinastía. Se educó en el Royal Naval College de Darmouth y contrajo matrimonio en 1935 con doña María de las Mercedes de Borbón y Orleáns, princesa de las Dos Sicilias. Como resultado de este enlace tuvieron cinco hijos. Uno de ellos fue Juan Carlos. Su hermano mayor, Alfonso, murió a los quince años, cuando se le disparó una escopeta de caza. Juan Carlos, que estaba presente, quedó profundamente afectado.

Con el fin de acceder al trono español dentro de los planes de la ley de sucesión española, Juan Carlos hubo de aceptar a las exigencias de Franco. Una de ellas era controlar su educación. A tal efecto, el heredero fue enviado a España en 1955. Pasó dos años en el Colegio del Ejército de Tierra en Zaragoza, a los que siguieron un año en cada una de las Escuelas de Marina y de las Fuerzas Aéreas. Al terminar este período castrense, se matriculó oficialmente en la Universidad de Madrid en un programa de estudios liberales, aunque bajo la tutoría de profesores seleccionados.

La Familia Real española

El 14 de mayo de 1962, se casó en Atenas con la hija de los reyes de Grecia, Sofía, cuyo hermano Constantino perdió el trono en un golpe militar en 1973.

Fruto del matrimonio de Juan Carlos y Sofía nacieron tres hijos: las infantas Elena, nacida en 1963, y Cristina en 1965, el príncipe Felipe nació en 1968. Los tres están casados y con hijos.

El último, el príncipe Felipe, se casó recientemente con una mujer divorciada, Leticia, locutora de televisión y sin ninguna vinculación con la nobleza o la monarquía. Se pensaba que sus padres no autorizarían el matrimonio. En varias ocasiones el príncipe había mantenido largas relaciones afectivas con mujeres de otras nacionalidades, estudiantes universitarias estadounidenses o modelos noruegas, que fueron desautorizadas. Sin embargo, la boda con Leticia se llevó a cabo y produjo dos herederos.

Una de las muchas cuestiones sin resolver es por qué el general Franco se decidió por Juan Carlos y no por algunos de los muchos pretendientes a la sucesión. Si bien es cierto que los miembros del Opus Dei, responsables del milagro económico español de los años 70, favorecieron la candidatura de Juan Carlos, había otras muchas las familias políticas que se oponían o veían con mejores ojos a otros candidatos. Entre ellos, Alfonso de Borbón-Dampierre, hijo de Jaime, el segundo hijo de Alfonso XIII, declarado incapacitado por sordera. Con él, existían más garantías de que se seguiría la línea conservadora del régimen, de ahí que su candidatura viniera apoyada por los falangistas. Es más, Alfonso se casó con la nieta mayor de Franco, María del Carmen Martínez Bordiú Franco, situación que podría haber abierto las puertas a herederos de Franco para ingresar en la monarquía española. Varios miembros de la familia se aliaron a los falangistas buscando la posibilidad de alzar al trono a Alfonso. Carmen Polo, la esposa del Caudillo, intentó que el casamiento de Alfonso y María del Carmen fuese declarado boda real e intentó que se otorgara al futuro yerno el trato de alteza real. Pero no resultó. Juan Carlos fue declarado rey de España y ha presidido, desde su elevación al trono, la transformación de la sociedad española.

Bibliografía

De Miguel, Amando. *El rompecabezas nacional.* Barcelona: Plaza & Janés, 1986.

Fusi, Juan Pablo. *España. La evolución de la identidad nacional.* Madrid: Temas de Hoy, 2000.

Gibson, Ian. *Fire in the Blood. The New Spain.* London: BBC Books, 1992.

Hooper, John. *Los nuevos españoles.* Madrid: Javier Vergara editor, 1996.

Hughes, Robert. *Barcelona.* New York: Alfred A. Knopf, 1992.

Pérez Picazo, María Teresa. *Historia de España del siglo XX.* Barcelona: Crítica, 1996.

EL ESPACIO PRIVADO: LA CASA

TEMAS

- El círculo público y el privado

- Familia extendida, familia nuclear

- Matrimonio y fertilidad

- El futuro: ¿desaparecerán los españoles?

- La mujer en la España del siglo XX

- Sexo y trabajo

- Movimientos feministas

- Hacia una sociedad del siglo XXI

- La sexualidad y sus tabúes

- Salud y seguridad social

ESPACIO PÚBLICO Y PRIVADO

Cuando los españoles invitan a comer, normalmente lo hacen en un restaurante. Dentro de los espacios en que transcurre la vida diaria, el público y el privado, el primero desempeña una función preponderante. La sociedad española ha adoptado los espacios públicos para que le sirvan de escenografía bulliciosa donde transcurren los acontecimientos más relevantes de la vida. Las bodas, bautizos, fiestas de celebración de la primera comunión, conmemoraciones, agasajos y otras reuniones de este tipo, ocurren en espacios públicos que son restaurantes, hoteles, salones o terrazas al aire libre. Las citas se realizan en un bar, en una tasca o en un hostal. Los amigos se juntan en estos espacios para charlar; los hombres de negocios, para hacer tratos comerciales; y los amantes, para conocerse y seducirse. La comida de los domingos al mediodía es una institución que reúne en torno al mantel a muchos de los miembros de la familia de todas las edades. En ocasiones, son múltiples parejas unidas por lazos sanguíneos las que se encuentran para un almuerzo, aunque luego pasen meses sin volver a verse o comunicarse. Tras la reunión familiar, cada uno se irá a su casa o a disfrutar de la calle.

La calle es también el lugar de recreo, el espacio para simplemente pasear, mirar y ser vistos. Lo que llama la atención al visitante de cualquier ciudad y pueblo es el calidoscopio colorido de una avenida, calle o paseo, a las diez de la mañana o las siete de la tarde. La hora no importa mucho. Incluso a las tres de la madrugada numerosos lugares públicos de ciudades están habitados por una variopinto gentío que ha salido a hacer la noche y toma las calles. A esas horas, muchos de los transeúntes nocturnos se encuentran en las aceras y no dentro de los locales. La calle es su dominio y la ocupan con decisión.

Salir a pasear un domingo por la tarde es una de las actividades más usuales de las familias. Nada especial ocurre en ese lugar público que puede ser un parque, una alameda, una plaza o una avenida. Lo que premia es el paseo, cruzarse una y otra vez con las mismas gentes, conocidas o no; saludar con un gesto y seguir el camino hasta la siguiente vuelta en que el saludo vuelve a repetirse. Mientras, las terrazas de los bares están ocupadas por viandantes que se han detenido a hacer un descanso, tomar un refresco y continuar su marcha sin dirección. Es un viaje de ida y vuelta, de un lugar a otro, en esa extensión pública que se siente como personal. ¿Qué ocurre, pues, con la casa? ¿Quién la habita? ¿Para qué sirve? ¿Qué función realiza en el acontecer diario?

LA FAMILIA Y SU ENTORNO

La casa ocupa la esfera de lo privado y, como tal, se protege. Está reservada a la familia y en su entorno íntimo tiene lugar lo diario y cotidiano. Por ser privativo del núcleo familiar, no se abre en escaparate al visitante. De hecho, los españoles esconden en la expresión abierta hacia el exterior un círculo interior de extraordinaria privacidad. A la casa tienen acceso los miembros de la familia y los amigos muy íntimos. En general, los españoles viven en pisos o apartamentos. Con la excepción de los muy lujosos, suelen ser relativamente pequeños, al menos si se los compara con las casas en Estados Unidos, que son desproporcionadamente grandes y no guardan relación con las necesidades familiares.

Cierto es que en las últimas décadas, a partir de 1980, se ha experimentado un proceso de desplazamiento a los extrarradios de las ciudades, rompiendo el círculo de clase tradicional en el que se valoraba el privilegio de vivir cerca del centro de la ciudad. Las casas tienden a ser más grandes. Las clases altas han empezado a desplazarse a los arrabales o las afueras de las ciudades, cambiando los apartamentos ruidosos urbanos por viviendas o chalés con jardín y piscina, si es posible. En qué medida este desplazamiento ha modificado la relación entre el espacio público y el privado está por verse. Es interesante observar cómo estas casas o chalés con jardín están normalmente rodeadas de un muro o valla que las protege del exterior y que impide al viandante ver el interior. A más espacio, más comodidad y uso debería ser el axioma. Sin embargo, el equilibro entre lo público y lo privado se inclina hacia el primer polo, en una cultura que goza de las expresiones externas y públicas.

La casa es el espacio de y para la familia, que es, por otra parte, una de las instituciones fundamentales de la sociedad española y que parece haberse fortalecido en los años recientes. Alrededor de la familia, bien nuclear o extendida, ha girado la vida social. La familia ha sido fundamental y ha funcionado como amortiguador de las crisis, especialmente en la esfera de lo económico. En la década de los 80, el nivel de desempleo en España se desequilibró por diversas causas ya estudiadas. Llegó a sobrepasar el listón del 20 por ciento, lo cual parece insostenible para cualquier país. Sin embargo, no afectó de forma dramática el acontecer diario. No hubo grandes huelgas, manifestaciones o expresiones de protesta. ¿Cómo es posible, uno se pregunta, que un desequilibrio económico de esa magnitud no afectase el desenvolvimiento de la actividad política y social? La razón hay que buscarla, en parte, en el papel que la familia desempeñó como amortiguador. Los españoles viven en familia hasta una edad madura o hasta que se casan. Es normal en una familia de cuatro miembros que los hijos de más de veinte años, incluso después de los treinta, sigan viviendo en el hogar paterno, en muchos casos compartiendo la casa con los abuelos. Esto representa la formación de una economía familiar que, con dos o tres salarios, absorbe el desempleo de uno o dos miembros.

La estructura familiar ha producido también formas muy extendidas de nepotismo, que es un fenómeno de doble vertiente. Los contactos familiares son fundamentales a la hora de obtener un trabajo o empleo y son numerosas las pequeñas y grandes empresas de índole familiar. En una economía en donde las grandes empresas escasean, la pequeña y mediana empresa forma el tronco del sistema productivo con lazos familiares muy extendidos. A través de ellos se consiguen contratos y participaciones en negocios, accesos, ascensos y prerrogativas. La palabra "enchufe" o "enchufismo" representa el lado negativo de este sistema. Se refiere a tener un contacto o una recomendación que abra las puertas a una oportunidad comercial o laboral. Hay que tener enchufe para conseguir muchas cosas que, de otra forma, seguirían los lentos procedimientos en una sociedad con igualdad de oportunidades. La cuestión es, ¿cuánto tiempo puede una sociedad democrática seguir manteniendo este sistema proteccionista a ultranza?

Mientras que los padres ven con buenos ojos que sus hijos sigan en casa, con los abuelos es otra historia. En 1970, el 71 por ciento de las personas de más de sesenta y cinco años vivía con algún miembro de su familia. Esta cifra ha caído en 1992 al 23 por ciento. Ha comenzado a verse como una gran carga el tener que cuidar a los abuelos o miembros de más edad, sobre todo en contextos familiares donde ambos sujetos de la pareja trabajan. Son cada vez más las familias que desplazan a sus mayores a centros de atención para ancianos. Las estadísticas revelan una falta de interés por estos miembros que han dejado de tener la importancia que tenían en la familia extendida. Ahora son rémoras que producen gastos. Esto es especialmente grave en una sociedad como la española, que tiene el récord europeo de longevidad para las mujeres, 83,7 años, y el segundo para los varones, 77,2 años. ¿Se está deshumanizando esta sociedad que parecía estar firmemente asentada sobre la estructura familiar? Los estudios señalan un nivel de violencia y malos tratos en la vida familiar claramente alarmante.

En 1997, Ana Orantes, una mujer granadina y maltratada, fue quemada viva por su marido, enfurecido porque ella había relatado su caso en la televisión. Ana Orantes representa una de las muchas mujeres que progresivamente sienten en su persona la violencia de sus maridos, parejas o ex compañeros. Según el Instituto de la Mujer, en 1989 se denunciaron unos 17.000 casos de malos tratos ante la policía. Sólo en los seis primeros meses de 2004, esa cifra ascendió a 21.865. Hay que tener en cuenta que son pocos los casos de malos tratos que llegan al conocimiento de las autoridades. En general, las mujeres maltratadas sufren en silencio. Los medios de comunicación parecen haberse abonado a este tipo de noticias que lógicamente alarman. Entre 1999 y 2004 fueron 318 las mujeres que murieron asesinadas a manos de sus parejas. En la gran mayoría de los casos, los asesinatos tienen lugar después de largos períodos de abusos.

Los malos tratos se extienden también a los niños. Los tribunales de justicia dan cuenta de la cantidad de casos de crueldad contra niños que se registran anualmente. ¿Fue siempre así? ¿Es un fenómeno actual? Posiblemente la violencia en el contexto familiar existió siempre, pero no se ha difundido por la separación que en la sociedad española tienen estas dos esferas, la pública y la privada.

En España no se entendió la reacción de la opinión pública estadounidense al caso del presidente Bill Clinton y Monica Lewinski. Alfonso Guerra, que fue vicepresidente del gobierno durante casi todos los mandatos socialistas, amigo íntimo y gran colaborador de Felipe González, paseaba en avión con su amante y no la escondía del foco público, sin que esto causara ningún asombro. La sociedad entendía que las cuestiones de la cama y la casa pertenecen a un círculo privado y no debe mezclarse con lo público, ni tienen por qué afectar el desarrollo eficaz de las labores de gobierno.

EL HOGAR, CONTEXTO FAMILIAR

Desde la transición, el mejoramiento del nivel de vida en general ha producido el deseo o necesidad de ser propietario. Esto era algo impensable en el período anterior, cuando la gran mayoría de las familias vivía en apartamentos alquilados. El sistema protegía al inquilino mediante leyes que fijaban las rentas de los pisos y viviendas con arrendamientos muy bajos. Existían alquileres de por vida, hasta el punto de que los propietarios se hallaban en la incapacidad de desalojar a los inquilinos morosos o de subir el precio del alquiler. Esta política protectora acarreó muchos abusos. Con la democracia y la imposición de un sistema capitalista extendido, los alquileres se han flexibilizado y, consecuentemente, han aumentado desproporcionadamente los precios. Por otra parte, son menos las viviendas de protección oficial. Como lógico resultado de estas variantes, a los ciudadanos les ha entrado la fiebre de poseer su propia vivienda y los que alquilan son pocos, el porcentaje más bajo de toda Europa. Es la llamada "fiebre del ladrillo". Los jóvenes no quieren casarse sin poseer una vivienda, lo que retrasa sustancialmente la fecha de matrimonio. Se puede mirar en las páginas de los periódicos los anuncios de alquileres y observar la reducida oferta.

La vivienda está asociada con la familia, los amigos, el barrio y la ciudad. Aunque en determinados momentos de la historia, como ya se ha indicado, los españoles emigraron a América o a otros países de Europa, en general les cuesta separarse de su barrio y de su ciudad. Se sienten muy apegados al terruño y a su calle, y se desplazan con dificultad. Si pueden elegir, se mudan a la misma zona. Cambiar de ciudad es poco común, a no ser por exigencias perentorias de supervivencia. Los jóvenes asisten a las universidades más cercanas y raramente se matriculan en universidades de otras ciudades o regiones. El barrio es un micromundo donde las personas se conocen, tanto propietarios de tiendas y establecimientos, como camareros de bares y vendedores de periódicos. Esta relación íntima de los afectos del barrio es muy española y ralentiza la movilidad espacial. Las autonomías, por otra parte, han solidificado esta tendencia. Los gobiernos autonómicos se preocupan más por el desarrollo de la economía local, fomentando las oportunidades de empleo y promoviendo la cultura regional. Como resultado, la movilidad entre regiones es relativamente baja. En algunas autonomías donde se habla un idioma distinto que el castellano, la exigencia de esa lengua (catalán, vasco, gallego) para acceder a posiciones públicas presenta otro impedimento a la hora de pensar en traslados.

Parecería que la sociedad española tiende a reproducirse protegida por la costumbre y las relaciones familiares. De hecho, uno de los mayores problemas actuales es el bajo nivel de nacimientos. En un país donde la familia es la columna vertebral de la sociedad, las cifras de natalidad hacen pensar que aquélla pronto desaparecerá, al menos como se la ha entendido hasta la fecha.

Baja fertilidad

En el año 2000, el Instituto Nacional de Estadística (INI) anunciaba que el nivel de natalidad en 1999 fue de 1,07 hijo por mujer, lo que significa el nivel más bajo del mundo, y de hecho de la historia de la humanidad. La cifra de 1,07 se sitúa muy por debajo de los 2,1 hijos por mujer necesarios para el relevo generacional. Para un país que en 1970 había registrado el nivel más alto de nacimientos en Europa, la noticia era, a todas luces, alarmante.

Durante el franquismo, los incentivos económicos del Estado católico a la familia numerosa representaron un empujón imprescindible para una nación que había perdido más de un millón de sus hijos en guerras y exilios. La obsesión de la administración franquista fue incrementar la población hasta el mágico número de cuarenta millones. El mayor obstáculo para la consecución de esta meta era que España contaba tan sólo con veintiséis millones de habitantes y la situación económica de la mayoría de las familias no presagiaba la posibilidad de mantener familias numerosas. El aparato propagandístico del régimen se puso al servicio de esta meta. Había que incrementar el número de hijos y por lo tanto cualquier sistema de control de natalidad era visto como un serio impedimento. En el libro *Antes de que te cases*, el doctor José Antonio Clavero Núñez resumía las preocupaciones y directrices del gobierno: "Para mantener el nivel de población de un país es preciso que, cuando menos, cada matrimonio tenga tres hijos. El que voluntariamente tenga menos y su conciencia no le recrimine de haber empleado medios ilícitos para no llegar a dicha cifra, será responsable, al menos, de un delito social, de una falta de ciudadanía o de patriotismo". En febrero de 1941 se dictó un decreto por el que se prohibía todo tipo de prácticas abortivas y se establecían penas correspondientes. En los púlpitos, los sacerdotes animaban a las mujeres a producir vástagos para la patria, en la idea de que Dios bendice al matrimonio con hijos.

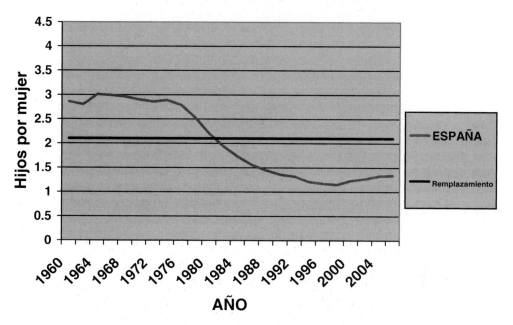

Tasa de la Natalidad: ESPAÑA

Se editaron carnés de familia numerosa que incentivaban las familias de más de tres hijos. Con cuatro hijos se podían obtener descuentos en transportes públicos, acceso a colegios e incluso la posibilidad de vacaciones baratas con los sindicatos nacionales. Esta política obtuvo resultados que se publicitaban como una forma de "hacer patria". Es decir, tener hijos se presentaba como una importante contribución al progreso material y espiritual del país. En 1966, el índice de natalidad era de tres hijos por mujer. Para 1976 había descendido a 2,8; pero aún estaba por encima del listón requerido para alcanzar el umbral de relevo generacional y representaba, en esa misma fecha, el nivel más alto de Europa. La disminución de nacimientos comenzó en 1975, hasta descender por debajo del umbral de relevo a partir de 1981. La gran familia franquista había dado paso a la familia nuclear con un hijo, o dos como máximo.

A la muerte de Franco en 1975, el tejido social se había modificado paulatinamente, y surgió un impulso de democratización y de homologación con Europa que tuvieron su expresión en el deseo de mejores estándares de vida. La constitución materializó esas aspiraciones al flexibilizar las relaciones entre sexos y otorgar amplios derechos a las mujeres. Sin duda uno de los aspectos fundamentales del proceso renovador a partir de los 70 fue la transformación radical del papel de la mujer.

Durante la dictadura franquista, a las mujeres se las educó para que cumpliesen un rol básico en la esfera familiar: el de ser esposas y madres. La auténtica maternidad iba aparejada a un sentido de abnegación, autosacrificio, modestia y santidad. Así lo proclamaba la Sección Femenina de la Falange, que fue la única organización autorizada de y para la mujer. Los papeles reservados a la mujer en la esfera pública eran pocos. No estaban permitidos ni el aborto ni prácticamente ningún sistema de control de natalidad. Las farmacias que despachaban preservativos o condones eran pocas. Tras el matrimonio, los hijos hacían su aparición rápidamente, ya que el propósito final de esta institución era la procreación.

Este estado de cosas se trasformó radicalmente con la llegada de la democracia. La Constitución de 1978 otorgó a las mujeres iguales derechos que a los varones. Para 1987 había más mujeres matriculadas en la universidad que hombres. Los porcentajes de mujeres incorporadas al trabajo, entre las edades de 25 y 44 años, pasó del 12 por ciento en 1964 al 68 por ciento en 1988. La maternidad no frenó este proceso. Las mujeres siguieron trabajando y pidiendo excedencias para hacerse cargo de los partos. Paralelamente se fue desvaneciendo la importancia de la Iglesia en aspectos concernientes al sexo y a la maternidad, y apareció una sociedad más secular, cuyas actitudes podrían ser entendidas como una reacción a siglos de sometimiento a la doctrina de la Iglesia. Se aprobaron leyes que regularon el divorcio, el aborto y los contraceptivos. La educación sexual se normalizó en los colegios y centros educativos. El acceso a los contraceptivos coincidió con la postergación de la edad de matrimonio y del nacimiento del primer hijo. Los tabúes sexuales, que habían afectado a la sociedad tradicional, se fueron desmontando a medida que aparecía una nueva mujer dispuesta a disfrutar del sexo prematrimonial sin ninguna de las antiguas repercusiones sociales.

Ser padres, ser adultos

Antes de 1975, ser un adulto en España significaba estar casado y tener hijos. Parecía que ésta era la única meta y no había mucha elección, especialmente para las mujeres. De repente, en una sola generación, este único objetivo de vida se ha evaporado para la gran mayoría de los jóvenes. Ahora, ser padre o madre es uno de los muchos objetivos que se cumplirán siguiendo una determinada secuencia: conseguir una buena educación, hallar un trabajo apropiado, experimentar la libertad y las oportunidades de la sociedad, dejar la casa paterna y vivir con una pareja durante varios años antes del gran compromiso de casarse y concebir hijos.

Según las más recientes encuestas, los jóvenes españoles experimentan al menos tres años de vida en común antes del matrimonio. Los hijos no empiezan a llegar hasta pasados los treinta. Aunque son muchos los que expresan la opinión de que lo ideal es tener dos hijos, la postergación del matrimonio y del primer hijo hace imposible para otros muchos alcanzar ese objetivo. Las razones económicas también son un importante determinante de esta postergación. Se quiere vivir mejor y los hijos representan un impedimento. Los deseos de la pareja de crear una familia entran en conflicto con las aspiraciones de igualdad entre los cónyuges y sobre todo con las aspiraciones de alcanzar un estilo de vida que incluya elementos de realización personal y de confort.

Hay factores concretos que puedan dar cuenta de esta actitud. A la amenaza del desempleo y las dificultades de hallar el trabajo ideal tras terminar los estudios, se une la dificultad de alquilar una casa y mucho más comprarla. Éstas son las razones invocadas por muchos jóvenes cuando se les pregunta por qué siguen viviendo en la casa paterna hasta edad muy avanzada. Ya se ha comentado el alto nivel de desempleo sufrido en la década de los 80 y 90 cuando alcanzó el 21 por ciento, y sólo recientemente ha descendido por debajo del 10 por ciento. También se ha hablado de la carestía de los alquileres y los precios de las viviendas. Ambos factores se invocan como factores que impiden la independencia de los jóvenes. Éstos quieren un trabajo seguro relacionado con sus estudios e intereses, preferentemente en el sector público y en la ciudad de origen antes de dar el siguiente paso. Para muchos, un trabajo temporal no justifica la decisión de abandonar el hogar paterno e independizarse. Por otra parte, prácticamente todos los entrevistados expresan el deseo de adquirir una casa y tenerla debidamente amueblada como paso previo a contraer matrimonio.

El ingreso en Europa representó un incremento sustancial de la calidad de vida. A medida que la economía española se modernizaba, los españoles se hicieron consumidores ávidos. La sociedad de consumo los sedujo. No sólo se deseó consumir productos perecederos, sino consumir a través de experiencias. Si a finales de los 60 España se había convertido en un país turístico, destino de viajeros europeos, estadounidenses y japoneses, ahora eran los españoles quienes querían hacer sus valijas y recorrer el mundo, tomarse largas vacaciones y, en lo posible, disfrutarlas en buenos hoteles. Estas metas consumistas entran en colisión con el deseo postergado de la paternidad.

Otro dato interesante sobre la fertilidad en España es el bajo número de hijos nacidos fuera del matrimonio, tan sólo el 12 por ciento. (En 2005, en Estados Unidos, la cifra alcanzó al 37 por ciento.) Estos hijos son absorbidos normalmente en el hogar familiar, donde se produce una cohabitación que fue peculiar en el pasado. La permisividad de la sociedad española vuelve a mostrarse en este apartado.

Es relativamente fácil, y ciertamente cómodo, convivir en el hogar paterno, de tal forma que los jóvenes ven pocos incentivos para marcharse. Son muchos los que hacen suya la opinión de "¿para qué irse de casa si aquí lo tenemos todo?". Los jóvenes son conscientes de que en casa los cuidan y sus responsabilidades son mínimas. La madre sigue ocupándose de las labores básicas: cocinar, limpiar y lavar la ropa. Pocos sienten que casarse sea una forma de hallar libertad. No se van de casa al ingresar en la universidad ni lo hacen después de haber concluido. Los ritos de pasaje de la sociedad estadounidense no corresponden al ciclo de adultez en España. El concepto de libertad, según lo expresan muchos jóvenes encuestados, significa libertad para salir por la noche, socializar y viajar, algo que pueden hacer sin problemas viviendo con los padres. Por otra parte, contemplan el trabajo y el matrimonio como una toma de responsabilidades que los limitará de alguna forma su deseo de vivir bien. "Queremos libertad —expresaba un encuestado—, pero una libertad cómoda".

Las consecuencias son que cada año se cierran más colegios por falta de niños y las universidades ven descender alarmadas el número de matriculados. Esto podría tener su lado positivo si se piensa en la descongestión de las instituciones educativas. Incluso, puestos a soñar, reduciría el desempleo y el Estado vería reducidos los costos de la seguridad social. El problema es que, a este ritmo, la población envejecerá a pasos agigantados y los españoles desaparecerán del planeta a mediados del siglo XXI. La realidad es que se está invirtiendo la pirámide social: nacen menos niños y aumenta el número de ancianos que, por otra parte, viven más años. En ese sentido, las cifras también son alarmantes. España es uno de los países del mundo con mayor esperanza de vida. Si en 1900 la media estaba en 34,8 años, en 1990 se duplicó hasta alcanzar los 77,6 años. Según datos recientes de la Unión Europea, la esperanza de vida de los españoles varones es la segunda en Europa detrás de los suecos, 77,2 años, mientras que las mujeres son las más longevas, con una media de 83,7 años.

Para el motivo de nuestro estudio, interesa interrogarse por qué en un país definido por un fuerte sentido de la familia, que ha funcionado como el motor de la sociedad, se está produciendo un fenómeno que parece amenazar su propia existencia. Pensemos que, en muy pocos años, los niños españoles vivirán en una sociedad sin saber qué son primos ni tíos, no digamos ya hermanos o familia extendida. Los recientes estudios hablan de una transformación fundamental cuyos orígenes son, en parte, estructurales y, en parte, personales.

Natalidad en Europa

Para entender el fenómeno español hay que situarlo en un contexto europeo. En el año 2000, la población mundial sobrepasó los seis billones de seres. Sin embargo, lo que hasta esa fecha se había observado como una amenaza, dada la explosión de la población mundial, se ha revertido y está descendiendo en prácticamente todos los países desarrollados. En muchos de ellos, el nivel de natalidad está por debajo del umbral de relevo generacional. El número de países en este apartado era de 5 en 1960, y de 64 en 2000. El problema afecta al 34 por ciento de la población del mundo, y pesa sobre todos los países industriales y capitalistas.

El índice de fertilidad en Europa en 2003 era de 1,4 hijo por mujer. Este fenómeno decreciente comenzó a experimentarse en la década de 1970 en los países nórdicos. En el sur de Europa, el proceso fue más tardío. En Europa del Este se experimentaron los primeros síntomas con la caída del comunismo, a finales de los 80. En todos los casos, las causas vinieron aparejadas a cambios de concepción de la familia, a la cohabitación prematrimonial y al incremento de los divorcios.

A pesar de las diferencias culturales entre los países europeos, la globalización parece estar homologando fenómenos sociales, como por ejemplo, la forma en que los jóvenes europeos perciben el mundo adulto y sus responsabilidades. Ciertos valores transferidos parecen estar afectando la concepción individual del yo, la autonomía y la realización personal. De una sociedad basada en la familia con hijos se ha pasado a un ideal de pareja compuesta de dos individuos autónomos y desvinculados. Ya se ha mencionado que España ha sido el segundo país en el mundo, tras Holanda, en legalizar el matrimonio entre personas del mismo sexo. María Teresa Fernández de la Vega, vicepresidenta del gobierno español, manifestó en una rueda de prensa su total apoyo a la ley presentada por el gobierno socialista y al derecho de las parejas del mismo sexo a adoptar hijos. Su argumento estaba respaldado por estudios que defienden la tesis de que los niños que crecen en casas con padres homosexuales no experimentan deficiencias ni diferencias respecto a los que lo hacen en familias heterosexuales.

La mujer en sociedad: historia

Todavía muchos estudiantes de español de escuela secundaria y de universidad en Estados Unidos adquieren sus primeras nociones sobre el papel de la mujer en España a través de las obras de Federico García Lorca, que se leen y representan con asiduidad. En sus tres grandes dramas, *Yerma, Bodas de sangre* y *La casa de Bernarda Alba*, la mujer es un sujeto sometido al varón y a la sociedad. Carece de protagonismo y vive su represión como una tragedia. A finales del siglo XIX, la novela realista había introducido el término "ángel del hogar" que hacía referencia a la alta misión de la mujer, custodia y base de la familia. Como depositaria del honor familiar, a la mujer no le estaba permitido ningún devaneo emocional o sexual. Su papel estaba relegado casi exclusivamente a la casa y su función primordial era la maternidad. Las tragedias de las hijas de *Bernarda Alba* y de la heroína de *Yerma* se originan a partir de un deseo frustrado por ser madres. Ciertamente que el contenido de los dramas lorquianos va mucho más allá, pero también es cierto que sus protagonistas son testimonio de un tipo de sociedad rural, en un lugar y un tiempo determinado, el sur de España en el primer tercio del siglo XX.

Pero hagamos un poco de historia para mejor situar la dramática evolución ocurrida en ese siglo. Desde la década de 1840 comenzaron a oírse las primeras voces de intelectuales, las de Julián Sanz de los Ríos y sus discípulos, que defendían la dignidad del individuo al margen de su sexo y, consecuentemente, reconocían los derechos inalienables de la mujer. Una de las corrientes filosóficas de mayor influencia a primeros del siglo fue el krausismo. Karl Christian Friedrich Krause, a través de su obra, *Ideal de la humanidad para la vida*, articuló un concepto de familia basada en el amor y la armonía mutua. Para el filósofo alemán, marido y mujer forman unidos lo que denominó "el primer hombre superior". El krausismo tuvo muchos seguidores en España y sus ideas impactaron a muchos niveles, especialmente en la educación.

La posición ideológica de los recién creados partidos políticos, especialmente de la izquierda, fue de progresiva toma de conciencia de la marginación tradicional de las mujeres y la defensa de su papel en sociedad. El primer salto cualitativo no llegó hasta el advenimiento de la República en 1931, aunque no fue una tarea sencilla. El censo de 1931 contabilizaba un mayor número de mujeres, 12.065.566, que de varones, 11.498.301. Sin embargo, no tenían derecho al voto y eran consideradas ciudadanas de segunda clase tanto en la educación básica y en el acceso a la universidad, como en el matrimonio.

La polémica sobre los derechos de la mujer está bien ilustrada en las revistas de las primeras décadas del siglo. La posición dominante era contraria a que las mujeres desempeñasen una actividad remunerada fuera del hogar, especialmente si se trataba de mujeres casadas. El dictador Miguel Primo de Rivera, que detentó el poder entre 1923 y 1930, opinaba que la manera de respetar a la mujer "no era sustraerla a su magnífico destino y entregarla a funciones varoniles", sino "rodear cada vez de mayor dignidad humana y social las funciones femeninas". Algunos comentaristas consideraban que la independencia económica de la mujer representaba una afrenta contra la dignidad del marido. El programa político de la Confederación Española de Derechas Autónomas (CEDA) reconocía "el derecho al trabajo igual para el hombre que para la mujer", aunque especificaba que "debe entenderse que la mujer casada no se vea precisada a trabajar". Proponía, como forma de compromiso para resolver el difícil dilema, el establecimiento de un salario familiar. Por su parte, las corrientes liberales y socialistas abogaban por una transformación radical de las relaciones entre los géneros.

La ideas neomalthusianas y anarquistas difundidas por toda Europa ayudaron a promover una toma de conciencia basada en la creencia que la mujer no es meramente un ser reproductor y que la maternidad no deseada es una carga que sitúa a las mujeres en una posición de inferioridad. Estas ideas cobraron fuerza y tuvieron su reflejo en un descenso del nivel de nacimientos con el uso generalizado de los anticonceptivos. Las estadísticas de comienzos del siglo XX dan cuenta no sólo de un descenso de la natalidad, sino de la mortalidad y de la edad de matrimonio. En los varones la cifra se situó en 27 años y en las mujeres, en 25.

Uno de los grandes logros de la política social de la República fue la ley del divorcio. Tras calurosos debates en el Congreso de diputados, la ley fue aprobada en 1932. Contemplaba el divorcio en casos de mutuo acuerdo entre los cónyuges, o a petición de uno de ellos como consecuencia de causas aceptadas por la ley: bigamia, adulterio, desamparo, atentado contra la vida, enfermedad contagiosa o enajenación mental. No fue fácil, ya que tanto los partidos de derechas como la Iglesia presentaron firme oposición a la ley y al sufragio universal que extendía el voto a los mayores de 25 años, incluyendo a las mujeres. Por vez primera en la historia de España, nombres de mujeres se incorporaron a los estrados de las Cortes con representación política, entre ellas Margarita Nelken, Julia Álvarez Resana, Matilde la Torre, Victoria Kent y Dolores Ibarruri.

Sin embargo, la aprobación de estas leyes no supuso un cambio radical del cuerpo social. La sociedad española, fundamentalmente obrera y campesina, siguió considerando que la tarea fundamental de las mujeres era la maternidad. Así, cuando éstas se incorporaron al mundo laboral lo hicieron básicamente en labores domésticas, tanto las solteras como las casadas, y en muchos casos en trabajos temporales. Los grupos ocupacionales de las mujeres arrojaban estos datos: servicio doméstico, el 31 por ciento; agricultura, el 24 por ciento; industria textil, el 10,4 por ciento; clero, el 8,15 por ciento; profesiones liberales, el 5,4 por ciento; y comercio, el 3,4 por ciento.

Es muy interesante observar que la batalla por el voto femenino impulsó la creación de organizaciones de mujeres no sólo en la izquierda, sino en la derecha más radical. Así se crearon la Asociación Femenina de Acción Nacional, la Asociación Femenina de Revocación Española, la Asociación Femenina Tradicionalista y la Sección Femenina de la Falange. Esta última fue la única que sobrevivió a la Guerra Civil.

Con el triunfo de los ejércitos nacionalistas en 1939, se experimentó un radical retroceso de los derechos de las mujeres. El nacionalcatolicismo volvió sobre sus pies y recicló las propuestas conservadoras más rancias. Todos los españoles, varones y mujeres, perdieron la libertad de expresarse y de votar, pero las mujeres retrocedieron aun más y fueron postergadas por ley a su papel tradicional de amas de casa. El modelo que se quiso promover fue el de la mujer sumisa y abnegada que se subordina a los deseos del marido y al Estado. Se perdieron todos los avances que la República había introducido, obviamente el divorcio. Es más, en este apartado, la nueva legislación creó una situación kafkiana, ya que se anuló el divorcio con carácter retroactivo. Es decir, muchos hombres y mujeres que habían obtenido un divorcio durante la República se hallaron empujados a una condición ilegal, pues no tenían validez ni el divorcio con el primer cónyuge ni el segundo matrimonio.

El Fuero del Trabajo de 1938 y el Fuero de los Españoles de 1945, legislación protectora y paternalista, estableció de forma evidente la discriminación legal de la mujer y su subordinación al marido. El código civil franquista definía claramente el rol de los cónyuges dentro del matrimonio: "El marido debe proteger a la mujer y ésta debe obedecer". Aunque se mantuvo dentro del matrimonio la división de bienes, la mujer debía obtener el permiso del marido para hacer uso de los suyos; también para viajar, obtener un carné de conducir, y comprar o vender propiedades. Se incentivó la familia numerosa como una posición patriótica. España, que había perdido más de un millón de habitantes en la guerra, necesitaba una rápida recuperación de la población. Por lo tanto, había que promover matrimonios a edad temprana para procrear cuantos más hijos mejor. El adulterio fue penalizado para ambos sexos.

Las organizaciones femeninas fueron proscritas con la excepción de la Sección Femenina de la Falange, a cuyo frente estuvo Pilar Primo de Rivera, hija del dictador Miguel Primo de Rivera y hermana de José Antonio. La actividad de la organización, despolitizada teóricamente, consistió en promover la acción de la mujer de acuerdo a la ideología del régimen y la Iglesia. Pilar Primo de Rivera fue la única mujer que ocupó un cargo público relevante durante toda la dictadura de Franco.

A partir de los años 60, se experimentaron los primeros cambios que expresaban una cierta liberalización. No fueron debidos a un cambio de ideología ni de líderes sino más bien a la evolución de la economía. La carestía de mano de obra y el despertar económico del país precisaban la utilización de todos los recursos humanos disponibles. Se aproximaba un período de extraordinario crecimiento. Así que paulatinamente las mujeres salieron de sus hogares para incorporarse al mercado de trabajo. La legislación se flexibilizó y se inició una fase de reconocimiento de sus derechos, tanto profesionales como políticos.

El primer paso consistió en la incorporación de las mujeres a las universidades a un ritmo acelerado. El segundo, una oleada de corrientes feministas que junto con las reivindicaciones democráticas sacudió al país. La población femenina ascendió en 1975 a 19.2000.000, sobre un total de 37.700.000. En los últimos años de la dictadura de Franco, la sociedad se transformó en contacto con Europa, cuyas corrientes de opinión, costumbres y estilos de vida llegaban a la península a través del turismo, el cine y los viajeros. El crecimiento sostenido de la clase media y un mayor nivel de educación fueron los factores determinantes. Lo que la República no consiguió legislando, la sociedad franquista lo obtuvo a través de un lento proceso de transformación.

Tras la muerte del dictador, se produjo un aluvión de leyes que regularizaban las relaciones entre los géneros. El primer paso fue el abandono del permiso marital en 1975. La Constitución de 1978 legalizó un estado de derecho cuyas demandas provenían de la sociedad. El artículo 14 consagra la igualdad de todos los españoles "sin que pueda prevalecer discriminación alguna por razón de sexo". Al amparo de este artículo se aprobaron una serie de reformas que equiparaban a ambos géneros, entre ellas, la despenalización del adulterio que, en la práctica, perjudicaba fundamentalmente a la mujer. El divorcio se reguló en 1981. No fue hasta 1985 que se legalizó el aborto en casos de violación, malformación o enfermedad del feto. En 1992 se dio otro paso en esa dirección y se aceptó como válida la alegación de angustia de la mujer para abortar sin inconvenientes legales. Aunque la cantidad de abortos registrados en España está por debajo de la gran mayoría de los países europeos, su número ha ascendido anualmente. El periódico *El País*, con fecha 19 de septiembre de 2005, informaba que los abortos entre adolescentes se han incrementado en un 250 por ciento desde 1996. El artículo hacía referencia al fracaso de las políticas educativas seguidas por la Consejería de Sanidad de Madrid. La cifra de abortos se sitúa en 11,02 por cada mil mujeres. Los colectivos más vulnerables son las adolescentes y las inmigrantes. En cuanto al estado civil, el 66,9 por ciento de los abortos son practicados a mujeres solteras y el 48,5 por ciento, a mujeres sin hijos.

Durante el franquismo no existía el matrimonio civil. Hasta 1981, año en que se aprobó la ley del divorcio, la única manera de obtener una separación era a través de la anulación matrimonial que sólo la Iglesia podía aprobar. De esa forma, los españoles estaban obligados a recurrir a los tribunales de derecho canónico para conseguir una anulación. Éste era un proceso largo y costoso que debía pasar por la curia romana. Los cónyuges debían

Sara Montiel

probar que no había habido consumación del matrimonio (relación carnal) o consentimiento. Los casos escandalosos fueron muchos. Sara Montiel, cupletista y artista de cine muy popular en los años 60, consiguió la anulación eclesiástica en más de una ocasión. Uno se pregunta cómo pudo explicar a los tribunales la no consumación.

Tras la euforia del divorcio que legalizó la separación de muchas parejas, las cifras de divorcios han permanecido relativamente bajas, y España mantiene un nivel por debajo de sus vecinos europeos, incluso por detrás de Grecia e Italia. Según encuestas recientes, la sociedad española continúa siendo básicamente monógama, con un 74 por ciento de la población que dice preferir relaciones sostenidas.

Mujer y trabajo

En el campo laboral y educacional, las transformaciones operadas han sido fundamentales. En la actualidad las mujeres sobrepasan el 50 por ciento de los estudiantes en las universidades. La incorporación al trabajo extradoméstico ha sido el aspecto más destacado de estos cambios. Las mujeres han roto definitivamente con el modelo de sus madres y abuelas, y buscan la realización personal a través del trabajo. Esta es la razón fundamental que explica el descenso alarmante de población a que nos hemos referido. En cuanto a los tipos de trabajo, los porcentajes son muy similares a los de la Unión Europea, aunque por detrás de los países nórdicos. Hay más mujeres empleadas en los sectores de servicios, sanidad y educación. En la agricultura, la reducción ha sido drástica, también entre los varones. De 778.310 mujeres ocupadas en la agricultura en 1976, se ha pasado a 269.280.

Las mayores desigualdades se han experimentado en los altos niveles ejecutivos del sector privado, en particular en las grandes empresas, donde los salarios de las mujeres están aún por debajo de los que perciben los hombres. Sólo un 15,7 por ciento de los puestos y cargos de responsabilidad en las grandes empresas está en manos de mujeres. En Suecia, esa cifra alcanza el 41,3 por ciento. En la administración pública, de un millón de empleados, las mujeres representan el 31,6 por ciento. Sin embargo, en el sector del comercio los porcentajes son más altos, con un 56,53 por ciento de mujeres en cargos directivos. En donde las diferencias son más alarmantes es en el desempleo. El paro femenino, el 19,13 por ciento en 2002, está muy por encima del masculino, 9,58 por ciento, y las retribuciones salariales se sitúan un 30 por ciento por debajo de los hombres. Para que España pudiera situarse a la par de la Comunidad Europea en cuanto a actividad laboral femenina, tendría que crearse un millón de puestos de trabajo. En 2006, el gobierno socialista de José Luis Rodríguez Zapatero promovió una ley por la cual a partir de 2008 será obligatorio contar con un 50 por ciento de mujeres en puestos de mando en la administración de las grandes empresas.

La incorporación de las mujeres al mercado de trabajo no ha significado un cambio sustancial en cuanto a sus ocupaciones en la casa. La legislación no ha ido pareja a la evolución de la familia y, en la mayoría de los casos, las mujeres, además de trabajar fuera de casa, tienen que encargarse de la cocina, la limpieza y el cuidado de los hijos. Las estrategias para superar estas situaciones de desigualdad consisten en buscar una "madre sustituta", papel que usualmente termina desempeñando la abuela. Si la familia cuenta con los medios necesarios, puede pagar a una criada o una niñera. Mientras, las mujeres siguen llevando sobre sus espaldas la mayor parte de las responsabilidades hogareñas. Según el Plan de Igualdad de Oportunidades, en 1996 las mujeres dedicaban 7 horas 35 minutos de promedio a trabajos domésticos y una hora 23 minutos a trabajo remunerado. Por su parte, los hombres invertían 3 horas 5 minutos a labores de la casa. En cuanto al trabajo remunerado, las cifras se invertían. Si nos limitamos a tareas específicas de la casa, como lavar, fregar, cocinar y planchar, las mujeres dedican siete veces más tiempo que sus compañeros.

La educación es el instrumento fundamental a través del cual llegará el resto de las transformaciones que la sociedad demanda. Existe una clara relación en Europa entre niveles de educación universitaria y la tasa de desempleo de las mujeres. En ese sentido, el futuro es bastante esperanzador. Según datos recientes, hay matriculados en universidades españolas 1.625.273 estudiantes, de los cuales el 53,03 por ciento son mujeres. Las mayores diferencias se perciben en el estudio de las humanidades y las ciencias sociales, con un 58,81 por ciento. En las ingenierías, las cifras descienden al 27,99 por ciento. Otro dato interesante es que la mayoría de los matriculados en los cursos de doctorado son mujeres, el 56,82 por ciento en humanidades, el 53,46 por ciento en ciencias sociales y el 25,51 por ciento en ingeniería y tecnología. En lo que se refiere a la enseñanza, las mujeres contabilizan el 58,56 por ciento de los puestos de maestro. Este dato asciende al 95,32 por ciento en la educación preescolar e infantil. En la universidad el número de profesoras se sitúa en el 33,10 por ciento.

En 1983 se creó el Instituto de la Mujer, dependiente del Ministerio de Cultura, que ha realizado una importante labor para crear las condiciones necesarias encaminadas a la igualdad social de ambos sexos y la participación de la mujer en todos los aspectos de la vida nacional. Pocos años después, y por primera vez desde la Guerra Civil, se aprobó la incorporación de mujeres a las tres ramas del ejército y a la Guardia Civil. Con anterioridad se había aprobado su incorporación a la policía.

En cuanto a la política, las estadísticas hablan por sí mismas. En las elecciones generales de 1977, las mujeres representaban el 13 por ciento de las candidaturas. En 1994, el gabinete ministerial contaba con el 12 por ciento de mujeres; en 1996, con el 16 por ciento. En el último gabinete socialista de José Luis Rodríguez Zapatero, las mujeres componían el 50 por ciento del equipo ministerial, y una mujer, María Teresa Fernández de la Vega, ocupaba la vicepresidencia. Salima Abdeslam Aisa es la primera mujer musulmana que consigue un escaño de diputada en el Congreso de los Diputados. Tiene veintisiete años, es economista, y viste el *hijab* o pañuelo islámico en todos los actos públicos. En el Congreso de Diputados, el número de mujeres representa el 28,29 por ciento del total, es decir, 99 de los 350 escaños con que cuenta la Cámara. En el Senado, son 54 las mujeres representadas en una Cámara con 228 escaños, es decir el 25,96 por ciento del total. Las cifras por partidos son desiguales: el 16,98 por ciento corresponden al Partido Socialista Obrero Español, el 31,75 por ciento al Partido Popular y el 33,33 por ciento al Partido Nacionalista Vasco, que es el que mantiene el porcentaje más alto.

En general y por lo que se refiere a la igualdad de géneros, sigue existiendo lo que se conoce como el "techo de cristal", que es un impedimento difuso, pero que por razones de maternidad, historia y costumbres sigue frenando que las mujeres ocupen ciertos cargos o progresen en determinadas carreras profesionales.

SEXUALIDAD

En una reciente encuesta realizada en la Comunidad Europea, los españoles figuraban en la última posición en cuanto a actividad sexual. "Los españoles apenas hacen el amor dos veces a la semana —concluía el estudio— además muy deprisa y sin lograr la satisfacción de su pareja". No sólo producían el nivel más bajo en cuanto a frecuencia de la actividad sexual de los 15 países que entraron en el estudio, sino que también figuraban a la cola en cuanto a la edad media del inicio de las relaciones sexuales, que se sitúa en los 17,6 años. Por otra parte, y también sorprendentemente, España parece ser uno de los países menos promiscuos. Sin considerar esta encuesta un documento conclusivo, no dejan de sorprender sus resultados. ¿Qué ha ocurrido con el mito del *latin lover*? ¿Dónde han quedado el Don Juan y el macho hispano dispuestos a asaltar las últimas defensas de las rubias nórdicas? Es más, ¿cómo se conjugan estos resultados con la fase del llamado "destape" que tuvo lugar de forma generalizada en España durante la transición?

Durante una larga década (1975–1985) la sociedad española pareció querer desquitarse de todas las represiones de cien años de historia. En esa década era muy normal que en playas familiares, en pleno verano, un número excesivamente alto de mujeres, sin distinción de edad o estado, estuvieran tomando el sol sin sujetadores (en *topless*). Las playas, no calas para nudistas de la isla de Ibiza, estaban frecuentadas por hombres, mujeres y niños que tomaban el sol sin bañador u otra prenda. Para los estadounidenses que visitaban España en esas fechas, el fenómeno era incomprensible. La libertad sexual se extendió a los medios de comunicación, las revistas, el cine y la televisión. Se mostraban películas con fuerte contenido sexual a cualquier hora del día, especialmente por la noche. A ciertas horas se retransmitían filmes de porno duro sin ningún tipo de censura. El cuerpo desnudo dejó de ser tabú y se mostraba con extraordinaria cotidianidad. Nada prohibía la publicación de desnudos de actrices y figuras públicas en la prensa diaria y las llamadas "revistas del corazón". La revista *Interviú* consiguió batir los récords de ventas mezclando desnudos de bellas damas con noticias políticas y algún que otro escándalo. Los quioscos de prensa exhibían y exhiben una cantidad desproporcionada de publicaciones eróticas que hacen pensar en la existencia de un numeroso mercado.

La palabra "destape" proviene de quitar la tapa, bien de una botella o de otro contenedor. En el lenguaje del momento significó quitarse la ropa o desnudarse. Con la euforia libertaria, aparecieron las *revistas de destape*, no necesariamente de desnudos, que consistían en espectáculos de entretenimiento y música, en donde el desnudo era un elemento esencial. Durante los primeros años de la transición fue condición *sine qua non* del cine español mostrar escenas de cama con fuerte contenido erótico, en muchos casos injustificado. Era impensable una película española sin sexo. La sexualidad se transformó en una especie de marca registrada de la cinematografía española con películas que en el mercado estadounidense conseguirían la calificación de X. La cuestión es que, en la mayoría de las ocasiones, las escenas mostradas eran innecesarias y expresaban la necesidad de ser "progre", es decir, moderno y liberado.

Las jóvenes quinceañeras se vanagloriaban de haber perdido la virginidad y hablaban de sexualidad con una extraordinaria frivolidad. Se desvelaron noticias que daban cuenta de una escondida prostitución entre mujeres casadas, al tiempo que se abrían algunos clubes privados donde era posible el intercambio de parejas. Las calles de las grandes ciudades se llenaron de prostitutas y travestis. Su oferta provocadora llenaba las aceras y el pavimento de la popular Rambla de Cataluña en Barcelona, o calles adyacentes a Serrano en Madrid, con cuerpos desnudos o casi desnudos de mujeres y travestis. ¿Qué había ocurrido con la España católica y pacata? ¿Dónde se guardaban las buenas costumbres y el respeto a los valores conservadores y cristianos?

Durante prácticamente todo el siglo XX, la doctrina católica había proscrito el sexo fuera del matrimonio y con propósitos no reproductivos. Cierto es que a partir del Concilio Vaticano II (1966) estas prácticas y creencias empezaron a relajarse y perdieron terreno en un progresivo proceso de secularización. Al llegar la democracia, el péndulo de la represión se balanceó al lado opuesto y, como resultado, la sociedad entró en una especie de frenesí en donde todo era posible. La libertad antes de ser regulada se expresó en la libertad de los cuerpos.

Una vez superada esa primera fase y vencidas las represiones por las generaciones que las vivieron, las cosas han vuelto un tanto a su cauce. Sigue habiendo una gran libertad a la hora de expresar la sexualidad en medios de comunicación, cine y televisión, pero con cierta moderación, y como indica la encuesta a que nos hemos referido, la libertad de mirar no ha representado la libertad de hacer. La llegada al poder del Partido Popular, con valores más acordes con la Iglesia, tuvo algo que ver con el cambio de dirección. Es muy difícil saber hasta qué punto las nuevas generaciones conciben la sexualidad de otra manera ni cuáles son sus prioridades. Lo cierto es que los jóvenes españoles ocupan las últimas posiciones en cuanto a frecuencia de la actividad sexual. ¿Cuáles pueden ser las causas? Es posible que se deba a la falta de independencia residencial y lugares donde experimentar. Muchos de los jóvenes entrevistados expresaron las dificultades para intimar cuando muchos de ellos siguen viviendo en el hogar paterno hasta muy avanzada edad. Aparcamientos públicos o escapadas de fines de semana a hoteles son los lugares más comunes para mantener contactos sexuales. Lo que llama más la atención es que incluso en el apartado de tiempo invertido en el acto sexual, los españoles también ocupan las últimas posiciones.

Una mirada al pasado

En su libro *Usos amorosos de la postguerra española*, la autora Carmen Martín Gaite presenta un interesante panorama de lo que fue la vida sexual de los españoles en aquel tiempo, cuando "todo tenía tono de sermón". La cultura del momento se movía en torno a las coordenadas impuestas por la Iglesia y las "buenas costumbres". Para una joven que creciera en esa época, las opciones sociales pendulaban entre echarse un novio y casarse, o entrar al convento. La obsesión por el noviazgo y la boda componía un rosario de normas estrechas. Por ejemplo, se consideraba una desgracia acercarse a la edad madura sin haber conseguido llevar un hombre al altar. Apareció el peyorativo término de "solterona", considerado como una mancha o enfermedad. Era incomprensible entender que alguien decidiera vivir una vida de soltera. Puesto que las profesiones para las mujeres eran muy limitadas y todas de bajo rango, la mujer de bien debía casarse o, si no quería sobrevivir con la mancha de la soltería, entrar en el convento. Por otra parte, se consideraba primordial que la mujer llegase al matrimonio virgen, sin conocer varón.

Cualquier movimiento emancipador era visto como una provocación antipatriota. La mujer debía estar en casa cuidando al marido y procreando. No sólo era necesario incrementar la población diezmada por la guerra y el exilio, sino procurar que las mujeres no ocupasen los pocos trabajos disponibles. El ideario de José Antonio Primo de Rivera fue la inspiración de la Sección Femenina y el modelo para la nueva mujer que surgía de la victoria nacionalista. En palabras del fundador de la Falange: "No entendemos que la manera de respetar a la mujer consista en sustraerla a su magnífico destino... El hombre es torrencialmente egoísta; en cambio la mujer casi siempre acepta una vida de sumisión, de servicio, de ofrenda abnegada a una tarea". El régimen se hizo eco de este ideario y juzgaba los intereses profesionales e intelectuales de la mujer como retos peligrosos a su feminidad, especialmente, al destino último de la maternidad.

En cuanto a la sexualidad, la censura del estado y la moral de la Iglesia arrinconaron la sexualidad y la etiquetaron con la mancha de lo prohibido. Los anarquistas, durante los años en que campearon a sus anchas en las ciudades, habían promovido el amor libre como forma de mostrar su rechazo de la familia tradicional a la que consideraban burguesa. También se opusieron a la prostitución por considerarla una forma capitalista de explotación. El amor y el sexo debían ser libres o no eran tal. La moral cristiana de posguerra cambió las posturas radicalmente, hasta el extremo, como indica Martín Gaite, "que el mismo hecho de desnudarse para meterse en la cama estaba contagiado del ritual pudoroso a que constreñían las prédicas incesantes sobre los peligros de complacerse en el propio cuerpo". El cabello podía ser también materia de tentación, así que se aconsejaba a las mujeres recogérselo con moños o trenzas. La norma exigía un ejercicio constante de modestia en el comportamiento de la mujer, lo cual entraba en contradicción con tener que ser atractiva para encontrar un novio. El mito de *Cenicienta* venía como anillo al dedo al recetario moral.

El hombre, por su parte, era educado en la mística del héroe, activo, infatigable luchador e indefectiblemente victorioso. Su función consistía en ser soldado, trabajador, contribuyente y consumidor. En fin, contribuir con una militancia fervorosa a los destinos de la nación. Esta alta misión debía acomodarse al papel de la mujer y la formación del hogar. En la práctica, al hombre le estaban permitidas una serie de prácticas sexuales que se negaba a las mujeres. La prostitución, aunque ilegal, estaba muy extendida, y se suponía que los hombres debían pasar por el prostíbulo para dar curso a su sexualidad antes del matrimonio. A estos lugares se los conoció con el eufemístico nombre de "casas de tolerancia".

La censura se encargaba de tapar la represión de una sociedad maniatada por una moral antigua y desfasada. Los límites eran muy estrechos y difícilmente se colaba en las publicaciones periódicas o en el cine un milímetro más de piel que el permitido por los censores. Nada sospechoso o insinuante podía ser visto. En los años 60, para escándalo de los bienpensantes, llegaron a la península los primeros bikinis, que eran en realidad un bañador muy amplio partido en dos. Mientras que el régimen se relajó en muchas materias, en lo sexual fue inflexible, y hasta la muerte del dictador los españoles vivieron de fantasías.

Sin embargo, hoy día, a pesar de la laxitud de las costumbres, de la presencia constante del erotismo y la pornografía, la familia no ha perdido su importancia. Según el Centro de Estudios Sociológicos, la familia, incluso con la legalización del aborto, el descenso de nacimientos, el divorcio y la baja asistencia a los oficios religiosos, es para los españoles el aspecto más importante de sus vidas. En los estudios y encuestas realizados, la familia aparece como el elemento más importante en un baremo de 9,37 sobre 10.

MOVIMIENTOS FEMINISTAS

El siglo XX fue, sin lugar a dudas, el siglo de la mujer. Ningún otro movimiento, corriente o revolución ha tenido el impacto de la revolución femenina, incluso la Revolución Rusa o la Mexicana. El feminismo cambió las relaciones entre los géneros e incorporó a la mitad de la población mundial a puestos y cargos que le habían sido negados. Se transformaron las relaciones entre las parejas, entre padres e hijos, en el trabajo, en la política y, en fin, en todas las actividades sociales. Hubo que adaptarse, aunque no sin dificultad y muchas resistencias, a un nuevo cambio de roles que afectó la forma en que se entendía lo masculino y lo femenino. Los estudios feministas en los campos de las ciencias naturales y las humanidades rescribieron la historia desde perspectivas hasta entonces desconocidas o ignoradas. La mujer, que había estado a la sombra del varón, tuvo por vez primera su propia historia. No fue una tarea fácil y, como en toda revolución, hubo resistencias y víctimas.

El 1° de octubre de 1931 fue para las españolas una fecha histórica. Las Cortes aprobaron el artículo 36 de la nueva Constitución por la cual se otorgaba a la mujer el derecho a votar a la edad de 23 años. Las discusiones de la Cámara fueron seguidas atentamente por un grupo de mujeres que esperaba en las antesalas la decisión final. Procedían de la Asociación Nacional de la Mujer, que se había venido moviendo muy activamente con el fin de obtener la igualdad de derechos. La decisión de las Cortes emulaba a más de una docena de países europeos que, entre los años que siguieron a la Primera Guerra Mundial, habían extendido el sufragio a las mujeres.

La energía reformadora de la Segunda República planteó con carácter urgente una serie de reformas sociales que incluía, entre otras, el divorcio, la legalización de los anticonceptivos y numerosas leyes civiles y laborales con repercusión en la familia. Por primera vez, las mujeres podían actuar como testigos, firmar contratos y administrar patrimonios. También se las protegía frente a las flexibles normas de despido de las empresas. Por vez primera, podían sindicalizarse y pertenecer a partidos, aunque en la práctica, incluso dentro del anarcosindicalismo, las mujeres sintieron la hostilidad de los varones ante tales avances. Recordemos que al sur de la península se lo conocía como "la España profunda", donde la marginalización y segregación se arrastraban por siglos.

El panorama español no era muy diferente del resto de Europa, donde las organizaciones de mujeres llevaban años en la lucha. Las primeras organizaciones autónomas de los años 30 estuvieron formadas por mujeres pertenecientes casi exclusivamente a la burguesía con conexiones con la universidad. Más tarde y con el advenimiento de los partidos de clase, la situación cambió algo, aunque lentamente. Las teorías socialistas y anarquistas consideraban que la lucha por la justicia social debería anticiparse a la lucha por la igualdad de sexos. Es decir, favorecían hacer la revolución clasista primero, y una vez conseguida, plantearse la situación de la mujer. Con la llegada de la República, se consolidaron las primeras organizaciones autónomas de mujeres, Mujeres Libres, y más tarde, ya durante la guerra, se creó el Comité Nacional de Mujeres contra la Guerra y el Fascismo, promovido por el Partido Comunista, bajo la batuta de Dolores Ibarruri. Incluía organizaciones que habían hecho sus primeras armas en 1933, como la Asociación de Mujeres Antifascistas, que atrajo también a mujeres de clase media. La agenda de sus reivindicaciones era muy ambiciosa: igual salario por el mismo trabajo, provisiones de guarderías para mujeres trabajadoras, igual acceso a todo tipo de profesiones y una cuota fija de escaños en los consejos administrativos municipales.

En la práctica, los cambios fueron lentos. En un orden patriarcal es más fácil cambiar la legislación que las costumbres arraigadas. En la arena política, con la excepción de una serie de mujeres parlamentarias (Victoria Kent y Margarita Nelken) y varias líderes de la izquierda (Dolores Ibarruri y Federica Montseny), la presencia femenina se reducía a puestos secundarios. Cierto es que las necesidades de la guerra promovieron mujeres a puestos públicos o militares. En su momento, durante la guerra, las llamadas milicianas participaron activamente en la contienda en el frente militar. En Barcelona y Madrid se encargaron del sistema de transporte público y reemplazaron a los hombres que iban al frente.

En el lado nacionalista, las organizaciones dependientes de la CEDA y la Falange promovieron una agenda totalmente opuesta, como ya hemos indicado. El fin de la guerra fue también el fin de las ilusiones liberadoras de las organizaciones femeninas. El régimen franquista anuló todos los derechos y las responsabilidades adquiridos durante la República. Se puede decir que las mujeres fueron las grandes derrotadas en la contienda. La nueva legislación se encargó de dinamitar todas las mejoras conseguidas en el período anterior y se entró en una larga fase de discriminación legalizada. Pilar Primo de Rivera, la flamante presidenta de la Sección Femenina, declaraba en un discurso ante el Consejo Nacional de Magisterio: "Las mujeres nunca descubren nada: les falta desde luego el talento creador, reservado por Dios para inteligencias varoniles; nosotras no podemos hacer nada más que interpretar mejor o peor lo que los hombres han hecho". Pasarían dos décadas antes de que las presiones de la modernización y los intereses del gran capital forzasen la consideración de una variedad de reformas dirigidas a incorporar a la mujer.

Con las primeras elecciones parlamentarias de 1977, se hizo evidente que la presencia de mujeres en la política y en la administración se canalizaría a través de los partidos políticos. Ello provocó un cierto desencanto de los movimientos feministas independientes, aunque nunca habían sido muy numerosos ni influyentes. Las Primeras Jornadas Feministas celebradas en Granada en 1979 expresaron un cierto clima pesimista. En ellas se debatió la necesidad o no de una única militancia en el amplio espectro del feminismo. Las jornadas aún se celebran, y la discusión sigue centrada en la distinción entre lo privado y lo público.

Hasta entonces, en España, estos movimientos habían estado vinculados en general a las directrices de los partidos políticos, de tal forma que las iniciativas propiamente feministas han tenido que luchar para establecer su identidad. En las Primeras Jornadas Catalanas de la Dona de 1975, estuvieron representados el Movimiento Democrático de Mujeres (vinculado al Partido Comunista), la Asociación Democrática de la Mujer (vinculada al Partido del Trabajo) y la Unión de la Liberación de la Mujer. En 1979, Lidia Falcó fundó el Partido Feminista, definido como un partido marxista-feminista que sostenía que la mujer constituye una clase social distinta, que ocupa un papel histórico determinado por el modo de producción doméstico. Tuvo corta vida. Al lado de las agrupaciones dentro de los partidos, surgieron otros grupos sin vinculaciones políticas que consideraron el feminismo como causa primera y alternativa global al mundo masculino. Fueron más radicales y rechazaron de pleno la Constitución de 1978 por la ausencia en el texto de referencias al derecho de autodeterminación de las mujeres respecto de la maternidad y el aborto.

Los estudios sobre las mujeres en las universidades prácticamente no existen, con alguna rara excepción, como el seminario de la Mujer de la Universidad Autónoma de Madrid, que más tarde se transformó en un Instituto Universitario, y el Institut d'Estudis de la Dona de la Universitat de Valencia. En 1983, los socialistas crearon el Instituto de la Mujer, órgano dependiente directamente del gobierno y con categoría de ministerio, destinado a crear servicios sociales, difundir estudios y legislación que promueva la igualdad entre géneros, mejoras salariales y laborales. Las iniciativas impulsadas por el Instituto han sido, en general, bien recibidas aunque con numerosas críticas a su labor.

A partir de la integración en Europa, los temas referidos a la situación de las mujeres tomaron un nuevo impulso, que es detectable en una concienciación generalizada de la sociedad, especialmente entre las nuevas generaciones. Sin duda que en esta faceta, la sociedad española ha dado pasos de gigante desde que Federico García Lorca, inspirado en la sociedad campesina andaluza de los años 30, escribiese sus famosos dramas rurales.

SALUD Y SEGURIDAD SOCIAL

La seguridad social se originó en Alemania como producto del proceso de industrialización, la lucha de clases, la presión de las iglesias y ciertos partidos políticos y sectores académicos. En 1919, el Tratado de Versalles puso la primera piedra al sistema, según se entiende hoy. El fin de la Primera Guerra Mundial promovió la necesidad de una mayor participación internacional y, bajo este impulso, nació la Organización Internacional del Trabajo (OIT). El texto del preámbulo del tratado hace énfasis en la necesidad de crear un tipo de protección social para los trabajadores. Este texto sirvió como doctrina para la legislación en torno a la seguridad social en la mayoría de los países europeos.

En agosto de 2005, el gobierno socialista de Rodríguez Zapatero aprobó una nueva legislación para incorporar a 750.000 nuevos inmigrantes a la seguridad social. La cifra parece extraordinariamente voluminosa para un país en que el nivel de cotizaciones no es muy alto. Sin embargo, y curiosamente, la seguridad social, que presenta rompederos de cabeza a todos los países industriales, parece gozar de buena salud en España. Las políticas seguidas por los gobiernos socialistas, que en materia económica han seguido una línea de libre mercado, fueron intrínsicamente sociales y protectoras.

En el año 2000, la seguridad social cumplió cien años en España. Durante ese largo tiempo, la evolución del sistema social ha sido extraordinaria. Los primeros seguros sociales surgieron como ramas de aseguramiento y protegían colectivos de asalariados muy específicos. En la actualidad, se ha universalizado e intenta cubrir las contingencias de toda la población, sin discriminación. En la práctica, protege a más del 80 por ciento de los españoles o naturalizados y ofrece una gama muy amplia de beneficios: atención médica generalizada, prestaciones en efectivo y servicios y asistencia social. Dos institutos gestionan estos servicios: el Instituto Nacional de Salud (INSALUD) se hace cargo de las prestaciones médicas y el Instituto Nacional de Servicios Sociales (INSERSO) es responsable de los servicios sociales. La seguridad social y toda la legislación laboral marcha, en realidad, bastante pareja con el acontecer de Europa occidental.

Bibliografía

Douglass, Carrie Bess, ed. *Barren States. The Population "Implosion" in Europe.* Oxford: Berg, 2005.

Enders, Victoria L. y Pamela B. Radcliff, eds. *Constructing Spanish Womanhood. Female Identity in Modern Spain.* Albany: State University of New York Press, 1999.

Esteban, Esther. *Mujeres. Ana Botella dialoga con Esther Esteban.* Madrid: Temas de Hoy, 2002.

Garrido, Elisa, ed. *Historia de las mujeres en España.* Madrid: Síntesis, 1997.

Lafuente, Isaías. *Tiempos de hambre. Viaje a la España de posguerra.* Madrid: Temas de Hoy: 1999.

Martín Gaite, Carmen. *Usos amorosos de la postguerra española.* Barcelona: Anagrama, 1992.

El espacio público: la calle

TEMAS

- El dominio público: la calle

- Una sociedad que vive hacia el exterior

- El trabajo en la España europea

- Ocio: la movida madrileña

- ¿Legalizar las drogas?

- Lotería y juegos de azar

- Cultura física y deportes

- El fútbol es el rey

CAMBIOS DE ACTITUD

En cualquier día laborable, en cualquier ciudad de España, a cualquier hora del día, el trasiego de viandantes en las calles, la proliferación de parroquianos en las terrazas de los bares y restaurantes, la formación de grupos de personas dialogando en las aceras de las avenidas, haría pensar que se está en fiestas. Y no es así. El ojo se deja engañar por el bullicio. Es un día laboral ordinario en el que los empleados están en sus trabajos, los estudiantes en las universidades o colegios y los empresarios en sus despachos, pero todo ocurre un poco afuera, aprovechando un receso de la actividad. Hay en España 136.000 cafés o bares autorizados, casi tantos como en todos los países miembros de la Unión Europea, y todos parecen estar llenos. El ruido es contagioso y es también parte de la idiosincrasia española. Se habla fuerte, se ríe fuerte y se canta.

El horario de las empresas y colegios, especialmente en las ciudades, está dividido. Hay como dos días cortos en uno. La actividad laboral comienza temprano por la mañana. Los colegios también. Se hace una breve pausa para almorzar, normalmente para tomar una bebida y un bocadillo en el bar más cercano, acompañado de una cerveza y café. La jornada matinal acaba a las dos de la tarde, al iniciarse la pausa del mediodía para comer. Son muchos los que van a casa, si no les queda muy lejos, y aprovechan para "echar una cabezadita", eufemismo de siesta. También los colegios hacen una larga pausa que permite a los alumnos ir a casa y comer en el hogar. El tráfico a esas horas es bullicioso. Los que no tienen tiempo para llegar a casa, toman en el restaurante cercano una comida que no es simplemente un bocadillo y una ensalada, sino dos platos, postre, café y copa de licor, esta última en más casos de los aconsejados. De hecho, al visitante le sorprende el consumo de alcohol (vino o cerveza durante las pausas del almuerzo y la comida), antes de retomar la actividad laboral.

A la tarde se continúa el trajín empresarial y comercial con un renovado dinamismo hasta las 8 ó 9 de la noche, cuando acaba la jornada laboral y se inicia otra serie de actividades lúdicas o sociales. Pueden consistir en algún deporte, asistir a un espectáculo o a una reunión con amigos en el bar o la terraza favorita. La cena no comienza hasta las 10 de la noche y puede alargarse hasta la una de la madrugada, horas que en la mayoría de los países resultarían inapropiadas. Las sesiones de cine y teatro suelen comenzar a las 11 de la noche, y al salir, ya metidos en la madrugada, queda aún un respiro de energía o deseo para tomarse la última copa o pasear por las calles camino del hogar. Los clubes nocturnos y las discotecas pueden abrir pasada la medianoche y permanecer abiertos hasta altas horas de la madrugada. ¿Cómo explicar ese ritmo frenético de vida? ¿Cómo es posible que los españoles puedan, después de trasnochar, levantarse por la mañana y ser productivos en sus trabajos?

Antes del ingreso de España en la Comunidad Europea, se pronosticaba que esa cultura nocturna española y esos horarios que permitían el sagrado rito de la siesta desaparecerían. Se hablaba del profundo trauma que el país sufriría para acomodarse a los ritmos y modelos de producción comunitarios. Se inició un luto anticipado, diciendo adiós a un pasado relajado y feliz. Pero no ha sido así. Los españoles han demostrado que pueden ser europeos, eficaces y productivos, y seguir manteniendo algunas de sus más arraigadas costumbres. Es decir, han demostrado que el trabajo y el ocio bien entendido pueden marchar paralelamente.

Calles de Valencia durante las fiestas

Trabajo y ocio

Si alguna aportación significativa hizo la cultura española a Occidente fue el cultivo del ocio. Las ciudades españolas fueron durante el Antiguo Régimen urbes letradas donde las artes y las letras marcaban las señas de identidad de la alta sociedad. Nació entonces la ciudad barroca como configuración cultural. Para la nobleza y la Iglesia, las labores del espíritu marchaban unidas a la producción de las artes y las letras, mientras que rechazaban el trabajo por considerarlo incompatible. El diccionario de la Real Academia Española de la Lengua define la palabra ocio como: a) cesación del trabajo, inacción o total omisión de la actividad; b) tiempo libre de una persona; c) diversión u ocupación reposada, especialmente en obras de ingenio, porque éstas se toman regularmente por descanso de otras tareas.

Si España tradicionalmente adoleció de un espíritu empresarial e industrial, no ocurrió lo mismo con su creatividad y profundo sentido lúdico. La sociedad española se definió en los días de descanso a través de sus fiestas y nunca pensó que trabajar fuese una virtud como lo hiciera la ética protestante. Los españoles pensaron que disfrutar del ocio era entender bien el destino del hombre, y que si algo merecía la pena era el disfrute del tiempo libre. La figura del hidalgo, inmortalizado por la literatura del siglo XVII, es la de un noble pobre, sin suficientes rentas para vivir bien, pero que rechaza trabajar para mantener su estatus de nobleza. Más tarde, este personaje se convirtió en el "señorito", también inmortalizado por la literatura en la novela costumbrista y realista, que vive de herencias o busca una mujer rica para que le mantenga, o de timar a sus vecinos. Pasa el tiempo en el casino sin hacer mucho, goza de una vida anodina, en la que la siesta, el paseo vespertino, la buena mesa y el buen vino componen todo su universo.

El calendario cristiano facilitaba, con sus conmemoraciones, el descanso. Contenía más de 100 días festivos al año, en el que no faltaba, junto a las ceremonias religiosas, algún tipo de entretenimiento: bailes, festivales, verbenas, concursos y otras amenidades. Los nuevos tiempos y la incorporación al mundo industrial ha cambiado un tanto el balance entre trabajo y ocio, aunque en España se sigue gozando del tiempo libre, y nada más significativo que la riqueza y variedad de sus fiestas y celebraciones. Los españoles gastan 800 millones de dólares anuales en fiestas locales. Es difícil encontrar un boleto para asistir a los partidos de fútbol de los domingos en la gran mayoría de ciudades del territorio nacional. Los cines están llenos. El público asiste con asiduidad al teatro. Los restaurantes están concurridos los días laborables. Las vacaciones de un mes se consideran un derecho inalienable incluso cuando no se tiene trabajo. En el peor de los casos, a la gente le gusta sentarse al sol en los parques o no hacer nada.

Las vacaciones son sagradas, muy largas y pagadas. Un mes de descanso en verano es un requisito obligatorio en los contratos laborales. Muchas empresas, para mantener el ritmo de trabajo, cierran todo el mes en agosto. Es tan común, que ése es un mes prácticamente sin actividad laboral con la excepción de las empresas de servicios. Las fábricas y oficinas están cerradas, mientras los obreros y empleados se han marchado a gozar a distintos destinos de treinta días de ocio. No acaba aquí. En diciembre se disfruta también de unas vacaciones cortas que coinciden con la Navidad, que se extienden hasta el día de Reyes, el 6 de enero. Además la Semana Santa proporciona por lo menos cuatro días no laborables. En todo el país son muy populares los llamados "puentes". Cuando una fiesta cae en medio de la semana, bien en martes o jueves, se hace el "puente" que empalma con el fin de semana, creando unas minivacaciones de cuatro días. Es tan frecuente que parece que siempre hay un "puente". Las fiestas no laborables son muchas, algunas nacionales y otras locales, unas religiosas y otras paganas, pero siempre son fiestas en las que el ocio es la tónica.

Sin embargo, a pesar de tantas fiestas y la predisposición a disfrutarlas, hay que reconocer que los españoles trabajan y mucho. En un momento fundamental de su historia se dieron cuenta de que, para engancharse al tren europeo de la modernidad y el progreso, había que trabajar. Que no era suficiente con poner a las plazas públicas la denominación oficial de "Plaza del Progreso", mientras el desdén, la ignorancia y la inactividad reinaban. Se fue consciente de que había que homologar el sistema productivo según los dictámenes de la sociedad capitalista para poder competir en igualdad de condiciones. Y para ello había que educarse, prepararse y trabajar. Sin embargo, a los españoles todavía les gusta repetir el dicho "los 'americanos' viven para trabajar y los españoles trabajan para vivir". Lo cierto es que entre los ejecutivos de corporaciones que han vivido en ambos países se opina que en Estados Unidos se trabaja más horas. Esto es cierto, aunque bien es sabido que más horas no significa más productividad. El hecho de que en España los horarios sean partidos (de 9 a 13.30 ó 14, y de 16 a 19) puede sumar en su favor. En vez de las ocho horas seguidas de dedicación al trabajo de los horarios de Estados Unidos, en los que muchos omiten incluso el almuerzo, los españoles siguen partiendo su jornada en dos con una larga pausa en medio. Cierto que no consideran una virtud el trabajo en sí mismo, y que si trabajan duro es para conseguir un buen salario. Pero nadie omitiría una larga pausa para gozar del almuerzo debidamente. Recientes medidas gubernamentales intentan modificar los horarios de trabajo de los centros oficiales, con jornadas continuadas de 8 a 17, y sin una larga pausa para almorzar. Esta medida ha sido el resultado de las peticiones de matrimonios jóvenes con el fin de hacerse cargo de los niños a la salida de los colegios.

Los catalanes se han beneficiado de la reputación de ser los más laboriosos entre los españoles, pero en la práctica, cuando se les ha dado la oportunidad, todos, sin distinción de regiones, han respondido con la misma eficacia y tenacidad. Trabajar, se trabaja y duro, aunque a nadie le guste parecer obsesionado con el trabajo. Está más aceptado adoptar una actitud relajada hacia el empleo y separada claramente de la vida personal. Se trata de marcar las distinciones entre lo público y lo privado. Por su parte, les gusta criticar a los estadounidenses por considerar que son como máquinas que no saben balancear sus prioridades ni encontrar tiempo para la diversión. Cualquiera que sea la razón, lo cierto es que el cumplimiento de las obligaciones laborales se lleva a cabo en un ambiente relajado con tiempo para ponerse al día sobre las noticias personales o internacionales, contar algún chiste, mirar el periódico y tomar un café.

Muchos de los vicios y estereotipos relacionados con la falta de puntualidad o dedicación han desaparecido cuando ha sido necesario. Incluso muchas de las actitudes con respecto a la responsabilidad y el dinero parecen haberse desvanecido también. La relación entre honor y riqueza fue siempre problemática en la cultura española. No era bien visto hablar de dinero, y menos si la riqueza había sido fruto de la especulación o el lucro. Nadie pensaba que era posible hacerse rico por medios legales. En la historia de España no hay ningún prohombre o personaje famoso que se haya alzado a la fama por ser millonario, como ocurre en Estados Unidos con Henry Ford, Bill Gates o Ross Perot. En España los ricos eran los nobles y a los llamados "nuevos ricos" se les veía con recelo, casi como advenedizos. No obstante, no parece que queden en el país ninguna de esas antiguas actitudes hacia el dinero y el trabajo. El antiguo régimen mercantilista está enterrado y bien enterrado, y sobre las tumbas se levantan nuevas generaciones que entienden el valor del dinero y el mérito de ganarlo y gastarlo. Sobre todo esto último.

Vida nocturna: "la movida"

A los españoles siempre les ha gustado gozar de la noche. En el verano es muy común ver a las familias cenando o celebrando la sobremesa hasta altas horas de la madrugada, mientras los niños corretean al lado de los padres. Las conversaciones se alargan y las discusiones también. A cierta hora se sugiere ir al bar más próximo a tomar la última copa, que nunca es la última.

Esta pasión por lo nocturno se institucionalizó en Madrid durante la transición. Nada especial pasaba, simplemente que los bares al aire libre del Paseo de la Castellana, una de las avenidas troncales de la ciudad, abrían sus puertas a medianoche y las cerraban de madrugada proveyendo un espacio de reunión donde se gestó "la movida". La "movida madrileña" fue un movimiento cultural, o quizás contracultural, originado durante los primeros años de la transición, que se extendió hasta avanzados los años ochenta. La noche madrileña fue la protagonista no sólo de una rica actividad juvenil, sino que produjo un inusual interés en la llamada cultura alternativa, *underground* o contracultura. Desde Madrid la corriente se extendió a otras capitales del Estado, en muchos casos con el apoyo institucional, especialmente en Madrid, donde su alcalde, Enrique Tierno Galván, comprendió perfectamente la necesidad de canalizar los movimientos juveniles y, de paso, dar a Madrid un aire renovador y moderno. Se adoptó el nombre de "la movida", que proviene del verbo mover o desplazarse de un lugar a otro. "La movida" se extendía a clubes, discos, espectáculos nocturnos, teatros, salas de concierto y a un mundillo nocturno en donde las drogas no escaseaban. La corriente tuvo sus divulgadores (la revista *La Luna*), la locutora Paloma

Chamorro, el escritor Francisco Umbral, los cantantes Alaska y Loquillo, y el pintor Miguel Barceló, entre otros muchos. El poeta Luis Antonio de Villena noveló esta época frenética en su libro *Madrid ha muerto.*

Personaje típico de la movida fue el "pasota", palabra que proviene de pasar o no estar interesado. Es un personaje nocturno, centrado en una vida que busca como principal meta el placer rápido donde lo haya, y que pasa de ideologías o "rollos". Fue el producto del relajamiento de la sociedad tras la muerte del Caudillo, en donde el interés fluctuó de un original proceso de alta politización a un desentendimiento total. El vocabulario incorporó palabras relacionadas con el fenómeno. Se utilizó la expresión "yo paso", que significaba "no me interesa", "pasar de todo", "estar colgado", "estar totalmente desinteresado", quizás con la excepción del interés por las drogas de las que muchos no pasaban.

En las playas de la costa valenciana surgió otro fenómeno paralelo que se conoció como "la ruta del bacalao". Consistía en deambular de pueblo en pueblo de la costa, en realidad de discoteca en discoteca, probando todas las drogas que el cuerpo pudiera soportar, hasta concluir un ciclo de fin de semana. "La ruta del bacalao" se popularizó entre los jóvenes que se desplazaban al Levante para hacer el trayecto durante el fin de semana. Todo valía y los límites no estaban marcados por una sociedad que parecía complacerse en la total tolerancia. ¿Cómo era posible tanto relajamiento? En esos años se promovió un culto al exceso o culto a la adicción, en el que todo era válido y en el que se consumía de todo: sexo, drogas, alcohol y tabaco.

Alcohol y drogas

Durante los últimos años de la dictadura de Franco se experimentó un creciente consumo de drogas en España. La proximidad con Marruecos hacía posible un tráfico de hachís, principalmente, que fue la droga más popular en esos años. El título de la obra de teatro de José Luis Alonso de Santos, *Bajarse al moro*, que obtuvo un gran éxito de taquilla, hacía referencia al viaje a Marruecos (al moro) en busca de la popular droga. No era difícil encontrar un vendedor ("camello") que pudiera proporcionar unos gramos de hachís ("chocolate") para consumo privado.

Con la llegada de la democracia y el relajamiento consiguiente, las drogas se generalizaron, tanto las blandas (hachís y marihuana), como las duras (cocaína, heroína y crack). Curiosamente la generación que cumplía los treinta años en esas fechas y que se incorporaba al mundo laboral y profesional en cargos directivos, fue también la impulsora de un estilo de vida que rompió con los muchos tabúes vividos. Las drogas se extendieron y con ellas se inició un debate sobre la necesidad de su legalización. Tampoco llama la atención la existencia de "camellos" ofreciendo la mercancía en plena calle sin temor a ser detenidos. Finalmente, en 1992 se legalizó el consumo de drogas blandas, no su comercio. Esto encajaba perfectamente con la flexibilización de las normas sociales y la imposición de las penas por la Justicia. Aún hoy es perfectamente posible ver grupos de personas en lugares públicos, las calles o puertas de establecimientos, fumando marihuana.

Se han realizado algunos estudios, pocos, sobre las consecuencias de la legalización, pero lo que es cierto, catorce años después, es que el consumo de drogas blandas ha descendido. En cambio, el de drogas duras ha aumentado produciendo serios problemas de adicciones. El consumo de drogas se relaciona con los niveles de criminalidad, que se han duplicado. Las críticas se dirigieron contra el gobierno por no imponer normas estrictas para los drogadictos. Entre 1975 y 1985 el problema se exacerbó, al darse una concatenación de robos y atracos en una frecuencia alarmante y desconocida. Las tiendas tenían que cerrar las puertas y obligaban a los clientes a llamar primero para ser identificados. En los bancos hubo que instalar dobles barreras de seguridad con el fin de detener lo que parecía una epidemia de asaltos. Es posible que muchos de estos incidentes fuesen el resultado del alto desempleo, aunque una gran mayoría era la consecuencia del número de adictos que campeaban sin control ni medios para proveerse de droga. La realidad es que entre 1996 y 2000 el presupuesto de la policía para combatir el tráfico de drogas aumentó en un 42 por ciento. Una de las políticas sanitarias adoptadas consistió en proveer, a través de los hospitales, fármacos a los drogadictos con el fin de prevenir activos delictivos para comprar drogas. La península, dada su localización geográfica, ha sido y sigue siendo lugar de tráfico internacional, al ser puente entre África y Europa, y entre ésta y América. Distintos carteles colombianos y rusos operan desde las costas españolas, creando problemas adicionales para la Justicia.

En cuanto a la bebida, las encuestas señalan que los españoles beben más alcohol por persona que ningún otro país de Europa. Se dice que saben beber y quizás sea verdad. Lo cierto es que no se ven muchos borrachos en las calles o en lugares de consumo público. Está mal visto perder el control como resultado de la embriaguez, lo que posiblemente tiene que ver con el sentido del honor tan profundamente arraigado en la sociedad. Incluso en los días de fiestas patronales, el número de embriagados es bajo. El invento de las tapas tiene como finalidad controlar los efectos del alcohol a través de ingerir comida. En la Feria de Abril en Sevilla, los asistentes a las casetas empiezan a beber desde por la mañana y no paran hasta la noche. Nadie parece estar fuera de control. A los invitados se los anima a que coman algo con el fin de contrarrestar los efectos de la bebida. "Hay que saber comportarse", dicen. Los que no parecen saber comportarse son los muy jóvenes, menores de 16 años, a los que se puede ver en las calles consumiendo litronas (cervezas de un litro) o "calimochos" (vino tinto con una bebida de cola) en grupos, en un rito de fraternidad.

El consumo de vino y otras bebidas alcohólicas acompaña, sin embargo, casi todas las comidas excepto el desayuno. El almuerzo de media mañana, consistente normalmente en un bocadillo o porción de tortilla de patata, va acompañado en muchas ocasiones de cerveza. La comida del mediodía, entre las dos y las tres, se suele regar con vino y gaseosa mezclados. Tras el café se sirve, en muchas ocasiones, una copa de licor. Antes de la cena, una caña de cerveza suele ser lo usual. Es decir, al cabo del día, un español adulto puede haber ingerido de dos a tres bebidas alcohólicas. Lo más sorprendente es que estas consumiciones se hagan en pausas del trabajo o durante las clases en la universidad. Las cafeterías de las universidades sirven bebidas alcohólicas a cualquier hora del día. Incluso en los restaurantes McDonald's se puede consumir cerveza. Se tuvo que ofrecer para atraer a una clientela acostumbrada. Y todo ocurre con una gran naturalidad, fenómeno que sorprende grandemente a los estadounidenses, muy estrictos en sus normas sobre el alcohol y tan excesivos en sus formas de consumo.

JUEGOS DE AZAR

Una de las grandes pasiones de los españoles son los juegos de azar. En una sociedad en que el trabajo no ha sido una virtud, había que encontrar formas de hacerse rico sin el odioso ejercicio de la rutina laboral. Así que los españoles pusieron el destino en manos de la suerte. En 1990, gastaron treinta y cuatro billones de pesetas en juegos de azar. Esta cifra sitúa a España a la cabeza de países con adicción al juego.

Se juega a todo: lotería de varias modalidades, quinielas, tragaperras, bingo, ruleta, distinto tipo de cartas, además de otros muchos juegos más primitivos. Por su popularidad y longevidad destaca la lotería, que se extiende durante todo el año, aunque hay un día especial, que casi tiene carácter de fiesta nacional, y se conoce como la lotería de Navidad o El Gordo. El 22 de diciembre, el país entero espera con ansiedad la ruleta mágica que decidirá los números premiados. Prácticamente todos los españoles participan de una manera u otra en esta lotería, que se juega individual o colectivamente. Cada número está dividido en diez décimos. Es posible comprar un número completo o un décimo de ese número. Los empleados de empresas o fábricas o grupos de amigos o familiares, se unen para adquirir un número y luego repartir participaciones de distinto costo. Algunas personas compran un número entero y regalan a sus amigos, familiares o allegados porciones como obsequio de Navidad. La colectiva participación hace más emocionante los resultados. En la lotería salen premiados varios números que están dotados con distintas cuantías. También se cobran los reintegros, que es cuando el último dígito coincide con el primer número premiado.

En los años 60 y 70 se podía escuchar en la mañana del 22 de diciembre las emisoras de radio retransmitiendo la extracción de las bolitas que decidían los premios, cantadas por los niños de la escuela de San Ildefonso en Madrid: "Veintitrés mil cuatrocientos sesenta y tres, veinte millones de pesetas", que las ondas radiofónicas repetían una y otra vez según aparecían los premios mayores. Ian Gibson comenta: "Una vez los premios astronómicos han sido anunciados, los españoles se relajan y vuelven a la tarea de celebrar el nacimiento de El Salvador".

Lo curioso de esta lotería de El Gordo es el carácter colectivo de una actividad que parecería ser exclusivamente individual. El perfil del jugador parece corresponder a un solitario que arriesga su dinero por placer o ambición. En el caso de El Gordo, como en muchas otras actividades en España, se transforma en un acto grupal que liga por la suerte a compañeros de trabajo, familiares y amigos. La localidad en donde se vendió el número puede considerarse colectivamente afortunada. Similar sentido tiene otro de los juegos de azar más popular, las quinielas del fútbol.

Las quinielas es un tipo de lotería que se juega en conexión con los partidos de fútbol de la Liga Nacional los sábados y domingos. Consiste en marcar con un uno (1), un dos (2) o una equis (x) los resultados de cada partido. El 1 indica que el equipo que juega en su propio estadio gana, el 2 si el resultado favorece al equipo visitante, la x señala un empate. Se pueden rellenar cuantos boletos de quinielas se deseen. El premio está en función del número de acertantes de los quince partidos incluidos en la quiniela de la semana. El interés radica en que no es puro azar, sino que tiene que ver con cada equipo, su clasificación en la tabla y las posibilidades deportivas. La gente sigue con emoción los resultados de su equipo favorito y del resto, pues de ellos depende su suerte. Existen peñas (clubes) que invierten semanalmente grandes cantidades en quinielas y reparten los premios de acuerdo con la inversión. En la quiniela correspondiente al 9 de octubre de 2005, se recaudó un total de 7.623.490 euros. Hubo 25 acertantes de 15 resultados que cobraron 31.764 euros; 41 de 14 resultados que recibieron 22.312 euros; y 1.168 de 13 que percibieron 522 euros. El 25 de septiembre, sin embargo, dio un único acertante de 15 resultados que percibió la suma de 1.590.357 euros. Las quinielas están relacionadas con el deporte rey, el fútbol, y es una actividad muy usual los fines de semana, sobre todo entre los hombres.

Uno de los más inusitados negocios en el país es la Organización Nacional de Ciegos (ONCE). Su actividad principal, aunque no única, consiste en una lotería diaria, de lunes a viernes, que proporciona ingresos para unos 13.000 ciegos y 8.000 minusválidos hombres y mujeres que venden los boletos en las calles o quioscos públicos en todo el territorio nacional.

La organización estuvo por muchos años encabezada por Miguel Durán, ciego de nacimiento, cuya capacidad para los negocios e intuición le ha valido el sobrenombre de Al Capone. En la actualidad, la ONCE es propietaria de cinco de las más poderosas empresas españolas, entre ellas el 25 por ciento de las acciones de Tele 5. Otro 25 por ciento está en manos de la familia Berlusconi, el primer ministro italiano entre 1994–1996 y 2001–2006. Cada noche, Tele 5 dedica quince minutos de la programación al llamado tele cupón, en el que varias atractivas señoritas extraen el número premiado en el día. La ONCE patrocinó durante muchos años un equipo de ciclismo profesional que participó en el Tour de Francia, el Giro de Italia y la Vuelta a España.

Otros pasatiempos populares son los juegos de mesa. Es usual encontrarse los domingos, pero también los días laborables por las tardes, en bares de pueblos y ciudades, mesas en las que contertulios juegan a distintos juegos de azar con gran pasión e intensidad. Se juegan principalmente juegos de cartas; los más comunes son el tute, el mus, la brisca, el truco y la canasta. También se juega, y mucho, al dominó. Éste es un juego ancestral cuyos orígenes se remontan a Fenicia y la India. En nuestra era, lo pusieron de moda los venecianos y napolitanos en el siglo XVIII. Posteriormente lo introdujeron en Francia, los Países Bajos y España, que lo difundió por América, donde pronto cobró gran arraigo. La etimología de la palabra proviene del verbo latino *dominare* (dominar) y es la expresión del jugador que coloca la última ficha y gana el juego.

El aspecto negativo de estas actividades de azar es que crean adicción, la ludopatía, que la Real Academia de la Lengua define como "adicción patológica a los juegos electrónicos o de azar". Teniendo en cuenta que muchos de estos juegos proporcionan ingresos cuantiosos a las arcas del Estado, y últimamente a las autonomías, uno se pregunta por la responsabilidad social de los organismos oficiales. En un período en donde no existían los impuestos a la renta personal, el Estado buscaba otras formas de financiación, entre ellas los monopolios y las loterías que proporcionaban pingües beneficios. Según Ian Gibson, "los ingresos del Estado en concepto de juegos son tan astronómicos que no es posible renunciar a ellos". Mientras, los españoles siguen invirtiendo parte de sus ingresos en la esperanza de que algún día no tengan necesidad de jugar más, ya que la elusiva fortuna les sonrió.

JUEGOS Y DEPORTES

La Olimpiada de Barcelona de 1992 representó un punto de llegada y partida para la nueva España. Los juegos, que se iniciaron con un signo de politización marcado por el deseo de la Generalitat catalana de convertirlos en una plataforma del nacionalismo, representaron un éxito deportivo sin precedente. Se consiguieron más medallas de oro, plata y bronce de las que jamás se habían logrado en la historia del país. Los atletas españoles subieron repetidamente a recoger sus trofeos, tanto en deportes individuales como de equipos. Esto no fue casual. Una nación no produce de un día para otro atletas sin una infraestructura que los apoye. Existe sin duda una relación concreta entre planificación y resultados deportivos, y entre medios económicos y actividad deportiva.

La España del subdesarrollo, que a duras penas levantó la cabeza después de la Guerra Civil, y los años del hambre con los embargos internacionales y los planes de desarrollo, no

Estadio de Montjuïc de Barcelona, durante la apertura de la Olimpiada de 1992

produjeron la energía capaz de formular una política deportiva. La excepción fue el fútbol. La escasa planificación deportiva se dejó en manos de la Falange, que intentó promover el ejercicio entre los estudiantes universitarios como una forma de "forjar hombres", tanto en lo físico como en lo mental. El Sindicato de Estudiantes Universitarios (SEU) gestionó algunos campos de atletismo vinculados con universidades que estimularon competiciones y juegos. Crearon campamentos de verano, en donde futuros maestros eran entrenados en actividades de senderismo y montaña. Sin embargo, tuvieron poco alcance, ya que a duras penas consiguieron incorporar a un sector de universitarios y estudiantes de colegios privados, que eran los únicos que contaban con los medios necesarios. En el bachiller se incluyó, además de una asignatura obligatoria de Formación del Espíritu Nacional, cargada de contenido político propagandístico, otra de Educación Física, que no se impartía pero de la que había que examinarse. El auge turístico de los años 60 representó un cierto cambio de actitudes. Los españoles observaron que los extranjeros hacían más ejercicio rutinariamente y algún beneficio debían extraer de ello. Así que, poco a poco, comenzaron a incorporar el deporte a sus vidas, eso sí, comprándose ante todo el equipo más de moda para dar buena impresión.

Como casi todo en la España actual, 1975 representó el cambio en la política deportiva. Una nueva actitud hacia la salud, la incorporación a todos los niveles a Europa y el incremento de salidas fuera del país, hicieron fomentar las actividades deportivas y el mejor entendimiento de la importancia de la salud. Recuérdese que en España el tabaco era un vicio nacional y en parte lo sigue siendo. Todo el mundo fumaba y lo hacía de forma provocativa, retando incluso los estudios médicos más rigurosos. Se está cambiando y ya existen secciones restringidas para fumadores en muchos locales públicos. A partir del 1° de enero de 2006 la nueva legislación prohíbe el uso de tabaco en los lugares públicos, incluidos bares y restaurantes, algo que parecía nunca iba a cambiar en España. Hoy se entiende más y más la importancia de la medicina preventiva, y el deporte forma parte de esta política. A tal efecto, se han construido nuevos estadios, gimnasios y parques deportivos, en muchos casos incentivados por las autonomías, que han realizado una labor extraordinaria en la promoción integral de las regiones.

En España atraen más los juegos por equipos, ya que para el español el proceso de socialización es tan importante como el ejercicio. Los grupos de amigos que se reúnen para jugar al fútbol se reservan unas horas después del partido para almorzar o ir a tomar unas cervezas. Reunirse sólo para jugar no parece tener sentido. Los clubes de ciclismo que salen en grupos los domingos por la mañana hacen una larga pausa en medio del recorrido, entran en un establecimiento y desayunan generosamente. La conversación es animada y larga hasta que se reanuda la marcha en la ruta.

En una reciente encuesta sobre el deporte, el 46 por ciento de los encuestados indicaba hacer algún tipo de ejercicio, cifra por debajo de la mayoría de los países europeos. Curiosamente, en España había pocos gordos y menos obesos. La razón se debe a que la vida urbana incentiva o hace necesario el caminar, unido a una dieta tradicional relativamente sana. Sin embargo, las cifras de obesos están aumentando. Un reciente artículo del periódico *El Mundo* informaba de la existencia de un 12,9 por ciento de obesos entre los mayores de 17 años. Las costumbres sedentarias y el uso masivo del automóvil están promoviendo un tipo de ciudadano que requiere tallas más grandes. Entre sexos, los hombres hacen en general más deporte que las mujeres. En 1968 sólo el 7 por ciento de las mujeres hacía algún tipo de ejercicio, comparado con el 18 por ciento de los varones. En 1975 los datos habían aumentado a un 12 por ciento, y al 23 por ciento en 1985, comparado con el 46 por ciento de los varones. Por provincias, en Cataluña, en el País Vasco y en Madrid se practican más deportes que en el resto de las autonomías. En cuanto al interés por las diferentes modalidades deportivas, la natación es la actividad más popular, practicada por el 46 por ciento de los encuestados; le sigue el fútbol, con el 28 por ciento; correr, con el 22 por ciento; el baloncesto, con el 11 por ciento; el ciclismo, con el 10 por ciento; y el tenis, con el 9,5 por ciento. Los datos son de 1986. En los últimos años se han construido numerosos gimnasios privados donde una clase media urbana puede ejercitarse a cualquier hora del día, al margen de las condiciones climáticas y de los horarios. Deporte y educación sanitaria se dan la mano y son fenómenos del desarrollo.

En su libro *Handbook of Spanish Popular Culture*, Edward F. Stanton menciona una larga serie de deportes o juegos tradicionales que aún se practican en España, aunque de forma minoritaria. Algunos han pasado a formar parte del folklore y se juegan exclusivamente durante las fiestas anuales. Otros son residuos del pasado y se conservan como parte de una tradición que se niega a morir bajo el empuje de la modernidad y la tecnología. Menciona las "chapas", que se juegan con las tapas de las botellas; los "bolos", parecido al bowling, pero al aire libre y con un formato distinto de bolas y bolos; la "rana", que consiste en lanzar unas fichas metálicas para introducirlas sobre las ranuras de un mueble de madera con la que figura una rana; la "chirunga", la "petanca" y la "barra castellana". En el País Vasco la lista es extensa y está caracterizada por una serie de juegos de origen agrario: cortar troncos de árboles (*aizkolariak*), levantar sobre el hombro piedras de gran tamaño (*harrijasotzaileak*), remar (*estropadak*) y carreras de bueyes arrastrando grandes piedras de aproximadamente 3.300 libras.

Del norte proviene una serie de juegos de pelota de larga tradición, principalmente el "frontón" a mano o pala, y la "cesta punta" (*jai alai*) que en vasco significa "juego vivo". Se juega en un espacio con tres paredes cerradas por un muro y un lateral abierto donde se coloca el público.

El fútbol rey

No hay un deporte, actividad cultural o espectáculo que haya alcanzado la popularidad del fútbol. Es el deporte nacional y su presencia en la vida diaria del país eclipsa cualquier otra actividad. El periódico *Marca*, dedicado exclusivamente a deportes, es el más vendido en España, y alcanza una tirada que sobrepasa el medio millón de ejemplares, superior a cualquier otro rotativo. Si se suman las ventas de los otros diarios deportivos (*As, Sport* y *El Mundo Deportivo*), la cifra alcanza 900.000 en ventas diarias. El 80 por ciento de la cobertura de estos diarios deportivos está dedicado al fútbol. Ningún otro deporte se le aproxima en popularidad ni audiencia. Prácticamente las televisiones españolas retransmiten todos los partidos de primera división e incluso algunos de segunda. Los estadios han ido incrementando su capacidad y comodidad. Cien mil espectadores acoge el Camp Nou del club de fútbol Barcelona.

La liga española de fútbol profesional es una de las más prestigiosas del mundo y, junto con Italia e Inglaterra, la más millonaria. Compite con las del resto de Europa en el torneo de la Champions, en el que los cuatro equipos más destacados de cada país disputan eliminatorias a lo largo del año. No hay fútbol en el mundo que se aproxime a la calidad del fútbol de la Champions, debido principalmente a que los mejores jugadores, no importa su nacionalidad ni origen, juegan en equipos europeos. Más de 200 de los mejores jugadores argentinos prestan sus servicios en Europa; lo mismo puede decirse de los brasileños, posiblemente los dos países con mayor producción de jugadores de calidad. Son también numerosos los jugadores de Europa del Este, África y, últimamente, asiáticos, que juegan en estadios españoles. Fichar a estas estrellas del balompié y atraerlas ha tenido un efecto en los salarios millonarios, que llegan a competir con las más altas remuneraciones de la NBA estadounidense. Jugar en el Real Madrid, el Barcelona, el Milán, la Juventus, el Manchester United o el Chelsea es un honor al que cualquier jugador aspira. Es lo más selecto del fútbol mundial, que por otra parte es el deporte más extendido y popular en el planeta.

El campeonato del mundo de fútbol, que se celebra cada cuatro años, atrae a tantos espectadores como las Olimpiadas. Los más famosos jugadores son figuras intercontinentales y su popularidad supera a las grandes estrellas de Hollywood. David Beckham, Ronaldo, Ronaldinho, Zinedine Zidane y Raúl, como antes lo fueran Diego Maradona, Pelé y Franz Beckenbauer, son conocidos en los cinco continentes. El Real Madrid fue declarado el mejor equipo del siglo XX por la Federación Internacional de Fútbol Asociado (FIFA), la organización mundial que regula el deporte. Ha ganado más títulos europeos que ningún otro club, y su historia transcurre en paralelo a la del país.

Lo curioso del fútbol es que, mientras apela a lo universal a través de una actividad que levanta pasiones, incita lo local creando furibundas rivalidades. A medida que se globaliza la economía y el intercambio informativo, nos asalta el miedo a perder la identidad. Para las grandes masas de las ciudades, el fútbol representa una forma de identidad a partir de una identificación con un equipo de ciudad o barrio, que despierta sentimientos patrioteros y fobias recónditas. Mientras que se consagran valores universales, se otorga al fútbol el papel de válvula de escape de frustraciones, represiones y deseos dormidos. El escritor Manuel

Vázquez Montalbán explica esta dualidad como "metástasis del fenómeno futbolero cuyo gigantismo parece no tener medida tanto en el aspecto deportivo como en el económico y comercial".

Uno de los fenómenos recientes ha sido las explosiones de violencia en los campos de fútbol. Las peñas deportivas afiliadas a distintos clubes forman bandas de hinchas que con pasión bélica asisten a los estadios arrastrando tras ellos una ola de violencia incontrolable. Queman enseñas e increpan a los aficionados de los equipos oponentes. No está muy claro si expresan pasión por sus respectivos clubes u odio hacia una sociedad que los margina. En esta actividad también fueron los ingleses los pioneros a través de los *hooligans*, cuya triste fama se extendió por toda Europa. El caso es que los hinchas se han adueñado de los estadios, difundiendo un miedo atávico que amenaza la continuidad pacífica del espectáculo deportivo.

Aunque es tarea casi imposible rastrear los orígenes de este juego con tantas similitudes con otros, un dato preciso es que empezó a practicarse sistemáticamente y se reglamentó en Inglaterra (en Cambridge, en 1848), al menos lo que se entiende como fútbol moderno. En 1904 se creó la FIFA, al par que definió sus reglas. El 26 de mayo de 1928, el Congreso de la FIFA decidió organizar la Copa Mundial de todas las naciones afiliadas, que se celebró por vez primera en Uruguay en 1930, y desde entonces se ha jugado cada cuatro años. El club más antiguo del fútbol español es el Recreativo de Huelva, fundado en 1889 bajo el impulso de Alejandro McKay, un inglés vinculado a Huelva a través de las Minas de Río Tinto, en las que los ingleses tenían grandes inversiones. Los ingleses dejaron su impronta en aquellos lugares donde llegaban sus marinos, quienes lo practicaban. El comercio marítimo entre Vizcaya e Inglaterra fue muy activo, con barcos ingleses que hacían frecuentes contactos en sus puertos. Como resultado, el fútbol enraizó en la región cantábrica, en donde se fundó en 1898 otro de los clubes veteranos de la liga española, el Athletic de Bilbao.

Todos los equipos españoles tienen sus historias y rivalidades, pero ninguna cobra el relieve que la existente entre el Real Madrid F.C. y el F.C. Barcelona, que se remonta a los años duros del franquismo. Son los dos equipos con mejores historiales deportivos y representan a las dos ciudades más importantes del país. El Real Madrid, como su nombre indica, simboliza la realeza y la capital, aunque también es el equipo de los madrileños. A los catalanes les gusta decir que "el Barcelona es más que un club", y que cuando juega fuera de casa está representando a Cataluña. Para Manuel Vázquez Montalbán, "el Barcelona sería algo así como el ejército simbólico desarmado del nacionalismo catalán, y el Real Madrid, el representante del Estado español, papel que se le atribuyó en tiempos de Franco, y que está resucitando, por una parte, la voluntad aznarista, y por otra, el fenómeno de la dispersión periférica autonómica". La trayectoria de ambos clubes está marcada por acontecimientos de extraordinario significado político.

Durante la dictadura de Primo de Rivera, se clausuró el Campo de les Corts (antiguo estadio del Barcelona) porque antes de un partido el público silbó y protestó la interpretación de la marcha real. Más tarde, durante los primeros días de la Guerra Civil, el presidente del Barcelona F.C. y diputado de Ezquerra Republicana, Josep Sunyol y Garriga, fue detenido en el alto de la Sierra de Guadarrama y fusilado por una patrulla franquista. El club, que había viajado por el extranjero haciendo propaganda para la República, cayó en desgracia. El número de socios disminuyó entre 1931 a 1939, hasta alcanzar la cifra de 9.000, saldo ridículo si la comparamos con la actual, que supera los 90.000. Tras la guerra, los dirigentes fueron simpatizantes franquistas. Sin embargo, las acciones represivas polarizaron las posiciones catalanistas en unos momentos fundamentales para la historia del país, de tal forma que muchos indiferentes se hicieron socios del Barcelona (conocido como el Barça), como forma de expresar su antifranquismo. Desde 1975 no se ha visto en el Camp Nou ondear una sola bandera española y el estadio se ha convertido en un foro donde expresar los sentimientos catalanistas.

El Real Madrid, fundado en 1902, vino a representar el oficialismo. En momentos en que se pensaba que Franco daba al pueblo "fútbol y toros" para desviar la atención de los graves problemas políticos, se creyó que el oficialismo jugaba la baza de crear un gran club a través del apoyo al equipo capitalino. Es una atribución un tanto injusta, puesto que el Madrid se hizo grande por residir en una ciudad de varios millones de habitantes que asistían a los partidos en masa. Cierto que su emblemático presidente de muchos años, Santiago Bernabéu, fue un acérrimo franquista bien relacionado con el poder. Construyó el estadio de Chamartín, hoy llamado Santiago Bernabeu, donde el equipo obtuvo sus mayores triunfos apoyados en su buena gestión.

Los años de oro del club fueron los años 60, cuando llegaron al equipo una pléyade de jugadores extranjeros de extraordinaria calidad que ganaron cinco copas de Europa seguidas. La estrella fue Alfredo Di Stéfano, jugador argentino considerado uno de los mejores en la historia del deporte junto con Pelé y Maradona. La famosa delantera del "equipo merengue" (así llamada por el color blanco del uniforme) la formaban Raymond Kopa, Luis Molowni, Di Stéfano, Ferenc Puskas y Francisco Gento. Di Stéfano fue un jugador mediático y en este sentido inició una nueva etapa dentro del deporte. Aquel equipo fue casi mítico y difundió la fama del Real Madrid por toda Europa.

Aunque el Barcelona contaba por las mismas fechas con una plantilla extraordinaria, en la que destacaban Ladislao Kubala, Gustau Biosca y Narcis Seguer, la rivalidad se decantó por el lado madridista que ha conseguido más trofeos de liga, copa y Copa de Europa que ningún otro club español. El Barcelona también tuvo sus períodos de auténtico esplendor, especialmente durante la era de Cruyff, el holandés de oro, que impuso un juego moderno no visto hasta entonces. Coincidió con la entrada del fútbol en televisión. Los ingresos aumentaron y fue posible ofrecer los contratos millonarios que se han impuesto desde entonces. Hoy los grandes clubes hacen giras veraniegas a otros continentes, con ventas

Histórico equipo de fútbol del Real Madrid

muy lucrativas de camisetas y otros emblemas, ayudados por ciertos jugadores mediáticos. El jugador inglés Beckham fue un caso extraordinario por su atractivo personal y por estar casado con Victoria, una de las cantantes del grupo inglés Spice Girls.

Los seguidores del Barça siguen pensando que cuando se enfrentan al Real Madrid lo hacen al poder estatal. Los dirigentes de la transición apelaron a este sentimiento, fomentando la idea de que el Barcelona F.C. es más que un club y que, cuando ambos equipos se enfrentan, lo hacen la españolidad contra la catalanidad. De alguna forma, si no existiera ese sentimiento extradeportivo habría que inventarlo, pues es muy funcional y aporta grandes beneficios económicos a las arcas de ambos equipos. Hay otras rivalidades clásicas, entre el Sevilla y el Betis, equipos de la misma ciudad; entre el Deportivo de la Coruña y el Celta de Vigo, ambos equipos gallegos; entre el Athletic de Bilbao y la Real Sociedad, del País Vasco. Pero siempre aparece en todos ellos un prurito de orgullo por derrotar al Madrid, el "equipo galáctico", como se lo conoce en la actualidad por la multitud de estrellas futbolísticas en sus filas.

Quizás todos los pueblos necesitan un poco de irracionalidad y el fútbol, como el béisbol o el "fútbol americano" en Estados Unidos, cumple esa función. Otra cosa es si ésta va más allá, o como decían los críticos del régimen franquista, "tanto el fútbol como los toros sirven para alienar al pueblo". La educación sería la contrapartida. En España, la educación y la enseñanza han ido mejorando paulatinamente desde principios de siglo, aunque las deficiencias sean muchas y, como en todo el mundo industrial, parezca que el sistema está en una constante crisis.

LA EDUCACIÓN

Un aspecto muy positivo de la sociedad española es un generalizado y tradicional respeto por la educación. La idea de que el saber es algo valioso proviene posiblemente de la actitud histórica hacia el conocimiento y el trabajo. Ya indicamos al hablar de este tema el desdén social hacia el trabajo manual y, al contrario, el respeto por el saber. "Mal educado", "inculto" y "no tiene educación", son insultos que pueden oírse en cualquier conversación, no importa la clase social ni el nivel educativo del insultante. Un catedrático en España es una persona respetable en función de ejercer una especie de sacerdocio del conocimiento, a despecho de su especialidad.

España hace gala de haber fundado algunas de las primeras universidades europeas. La universidad de Salamanca data de 1218 y sirvió como modelo a otras muchas creadas en territorio nacional y en América. Esta institución posee una especie de halo venerable que emana de sus aulas y claustros, y de la larga historia condensada en sus muros y pupitres. La Universidad de Alcalá de Henares data de 1508. Con anterioridad funcionaron en Córdoba y Toledo centros educativos establecidos en colaboración entre judíos, cristianos y musulmanes, que han quedado como hitos de tolerancia al hacer posible la discusión y el intercambio del saber, superando las barreras religiosas.

La crisis de 1898 sirvió como revulsivo a muchos niveles, provocando el resurgir de voces regeneracionistas en tan sensible campo como la educación. Tanto conservadores como liberales estuvieron de acuerdo en que era necesario educar al pueblo. El analfabetismo era entonces un problema crucial, y aunque tradicionalistas y liberales proponían estrategias diferentes, nadie dudaba de la necesidad de implementar planes escolares y educativos. Los antecedentes se remontan a Juan de Huarte (1530–1592), pionero en la aplicación de la psicología en la educación; Juan Luis Vives (1492–1540), humanista y filósofo que interpretó nuevas ideas en la educación y abogó por la inclusión de las mujeres en los planes educativos; y Francisco Giner de los Ríos (1839–1915). Este último fue el creador de la Institución Libre de Enseñanza, que abogó por reformar el sistema educativo desde sus cimientos. Fue discípulo de Julián Sanz del Río, filósofo, jurista y pedagogo, padre del krausismo español, corriente filosófica que tuvo un gran impacto entre la intelectualidad española, principalmente en la Generación del 98.

Las líneas directrices de la Institución Libre de Enseñanza se centraron en libertad de expresión y de textos, énfasis en la investigación científica, rechazo de la educación religiosa que debería ser sustituida por el secularismo racional y un nuevo estilo más didáctico centrado en la mejor comunicación entre profesores y alumnos. El artículo 15 de los estatutos de la Institución reza: "La ILE es completamente ajena a todo espíritu e interés de comunión religiosa, escuela filosófica o partido político; proclamando tan sólo el principio de libertad e inviolabilidad de la ciencia y de la consiguiente independencia de su indagación y exposición respecto a cualquier otra autoridad que la de la propia consciencia del profesor, único responsable de sus doctrinas". Los planteamientos de la ILE eran extraordinariamente vanguardistas para la época, si consideramos el monopolio que la Iglesia ejercía sobre la educación, basada en la repetición, la memorización, la aceptación del dogma y la preocupación por elementos exteriores del conocimiento: retórica, gramática y pensamiento neoescolástico. Pese a la resistencia de un sector de la sociedad, los resultados de las medidas impulsadas por la ILE fueron impactantes a cierto nivel. José Ortega y Gasset, el filósofo más influyente del período, se educó en las aulas de la Institución. La idea de que el niño posee todo lo necesario para llegar a ser lo que ha de ser y que sus facultades dormitan a la espera de una mano que las oriente, está implícita en la famosa frase de Ortega: "Yo soy yo y mis circunstancias".

El impacto de la Institución se hizo sentir también en la enseñanza universitaria. En 1898 se lanzó en Oviedo la primera experiencia de Extensión Universitaria. Fue un proyecto global que intentaba compaginar la educación universitaria con la preparación obrera profesional. Las clases se ofrecían no sólo en los recintos de la universidad sino en centros sindicales y obreros. En 1907 se iniciaron los primeros intercambios con instituciones europeas y se creó el Instituto Escuela, y en 1910, la Residencia de Estudiantes en Madrid. Esta última funcionó como un centro cultural en el que se llevaron a cabo experiencias muy innovadoras de intercambio científico y artístico. Su prestigio viene avalado por haber albergado durante años a generaciones de estudiantes y prestigiosos visitantes al crear un foro de discusión y creatividad. En la Residencia convivió lo más selecto de la intelectualidad de la Generación del 27: los escritores Federico García Lorca, Luis Cernuda, Juan Ramón Jiménez, el pintor Salvador Dalí, el músico Manuel de Falla, el cineasta Luis Buñuel, así como el científico Severo Ochoa, entre otras muchas luminarias. Aunque un tanto elitista, de sus tertulias surgieron iniciativas muy valiosas, como las Misiones Pedagógicas, cuya labor se extendió por el campo español con programas educativos y culturales. Otras voces surgieron rechazando estas propuestas populistas. Ortega y Gasset defendió un cierto elitismo en su libro *La deshumanización del arte*, con conceptos selectivos en literatura y arte con mayúsculas, separando a las élites de las masas. El elitismo de Ortega se extendió más allá del pensamiento intelectual hasta convertirse en una crítica de la democracia de masas.

La educación en la encrucijada histórica

La Segunda República fue heredera de diversas corrientes reformadoras. Los planes educativos fueron en teoría muy ambiciosos, aunque quedaron en su mayoría incompletos por falta de presupuesto. El primer reto fue la lucha a muerte contra el analfabetismo que en 1930 rondaba el 45 por ciento de la población. La tarea fue asumida por las Misiones Pedagógicas, que proponían llevar la educación a las zonas rurales a través de un plan quinquenal que crease 7.000 plazas de maestros y construyese 27.000 centros escolares. Un paso fundamental fue la creación de una educación neutral liberada de las ataduras religiosas, que se extendiese igualitariamente a niños y niñas. Las reformas abarcaban también al ámbito universitario, que en 1931 contaba con 35.000 estudiantes. A tal efecto se creó el Consejo Universitario y los Consejos Provinciales y Locales con la participación de padres, alumnos y ayuntamientos. También se intentó incentivar la investigación a través de la creación del Instituto de Investigaciones Científicas.

Desde un principio, la Iglesia se opuso a la instrumentalización de estos planes que reducían su influencia social, especialmente por el proceso de secularización implícito al suprimirse la obligatoriedad de la enseñanza de religión, que consistía únicamente en religión católica. Sin embargo, poco efecto tuvo su oposición, ya que los gobiernos de la República no contaron ni con el dinero ni con el tiempo para implementar estos ambiciosos planes. La Guerra Civil echó todo por la borda y luego, con el nacionalcatolicismo, el monopolio de la educación retornó a la Iglesia.

Los conservadores impusieron una enseñanza confesional basada en tres premisas fundamentales: educación de acuerdo con la moral y los dogmas católicos; imposición de la educación religiosa en todas escuelas, tanto públicas como privadas; y el derecho de la Iglesia a inspeccionar todos los centros docentes para garantizar la pureza de las enseñanzas. Como un fantasma resurgió la censura con la misión de limpiar toda impureza o desviación. El famoso *Índice* de libros considerados perniciosos o nocivos hizo su entrada en las escuelas y librerías. Se depuró también gran parte del profesorado de la República, que fue sustituido por personas hombres afines a los principios falangistas y del Movimiento Nacional.

La Ley de Reforma Educativa de 1938 creaba un ciclo de enseñanza primaria entre los 5 y los 10 años. La enseñanza media se estructuraba con un bachillerato de dos ciclos, uno obligatorio hasta los catorce años, y otro opcional de dos años, más un curso adicional de preuniversitario. Paralelamente se ofrecía un bachillerato técnico con especialización profesional, bien en agricultura, minería, mecánica o profesiones consideradas femeninas, costura y secretaría. Por otra parte, se impuso la obligatoriedad de la enseñanza en castellano en todas las regiones, y se excluyó cualquier intento de bilingüismo.

¿Qué se enseñaba en las escuelas y qué formación se daba a los nuevos españoles surgidos de la gran confrontación nacional? Ciertamente la religión estaba en todo. En las clases de idioma, fundamentalmente francés y latín, se trabajaba con textos religiosos. Antes de aprender correctamente la gramática francesa o latina había que memorizar el *Padrenuestro* o el *Ave María* en francés y en latín, aunque los alumnos no tuviesen ni remota idea de lo que repetían. Todas las disciplinas, incluso la matemática, usaban ejemplos religiosos y patrióticos para sus ejercicios y prácticas. El franquismo realizó un esfuerzo adoctrinador sin precedentes en nuestra historia. La preocupación por la educación fue ante todo ideológica y doctrinaria. La memorización se impuso en detrimento de la experimentación y el debate. Debatir era retar la autoridad magistral. Cierto que se incentivaron el dibujo y las artes plásticas, pero siempre dentro de los cánones establecidos, cuidando que la creatividad no impulsase ninguna forma de desviacionismo ideológico.

La historia giraba en torno a exageradas apologías de la España imperial; "defensora de la auténtica civilización que es la cristiana", rezaba uno de los muchos textos de aquella época. Se volvió a insistir en una historia que ilustrase en detrimento del dato empírico. Según el rector de la Universidad de Valencia en aquella época, "se ha de resaltar de modo interesado los hechos que demuestren los valores de la raza, silenciando otros que o no la ennoblecen o pueden ser interpretados torcidamente. Se trata, repito, de hacer españoles que sientan la historia y no de formar hombres que conozcan plenamente la historia". Los voceros oficiales, por su parte, advertían sobre el peligro de cualquier forma de extranjerización, porque sus costumbres e ideas, a decir del Boletín Oficial del Estado, "son hipócritas, extrañas, exóticas y despóticas". Se impusieron tres asignaturas obligatorias tanto en la enseñanza media como la universitaria: Religión, Educación Física y Formación del Espíritu Nacional. Había que examinarse de estas asignaturas anualmente, aunque los exámenes consistiesen sobre todo en un recetario de fórmulas que se repetían.

La Ley de Reforma Universitaria se iniciaba con todos los reparos que para el régimen implicaba. Una nación con buen nivel universitario es una nación pensante. La dictadura de Franco lo entendía, y mientras que estaba interesada en la formación de cuadros profesionales, sospechaba de la practicidad de ciertos estudios humanísticos. Así que la Ley Universitaria comenzaba atacando la corriente extranjerizante, laica, fría, krausista y masónica de la Institución de Enseñanza Libre. Se depuraron las universidades y prestigiosos profesores perdieron sus cátedras, por ejemplo Enrique Tierno Galván y José Luis Aranguren, entre otros, además de la sangría que la posguerra había representado con el exilio de millares de intelectuales y profesores universitarios. Los nuevos directores y rectores universitarios debían ser militantes de la Falange.

Para 1956 se observa una cierta relajación del aparato represivo y la educación se desmarca de ciertos contenidos ideológicos. Con Joaquín Ruiz-Jiménez en el Ministerio de Educación, la Iglesia perdió el privilegio de inspeccionar los centros educativos, aunque su influencia permaneciese. En 1964 con la Ley Educativa de Villar Palasí, se impuso la obligatoriedad de la educación hasta los 14 años.

Por su parte, la universidad creció rápidamente y se convirtió en un foco conflictivo. En su seno se empezó a gestar una serie de movimientos de protesta contra la dictadura que la fueron minando por dentro. Varias reformas universitarias fracasaron, pues los conflictos tenían profundas bases sociales y económicas. Así que las tensiones continuaron y, al final, el franquismo optó por olvidarse un tanto de la universidad. Sus recintos quedaban protegidos de la intervención de las fuerzas públicas y lo que pasase de puertas adentro fue relativamente ignorado, siempre y cuando no tuviese un reflejo en la calle. Las manifestaciones estudiantiles en el exterior preocupaban más que el hecho de que parte del nuevo profesorado estuviera influenciado por doctrinas marxistas.

Con un gran bagaje de rémoras y con las deficiencias lógicas del aparato doctrinario del Estado, durante el franquismo se cumplieron algunos objetivos de alfabetización y escolarización, que en 1974 alcanzó, según los datos oficiales no muy fiables, al ciento por ciento de los niños en edad escolar. Pero la enseñanza secundaria no superaba el 40 por ciento. Por su parte la universidad formó a una masa de profesionales para ocupar puestos relevantes en una nueva economía, pero también conscientes de la necesidad de democratizar el país para integrarlo en Europa.

La educación durante la democracia

El período que se extiende entre 1976 y 1982 fue convulsivo en la parcela de la política educativa. Se echaron en falta unas líneas directrices claras para una planificación a largo plazo. Los problemas a los que se enfrentaba el sector eran muchos: mermados presupuestos, huelgas y demandas de autonomía de las regiones, especialmente en lo concerniente a la enseñanza de las lenguas vernáculas. La Constitución de 1978 reconoció, por vez primera, el derecho de padres, profesores y alumnos a participar en la gestión y el control de la escuela pública. El artículo 27.7 indica: "Los profesores, los padres y en su caso los alumnos intervendrán en la gestión y el control de los centros sostenidos por la administración con fondos públicos, en los términos que la ley establezca". Por su parte, la Ley Orgánica del Estatuto de Centro Escolares (LOECE), aprobada en 1980, refrendaba este derecho mediante la organización de Asociaciones de Padres. Sin embargo no se definía claramente entre preservar la unidad del sistema educativo y la política autonómica. Con la llegada al poder de los gobiernos socialistas en 1982, se intentó crear una ley educativa acorde con los tiempos, que abarcarse a todos los sectores de la sociedad y que tuviese en cuenta las demandas de las autonomías mediante un proceso necesario de descentralización. La universidad por su parte seguía siendo elitista, con planes muy rígidos de estudio y un gran predominio de la cátedra sobre el resto de los sectores universitarios. Existía también una total desconexión entre la investigación y la docencia, con grandes deficiencias en la preparación del profesorado. La Ley Orgánica del Derecho a la Educación (LODE), aprobada bajo inspiración socialista en 1984, fue un primer intento de dar solución a los muchos problemas existentes. Las iniciativas más innovadoras se centraron en el incremento sustancial del presupuesto destinado por el Estado a la educación, en la transferencia del control de la educación a las autonomías en un progresivo proceso de descentralización, y en la extensión de la obligatoriedad y gratuidad de la enseñanza hasta los 16 años. Desde esa fecha han sido varias las leyes aprobadas en un período de tiempo muy restringido, de tal forma que un estudiante durante los años de educación puede llegar a pasar por tres planes distintos y consecutivos que se superponen. En ocasiones estos planes están en función de los partidos políticos en el poder y se contradicen. Las deficiencias educativas siguen siendo muchas y se ha experimentado, como en toda Europa, un deterioro de la importancia de la profesión de maestro y de la valoración que el mismo estudiante hace de los años escolares. En las aulas, la violencia contra los maestros no es todavía un mal generalizado, aunque ya han empezado a sentirse las primeras manifestaciones.

Por su parte, las universidades han realizado un gran esfuerzo de renovación necesario y a muchos niveles, aunque han permanecido en su seno algunas de sus tradicionales lacras. La universidad española siguió el modelo napoleónico, en el que privó una enseñanza centralizada, gratuita, y homogeneizada por el Estado. Es gratuita y por lo tanto tiende a la masificación. Durante muchos años se puso resistencia a cualquier plan de selectividad que cribase el ingreso de alumnos en ciertas carreras. Como resultado, los primeros años de las carreras son masivos, y los profesores deben recurrir a suspender un porcentaje muy alto de estudiantes que, poco a poco, se van desencantando y terminan por abandonar los estudios. Con ello se produce una selectividad natural. Al llegar a los cursos más avanzados, el número de estudiantes ha disminuido notablemente.

Las universidades se han modernizado en muchos sentidos, y han adoptado ciertas normativas de las universidades estadounidenses, como el sistema de estudio por créditos, la oferta de másteres y la insistencia en la necesidad de publicar para progresar en las carreras. El plan de estudio Erasmus, a través del cual millares de estudiantes universitarios pueden seguir estudios durante un año en distintas universidades europeas, ha favorecido la integración y la apertura a nuevos estilos y realidades, e incentivado la universalidad de los conocimientos. También se impusieron finalmente unos procedimientos de selectividad que restringen la entrada a determinadas carreras de acuerdo con el número de solicitantes.

La universidad, sin embargo, perdió la gran baza de la democratización y ha mantenido un sistema de promoción nepotista de profunda raigambre franquista. Aunque existe una reglamentación a base de concursos y oposiciones para obtener una plaza de profesor adjunto o para ascender en el rango, en la realidad el nepotismo ha privado en la contratación, y ha favorecido a los graduados y doctores de la propia universidad. Se hace más investigación, pero con pocos recursos, ya que la integración entre industria y universidad no se ha realizado de la forma en que sería deseable. El número de estudiantes siguió una línea alcista iniciada durante la dictadura franquista hasta alcanzar la cifra de 1.500.000 matriculados en 2000. En 1985, la población universitaria no llegaba a 690.000 estudiantes. El número de españoles con educación universitaria entre los 25 y los 64 años pasó de 727.000 en 1977 a 3.200.000 en 2000. El porcentaje de graduados universitarios se incrementó del 4 por ciento de la población en 1977 a 16 por ciento en 2000. Se crearon nuevas universidades estatales y se aprobó una ley para incentivar las privadas. Con anterioridad a 1975, sólo tres universidades eran privadas de las 33 existentes. En la actualidad hay en España 64 universidades, entre públicas y privadas. Las más grandes y prestigiosas son la Universidad Complutense de Madrid, con cerca de 90.000 estudiantes, y la Central de Barcelona con unos 70.000.

EL PERIODISMO Y LOS MEDIOS DE DIFUSIÓN

España ocupa uno de los últimos lugares en la Europa comunitaria en cuanto a la lectura de periódicos. Detrás se ubican Portugal y Grecia. Que los jóvenes leen menos es un hecho preocupante al que los gobiernos tratan de dar solución. Según una encuesta gubernamental realizada a medidos de los años 80, la mitad de los españoles no había leído nunca un periódico. Lo mismo puede decirse de los libros. El que fuera presidente del gobierno español durante la Segunda República, Manuel Azaña, decía con sorna: "La mejor forma de guardar un secreto en España es publicarlo en un libro". Sin embargo, el número total de compradores de periódicos ha crecido de nueve millones en 1986 a trece en 1998. La diferencia entre comprador y lector es muy importante, sobre todo en un país como España, donde dado el tipo de vida familiar, un periódico en el hogar tiene posiblemente más de un lector. Se calcula que mientras el 10 por ciento de los españoles compra el periódico, lo lee un 25 por ciento.

La prensa, como la educación, goza de prestigio. Las calles y avenidas de las ciudades españolas están jalonadas de quioscos de prensa donde los transeúntes se paran a observar, mirar las últimas noticias, comprar un periódico, quizás una revista o un libro de ocasión. Son pocas las personas que están suscritas a un diario, una costumbre que nunca arraigó en España, donde se prefiere el entretenimiento de salir a la calle y comprar el periódico en el quiosco de la esquina o leerlo en la selección que muchos bares y restaurantes ponen al servicio de sus clientes. Ésta es otra muestra del predominio de la calle sobre la casa.

En general, la prensa diaria ha tenido un tono partidista y ha representado una línea política o ha estado al servicio de un partido. Así fue siempre en la historia del país. *Marca*, periódico deportivo, es el de mayor difusión y venta, con una tirada de 558.000 ejemplares diarios, además de las muchas entradas de la página Web. Le siguen en importancia mediática y ventas, *El País* (470.000), *ABC* (310.054), *El Mundo* (308.519) y *La Vanguardia* (225.010). Son los principales periódicos de referencia y están entre los pocos con vocación nacional. *El País* fue fundado en 1975 y pertenece al Grupo PRISA, que ejerce una gran influencia mediática, pues se extiende a la radio (Cadena SER, Antena 3) y la televisión (Canal +, Canal Satélite Digital) y ahora el Canal Cuatro, además de otros diarios. Es el periódico de noticias más leído en España y contiene una información general (nacional e internacional) y una edición local que se imprime en provincias. Fue un periódico fundamental en los años de la transición, pues expresó una corriente liberal progresista. Se le acusó de difundir la política oficial durante los años de los gobiernos socialistas (1982–1996), por lo que perdió parte de su prestigio. Hay que señalar que la línea actual está abierta a un cierto contraste de pareceres, ya que se invita a editorialistas de otras tendencias. Bajo la batuta de su primer director, José Luis Cebrián, el periódico, a decir del profesor Edward Stanton, "más que un periódico, fue un árbitro político social y cultural".

ABC es el segundo periódico en ventas, perteneciente a Prensa Española y es uno de los rotativos más veterano. Fue el periódico de la monarquía, y ha mantenido una línea conservadora durante muchos años opuesta a los partidos de izquierda y a todo avance nacionalista. Ha conservado una cifra constante de lectores, pero sus incursiones en otros medios no han fructificado. Posee una participación minoritaria en la Cadena COPE de radio, propiedad de la Iglesia. Fue adquirido recientemente por el Grupo Correo.

El Mundo es propiedad de Unidad Editorial y fue fundado en 1989. Experimentó un rápido crecimiento a partir de 1996, con la victoria del Partido Popular en las elecciones de ese año. Desde su inicio marcó una postura beligerante con los gobiernos socialistas y mantuvo una especie de pugilato informativo con *El País*. Se encargó de descubrir una serie de escándalos de los gobiernos socialistas que, a la larga, precipitaron su caída. Tras la elevación del Partido Popular al poder, ha moderado sus ataques, lo que ha repercutido en un tono más moderno y atractivo para un periódico que quiere ampliar el número de lectores. Uno de los mayores atractivos de *El Mundo* es que ha sabido diversificar sus intereses en otros medios. Es un líder en Internet, con una página muy bien diseñada y gratuita, al contrario de *El País* que requiere suscripción.

De los cuatro periódicos de más venta, *La Vanguardia* es el único periódico catalán y el de más tirada en Cataluña. Pertenece al Grupo Godó de gran trayectoria empresarial, y fue fundado en 1881. Está redactado en castellano en su mayor parte, con algunas páginas en catalán. Es un rotativo de gran prestigio por su cobertura internacional, y una referencia necesaria. Mantiene una línea de cierta neutralidad en asuntos de política nacional, aunque tiende a no definirse en temas de nacionalismo. Fue el periódico de la burguesía catalana durante años y ha sabido mantener su atractivo y presencia, aunque no ha llegado a todo el territorio nacional.

Curiosamente, en España nunca ha fructificado la prensa amarilla, tan popular en Inglaterra y en Estados Unidos (*New York Daily News, Sun*). Posiblemente porque una serie de revistas de gran difusión ha ocupado este lugar (*Pronto, Hola, Lecturas, Semana, Diez Minutos*). Son las llamadas revistas del corazón, dirigidas principalmente a un lector femenino. Cubren noticias de la llamada alta sociedad, vidas de actores, sus relaciones y moda. Cuentan con tiradas extraordinarias: 807.232 ejemplares *Pronto*, 627.514 ejemplares *Hola*, 268.517 ejemplares *Diez Minutos* y 222.789 ejemplares *Mi casa*; esta última, dedicada al hogar. Ninguna se ocupa de deportes. La versión española de *National Geographic* se vende muy bien, con una tirada de 288.751 ejemplares. Pero la número uno de todas las revistas publicadas en España es *Canal + Revista*, que se dedica a la televisión y otras formas de entretenimiento.

Televisión

La televisión se ha adueñado de los hogares españoles y a esta actividad dedican sus ciudadanos las mejores horas de su vida. Mientras se puede decir que, en general, los programas de radio son muy variados y de gran valor cultural e informativo, la televisión mantiene una baja calidad. En 1956, cuando por primera vez los programas de televisión salieron a las ondas, estuvieron al servicio del gobierno franquista. La televisión oficial ha seguido siendo un instrumento y difusor de la visión oficial, a despecho del partido en el poder. El director de TVE (Televisión Española) es elegido por el ejecutivo. Aunque el canal oficial ha intentado mantener una línea más educativa en su programación, los muchos casos de corrupción, malversación e ineficacia han plagado su línea de trabajo. No fue hasta mediados de los 80 que la aparición de otros canales rompió con el monopolio. Sin permiso del gobierno central, las autoridades autonómicas vascas, catalanas y valencianas crearon sus propios canales para retransmitir en lenguas vernáculas, como lo habían estado haciendo las estaciones de radio. En un principio, la falta de programación obligó a estos canales a comprar programas de la televisión estadounidense para doblarlos en las diferentes lenguas. Algunas de las series más populares y de moda, como *Dinastía*, podían ser vistos en las mismas fechas en el territorio nacional doblados en cuatro idiomas diferentes: castellano, vasco, catalán y gallego.

Bajo presiones de la Unión Europea, el gobierno se vio forzado a autorizar la existencia de canales privados a mediados de los 90. Antena 3 fue el primero en retransmitir, seguido por Tele 5 y Canal +. Una mayor flexibilidad en temas eróticos, mucho cine y noticieros con tendencias políticas acordes con el grupo al que pertenecen, salpican la programación de las cadenas, que no consiguen salir de la mediocridad que en términos generales afecta a la televisión europea.

Bibliografía

Ball, Phil. *Morbo. The Story of Spanish Football.* London: WSC Books, 2003.

Gibson, Ian. *Fire in the Blood. The New Spain.* London: BBC Books, 1992.

Puelles de Benítez, Manuel. *Educación e ideología en la España contemporánea.* Barcelona: Labor, 1991.

Sopeña Monsalve, Andrés. *El florido pensil. Memoria de la escuela nacional católica.* Barcelona: Crítica, 1994.

Stanton, Edward F. *Culture and Customs of Spain.* Westport, CT: Greenwood Press, 2002.

Stanton, Edward F. *Handbook of Spanish Popular Culture.* Westport, CT: Greenwood Press, 1999.

Religión

TEMAS

- El catolicismo en la historia de España

- El papel y el poder de la Iglesia tradicional

- Tradición y anticlericalismo

- Los liberales y la Iglesia

- La anarquía contra la Iglesia

- La cruzada religiosa de liberación nacional

- El papel de la Iglesia en la España de Franco

- La Iglesia en la transición

- El Opus Dei

- Nuevas corrientes y reacciones

CULTURA RELIGIOSA

En el pueblo de Becerril de la Sierra, en la provincia de Madrid, se celebran, entre el 10 y el 19 de septiembre, las fiestas mayores de la localidad. Son unas fiestas que tienen lugar cada año al igual que en prácticamente todos los pueblos y ciudades de España. El programa de las fiestas anuncia una larga serie de eventos: corridas de toros, suelta de vaquillas, encierros, bailes, pasacalles, comidas y cenas populares, torneos, concursos, castillos inflables, fuegos artificiales y verbenas. A pesar del carácter lúdico de todos estos eventos, las fiestas, de carácter popular y participativo, conmemoran el Santo Cristo del Buen Consejo. En el programa y en los pósteres se reproduce una imagen del Santo Cristo que es un Cristo crucificado de gran realismo. Aparte de la celebración de una misa el miércoles, nada parece recordar el dramatismo del Cristo al que se dedica la conmemoración. Pero así es un poco España, un país donde existe una inseparable relación entre religión y cultura, cuyos antecedentes parecen estar perdidos en el calendario religioso de un pasado remoto. Todas las fiestas de todos los miles de pueblos en el calendario anual están dedicadas a un santo patrón o patrona, que puede ser un Cristo, una Virgen o un santo. Sin embargo, no se pone en tela de juicio esta relación a veces un tanto anacrónica.

Procesión de la Semana Santa en Sevilla

La razón hay que buscarla en que la religión ha desempeñado un papel fundamental en la definición de la identidad y la cultura española. En España, todos los acontecimientos festivos y fiestas nacionales o locales tienen un doble significado relacionado con el calendario religioso cristiano. Las familias celebran el bautismo de sus hijos, la primera comunión y la confirmación, con banquetes y reuniones, aunque los padres no sean creyentes. Parece como si estos ritos, originariamente cristianos, hubieran sido absorbidos por la sociedad civil que, en muchos casos, los ha despojado de su significado original. Curiosamente, muchas parejas se siguen casando por la Iglesia aunque no tengan firmes creencias o mantengan básicas nociones religiosas. Lo hacen por gozar del ceremonial religioso, más rico y vistoso que las bodas civiles carentes de ritos en general. ¿Cómo se explican estos comportamientos?

Lo que parece traslucirse es la diferencia entre práctica y devoción religiosa. La primera implica un compromiso y un comportamiento personal inspirado en unas creencias, al margen de la intensidad de éstas. La segunda es más ambigua, pues expresa el sentimiento personal hacia una imagen religiosa, una Virgen local o un santo patrón. Esto es muy común en pueblos cuyo patrón o patrona inspira devociones locales. En Sevilla, por ejemplo, la Virgen de la Macarena y la del Rocío provocan rivalidad entre los sevillanos que exaltan las virtudes de una u otra, aunque ambas sean la Virgen María, Madre de Dios. Durante Semana Santa engalanan las imágenes, las sacan de los templos y las pasean por las calles vitoreándolas con un sentido de expresión exhibicionista y barroca propio de la práctica religiosa en el sur.

HISTORIA SAGRADA DE ESPAÑA

A través de los siglos, la religión ha impregnado la cultura española a todos los niveles y es imposible entenderla sin ella. Los antecedentes hay que hallarlos en el pasado más remoto, prácticamente en el inicio de la era cristiana. La llamada reconquista cristiana del poder musulmán, en el siglo VIII, vigorizó las energías cristianas que continuaron su avance desigual hasta conseguir en 1492 homogeneizar religiosamente la península. Poco antes, los reyes Fernando e Isabel habían unificado los varios reinos existentes, apoyándose en la religión como base ideológica. Expulsaron a los musulmanes del reino nazarí, a los judíos de todos los territorios cristianos y acabaron con cualquier desviación dogmática o pluralidad religiosa. No en vano adoptaron el apelativo de Reyes Católicos. Al producirse la Reforma Protestante de Lutero en 1520, España se invistió de abanderada de la ortodoxia católica y en su defensa se gastaron cuantiosas energías. De la península surgieron los ejércitos de jesuitas de San Ignacio que se extendieron con fervor proselitista por todos los continentes. Lo hicieron desde una cierta posición de poder, pues contaban con el apoyo del Papado de Roma, del que recibieron la asignación de conquistar y evangelizar en exclusividad vastos territorios de América.

No se puede entender la América hispana y la España del Siglo de Oro sin comprender el significado de la Contrarreforma, plataforma ideológica del Imperio. La cultura en España se aferró al pensamiento neoescolástico, basado en la revelación y no en la investigación, y puestos a escoger entre el conocimiento científico o la memorización, se eligió la segunda. El predominio del catolicismo fue a la vez absoluto y defensivo. La Inquisición, de tan tristes secuelas, se encargó de corregir y castigar cualquier desviación del dogma y, como resultado, la cultura hubo de expresarse entre los estrechos márgenes de la censura. No es casualidad que muchos de los grandes escritores del Siglo de Oro fueran perseguidos y pasaran por cárceles. Entre ellos podemos mencionar a Fray Luis de León, Francisco de Quevedo, Lope de Vega y Miguel de Cervantes, entre otros.

El catolicismo en España no fue una religión sino "la religión", con todo lo que eso implica. Estuvo emparejada al poder político, de tal forma que el Estado monárquico funcionó casi como una teocracia. El poder y los recursos materiales de la Iglesia, unidos a los de la aristocracia, dan cuenta de la historia del antiguo régimen. Los ejércitos y los barcos españoles batallaron al lado del Papa en el Mediterráneo contra los turcos y en el norte de Europa contra los príncipes protestantes. El arte y la cultura en general fueron religiosos, así como sus expresiones más genuinas. Fueron también barrocos, externos, extravagantes, con tendencia a dar primacía a las formas y exhibicionistas, y carecieron de compromiso, de interioridad y de sobriedad. El catolicismo no desarrolló, como el protestantismo, un código de ética individual y responsabilidad, estando más orientado un código social de conducta religiosa. Sin embargo, al lado de esa Iglesia católica rica y extravagante surgió otra Iglesia militante y misionera, que llevó a cabo grandes esfuerzos evangelizadores y produjo una pléyade de pensadores y místicos. En los rincones más remotos de la América indígena brotaron las misiones de las importantes órdenes religiosas: franciscanos, dominicos y jesuitas. Hicieron una labor que el poder del Estado no quiso o tuvo los medios para materializar. ¿Cómo conciliar esas facetas contradictorias del catolicismo?

Se ha escrito que España ha sido un pueblo de monjes, místicos y blasfemos. Algo hay de cierto en ello si seguimos la trayectoria de la Inquisición y las órdenes misioneras, o si observamos la constante presencia de símbolos, ritos y expresiones religiosas en el acontecer diario de los españoles. Lo de blasfemo es consecuencia de las muchas expresiones del lenguaje de la calle que pudieran ser consideradas blasfemas, y que son numerosas y frecuentes.

La Inquisición, importada de Italia en tiempos de los Reyes Católicos y de trayectoria macabra, no fue abolida hasta 1813, aunque volvió a ser restablecida por Fernando VII en 1830. A partir de esta fecha, la lucha entre liberales y conservadores pasa por el tamiz de la religión y se expresa en un conflicto entre anticlericales y tradicionalistas. El anticlericalismo ha sido una reacción característica de España y de Europa desde el Medioevo, pero especialmente durante la Contrarreforma. Tomó especial relieve con la revolución romántica a principios de siglo XIX, cuando los gobiernos liberales aprobaron las leyes desamortizadoras encaminadas a desposeer a la Iglesia de muchas de sus grandes propiedades rurales. Las órdenes religiosas habían ido creciendo, no sólo en influencia ideológica, sino en poder material en un lento pero continuo proceso de acumulación de propiedades inmobiliarias, tanto urbanas como rurales. Aunque la desamortización afectó a un gran número de propiedades, la Iglesia mantuvo su poder a lo largo del siglo XIX, aunque desde posturas defensivas. El clero español fue conservador y tradicionalista, y rechazó liberalizarse como hubiera sido oportuno. En la mayoría de los casos, se mostró incapaz de afrontar las nuevas corrientes románticas y liberales, y se refugió en el Estado, al que sirvió.

A principios del siglo XX, el número de sacerdotes y clérigos seguía siendo muy elevado, aunque había experimentado cierto declive. Para 1930, la cifra de sacerdotes de la iglesia secular (dependientes de las diócesis y financiados por el Estado) ascendía a 30.000. La iglesia regular (frailes, hermanos y monjas de órdenes religiosas) sobrepasaba los 50.000. Estaban en general mal pagados y dependían para sobrevivir de donativos y de la comercialización de ciertos productos eclesiásticos y religiosos. Ocupaban, sin embargo, una posición dominante en la educación primaria y secundaria. Aproximadamente un tercio de todas las escuelas primarias y cerca del 35 por ciento de las secundarias estaban controladas por religiosos, porcentaje que iba en aumento.

Antecedentes cercanos de un antiguo conflicto

Tradicionalistas de un lado y anticlericales de otro, el drama de la España de comienzos del siglo XX estaba servido. Cada vez que la derecha perdía el poder a manos liberales se producían desproporcionadas expresiones de violencia dirigidas al clero y la Iglesia. Las primeras décadas del siglo XX presentan un muestrario del horror de estos excesos, hasta el punto que es difícil comprender tanto odio y destrucción si no es sopesando la inmensa influencia que la Iglesia había ejercido en España a lo largo de su historia.

Con anterioridad a 1936 y durante la República y la Guerra Civil, se quemaron iglesias y conventos, se asesinó a sacerdotes y a monjas, y se violaron recintos sagrados. Para los anarquistas, la religión tradicional era tan enemiga de la cultura y la moral que defendían como lo era el capitalismo. Por su parte, los comunistas hicieron del anticlericalismo una pieza fundamental de la revolución proletaria. Hay que tener en cuenta que Carlos Marx había escrito la famosa frase lapidaria "la religión es el opio del pueblo". En cambio, para los socialistas, el anticlericalismo no era una prioridad, si bien formaba parte del programa de la nueva sociedad que deseaban instaurar. La Guerra Civil materializó, en parte, la división radical entre católicos militantes y anticlericales. Hay que aclarar que muchas de las posiciones anticlericales de republicanos y socialistas no significaban rechazo de la religión. El anticlericalismo expresaba el desacuerdo con la misión y el poder de la Iglesia con sus abusos y excesos. Cuando los anarquistas asaltaban centros cristianos lo hacían con el odio de la marginación de siglos que los había condenado a una pobreza que la Iglesia oficial bendecía. En algunas de las consignas lanzadas por grupos anarquistas y anarcosindicalistas se contemplaba la muerte de sacerdotes y religiosos como un compromiso revolucionario. Sin embargo, durante la Semana Trágica en Barcelona, el furor anarquista fue dirigido a las propiedades de la Iglesia más que al clero. Un mes después de ser declarada la República, se produjo la primera oleada de quema de conventos. En un período de tres días, manifestantes anticlericales en Sevilla, Madrid y otras ciudades saquearon y quemaron unos cien edificios religiosos. La cifra de sacerdotes y frailes asesinados al terminar la Guerra Civil es difícil de contabilizar, pero se aproxima a seis mil, además de unas trescientas monjas.

El historiador estadounidense Stanley Payne considera que en España se produjo "la más salvaje persecución realizada contra la Iglesia en tiempos modernos". La brutal explosión fue acompañada por una fuerte campaña anticlerical recogida en las declaraciones de sus más destacados políticos. Las medidas que la República tomó para reducir la influencia de la Iglesia fueron muchas: se disolvió la Compañía de Jesús, se cerraron varias universidades y numerosas escuelas secundarias, se legalizó el divorcio, se secularizaron los cementerios y se prohibió las transferencias de propiedades eclesiásticas a terceros. Manuel Azaña, presidente de la República durante sus años más controvertidos, declaró: "España ha cesado de ser católica". Esta declaración incitó sin duda reacciones de los católicos. Como resultado, surgieron una serie de partidos políticos que canalizaron las fuerzas de la España católica (CEDA de Gil Robles; Unión Democrática de Cataluña), además de la Falange, los carlistas y las JONS (Juntas de Ofensiva Nacional-Sindicalistas), que incorporaron en sus idearios propuestas religiosas.

El levantamiento militar de 1936 contó con el apoyo de sectores católicos, aunque la religión no fue la principal causa. De hecho, muchos católicos pusieron serias objeciones al conocerse la vinculación de los nacionalistas con Adolfo Hitler y Benito Mussolini. Lo extremo de la situación creaba en la práctica graves problemas de conciencia a los creyentes. Por otra parte, la visión de obispos y sacerdotes saludando con la mano en alto a las tropas de Franco, encrespaba aún más el conflicto. La escalada de la guerra radicalizó las posiciones mientras continuaba la destrucción de conventos y edificios religiosos. ¿Qué hacer? ¿Justificar los desmanes del fascismo como freno al anarquismo ateo? Si en un bando se quemaban templos y se violaban monjas, en el otro, los sacerdotes bendecían fusilamientos o los ignoraban.

Podría decirse que, en parte, la Guerra Civil fue una guerra religiosa. Así lo pretendió el lado nacionalista, que se aprestó a llamarla Cruzada de Liberación Nacional. Los obispos, con la excepción de tres, apoyaron el levantamiento militar. El Papa Pío XI no se definió frente al conflicto, a pesar de las presiones del obispado español, y sus encíclicas fueron censuradas en el bando nacionalista. Tras la victoria, el 1° de abril de 1939, Franco envió un telegrama al nuevo papa Pío XII, en el que resumía el carácter de la guerra: "Elevamos nuestros corazones

Francisco Franco es saludado por obispos y sacerdotes españoles, algunos con el brazo en alto.

al Señor, y nos regocijamos con Vuestra Excelencia en la victoria, tan profundamente deseada, de la España católica". Como respuesta, el Papa, en un mensaje retransmitido el 15 de abril de 1939, felicitaba a los nacionalistas por el triunfo en la guerra y sugería moderación con los vencidos. Esta última parte fue censurada. A renglón seguido, se iniciaba una violenta represión para limpiar el "suelo patrio" de comunistas, rojos, masones y ateos. Los fusilamientos continuaron durante mucho tiempo, mientras en las cárceles se hacinaban prisioneros esperando turno, entre ellos el gran poeta español Miguel Hernández, que murió en la cárcel de Alicante de tuberculosis.

La España católica, apostólica y romana

En las biografías sobre Franco, o las muchas y recientes publicaciones sobre la Guerra Civil y sus secuelas, se discute con diversidad de opiniones las ideas políticas del Caudillo. Hay acuerdo en que Franco fue un militar con fuertes creencias religiosas que inspiraron su comportamiento personal y sus acciones como jefe del Estado. Tras la guerra se invistió con la aureola triunfal dispuesto a convertir a España, como le gustaba decir en sus discursos, en la "reserva espiritual de Occidente", al denominar el movimiento que guiaba como "nacionalcatolicismo". Entraba en los templos bajo palio y se sentaba al lado del altar acentuando su presencia. En su dormitorio guardaba en una urna el brazo incorrupto de Santa Teresa de Jesús, la santa carmelita cuya acción y obra inspiraron algunos de los momentos más fecundos del catolicismo español. Es posible que se sintiese llamado personalmente a defender a la Iglesia de sus recientes enemigos y a devolver la catolicidad a España. En las monedas en uso hizo grabar la inscripción "Francisco Franco Caudillo de España por la gracia de Dios", lo que no deja duda sobre el papel que él mismo se asignaba.

Los logros de su cruzada triunfante quiso eternizarlos en dos monumentos emblemáticos: la Cruz del Valle de los Caídos, que se alza al norte de Madrid cerca del monasterio de El Escorial y del alto de los Leones, donde se produjeron algunas de las batallas más encarnizadas de la guerra, y el monumento al Sagrado Corazón de Jesús. El primero, monumental cruz rodeada en su base por las imágenes de grandes proporciones de los cuatro evangelistas, fue construido por prisioneros republicanos. Su finalidad fue honrar a "los caídos" (muertos) en defensa de la cristiandad. En la cripta, enclavada en la roca bajo el monumento, descansan los restos del dictador. El otro monumento, el Sagrado Corazón de Jesús, consagrado en 1953, está situado al sur de la ciudad, en el centro neurálgico de la península, y representa la dedicación de España al corazón de Cristo.

El franquismo llegó al poder dispuesto a restaurar el papel de la Iglesia, y como primer paso le otorgó las llaves de la educación. En 1961, el 49 por ciento de los estudiantes de escuelas secundarias estaba matriculado en colegios católicos. Tanto la Asociación Católica Nacional de Propagandistas (ACNP) como el Opus Dei fueron muy influyentes en el sistema educativo que multiplicó sus colegios religiosos (entre ellos los conducidos por maristas, jesuitas y hermanos de la Salle). La asistencia a los oficios sacros se incrementó sustancialmente, así como las vocaciones religiosas. El fervor proselitista se expandió a todos los niveles de la sociedad con un gran esfuerzo propagandista de distribución de catecismos y Biblias en colegios, cárceles y centros penitenciarios. La idea es que había que salvar a los "rojos y ateos". La devoción mariana (a la Virgen María) centró parte del esfuerzo. A todas las niñas se les imponía en el bautismo el nombre de María añadido al elegido por la familia, que debía ser un nombre incluido en el santoral.

La sensación que emanaba es que se estaba resacralizando España en todos sus aspectos. Para acceder a un puesto gubernamental había que estar bautizado. El himno carlista, que se tocaba insistentemente en todos los medios de comunicación antes de los diarios de noticias y en las grandes manifestaciones, reza: "Por Dios, por la Patria y el Rey lucharon nuestros padres; por Dios, por la Patria y el Rey lucharemos nosotros también". El esfuerzo divulgador pasaba por definir a los principales enemigos de la España católica, que fueron identificados con el comunismo, la masonería y el ateísmo, a los que se consideraba, entre otras cosas, ideologías sin Dios.

Pieza clave del gran programa franquista fue la renovación del Concordato con la Santa Sede, que se firmó en 1951. El Concordato, más buscado por Madrid que por Roma, reconocía al gobierno español por parte del Vaticano; confirmaba la confesionalidad del Estado español que se definía como católico, apostólico y romano, excluyendo a los más de 30.000 protestantes miembros de otras confesiones residentes en España; y recuperaba el derecho de presentación de obispos por parte del jefe del Estado, con lo que se garantizaba la fidelidad al régimen de los obispos.

Sin embargo, no todo fue tan fácil como los propagandistas hacían esperar. Desde mediados de los 50 e inicio de los 60, se comenzaron a oír las primeras voces discordantes que provenían de la misma Iglesia, condenando el dogmatismo ideológico y la pérdida de las libertades, pero fundamentalmente los abusos e injusticias sociales y económicos. Eran voces que surgían de distintos rincones, pero especialmente de sectores concienciados en el seno de la Iglesia y organizaciones católicas de base. Una nueva aproximación teológica, mucho más militante, se nutría de contactos con teólogos latinoamericanos inspiradores de la teología de la liberación. Ésta promulgaba una interpretación teológica en la que el cristiano tiene la responsabilidad de defender su dignidad en la tierra, a través de la defensa de las libertades de expresión, de asociación y de una vida material digna, sin la dolorosa humillación de la pobreza.

En el gran espectro de asociaciones cristianas, surgieron la Juventud Obrera Católica (JOC), las Hermandades Obreras de Acción Católica (HOAC) y el Movimiento Católico de Empleados (MCE). Se encargaron de reclutar jóvenes entre los sectores obreros y de clase media baja de la sociedad con fines educativos, promoviendo un proceso de reflexión y concienciación de la misión del cristiano en el mundo. El MCE estuvo inspirado y dirigido por sacerdotes jesuitas que evolucionaron desde posturas intransigentes de acción casi fascista a una apertura a la discusión de temas de toda índole —políticos, económicos, sociales y doctrinarios— estableciendo la relación entre ellos.

Para estos grupos, ser cristiano representaba no sólo el seguimiento de los dogmas y doctrinas de la Iglesia, sino una acción abarcadora definida por el humanismo cristiano y su expresión en la tierra. Los desajustes profundos entre las promesas del gobierno de paliar la miseria y el empobrecimiento de los barrios marginados y las zonas rurales mostraba las contradicciones del régimen que se definía confesionalmente como católico. Las acciones se fueron exteriorizando, promoviéndose sentadas de protesta en iglesias que, en muchos casos, acababan con la entrada en el recinto de militantes ultraconservadores (Guerrilleros de Cristo Rey) para intimidar a los reunidos. Obviamente, las posturas más críticas de estas organizaciones representaron una amenaza contra la cúpula de la Iglesia y el Estado, que se adelantó a desprestigiarlas, acusándolas de desviacionistas.

Una de las figuras emblemáticas de este movimiento fue José María de Llanos, sacerdote ligado con anterioridad al régimen —había sido convocado por Franco para que le dirigiese ejercicios espirituales—, cuya acción estuvo asociada a uno de los barrios más pobres de Madrid, el Pozo del Tío Raimundo. En este arrabal del extrarradio, el padre Llanos llevó a cabo una actividad de acción cristiana de acuerdo con los postulados de la teología de la liberación. Amplios sectores de marginados, que habían sido ignorados por la Iglesia y el Estado, tomaron conciencia de su marginalidad. Sus iniciativas y acciones fueron legendarias. Organizó el barrio y lo dotó de escuelas de oficios. En una ocasión izó una bandera de la Unión Soviética en el patio de su casa. Por la noche unos desconocidos falangistas confiscaron la bandera. El "cura rojo", como lo llamaban las autoridades, se presentó en el cuartel de la Guardia Civil y exigió que se la devolvieran. Media hora más tarde retornó al Pozo con la bandera bajo el brazo. También recurría a la acción directa situándose frente a las excavadoras municipales para que no derribasen las chabolas construidas sin autorización. Su condición de sacerdote lo protegía frente a la represión de la policía. Sus objetivos eran muy claros: "acabar con la miseria del barrio y derrocar a Franco". El padre Llanos falleció en 1992, pero su memoria perdura.

Fundamental en el proceso renovador fue el respaldo recibido con la llegada al papado de Juan XXIII, un obispo de avanzada edad que no prometía grandes cambios, pero fue el alma inspiradora del Concilio Vaticano II. Su espíritu progresista y conciliador coincidieron con un momento de apertura dentro de la Iglesia. El impacto de Juan XXIII se hizo sentir en numerosas reformas difundidas a través de sus encíclicas. La encíclica *Pacem in Terris*, de 1963, defiende el derecho de los pueblos a la libertad de expresión a través de publicaciones y asociaciones, pero fundamentalmente, el derecho a elegir los representantes políticos. Franco juzgó este movimiento doctrinario como una traición por parte de Roma y se apostó a blindar sus creencias. Intentaba ser más papista que el Papa.

La Iglesia, de repente, pasaba de ser su aliada a su más mordaz crítica. Para importantes sectores cristianos, la postura del Vaticano y el Papa revalidaba un comportamiento dirigido a flexibilizar el régimen en España o a enfrentarse a él. A los llamados "curas rojos" se les unieron pronto los "obispos rojos". No era normal. La edad de los obispos y el hecho de que habían vivido la Guerra Civil, contrastaba con la juventud de sectores renovadores de la Iglesia. El conflicto interno estaba servido. Nuevas voces discrepantes se escucharon en el seno de los obispados. Entre ellas, la del obispo de Madrid, Vicente Enrique Tarancón, figura moderada que hubo de emplear un guardaespaldas para salir a la calle o en actos públicos debido a las amenazas de la derecha radical. Como presidente de la Conferencia Episcopal,

Tarancón compartía los postulados moderados de Juan XXIII e influyó en hombres del régimen, como el ministro de Educación Joaquín Ruiz-Giménez, quien debido a su postura discrepante hubo de dimitir de su cargo. Los sermones dominicales en los templos, tradicionalmente doctrinales, fueron dando paso a homilías que enfatizaban aspectos de justicia social. La sociedad reaccionaba, y se experimentaba un alarmante descenso de vocaciones religiosas.

Más controvertidas fueron las posturas del clero en el País Vasco, una región tradicionalmente católica y conservadora, asociada con posiciones intransigentes desde las Guerras Carlistas del siglo XIX y opuestas a cualquier renovación. Durante la Guerra Civil, en cambio, el clero vasco apoyó a la República. Diecisiete sacerdotes fueron fusilados por los franquistas, algo inaudito en la historia del régimen. La inquina continuó, exacerbada por la pérdida de fueros decretada por Franco. El resurgimiento del nacionalismo vasco fue aplaudido desde el púlpito por sectores del clero, que incluso protegían al naciente movimiento radical encarnado por ETA. En 1960, una carta firmada por 339 sacerdotes del País Vasco acusaba a las autoridades eclesiásticas de alianzas con el régimen.

La sensibilización del clero se iría expresando a lo largo de los años con acciones cada vez más comprometidas, como dar refugio a miembros de ETA, guardar en conventos armamento y propaganda de la organización terrorista, y reclutar miembros para la organización. Del famoso juicio de Burgos de 1970 en que se juzgó a miembros de ETA participantes en actos de sangre, dos de los diecisiete acusados eran sacerdotes. El obispo de Bilbao, monseñor Añoveros, fue puesto en arresto domiciliario por haber defendido, en una carta pastoral dirigida a los feligreses, el derecho de las minorías. En Zamora se construyó una cárcel especial para sacerdotes reclusos, que en un momento llegó a albergar a 187 de ellos. La situación fue inaudita ya que en ningún otro país europeo el clero era sistemáticamente sospechoso y reprimido. Las posturas nacionalistas dentro de la Iglesia vasca se mantuvieron después de la llegada de la democracia con comportamientos muy ambiguos en un estado de derecho. Sectores de la Iglesia han eludido su responsabilidad, manteniendo un silencio sospechoso ante las acciones del grupo terrorista.

No todos los sectores religiosos fueron tan críticos; muy al contrario, el régimen seguía contando con el apoyo de la gran mayoría de obispos y cardenales, órdenes religiosas y seglares. Una orden de nuevo cuño que llegaba dispuesta a protagonizar una importante página en la historia de España, el Opus Dei, fue fundamental en la tarea de llevar a cabo cambios necesarios dentro del mismo régimen.

OPUS DEI

España ha sido la cuna de tres de las más influyentes órdenes religiosas: dominicos, jesuitas y Opus Dei. El Opus Dei es un instituto religioso —así les gusta llamarse en vez de orden— que ha ejercido una extraordinaria influencia no sólo en España, donde se originó, sino en todo el mundo. En la actualidad cuenta con más de 100.000 miembros y se ha extendido a ochenta países. Fue fundado en 1928 por un sacerdote aragonés, José María Escrivá de Balaguer y Albás. El propósito original fue crear una institución que promoviese una mayor influencia y presencia de los católicos en el mundo a través de nuevas estrategias militantes. Escrivá de Balaguer entendió que para ejercer un impacto más eficaz en la sociedad, había que acceder a los niveles privilegiados del poder, tanto económico como político y militar.

No fue hasta finales de la Guerra Civil que su fundador se hizo notar con la publicación de un libro de máximas titulado *El camino*.

El carácter semisecreto del instituto ha fomentado en su entorno la crítica y la leyenda. Sobre su fundador se cuentan numerosas anécdotas, y la historia del instituto es casi un muestrario de entredichos. Es difícil saber cuánto hay de cierto en ellas. Lo que sí sabemos es que, en pocos años tras su muerte en 1975, Monseñor Escrivá de Balaguer subió al santoral de la Iglesia y fue canonizado por el Vaticano.

El éxito del instituto está basado en la actualización de una ética que mezcla el sentido misionero típico del catolicismo militante con una ética del trabajo de raíz protestante. Ya hemos señalado como, desde la Contrarreforma a mediados del siglo XVI, la Iglesia católica se distanció del espíritu reformista, considerando la investigación científica, la experimentación y el trabajo productivo como desviaciones de los dogmas aprendidos por revelación divina. Recordemos que la Iglesia llevó a la hoguera a algunos de sus más visionarios filósofos y científicos. Catolicismo y progreso nunca fueron parejos. Lo que el Opus Dei propone es una toma de conciencia del papel del cristiano en el mundo a todos los niveles, adecuándose a los tiempos.

José María Escrivá de Balaguer

El instituto está constituido por distintas categorías de miembros: numerarios, supernumerarios y colaboradores. En la cumbre de la organización están los llamados numerarios, aunque divididos en categorías que dependen de su trabajo y vinculación. Deben tener títulos universitarios, capacidad intelectual y, curiosamente, no padecer ninguna deformación física. Pueden ser laicos o sacerdotes. Viven en alguna de las numerosas residencias de la orden y guardan los tres votos vinculantes de casi todas las órdenes religiosas: pobreza, castidad y obediencia. En cuanto a la pobreza, los numerarios que tienen trabajos remunerados entregan la totalidad de sus ingresos a la organización, y cada uno recibe proporcionalmente lo que necesita para cubrir sus gastos. Los sacerdotes llevan sotana y actúan de acuerdo con su ministerio. La obediencia es estricta y vinculante, así como muchas de las actividades de la vida monacal, oración diaria, disciplina física y secretismo. Es muy difícil averiguar con certeza qué personalidades de la vida política y financiera pertenecen a la orden.

Los supernumerarios pueden estar casados y vivir en familia, y entregan sólo parte de sus ingresos. Son también seleccionados en razón de sus dotes intelectuales y perfección física. La gran diferencia es que viven una vida religiosa en el entorno familiar, lo que los asemeja a los pastores de las iglesias protestantes. Los colaboradores ocupan una categoría inferior, aunque como los numerarios viven en las residencias, plenamente entregados a la disciplina de la orden, y por su menor capacidad intelectual o preparación profesional se dedican a labores de servicios. Mantienen los tres votos eclesiásticos. Una cuarta categoría es la de los cooperadores o simpatizantes. Su vinculación está a prueba y no se los considera miembros de facto.

Desde un principio el Opus Dei ha sido acusado de elitista y con razón. Los planes de su fundador pasaban por obtener el mayor grado de influencia posible en todos y cada uno de los sectores de la sociedad. A partir de 1941, cuando José Ibáñez Martín fue nombrado ministro de Educación, la organización ha ido colocando miembros en altos cargos del sistema educativo, empresas privadas, episcopado y gobierno. Las nuevas promociones de militantes fueron preparadas en la Universidad de Navarra en Pamplona, centro educativo del Opus Dei, que cuenta con extraordinario prestigio, especialmente en las ramas de las ciencias y la medicina. En 1962, cuando fue reconocida, eran casi inexistentes las universidades privadas. La Universidad de Deusto en Bilbao, de los jesuitas, y la de Navarra, fueron la excepción. Más adelante el Opus fundó el IESE, prestigiosa escuela empresarial en Barcelona, y la escuela de administración ISSA en San Sebastián. En estas escuelas, a las que era sencillo acceder con una adscripción a la organización, se formaron generaciones de militantes cuya misión cristiana debería ejercerse en secreto desde puestos privilegiados. En la actualidad, cuentan con más de setenta escuelas privadas y numerosos centros educativos.

En 1969 miembros del Opus entraron a formar parte del gobierno de Franco, y se les acredita con haber articulado los Planes de Estabilización y de Desarrollo que impulsaron la renovación de la economía española e iniciaron el llamado milagro económico. Las personalidades más destacadas fueron: José López Rodó (era numerario), Gregorio López Bravo, Mariano Navarro Rubio y Alberto Ullastres. Se los conoció como "los tecnócratas". Su influencia ascendió tanto que encrespó los recelos de las otras familias del régimen. Como en otras muchas ocasiones, Franco optó por cortar las alas de los más influyentes. Aprovechó el escándalo de la compañía Matesa, empresa textil dirigida por un miembro del Opus, para rehacer el gabinete ministerial con nuevas caras. La muerte del dictador no mermó la influencia del Opus Dei. En 1996, mantenía importantes cargos en la empresa privada, la administración y el gobierno del Partido Popular. Aunque interrogados sobre su vinculación, muchos lo niegan. La revista *Cambio 16* publicaba los siguientes nombres: Isabel Tocino, ministra de Medio Ambiente; José Manuel Romay, ministro de Sanidad; Federico Trillo, presidente de la Cortes; y Jesús Cardenal, fiscal del Estado. Todos ellos, supernumerarios.

Las relaciones con el papa Juan Pablo II fueron excelentes, y por esta razón se les asignó importantes misiones, especialmente en Latinoamérica y Asia. El creciente impacto de la teología de la liberación y de las iglesias evangélicas en el continente americano precisaba de una fuerza de choque para contrarrestarla. En Roma, el Opus Dei ocupa hoy día un lugar de privilegio. Javier Echevarría, anterior superior de la orden, fue nombrado obispo de Calibia, un lugar que no existe, por Juan Pablo II. Su presencia en el Vaticano es muy influyente y se lo conoce como el Papa Negro. En 1982, Juan Pablo II declaró la orden *Ut sit*, lo que la convierte en prelatura personal, circunstancia que marca su ascenso.

El excesivo protagonismo político y económico del instituto sigue granjeándole enemigos, principalmente como resultado de su ascendencia misteriosa y de los escándalos financieros en los que algunos de sus miembros han estado involucrados. Recientes artículos de las revistas estadounidenses *Newsweek* y *Times* revolvían en el entramado de las finanzas de la orden, haciéndose eco de estas críticas. El Parlamento belga llegó más lejos e incluyó al Opus Dei dentro de una lista de organizaciones consideradas sectas. La orden protestó energéticamente esta medida que consideró arbitraria, al tiempo que intentaba frenar el éxito editorial del libro *El código Da Vinci* de Dan Brown, en el que la orden sale muy mal parada.

LA IGLESIA EN LA TRANSICIÓN

Como si de un globo de aire se tratase, la "España católica, apostólica y romana", supuesto baluarte de la cristiandad durante siglos y "reserva espiritual de Occidente", según los voceros del régimen franquista, se desinfló. La España de la transición se definió como laica. La Iglesia no fue atacada directamente como ocurriera durante la República; el rechazo y la indiferencia fueron sus enemigos. En 1976, el rey Juan Carlos se adelantó a renunciar al derecho de nominación de obispos que contemplaba el concordato. Tres años después, la Iglesia aceptó los cambios propuestos en el nuevo concordato, cuyos aspectos más sensibles eran las nuevas relaciones financieras entre ambos. En lo relativo al sistema impositivo, donde la Iglesia había gozado de las mayores prerrogativas, se acordaba que sólo las propiedades eclesiásticas utilizadas como lugares de culto o aquéllas consideradas de valor histórico o artístico quedasen exentas del pago de impuestos. Todavía en 1984 el Estado suministraba a la Iglesia once mil millones de pesetas en concepto de subsidios y ayudas, tema muy controvertido cuya actualización se plantea a partir de la capacidad o incapacidad de la Iglesia de subsistir sin estas ayudas. Hay que entender que la Iglesia se asienta sobre edificios antiguos de un alto valor histórico, pero cuyo mantenimiento es muy caro. En la geografía peninsular se asientan miles de iglesias visigóticas, románicas, góticas, templos renacentistas y de otros muchos períodos de la historia del arte de un valor incalculable. Su mantenimiento requiere un costo adicional extraordinario. Al amparo de la Constitución, cualquier ciudadano puede contribuir a la Iglesia con el 0,5 por ciento de sus impuestos, si así lo desea. Aproximadamente el 40 por ciento de los españoles ha decidido en un momento u otro contribuir a las arcas de la Iglesia a través de esta opción. Sin embargo, la iniciativa privada no es suficiente para compensar estos gastos, especialmente en un país donde la filantropía no está muy extendida. Su patrimonio en obras de arte —la Iglesia fue la mayor patrocinadora del arte durante siglos— la hace vulnerable a robos. A inicios de los 80, más de 905 robos del patrimonio nacional tuvieron lugar en propiedades de la Iglesia.

En el proyecto de presupuestos para el año 2006, el gobierno propuso una prórroga de un año del sistema de financiación eclesiástico, caducado desde 1992, y que se esperaba fuese modificado en cualquier momento. El proyecto presupuestario remitido a las Cortes fijaba en 12.020.242 euros las partidas mensuales pagadas a la Conferencia Episcopal, a cuenta de lo que los católicos destinen a su Iglesia en el Impuesto de la Renta de las Personas Físicas (IRPF).

Durante la década de los 70, se experimentaron otros importantes cambios de actitud entre los líderes eclesiásticos. Una nueva ola de obispos moderados había pavimentado los cambios que se avecinaban. La Iglesia, bajo el liderazgo del cardenal Vicente Enrique y Tarancón, primado de España, podía sentirse satisfecha de haber apoyado una transición hacia la democracia sin violencia, que resultaba modélica. De acuerdo con el espíritu renovador, la Iglesia guardaría una neutralidad impecable que la mantuviese alejada de la política y el poder. La nueva Constitución de 1978 definía la libertad de cultos y la separación de Iglesia y Estado; sin embargo, añadía la coletilla: "Las autoridades tendrán en cuenta las creencias religiosas de la sociedad española y mantendrán las apropiadas relaciones de cooperación con la Iglesia católica y las restantes religiones".

Lo que los líderes de la Iglesia no esperaban era que la nueva España se alejase tan drásticamente de las enseñanzas cristianas con un comportamiento social de extraordinaria libertad e incluso libertinaje. La revolución sexual, cuya expresión institucional se traduce en las leyes que autorizan la pornografía, el divorcio, el aborto y el matrimonio entre homosexuales, y una posición pragmática frente a la moral, se manifestaron al mismo tiempo que un descenso drástico de las prácticas y devociones religiosas, el abandono del sacerdocio y de los seminarios, y las tendencias a personalizar la religión. Un dato extraordinario es que en esta secularizada sociedad española hay más monjes y monjas que en ningún otro país en el mundo, aunque las cifras están descendiendo. En 1962 había en España 23.030 sacerdotes. Treinta años después, el número había descendido a 21.243. En cuanto a los religiosos varones, de 29.000 miembros contabilizados en 1982, se pasó a 17.000 diez años después. Los abandonos de monasterios y seminarios han sido constantes desde 1975, aproximadamente entre 5.000 y 8.000 por año. Entre las monjas, el fenómeno ha sido inverso con pequeñas ganancias experimentadas entre 1982 y 1992, años en que las órdenes femeninas ganaron 2.000 miembros. En general, las órdenes religiosas han continuado su papel tradicional como educadoras y promotoras de caridad. Durante los 80 proveyeron de personal a 1.545 hospitales, orfanatos y casas para ancianos, y proporcionaron a las escuelas públicas 20.510 miembros.

Uno de los temas más controvertidos al tratar de vocaciones religiosas es el celibato. Entre la población civil parece haber un tácito acuerdo de que el celibato aleja a muchos del sacerdocio. Se contempla como una regla cuya actualización es necesaria a la luz de los muchos escándalos que involucran a sacerdotes y religiosos con abusos sexuales, especialmente de adolescentes. Se piensa que, en el siglo XXI, el celibato es un anacronismo y que tarde o temprano deberá modificarse si no se quiere ver desaparecer la institución. Sin embargo, la posición de la Iglesia romana a partir de Juan Pablo II y del actual papa, Benedicto XVI, parece encaminarse en la dirección opuesta. El nuevo conservadurismo de las jerarquías eclesiásticas es, cuando menos, un paso atrás respecto de los logros obtenidos con el Concilio Vaticano II bajo el impulso renovador de Juan XXIII. Según un artículo publicado por el *New York Times* de fecha 23 de septiembre de 2005, el Vaticano intenta cambiar las reglas de ingreso en los seminarios para impedir el acceso a los homosexuales. La prohibición no hará excepciones e incluirá también a aquellos seminaristas que estén dispuestos a respetar el celibato. Sin embargo, la norma se aplicará exclusivamente a los seminaristas o aspirantes, y no a los sacerdotes.

Gran extrañeza produjo la decisión de Juan Pablo II de abrir el caso para la beatificación de la reina Isabel la Católica. Se quería que coincidiese con la celebración del Quinto Centenario del Descubrimiento de América, en el que la reina desempeñó un papel protagónico. No olvidemos que también bajo su reinado se introdujo la Inquisición y se expulsó a los judíos y a los musulmanes. El proceso de santificación se había comenzado en 1958. Dentro de la democracia, la idea parecía repugnar a muchos, pero especialmente a los que leen la historia con una cierta visión crítica. No al Vaticano. En la visita a España de Juan Pablo II, el Papa habló de la necesidad de un nuevo espíritu de reconquista. Los judíos españoles protestaron por las declaraciones y amenazaron con que podrían llevar el caso a la consideración internacional. Finalmente, el Vaticano decidió archivar el asunto.

Cuando Manuel Azaña declaraba en 1937 que España había dejado de ser católica, expresaba más un deseo que una realidad. A partir de 1975, el desdén e indiferencia hacia la religión parecen dar la razón al político republicano. Incluso entre los creyentes, las prácticas religiosas han ido amoldándose a una interpretación personal que selecciona dentro de la doctrina para adaptarla a una práctica individual. Por ejemplo, sólo el 63 por ciento de los creyentes españoles considera que el Papa es el Vicario de Dios, y siguiendo la ya tradicional actitud anticlerical, menos del 55 por ciento cree en el aspecto sagrado de la Iglesia. En 1976, un año después de la muerte de Franco, una encuesta realizada por la Conferencia Episcopal mostraba que el 64 por ciento de los españoles era consciente de sus responsabilidades como católicos y asistía a misa. En 1981, las cifras habían variado sustancialmente, y aunque el 84 por ciento de los españoles encuestados se definía como católico, sólo el 53 por ciento reconocía asistir a los oficios. Para 1990, la cifra caía al 43 por ciento. En 1997 era sólo del 36 por ciento, y en 2002 los números descendieron drásticamente al 14 por ciento, aunque los porcentajes varían según las provincias. Mientras que en 1970 se consideraba ateo un 3 por ciento, en 1996 la cifra había ascendido al 7,83 por ciento.

Datos publicados sobre las prácticas religiosas y la evolución de la fe hacen hincapié en un lento proceso de secularización de la población. Las causas hay que encontrarlas en el creciente desarrollo económico, la homogeneización con la Europa secular y el establecimiento de una democracia pluralista. Sin embargo, no podemos olvidar que la secularización no es un proceso que tenga lugar de la noche a la mañana. Como mucho, el nacionalcatolicismo franquista supuso un paréntesis en un largo proceso de secularización que había comenzado en el siglo XIX, y que se fue acelerando durante el siglo XX hasta el triunfo nacionalista en la guerra. Bien es cierto que desde la transición, con las muchas libertades estrenadas y las políticas de los gobiernos socialistas, especialmente en el área de la educación, el proceso se aceleró y se produjeron numerosas fricciones con la Iglesia.

El debate sobre la financiación de los colegios religiosos y la enseñaza de la asignatura de religión sigue enfrentando a unos y otros. En virtud del acuerdo firmado por la UCD y el Vaticano en 1979, varios miles de escuelas católicas recibirían ayuda del Estado y se declaraba obligatoria la educación religiosa o una asignatura de ética. Con los gobiernos socialistas, las posturas se radicalizaron. Éstos querían un modelo de Estado que se hiciera cargo de financiar los colegios públicos, mientras que la Iglesia buscaba igualar los subsidios para los colegios católicos con garantías de acuerdo con el nivel de matriculación. Cuando en 1990 se anunció por parte de los socialistas la nueva legislación que relegaría la religión como asignatura opcional, los obispos reaccionaron enérgicamente por considerarla una medida imprudente. El gobierno mantiene que, en un estado de derecho no confesional, no se puede adoctrinar a los alumnos en el catolicismo, pues representaría discriminación hacia otras creencias. El nuevo presidente de la Conferencia Episcopal en esa fecha, monseñor Ángel Suquía Goicoechea, arzobispo de Madrid, persona muy cercana al Opus Dei y fiel a las nuevas directrices de la Iglesia de Juan Pablo II, difundió una pastoral en la que atacaba las medidas del gobierno. El conflicto estaba abierto. Las posiciones del gobierno se encaminaban en la dirección de hacer opcional las clases de ética o historia de la religión; las del obispado a defender la doctrina.

Nuevos enfrentamientos

Las posturas continúan radicalizándose y han servido para unir a distintos tipos de organizaciones católicas que parecían haber estado dormidas. Unas tuvieron un carácter decididamente militante, por ejemplo, los Neocatecúmenos, fundada por Kiko Argüelles. Otras se mostraron beligerantes, como los Guerrilleros de Cristo Rey y los Legionarios de Cristo. Entre bastidores, el Opus Dei ha desempeñado también un importante papel en la reacción conservadora.

El nuevo proyecto de ley aprobado por el Consejo de Ministros en julio de 2005 garantiza la libertad de estudiar religión a aquellos que lo quieran en centros públicos financiados por el Estado, aunque la asignatura no será evaluable y, por lo tanto, no condicionará el futuro académico de los estudiantes. Según la vicepresidenta del Gobierno, María Teresa Fernández Vega, "la religión no debe imponerse" y "no debe condicionar el futuro de los estudiantes que quieren ser matemáticos, médicos o abogados". La respuesta de la Conferencia Episcopal no se hizo esperar, al expresar su desacuerdo con el proyecto de ley que, en su opinión, "pone seriamente en peligro la enseñanza de la religión en la escuela" y "recorta el derecho de los padres a decidir sobre la educación de sus hijos de acuerdo con sus creencias religiosas".

Otros asuntos que han dividido las posturas del ejecutivo y la Iglesia han sido las leyes del divorcio, el aborto y el matrimonio entre homosexuales. El divorcio era una ley inevitable en el marco de una sociedad pluralista. Muchos españoles, incluso no practicantes, se casan por la Iglesia por cuestiones de rito o costumbre. Son numerosas las parejas que encuentran dificultades para reservar un templo y un sacerdote para oficiar.

La ley del aborto ha sido y es muy controvertida, y son muchos los católicos que se oponen, aunque el movimiento antiaborto no ha tenido la militancia y virulencia que registró en Estados Unidos. Hay que recordar que hasta 1975 estaba prohibida la venta de anticonceptivos (no la fabricación). Incluso en muchas farmacias no se despachaban condones. En noviembre de 1990, el gobierno lanzó una gran campaña de control de la natalidad que hizo reaccionar a los miembros de la Conferencia Episcopal, que acusaron a los socialistas de atentar contra los valores morales de la nación. El objetivo de la campaña era persuadir a los jóvenes para que usasen preservativos con el fin de prevenir el contagio del SIDA y reducir el número de embarazos no deseados, así como el de abortos. En cuanto al SIDA, las políticas del Ministerio de Sanidad han dado sus frutos, no con el aborto. Según un reciente informe de la Consejería de Sanidad de la Comunidad de Madrid, el número de abortos se incrementó en un 59 por ciento de 2004 a 2005, especialmente entre adolescentes de 15 a 19 años y entre inmigrantes. En cuanto a los anticonceptivos, cuatro de cada diez católicos practicantes indican usar preservativos regularmente.

Estas campañas se llevaron a cabo con la oposición de los sectores conservadores y de la Conferencia Episcopal. Ésta sigue considerando prohibitivas las relaciones sexuales prematrimoniales, lo que contrasta con la opinión de muchos católicos que no están de acuerdo con la doctrina de la Iglesia en esta área. Incluso dentro del seno de la Iglesia las opiniones están muy divididas. Según una reciente encuesta, el 37 por ciento de los sacerdotes se muestra en desacuerdo con las opiniones de la jerarquía eclesiástica en esta materia, el 24 por ciento es indiferente, mientras que el 39 por ciento las aprueban.

Para contrarrestar esta inercia, los obispos redactaron en 1990 un documento titulado *La verdad te hará libre,* en el que formulaban alternativas a la paulatina pérdida de influencia de la Iglesia. El documento no hacía un ataque directo contra el gobierno, aunque se dejaba entrever quién era el responsable de la "grave pérdida de valores éticos que afligía la sociedad española". Los obispos, preocupados por la permisividad presente de la sociedad española particularmente en materia sexual, expresaban su convicción de que "sin Dios la sociedad iba a la deriva". El simple humanismo "no basta para compensar la pérdida de valores que sólo el catolicismo podría reinstituir". Monseñor Agustín García Gascó, secretario de la Conferencia Episcopal en esa fecha y actual arzobispo de Valencia, llegó a declarar que el sistema democrático estaba podrido. La reacción del PSOE fue sugerir que los obispos habían perdido contacto con la realidad social y que sus posturas eran "aberrantes" y "antidemocráticas". Las declaraciones de un lado y otro expresan una clara confrontación cuyas consecuencias se están viviendo con una mayor intensidad en el debate sobre el matrimonio entre homosexuales. En este caso, la controversia ha salido a la calle y agrupado a las organizaciones católicas en constantes demostraciones de protesta.

Una de las primeras medidas del PSOE, tras ganar las elecciones de 2003, fue la legalización del matrimonio entre homosexuales. España se convertía en el cuarto país en el mundo en aprobar dichas uniones. La reacción por parte de la jerarquía eclesiástica fue fulminante e involucró a numerosas organizaciones católicas y militantes del Partido Popular que, a través de la cúpula del partido, impugnaron la constitucionalidad de la ley. La Constitución de 1978 considera que el matrimonio es la unión entre un hombre y una mujer. Ateniéndose a la letra de la Constitución, la nueva ley, aprobada por las Cortes con el respaldo de varios partidos, es anticonstitucional. Ahora bien, lo que los promotores arguyen es que no puede ser anticonstitucional una ley que amplía los derechos civiles de los individuos y los iguala.

La Iglesia se ha movilizado como nunca a través de boletines, semanarios, revistas, la cadena de radio COPE (Cadena de Ondas Populares Españolas, que controla 111 estaciones de radio, 45 AM y 66 FM) y otros medios. En la primavera de 2005, se convocó una manifestación de protesta en Madrid a la que asistió cerca de un millón de personas. Algunos observadores piensan que esta ley ha tocado la vena más sensible de muchos conservadores que están dispuestos a aceptar los desmanes de la sexualidad y el divorcio, pero no el matrimonio homosexual, especialmente en una sociedad que se fundamenta en la familia. Periódicos conservadores como *ABC*, programas de radio y comentaristas se han unido al debate que está movilizando a sectores usualmente no muy participativos. La realidad es que la ley no ha provocado un aluvión de matrimonios como se podría esperar, o como ocurrió en San Francisco. Seis meses después de haberse aprobado, tan sólo se habían llevado a cabo 24 matrimonios.

La Iglesia católica, tan influyente en toda la historia de España, se enfrenta a nuevos retos de los que habrán de surgir unas nuevas normas adaptadas al siglo XXI. La aparente impotencia para dar respuesta a los problemas del mundo actual parece indicar que los cambios en la doctrina habrán de ser sustanciales para atraer a las nuevas generaciones de jóvenes profundamente desinteresadas. La Constitución no la ampara como en el pasado. Tan sólo una coletilla en el texto constitucional indica que "las autoridades tendrán en cuenta las creencias religiosas de la sociedad española y mantendrán las apropiadas relaciones de cooperación con la Iglesia católica y las restantes religiones".

La cierta intransigencia de las autoridades eclesiásticas no favorece el acercamiento, especialmente en una sociedad en la que las costumbres se han modificado sustancialmente. El Partido Popular es el partido más próximo a la Iglesia, pero no tiene la misma tendencia ideológica que las democracias cristianas en otros países de Europa. La inmigración masiva de musulmanes y la libertad de cultos están resquebrajando, cuando menos, la monolítica presencia del catolicismo.

Una sociedad más plural demanda diversidad de cultos. Es muy difícil obtener cifras fidedignas sobre el número de protestantes en el territorio español, posiblemente debido a la situación de alienación que vivieron durante la dictadura franquista y del hecho que en la católica España todavía se los considere como integrantes de sectas, es decir partidarios de creencias desviacionistas. Algunas fuentes hablan de 30.000, otras de 60.000 y las más optimistas de 300.000 el número de protestantes en el territorio español.

Sorprendentemente, a los musulmanes y a los judíos les ha sido más fácil ser aceptados que a los protestantes. La creencia de que en un momento de la historia de España se permitió la convivencia de tres religiones —cristiana, judaica y musulmana— es una noción idealizada. En cuanto a la cifra de musulmanes, éstas varían día a día, debido a la gran cantidad de inmigrantes que entran en la península, a la legalización reciente de muchos y al hecho de que Ceuta y Melilla, ciudades españolas del norte de África, son básicamente islámicas. Sin embargo, se estima que la cifra de musulmanes ronda los 600.000. En tanto, la presencia judía es muy minoritaria. Los lazos económicos y culturales con el mundo árabe han problematizado la relación con Israel, país con el que no se tuvo relaciones diplomáticas hasta fecha reciente. La persecución a los judíos fue una constante en España, por lo que pesan sobre ellos siglos de propaganda negativa. Otras religiones contabilizan números poco significativos.

¿Hacia dónde camina esta sociedad que fue la defensora de la ortodoxia católica y creó las devociones marianas de más hondo y longevo significado? La religión es una cuestión de fe y evoluciona al margen de planes racionales. La expresión muy española "Dios dirá" sirve al caso para cerrar un tema sobre el que únicamente pueden abrirse hipótesis. Mientras, las fiestas de las ciudades y los pueblos crecen en importancia y cada una de ellas está dedicada al santo, la Virgen o el Cristo de la ciudad. Madrid tiene su san Isidro; Barcelona, su san Jordi y a la Virgen de la Mercé; Pamplona, a San Fermín; Valencia, a San José y a la Virgen de los Desamparados; Sevilla, a las vírgenes de la Macarena y el Rocío. Y así la lista sigue sin trabas y eludiendo la acometida de la Constitución laica y los planes seculares de los gobiernos.

Bibliografía

Callahan, William James. *The Catholic Church in Spain, 1875–1999.* Washington, D.C.: The Catholic University of America Press, 2000.

Díaz Salazar, Rafael, y Salvador Giner, eds. *Religión y sociedad en España.* Madrid: Centro de Investigaciones Sociológicas, 1993.

Hooper, John. *Los nuevos españoles.* Madrid: Javier Vergara editor, 1996.

Payne, Stanley G. *Spanish Catholicism. A Historical Overview.* Madison: University of Wisconsin Press, 1984.

Stanton, Edward F. *Culture and Customs of Spain.* Westport, CT: Greenwood Press, 2002.

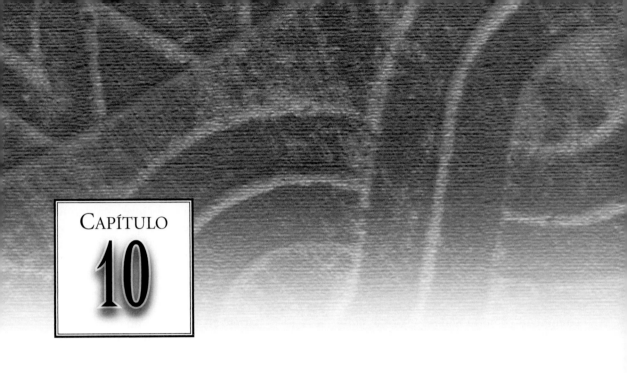

ESPAÑA ES UNA FIESTA

TEMAS

- Origen de las fiestas y su función

- Fiestas religiosas, fiestas seculares

- El calendario y sus fiestas

- Fiestas mayores y fiestas menores

- El toro como símbolo y tótem

- Diversas manifestaciones taurinas

- Qué se come y cómo se come

- Historia de la gastronomía española

- Las cocinas regionales

- Hacia una cocina internacional

LA FUNCIÓN DE LA FIESTA

Uno de los lemas publicitarios del antiguo Ministerio de Información y Turismo en sus campañas de promoción decía: "España es una fiesta". Y de alguna forma España es una fiesta o, cuando menos, España sabe hacer fiestas. Antes de continuar deberíamos aclarar qué entendemos por fiesta y qué función realiza en una sociedad. En el libro *Las fiestas de Andalucía* se incluye esta definición de Miguel Roiz: "Fiesta es una serie de acciones y significados de un grupo, expresadas por medio de costumbres, tradiciones, ritos y ceremonias, como parte no cotidiana de la interacción, especialmente a nivel interpersonal y cara a cara, caracterizadas por un alto nivel de participación e interrelaciones sociales, y en las que se transmiten significados de diverso tipo, que le dan un carácter único y variado, y en los que la práctica alegre, festiva, de goce, diversión e incluso orgía, se entremezclan con la práctica religiosa e incluso mágica, cumpliendo determinadas funciones culturales básicas para el grupo, y con un carácter extraordinario, realizado dentro de un período temporal, cada año por ejemplo".

La cita es larga, como largo es el calendario de fiestas en España que parece extenderse durante todo el año adueñándose de los días. Lo cierto es que España se viste de sus mejores galas para las fiestas anuales en las que las distintas comunidades cobran relieve a través de la participación en inusuales momentos de rito y gozo.

La vida del hombre, en la génesis bíblica, está concebida como una secuencia que se balancea entre el trabajo y el descanso. Se narra que Dios creó el mundo en seis días de intensa actividad y el séptimo, descansó. Aceptando como universal una división de las actividades humanas entre tiempo de trabajo y tiempo de ocio, el trabajo correspondería a la actividad seria y el ocio a la gozosa. Todos los seres y sociedades precisan del descanso del trabajo y del disfrute de ese tiempo. La cuestión es discernir si los periodos de ocio y descanso son sinónimos de fiesta.

La fiesta es un paso más allá del descanso y su función es mucho más compleja. Está cargada de significado y expresiones simbólicas que conectan a los individuos con una comunidad creando, cuando menos, la ilusión de comunidad. Durante las fiestas, las personas ocupan espacios comunitarios o inusuales y, al amparo de los símbolos, se integran materializando una identidad social. El elemento fundamental de la fiesta es la participación de individuos a través de grupos, asociaciones, cofradías o peñas, en actividades colectivas interrelacionadas. El uso de una vestimenta festiva común iguala a los individuos sin distinción de clase social u origen. La camisa y pantalón blanco, el blusón y los pañuelos crean la ilusión de una comunidad uniforme. No es así en todas las ocasiones. En algunas, la utilización de los disfraces y ropas ceremoniales (trajes falleros, camperos u otros) invierte los roles sociales con algo de transgresión, otorgando relevancia a los participantes aunque sea por el breve tiempo que duran las jornadas festivas. Las fiestas pueden tener el efecto de borrar las divisiones existentes en una sociedad, o bien el efecto inverso, como sucede con las expresiones colectivas de fe en cualquier creencia. En ese sentido, paradójicamente, los ritos afirman y niegan al mismo tiempo. En una fiesta se puede afirmar la libertad respecto a todo poder, transgrediéndolo, y al tiempo someterse a él. En Andalucía, la rivalidad entre las cofradías durante la Semana Santa crea divisiones devocionales paradójicas, pues de lo que se trata es de prestar pleitesía y recuerdo al mismo hecho histórico, la pasión de Cristo. En Alcoy, la división entre moros y cristianos, en la ceremonia del mismo nombre, tiene parecido efecto. Sin embargo, el fin de la fiesta no es su único objetivo, ya que tan importante como el sujeto celebrado es la celebración en sí misma y el papel que ésta ejerce en la comunidad.

La trasgresión es un elemento importante de las fiestas. Observemos como en muchas de ellas se llevan a cabo acciones que serían impensables el resto del año. En las Fallas de Valencia se construyen grandes fallas (monumentos de farsa hechos de papel maché), que el último día, el 19 de marzo, son quemadas en grandes hogueras que ponen materialmente en peligro de incendio los edificios adyacentes. El recinto de la fiesta, la ciudad de Valencia, es una gran Roma en llamas orquestada por los vecinos falleros y por el propio ayuntamiento. En las fiestas de San Fermín en Pamplona, los heridos y accidentados se cuentan por cientos. En ocasiones, los accidentes son fatales, consecuencia de la muy arriesgada actividad consistente en correr por las estrechas calles de la ciudad perseguidos por toros bravos de más de 600 kilos que embisten a quien se les ponga por delante. Desde la perspectiva del visitante parece una locura sin sentido. ¿Por qué exponerse a la muerte como forma de celebración? ¿Qué energía lo impulsa y qué logro se alcanza?

Con lógica nunca podremos entender las fiestas anuales, sobre todo aquéllas que se remontan a sociedades agrarias en comunidades aisladas y sin fácil comunicación. En el caso de España, el calendario de fiestas fue establecido por la Iglesia católica sobre la base de actividades agrícolas significativas (plantar, recolectar, almacenar) y sus ritos. Las fiestas agrupaban a miembros de comunidades dispersas y, al amparo de costumbres, tradiciones, ritos y ceremonias, consolidaban lazos comunitarios. Era una forma de encontrarse, compartir influencias, comerciar y celebrar ritos religiosos integradores.

Las fiestas tienen también un componente económico muy importante. La organización de los festejos implica un costo extraordinario que es asumido indistintamente por las autoridades municipales o por los individuos a través de las asociaciones, peñas, comisiones falleras o cofradías. Por ejemplo, en Valencia los miembros de una comisión fallera pagan una cuota mensual con la cual se financia la construcción de la falla. Ésta requiere de materiales y un artista que la diseñe y construya. Los artistas falleros trabajan todo el año en su taller para crear la falla que al comienzo de las fiestas se plantará en la calle, donde permanecerá durante cinco días hasta ser quemada. La comisión fallera debe costear también una banda de música, los trajes regionales, que son ricos y costosos de hacer, y las muchas viandas y bebidas que se consumen durante los siete días festivos. Lo mismo es aplicable a Sevilla, donde la construcción de las casetas feriales, los adornos, el vestuario y los muchos alimentos que se consumen dejan en deuda a algunos.

Además de los costos materiales, existe una extraordinaria inversión de tiempo y energía a lo largo del año. El ciclo no cesa. En muchas localidades, el día después de concluida la fiesta se empieza a pensar en la siguiente. En Pamplona, el último día de festejos se canta el lamento "pobre de mí" frente al ayuntamiento, en el mismo lugar donde siete días antes se lanzó el petardo que inauguraba las ceremonias. La tonada dice: "Pobre de mí, pobre de mí, que se acaban las fiestas de San Fermín". Carrie Douglass escribe: "La quema de las fallas en Valencia es el más obvio ejemplo de la naturaleza efímera del ritual consumidor".

El ciclo de fiestas

En su libro *Bulls, Bullfighting and Spanish Identities*, Douglass señala la extraordinaria vitalidad del ciclo de fiestas en España. Si bien es cierto que se celebran fiestas prácticamente en todos los pueblos y ciudades del territorio nacional, la gran mayoría en los meses de verano, el ciclo de fiestas serviría para marcar las relaciones no coincidentes entre diversas comunidades a través de la participación y del conocimiento de los símbolos representativos. Hay un elemento práctico en el ciclo de fiestas y es que, en tiempos modernos, la fiesta requiere de público que se desplace a la localidad donde se celebra y preste apoyo con su participación

Falla de la calle Convento-Jerusalén, en Valencia

o asistencia. La coordinación de las fechas de las fiestas en localidades cercanas haría posible un ciclo que funcionaría como vasos comunicantes. En la provincia de Madrid, el ciclo de fiestas se extiende durante todo septiembre de forma cronológica y continuada, lo mismo que ocurre entre junio y julio en la Comunidad Valenciana y prácticamente en todas las provincias.

Douglass ha extendido esta noción de ciclo de fiestas regionales, definido por la antropología, a un nivel nacional. Se inicia entre el 15 y 19 de marzo con las Fallas de Valencia; continúa en abril con la Feria de Abril en Sevilla; le sigue San Isidro en Madrid entre el 15 y 22 de mayo; San Fermín en Pamplona se celebra entre el 7 y el 14 de julio; la Semana Grande en Bilbao entre el 17 y el 24 de agosto; la Merced en Barcelona del 21 al 30 de septiembre; y el Pilar en Zaragoza del 10 al 12 de octubre. Si se sigue la línea continua siguiendo la trayectoria en el mapa, se observará la existencia de un círculo concéntrico en el sentido de las manillas de un reloj que se extiende continuamente desde marzo hasta octubre en intervalos de entre treinta y cuarenta días. Muchos son los elementos distintivos en cada una de ellas, y sus orígenes se remontan en el tiempo. Sin embargo, los toros son el elemento primordial y común.

La llegada de la modernidad, la incorporación a Europa y el fenómeno de la globalización no han hecho sino profundizar en la necesidad de autodefinición regional y local de las fiestas, que son cada vez más conocidas y visitadas. A propuesta de *Animal Protection Leagues*, antes del ingreso de España en la Comunidad Económica Europea y como prerrequisito, se quiso que España prohibiese las corridas de toros en todo el territorio nacional. Las voces de indignación fueron múltiples y variadas. Desde entonces, las corridas de toros y otros festivales taurinos han crecido en número y asistencia con un fuerte sentido de autodefinición. Lo mismo ha ocurrido desde que se implantaron las autonomías que se interesaron en definir lo local y hacerlo asequible al visitante. De esta forma, el acervo festivo cruzó las fronteras locales para convertirse en acervo nacional. La comunidad se abre a los visitantes y los incorpora, creando una ilusión de unidad de España.

Como hemos visto en los capítulos precedentes, esta unidad es disputada por aquellos que consideran que España es una creación política de los gobiernos centrales. Se basan en la existencia de elementos diferenciadores, como puede ser la lengua, la historia y las tradiciones. El hecho de que toda la comunidad nacional entienda los símbolos de las fiestas mayores y pueda participar en ellas es para la antropología una prueba de la existencia de una unidad nacional, al menos para una gran mayoría de ciudadanos, expresada a través de sus símbolos más poderosos.

Fiestas y tradiciones

Se entiende por símbolo una representación sensorialmente perceptible de una realidad, en virtud de rasgos que se asocian con ésta por una convención socialmente aceptada. Los símbolos festivos son ingredientes de las fiestas, las inyectan de contenido y magia, y les proporcionan materia para el ritual. Los festivales en España están asociados simbólicamente a elementos de la naturaleza, fundamentalmente la tierra, el fuego, el agua y el aire.

La tierra significa la fertilidad y el devenir, y es elemento imprescindible de las fiestas de solsticio: la Navidad (24 de diciembre) y San Juan (24 de junio). Coinciden con los días más cortos y más largos del año, y conmemoran un inicio y un fin. Están también asociadas al fuego, bien sea el fuego del hogar, alrededor del cual se reúne la familia, o el fuego purificador y liberador de los malos espíritus. En las fiestas del San Juan, celebradas en todo el Mediterráneo, se forman grandes piras en las que se queman los desperdicios y sobrantes de las labores artesanales y de la cosecha. Los jóvenes saltan por encima de estas grandes hogueras, retando su voracidad. Las cenizas se solían esparcir por los campos para reactivar ritualmente la fertilidad de los mismos. Hoy son entretenimiento que encubre los símbolos originales. Por su parte, el agua establece su identidad simbólica a través del carácter imprescindible en las tareas agrarias, especialmente en las épocas en que escasea, el estío. No es extraño, entonces, que la mayor parte de las fiestas se celebre en verano. Muchas de ellas, las fiestas de San Juan, San Pedro, San Cristóbal y San Lorenzo, son celebraciones veraniegas relacionadas con el símbolo del agua, en una época del año en que faltan lluvias y, por lo tanto, se convierten en elemento vital y centro del rito.

Junto con estos símbolos básicos, se hallan otros procedentes del mundo vegetal, principalmente los surgidos de la tierra: las flores, los frutos y los animales, resultado de una sociedad agraria cuyos orígenes se remontan a tiempos precristianos y se extendieron hasta mediados del siglo XX, cuando España comenzó su transformación. Sus expresiones simbólicas han continuado con sorprendente vitalidad y hacen su aparición en los mercados, en donde los productos y las viandas consumidas hacen alusión a la fertilidad de la tierra.

Los animales son parte integrante de muchas fiestas. En la isla de Menorca en las Baleares, se celebra la *Festa dels Caixers*, que consiste en formar un cerco alrededor de los jinetes participantes, obligando a los caballos a ponerse a dos patas. El caballo, ricamente engalanado, es también el centro del paseo por las mañanas en la Feria de Abril en Sevilla, cuando los jinetes y sus damas se dirigen al recinto ferial.

Caballos y jinetes en la Feria de Sevilla

La gracia andaluza realza este paseo donde se muestra lo más florido de la cuadra de la región.

El simbolismo animal del toro es emblemático en todo el territorio peninsular. Visto desde el exterior, el toro y el flamenco son los elementos constitutivos de la nacionalidad española, aunque en ambos casos tengamos dificultades para definir sus orígenes. Especialmente en el caso del toro sería muy difícil encontrarlo, pues la variedad y complejidad de los festivales taurinos y su imprescindibilidad constituyen un claro exponente de la existencia de símbolos nacionales cuando se trata de fiestas. No hay pueblo, villa, ciudad, fiesta menor o fiesta grande donde no aparezca el toro, de una forma u otra.

Se ha interpretado la corrida de los toros desde la perspectiva freudiana como la necesidad de matar al padre. También está asociada desde una perspectiva histórica, relacionándola con el sistema de honor tradicional en la España del antiguo régimen. La representación pública de un ejercicio de dominio y control de un torero (el hombre) sobre la mujer (el toro) frente a la sociedad (el público) exhibiría el honor del hombre, entendido como capacidad para controlar la fuerza sexual de la mujer. En caso de no lograrlo, su impotencia e incapacidad lo deshonraría frente a la familia y al círculo social.

Otra forma de simbolización se ejecuta a través de la dramatización de hechos míticos (misterio de Elche), seudohistóricos (peregrinaje a Santiago de Compostela) o históricos (luchas de moros y cristianos). En la ciudad de Elche, en la provincia de Alicante, con motivo del día de la Asunción de la Virgen, se representa el llamado *Misteri* (misterio de Elche), conocido también como *la Festa* (fiesta) el 15 de agosto. El primer acto se inicia el día anterior, *la Vespra* (víspera) y culmina en un magnífico drama representado en que se corona a la Virgen para ascender a los cielos. La dramatización lujosa y emocionante consiste en suspender a la Virgen en el aire y ascenderla hacia la cúpula de la iglesia en compañía de los ángeles del Araceli, con la ayuda de una cuerda y polea. Desde la cúpula de la basílica, en donde está situada la Santísima Trinidad, se hace descender la corona para completar el ritual. En ese momento, las campanas de la basílica anuncian a los presentes y ausentes el acontecimiento, momento jalonado con estallido de cohetes. La dramatización dura varios días y es una joya litúrgica cargada de emoción y contenido mítico.

Muy numerosas son las fiestas que están conectadas con dramatizaciones populares que rememoran la vida y muerte de Jesucristo. Desde la época medieval se celebraban en España autos, que más tarde se convirtieron en autos sacramentales, en los que se escenificaban, primero en iglesias y luego al aire libre, pasajes de la Biblia, bien del paraíso terrenal o la vida de Cristo. Estos autos sacramentales fueron el origen del teatro español y su popularidad hizo que importantes escritores, ya más avanzados los siglos, se interesasen por escribirlos. Tuvieron también un carácter proselitista y didáctico.

El 8 de septiembre, Natividad de la Virgen María, es uno de los días más festejados en España. Numerosos pueblos celebran sus fiestas en esa fecha particularmente propicia en zonas rurales, de donde procede un gran número de fiestas tradicionales. Hay que recordar la gran vocación mariana (de María) en España, la advocación de la Iglesia católica y el hecho de que todos los pueblos tengan un santo patrón y una patrona a la que se dedican las celebraciones. En el pueblo de Teror, Gran Canaria, adquiere particular importancia la fiesta de la Virgen del Pino, patrona de la isla. La suntuosa cabalgata que recorre las calles acompañada de carrozas engalanadas, camellos, personajes isleños, músicos y agrupaciones folklóricas, acaba en la plaza central frente a la imagen de la Virgen. La romería cuenta con un personaje típico, muy entrañable para los vecinos, "la cubana", vieja vendedora de pescados que increpa al público y canta con desgarrada voz.

Las romerías andaluzas salpican la geografía del sur de la península. Federico García Lorca situó el último acto de su tragedia *Yerma* en una romería, a la que la protagonista asiste con la esperanza de ver rota su infertilidad. Las romerías se originan con el viaje y visita a una ermita de una Virgen o santo, en donde se desarrollan las actividades festivas. Muy conocida y visitada es la Romería del Rocío, que se celebra en Pentecostés en el municipio de Almonte, en la provincia de Huelva, con una asistencia multitudinaria. Está cargada de simbolismo religioso que convive con lo más genuino del folklore musical andaluz, el flamenco, escenas rurales y elegancia visual. Tiene lugar en una zona llana de las marismas del Guadalquivir y dura cuatro días en los que se mezclan, como en casi todas las fiestas, elementos lúdicoreligiosos. El consumo de vino fino, la música de tambor, guitarras, castañuelas y el baile de sevillanas continúa en la noche, creando una sensación de irrealidad. La romería transcurre entre carros engalanados y caballos montados por romeros y romeras vestidos a la usanza con el traje típico campero andaluz. La multitud, el camino transcurrido sobre el polvo mezclado por la luz crepuscular y otros elementos locales crean una sensación fantasmagórica que crece al caer la tarde. Algo de magia se respira en el paisaje que atrae al visitante y lo embriaga.

Un paseo por la geografía de las fiestas en la península proporciona al viajero un cúmulo de sorpresas. En Santa Marta de Riquelme, perteneciente al municipio de Las Nieves, en la provincia de Pontevedra en Galicia, se celebra una fiesta que mezcla ritos de la muerte con la ironía y el jolgorio. Consiste en una romería de ataúdes que recorren las calles y caminos en dirección a la ermita de Santa Marta. En los ataúdes van aquellos enfermos que han sido supuestamente liberados por la santa de una enfermedad fatal. Una vez dentro de los ataúdes, son transportados a hombros por familiares y amigos. Otros cajones van vacíos, aunque simbólicamente transportan enfermos que han hecho la promesa del peregrinaje en busca de curación, pero prefieren ir a pie acompañando su propio féretro y el de la santa. Junto a ellos caminan, de rodillas, mujeres y hombres penitentes acompañados de familiares que les prestan auxilio en momentos difíciles del recorrido. La procesión recorre verbenas y otros espacios lúdicos, momento en que se une lo religioso y lo profano, pues el público arroja dinero en el ataúd de la santa, que llega a su ermita cubierta de billetes y monedas. Al terminar, todos, los enfermos de los ataúdes y el resto de la comitiva, se esparcen por los alrededores del lugar ferial para compartir las viandas y el buen vino gallego.

El lujo y suntuosidad dramática de la Semana Santa no deja de sorprender al visitante, no sólo por la espectacularidad de las procesiones y los pasos, sino por el creciente carácter secular de los españoles, que parece contrastar con el contenido religioso de estas celebraciones pascuales. A pesar de ello, la Semana Santa se ha convertido, en algunas ciudades y pueblos, en uno de los hitos anuales más espectaculares y turísticos. Nadie que haya asistido a la Semana Santa en Sevilla, Córdoba, Zamora o Valladolid puede olvidar el acontecimiento. Pero incluso en ciertos pueblos la Semana Santa es una de las celebraciones más importantes del año, que reúne a toda la comunidad y atrae a vecinos asentados en otros parajes o países. Las grandes procesiones se desplazan por las calles de las localidades exhibiendo "pasos" (imágenes sagradas lujosamente decoradas con flores y velas), bien en carros o sobre los hombros de los hermanos cofrades. Siguen a éstos la curia eclesiástica, capuchinos nazarenos que cubren sus rostros, actores que representan a soldados romanos y otros personajes de las escenas bíblicas. Por último, aparecen los penitentes, ciudadanos que se flagelan, atan los pies con cadenas que arrastran por las calles y cargan sobre sus hombros pesadas cruces a imitación del Cristo de la pasión. Cada paso y escena es acompañada de una banda de tambores y cornetas que marcan el ritmo de la cabalgata e inyectan un tono solemne y dramático a las escenas. Las saetas, cantes flamencos extraídos del más puro cante jondo, añaden otro elemento impactante al espectáculo callejero.

Como en todo Occidente, en España se celebra la Navidad y, como en todas sus expresiones, existe un imperfecto balance entre lo interno y lo externo. Ciertamente, la Navidad conlleva el componente familiar que se reúne alrededor de la mesa. No se puede decir, sin embargo, que exista una tradición culinaria exclusiva de ese día como ocurre en Estados Unidos. Cada familia elige su propio menú, aunque son típicos ciertos dulces: el turrón y el mazapán. La cena hogareña tiene lugar la noche del 24, y tras ella son muchos los que asisten a la "misa del gallo", en donde se cantan villancicos navideños tradicionales. El 25 no es un día especial. Sí lo es el 31, con la despedida del año, aunque el ciclo navideño se extiende hasta el 6 de enero, el día de Reyes, cuando se celebra la llegada de los tres Reyes Magos que traen los regalos a niños y adultos. Por lo tanto, el ciclo navideño cubre desde el 22 de diciembre, en que se fallan los premios de la lotería del Gordo, hasta el 6 de enero, ininterrumpidamente. Las casas no se engalanan en exceso; sí en cambio las calles. No obstante, muchas familias montan en sus hogares belenes con representaciones en miniaturas de los personajes bíblicos: el Niño Jesús, la Virgen María y José, los Reyes, y pastores y ángeles anunciadores. Son muchas las sociedades e iglesias que montan belenes de gran tamaño y complejidad arquitectónica.

El proceso de secularización experimentado en las últimas décadas se ha ido decantando hacia una fiesta más secular en donde lo religioso ha sido sustituido por el disfrute del tiempo libre, vacaciones de esquí, y abundancia de comida y bebida. Sin embargo, como en todas las fiestas en España, el aspecto religioso presta el nombre y la titularidad.

Significado de las fiestas

¿Qué es una fiesta? La antropología ha hecho serias incursiones teóricas tratando de descifrar los motivos y la importancia que tienen las fiestas para cada comunidad. Simplificando, podemos decir que la fiesta habla de la sociedad y refleja, o bien invierte, la organización social. Se puede afirmar que en España todas las fiestas contienen una cantidad de elementos oscuros cuyo significado es difícil de interpretar, incluso por sus participantes. Quizás en ese aspecto reside su interés.

La interpretación de los ritos y la simbología de las fiestas es uno de los aspectos más complicados e interesantes para el viajero y el estudioso. La antropología nos indica la diferencia entre modelos de la realidad y modelos para la realidad. En el primer caso se refiere a una fiesta que refleja con cierta fidelidad la concepción cultural que una comunidad o región tiene de sí misma. En el segundo, a lo que la sociedad cree que debería ser, o le gustaría ser. Es curioso observar como en muchos pueblos los propios habitantes son incapaces de responder a las preguntas del visitante sobre el significado u origen de las tradiciones que interpretan y representan. Siempre tienen ideas vagas y se anticipan a repetir supuestos significados. En ese aspecto, el trabajo de los antropólogos es fundamental, aunque no definitivo.

En el pueblo de Baeza, en la provincia de Granada, se celebra una ceremonia de oscura significación. Se trata de "el cascamorras", fiesta extravagante y violenta, pero genuina. Tiene lugar cada 6 de septiembre y consta de un protagonista que hace de "cascamorras" y que, para interpretar el papel, se ha ofrecido voluntariamente o a cambio de una pequeña remuneración. Se sabe que el cargo estuvo en manos de ciertas familias por muchos años.

La misión del "cascamorras" es hacer de "chivo expiatorio", para lo cual ha de recorrer los tres kilómetros que distan entre un cerro cercano y la ciudad de Baeza, y en el camino someterse a la burla y el escarnio del resto de convecinos. A lo largo de la carrera, el "cascamorras" será embadurnado de huevos y otros objetos arrojadizos que no sean punzantes, empujado y maltratado con una violencia que puede parecer brutal. Al llegar a la ciudad y concluido el calvario, es ayudado a limpiarse en la fuente de la plaza de toda la suciedad que le ha sido arrojada. En ese momento concluyen las hostilidades y el "cascamorras" pasa de villano a héroe. Es el momento en que recoge la enseña de la Hermandad y la hace ondear sobre la cabeza de los presentes, acto que repite dentro de la iglesia de la Virgen de la Piedad, a quien se dedica el ritual.

El incremento de fiestas ha suscitado un especial interés en su estudio. Algunos son descriptivos y pueden encontrarse en muchas de las guías turísticas que los ayuntamientos estimulan. Otros intentan llegar a lo más profundo de sus significados, penetrando en el inconsciente colectivo. Éste sería el caso del toro, como símbolo o tótem en la península, cuya figura emblemática se remonta con anterioridad a la era cristiana. Los toros son uno de los elementos fundamentales de las fiestas mayores de prácticamente todas las provincias. Su presencia es continua, y en muchos lugares se afirma que son "la esencia de la fiesta".

LOS TOROS

Los toros se asocian habitualmente con las corridas, aunque éstas sean sólo una parte minúscula de las muchas formas en las que estos animales hacen su aparición. Algunas de las modalidades alternativas (toros embolados, toros ensogados, suelta de toros y vaquillas) fueron prohibidas durante la dictadura de Franco, razón por la que hoy se los asocia casi exclusivamente con las corridas. Se conocen por lo menos dieciséis variantes de éstas.

Sus orígenes se pierden en la noche de los tiempos. Pueden encontrarse representaciones de toros en pinturas paleolíticas en la cueva de Altamira, en el norte de España. También pueden verse reproducciones en estatuas de piedra celtibéricas en varios lugares; las más conocidas son los Toros de Guisando en la provincia de Ávila. Los romanos, dos siglos antes de nuestra era, describieron la Península Ibérica como la piel de un toro. Además de tener cierto parecido, la referencia de la piel de toro es una metáfora muy usada en la literatura peninsular. Imágenes de toros aparecen en piezas de cerámica tradicional desde tiempos inmemoriales. Tanto Francisco de Goya, a comienzos del siglo XIX, como Pablo Picasso les dedicaron varias series de grabados y óleos. Cabezas majestuosas de toros disecadas pueden verse en bares y restaurantes en todas las ciudades, así como en peñas taurinas. La fuerza, belleza y misterio del toro han sido temas recurrentes de la literatura por cientos de años.

Cuando se habla del toro bravo, se hace referencia a un toro macho sin castrar. En ese sentido hay que distinguirlos de los mansos, toros de otras razas, que se dedican a otras actividades. A los españoles les gusta decir que el toro bravo es un toro salvaje, pero en términos culturales y no en el sentido natural. En España, se crían en ganaderías desde comienzos del siglo XVIII. Su gran peculiaridad es que el toro bravo arremete y ataca con bravura, elemento fundamental sin el cual las actividades o juegos taurinos no podrían llevarse a cabo. Esta característica es intrínseca al toro, y los ganaderos tratan de fomentarla y pasarla a nuevas generaciones. Este tipo de toro bravo se cría en España y en algunos países

Torero con traje de luces

de América Latina, adonde los españoles los llevaron en el siglo XVI y en donde ha continuado la afición, sobre todo en México, Perú, Ecuador y Colombia. De 1528 es la primera mención a las corridas de toros celebradas en la capital del Imperio azteca, Tenochtitlán, para celebrar el regreso de Hernán Cortés de una de sus expediciones.

En España, las primeras referencias a corridas de toros datan de 1080, en las bodas del infante Sancho de Estrada con doña Urraca Flores. Otras menciones, bajo la denominación de "toros de bodas", llevan fecha de 1108, 1124 y 1180. Consistían en el ejercicio de destreza taurina que el novio realizaba enfrente de la casa de la novia. No se mataba el toro y su finalidad era hacerlo sangrar. Ángel Álvarez de Miranda opina que esa práctica estaba relacionada con el próximo matrimonio a celebrar, en el que el himen de la mujer sería roto por la penetración masculina. El toreo de la aristocracia alcanzó su máxima popularidad entre los siglos XVI y XVII con las monarquías de los Habsburgo. Los Borbón, que heredaron la monarquía a partir de 1700, trataron de interrumpirla. Los nobles obedecieron y se produjo entonces una inversión fundamental a partir de la cual el toreo dejó de ser a caballo y empezó a practicarse por los sirvientes de los nobles (los chulos), y a pie, que es la forma más popular hoy en día. Se sigue toreando a caballo (rejoneo), pero su práctica no tiene tantos seguidores en España. Se practica más en el sur y en la vecina Portugal.

La prestancia, arrogancia y belleza física del toro atrae tanto a aficionados como a detractores. El toro está asociado con España, aparece en multitud de carteles y folletos promocionales, y da nombre a marcas de vinos y a otros muchos productos de consumo. Los soldados españoles enviados a Irak en la invasión de 2003 llevaban banderas españolas con el toro de Osborne grabado (una marca de bebidas). En la visita que el papa Juan Pablo II hizo a España, fue recibido por jóvenes que portaban estas mismas banderas.

Por otra parte, el lenguaje de la calle utiliza los términos *bravo* y *bravura* para referirse a actividades que implican riesgo y coraje. Las referencias sexuales son múltiples.

La más conocida y mejor establecida entre las distintas modalidades de juegos taurinos es la corrida de toros. Fue establecida en Andalucía en el siglo XVIII, a raíz del declive de la tradición centenaria del toreo a caballo practicada por la aristocracia. Los dos protagonistas fundamentales de la corrida son el toro y el torero. Una corrida tradicional consiste en tres toreros que ya han tomado la alternativa, y en la que cada uno ha de torear y matar dos toros. Tomar la alternativa significa adquirir la madurez como matador después de haber pasado una temporada como novillero lidiando toros más jóvenes. Una vez adquirida la práctica y experiencia necesaria, y respondido a las exigencias de la profesión, se toma la alternativa y se ingresa en la categoría de matador. En muchos casos, los novilleros provienen de clases bajas y la profesión les proporciona fama y la posibilidad de ascenso social. Las primeras escuelas taurinas datan de mediados de 1980.

Durante la corrida, el torero viste unas galas suntuosas, compuestas por el llamado "traje de luces", hecho de seda con adornos en oro o plata. El torero está a cargo de una cuadrilla de ayudantes (banderilleros y picadores) que lo ayudan a cumplir su faena, colocando al toro y "yendo al quite" en caso de peligro o accidente. Lo que se espera del torero es que sepa templar, mandar y dominar al toro, hasta conseguir un dominio total, tras lo cual ha de matarlo con la espada que penetra entre la juntura de los hombros de las patas delanteras. La faena frente al toro, animal de extraordinaria fuerza en la cornamenta, se ha de realizar con elegancia, vistosidad y belleza, sin mostrar debilidad o miedo, en un ejercicio físico que semeja una danza. De hecho, la figura del torero es un tanto andrógina en la forma en que se mueve y desenvuelve, con fortaleza y dominio masculino, pero también con soltura y gracia femenina. La capacidad de control sobre el toro, arriesgando cuando es necesario y embellecida por sus movimientos, convierten al torero en figura digna de admiración, pues de esos ingredientes proviene su arte. Al torero no se lo trata como atleta, aunque su actividad requiera de grandes facultades físicas, sino como artista, porque los aficionados asocian esa faena al arte y no al deporte. En general, las fiestas en España no están asociadas con actividades deportivas y éstas raramente se incluyen en las fiestas mayores.

El toro debe tener cierta edad (cuatro o cinco años), cierto peso (entre 500 y 700 kilogramos), debe ser virgen físicamente y virgen en el sentido de no haber sido toreado con anterioridad. Su arma de defensa son los cuernos o astas. Antes de cada corrida, cada toro es examinado por los diestros, sus apoderados y el presidente de la plaza, para comprobar que no tiene ningún defecto físico y que los cuernos no han sido limados. Los toros son criados en ganaderías de gran reputación, pertenecientes a la Asociación de Criadores de Toros de Lidia, quienes guardan registros de las genealogías de cada animal (pedigrí) para garantizar su pureza. Han sido probados con anterioridad, y en caso de carecer de bravura, son enviados directamente a los mataderos.

La corrida debe supeditarse a una serie de normas rituales entre las que cuenta el tiempo. Se inicia con un paseíllo en el cual los toreros marchan seguidos de sus cuadrillas, siguiendo a los alguaciles en sus caballos, quienes simbólicamente piden permiso a la presidencia para abrir las puertas de la plaza de toros e iniciar el festejo. Cada torero cuenta con quince minutos para realizar una de las tres partes o tercios de su faena. Después de la salida del toro a la plaza, que suele ser muy vistosa ya que el animal desorientado sale con su máxima energía, tiene lugar el primer tercio en el que el picador (jinete a caballo) clava una lanza o puya en el lomo del toro. El animal pierde fuerza y, más importante, baja la cabeza, lo que facilita los pasos con la muleta del torero. El segundo tercio corresponde a las banderillas, consistentes en unos palos adornados con una punta de metal afilada al final que, al clavarse, quedan prendidos al lomo del animal. El tercer tercio es cuando el torero se queda solo en el círculo central e inicia el proceso de dominación y control, tratando de arrimarse lo más posible al animal al tiempo de mostrar gracia en los pasos. Cuando el toro ha sido dominado y el torero se permite jactarse frente a los cuernos sin miedo a ser arrollado, se procede a matarlo. Es muy importante que el estoque o espada penetre sin contratiempos en el cuerpo del animal y produzca la muerte instantánea. De no ser así, desmerecerá la labor realizada y obligará a repetir el ejercicio descabellando el toro con una puya. Ese momento final se conoce como "la hora de la verdad". Es la parte de la lidia más arriesgada, cuando ocurren más accidentes, y de su virtuosismo dependerá la valoración final que el público realice pidiendo que se premie al matador o se lo deshonre.

Torero entra a matar

La parte participativa del público es constante. Las muestras de desaprobación pueden incitar al presidente a cambiar los tercios o enviar a los corrales a un toro que no embista. El público, a través de enarbolar pañuelos al aire, solicita al presidente que se premie al torero con una oreja, dos, o el rabo, dependiendo de la destreza, valor y arte demostrados. Del número de orejas obtenidas a lo largo de toda una temporada dependerá el prestigio y la valoración del torero en futuras temporadas taurinas. La temporada taurina suele coincidir con el ciclo más intenso de fiestas, entre marzo y octubre. No hay corridas de toros en los meses restantes.

En el ciclo de fiestas que hemos comentado, que comienza en Valencia y termina en Zaragoza, se celebran corridas de toros en todas las ciudades. Sólo en Madrid, durante las fiestas de San Isidro, tienen lugar 24 corridas de toros, más que en ninguna otra localidad. La plaza de toros de las Ventas en Madrid es una de las más reconocidas, y triunfar en las Ventas tiene un prestigio doble. El público suele ser muy exigente y entendido, y los premios no abundan. La plaza de la Maestranza en Sevilla tiene una solera extraordinaria, pues los sevillanos son grandes aficionados a los toros. Pero el fervor a los toros no disminuye en el País Vasco, en donde a la par que las voces de muchos detractores, las corridas de toros cuentan con una gran cantidad de buenos aficionados entendidos que asisten durante la Semana Grande en agosto. Caso más complicado es el de San Fermín, donde muchas de las peñas pamplonicas desaprueban los valores que representan las corridas de toros. Esto se expresa en acciones pasivas de resistencia.

OTRAS MANIFESTACIONES TAURINAS

En Pamplona se celebran las fiestas de San Fermín, las más conocidas en España y en el extranjero. Su popularidad proviene de su intensidad frenética y del hecho de que correr los toros durante los encierros implica un riesgo extraordinario en el que está en juego la vida. Son muchos los que, a lo largo de los días que duran las fiestas, sufren de heridas de empujones o desmayos, cornadas, magulladuras, golpes de otros corredores y caídas en el pavimento adoquinado de las calles por las que transcurre el encierro. Lo arriesgado del espectáculo atrae a un público ávido de emociones fuertes. Tanto en Inglaterra como en

Estados Unidos existen agrupaciones cuya finalidad consiste en prepararse para participar en los encierros de Pamplona. Ernest Hemingway, que fue un gran aficionado a las corridas de toros, ayudó a popularizarlas en su novela *The Sun Also Rises*.

Para los habitantes de la ciudad, los sanfermines son una fuente de orgullo e insisten en recalcar que sus fiestas están abiertas a todos, que la participación es bienvenida y que durante esos días el sentido comunitario es la norma. Basta con vestir la camisa y el pantalón blanco típicos, con una faja y un pañuelo rojo, para convertirse en pamplonica por unos días. Pero también dejan claro que los toros son para correr. Son muchos los que expresan su desaprobación con la lidia de los toros que tiene lugar por la tarde. A tal efecto, los integrantes de algunas peñas y clubes de aficionados van a la plaza y se sientan dando la espalda al espectáculo en una especie de protesta pasiva, aunque no silenciosa. El ruido es sinónimo de la fiesta. Otra forma de mostrar su desaprobación es arrojando alimentos al picador que, en el primer tercio, es responsable de picar al toro. La intensidad es tal que pueden llegar a tapizar una sección de la plaza con todo tipo de alimentos arrojadizos.

Tras la corrida, sin embargo, el toro es descuartizado y llevado a los mercados. De protagonista y tótem, el toro se convierte en carne de consumo. Al día siguiente, será ofrecido en los restaurantes y devorado íntegramente por los mozos que la tarde anterior participaron en los encierros. Todos los interiores del animal —hígado, lengua, riñones, incluso los testículos— son consumidos. Es común llevar a la corrida del día siguiente un estofado de toro que será degustado al final de la lidia del tercer animal, acompañado de champán o cava, en una especie de comunión del sacrificado.

Las peñas y los toros definen las fiestas. El papel democrático de estas agrupaciones contrasta con la clásica dicotomía autoritaria de gobernante-gobernado. Durante los días de fiesta se adueñan de la calle, invierten los roles de la relación del poder y violan las normas especialmente en los impedimentos que ponen durante la procesión de las autoridades locales a la Iglesia de San Fermín, donde reposa el santo patrón. Las peñas interrumpen el paso de la comitiva municipal bailando enfrente, mientras las canciones y duchas de cava, arrojadas desde los balcones, se suceden. Recorren la ciudad acompañados de bandas de música y portando enormes pancartas con agudas críticas a la política local o nacional. Algunas ondean frases en favor de ETA escritas en euskera, la lengua vasca. Nadie los increpa, ni se les ocurría increparlos por tales demostraciones, aunque internamente muestren su desacuerdo.

La división entre navarros y nacionalistas vascos es la expresión visual de la división de esa sociedad. Navarra es una provincia que linda al norte con Francia y al oeste con la Comunidad Autónoma Vasca, y ella misma es una comunidad autónoma con su propio Parlamento, aunque los grupos abertzales vascos la consideran parte integrante de Euskal Herria, situación que provoca desacuerdos profundos entre los propios habitantes del territorio que sienten divididos sus afectos entre provascos y procastellanos. La parte norte, húmeda y pobre, es más vasca, y la sur, más árida pero más rica, se decanta por una identidad genuinamente navarra. Las fiestas de San Fermín son un calidoscopio donde ambas tendencias se encuentran, y el balance entre ambas actividades, correr los toros o torearlos, sirve como elemento en disputa y distinción cultural. Aunque el toreo a pie se originó en Sevilla, los pamplonicas claman ser la cuna del toreo.

Las fiestas de San Fermín se han celebrado ininterrumpidamente, excepto durante las guerras civiles, desde el 7 de julio de 1591, con las corridas de toros como un elemento característico. En 1844 se construyó la primera plaza de toros. Sin embargo, lo más singular de las fiestas, los encierros y las peñas, no hicieron su aparición hasta la segunda mitad del siglo XIX. Su origen se debe a la necesidad de llevar los toros desde los corrales donde pasaban la noche hasta

Encierro de San Fermín en Pamplona

los toriles de la plaza de toros. Jóvenes a pie se cruzaban frente a la marcha de los animales, lo que originó una actividad que se fue estructurando con el tiempo hasta adquirir la forma actual.

Los habitantes de Pamplona describen los sanfermines con términos similares a los empleados en el resto de España. Se hace énfasis en la transformación que la ciudad experimenta. De una ciudad tranquila y conservadora se pasa a una ciudad caótica y bulliciosa. Los pamplonicas declaran que el año empieza y termina en San Fermín, del 7 al 14 de julio. La ciudad se abre a los turistas y cualquiera que vista el traje típico y esté dispuesto a divertirse con buen humor es bienvenido.

Con ser los toros el centro de atención, son muchas las amenidades que invitan al visitante, entre ellas la suelta de vaquillas (vacas jóvenes) que se realiza nada más terminar el encierro y cuando los corredores se encuentran todavía en el recinto de la plaza de toros. Las vaquillas, con los cuernos cubiertos, persiguen a los participantes que hacen fintas delante de los animales mostrando su intrepidez. Las vaquillas consiguen cornear a algunos o revolcarlos, para regocijo de los espectadores que llenan las gradas.

La popularidad de los encierros en Pamplona se ha extendido a otras muchas localidades de toda la geografía española que han ido incrementando el caudal e intensidad de sus fiestas, especialmente desde la llegada de la democracia. Los procesos de integración en Europa y la dinámica de la globalización han tenido ese doble efecto: abrirse al exterior y al mismo tiempo incrementar los aspectos definitorios locales. Los encierros tienen sus variantes. En el pueblo de Falces en la provincia de Navarra, el encierro tiene lugar en un camino que desciende desde la montaña hasta llegar a la plaza del pueblo. En Segorbe en la provincia de Castellón, los participantes van a caballo. La suelta de vaquillas también ofrece versiones originales. En Denia en la provincia de Alicante, el recinto taurino se construye en el puerto, y uno de los lados se abre al mar. Cuando se sueltan las vaquillas, los corredores saltan al mar para escapar de la embestida del animal.

En toda la provincia de Valencia, durante los meses de verano, son típicos los toros embolados (*bous embolats*). Tienen lugar en las calles intrincadas del centro de los pueblos. Consiste en colocar sobre los cuernos de un toro una estructura metálica sobre la que se ajustan unas bolas con alquitrán que se prenden. En la noche oscura, el toro con dos bolas de fuego en sus astas asemeja un animal mitológico que corre asustado por las calles, mientras los participantes tratan de esquivarlo, bien subiéndose a las rejas de las ventanas o a las barreras de protección, que además sirven para cerrar las salidas.

La variedad de fiestas taurinas es tal que sería imposible describirlas todas. Hacen referencia no sólo al tratamiento del animal y su finalidad, sino a la edad y tamaño. Así hay novilladas con o sin picador, becerradas, capeas y toreo cómico. Lo más recomendable es asistir a estas fiestas y gozarlas, pues en ese sentido puede decirse, sin exagerar, que España es una fiesta.

COMIDA Y ALIMENTACIÓN

La portada de la revista dominical *The New York Times Magazine* correspondiente al 10 de agosto de 2003 mostraba una fotografía de Ferrán Adriá, el vanguardista cocinero catalán, con uno de sus platos experimentales, "espuma de zanahoria con concentrado de mandarina". Los titulares de la revista anunciaban el artículo central del rotativo: "The Nueva/ Nouvelle Cuisine. How Spain Became the New France". El artículo del interior, firmado por el prestigioso crítico Arthur Lubow, comenzaba: "Barcelona, no París, es ahora la capital vanguardista de Europa —no menos por su desenfrenada cocina experimental. Nadie cocina con más ingenio y osadía que Ferrán Adriá". El artículo de Barlow insistía en la extraordinaria originalidad de la nueva cocina española que se basa no sólo en una sólida tradición culinaria, sino en el hecho de que los grandes chefs españoles experimentan con un extraordinario sentido de libertad que parece provenir de la energía desatada en España desde la transición. Los elogios del crítico neoyorquino no son una voz en el desierto; vienen refrendados por una pléyade de cocineros y críticos de diferentes nacionalidades que han convertido la visita a los laboratorios experimentales de Ferrán Adriá, en la provincia de Girona, en una peregrinación necesaria. La revista especializada *Wine Spectator* dedicaba asimismo un número especial a la cocina y los vinos españoles, con un artículo de fondo firmado por Thomas Matthews, con el siguiente encabezamiento: "Ferrán Adriá, la cocina de mañana. Un chef español está cambiando la forma en que el mundo entiende ir a cenar".

Parece haber acuerdo generalizado en que este cocinero catalán, al que se conoce como el "Dalí de la cocina", ha conseguido elevar el arte culinario a un nivel superior a base de experimentar con técnicas tan innovadoras

Ferrán Adriá, chef del Bulli

que rozan la fantasía. En 1982, Ferrán Adriá fue contratado por el restaurante el Bulli, en una pequeña cala de la Costa Brava, cerca del pueblo de Rosas. Hoy es prácticamente imposible conseguir una reserva en el pequeño restaurante que sólo está abierto seis meses al año. El comedor tiene una capacidad para 50 comensales por noche. En enero de 2003 se recibieron, en el primer día de apertura, 7.000 peticiones de reservas. En 2004 se recibió un total de 400.000. Para poder comer en el Bulli es necesario hacer las reservas con más de un año de antelación.

Los elogios al Bulli y su cocina provienen de los conceptos experimentales de su chef, quien durante los inviernos, en compañía de su hermano Alberto y de una pequeña corte de iniciados, se dedica a la experimentación utilizando ordenadores para obtener mezclas perfectas. Es en realidad un laboratorio en funcionamiento. Sus innovaciones se basan en el desarrollo de nuevos conceptos hasta ahora no utilizados, como por ejemplo las espumas efervescentes sazonadas con frutas, vegetales, agua de mar y humo. Las espumas innovadoras incluyen: espuma de tomate, patata, mariscos, entre una extensa variedad. Las recetas no siguen un modelo anterior. Han sido descritas de muchas formas, desde surrealistas hasta tecno. Los únicos ingredientes consistentes son el pescado y los mariscos, que son espectaculares y abundantes, a decir de Amanda Hesser, del *New York Times*. Adriá habla de cómo fue importante crear "una cocina provocadora y con sentido del humor que pueda ser entendida por personas con un sexto sentido. Para disfrutar del Bulli se debe estar dispuesto a jugar, rodearte de tus sentidos, ser un poco como un niño". Sus experimentos se basan en las texturas, los aromas y las temperaturas. También se realizan con sólidos y líquidos, invirtiéndolos. Así, por ejemplo, se sirve una tradicional tortilla de patata española en un vaso de martini y se come con cuchara. Una sopa anunciada como de guisantes y menta, se sirve en un vaso y se recomienda ser consumida de un trago. La degustación comienza caliente, pero según se bebe va bajando la temperatura hasta dejar un gusto frío en el paladar. Se sirve un budín de cebollas acarameladas con espuma de patata y se termina con un postre consistente en un sándwich de helado de queso parmesano. Una cena en el Bulli puede constar de 37 platos diferentes en minúsculas cantidades que incitan y no llenan. "Muchos de los platos son más evocativos que deliciosos", escribe Thomas Matthews.

Pero no todo es el Bulli en España, y lo cierto es que la nueva cocina española ha sabido mezclar los productos naturales de las diferentes regiones e incorporar nuevas técnicas para servir a unas gentes que gozan del comer y del beber, y están dispuestas a gastar en una buena comida aunque tengan que apretarse el cinturón el resto de la semana. La guía Michelín incluye un buen número de restaurantes en toda España que han alcanzado las cinco codiciadas estrellas garantía de calidad superior. Entre las nuevas luminarias de la cocina destacan, además de Ferrán Adriá, Karlos Arguiñano, Martín Berasategui, Pedro Subijana y Juan María Arzak.

La cocina mediterránea y sus productos

No todos los pueblos que pasaron por la Península Ibérica dejaron su impronta. Pero sí podemos decir que los romanos que moldearon una cultura desde sus raíces, afectando el derecho, la arquitectura, la lengua y cantidad de hábitos sociales. Conocemos un texto sobre cocina del primer siglo de nuestra era, *Re Coquinaria*, de Marcus Apicius, en el que se recogen numerosas recetas a través de las cuales sabemos de los productos y las técnicas de condimentación. Se nos informa, por ejemplo, sobre la extensa utilización del conejo, muy abundante en toda la geografía peninsular y muy popular en la cocina actual. Se dice que los cartaginenses del norte de África llamaron a la península Ispania, que viene a significar algo así como "tierra de los conejos". En cualquier caso, tanto fenicios como cartagineses, griegos y romanos utilizaron en su gastronomía los tres productos clásicos de la alimentación mediterránea: el trigo, la oliva y el vino.

El trigo fue posiblemente el primer cereal cultivado por el hombre, hace cerca de 10.000 años, en el alto Tigris. Hay evidencia de la existencia de trigo en la península desde la época mesolítica, aunque es imposible saber si era salvaje o cultivado. Es un cereal que se adapta al clima errático y seco peninsular. El pan de trigo destaca como un producto clave de las culturas mediterráneas y tiene numerosas connotaciones míticas, literarias y bíblicas. De fácil cultivo y de un gran poder nutritivo, el pan de trigo ha sido y sigue siendo elemento imprescindible en toda mesa, la del pobre y la del rico.

El vino es otro producto mítico cuyo origen es difícil rastrear. Proviene de las cepas donde se cría la uva, que existían en tiempos neolíticos, aunque es incierto que fueran cepas *viníferas*. Sabemos seguro que los fenicios en el siglo VIII a. C. negociaban con vino en todo el Mediterráneo hasta alcanzar las costas de la Península Ibérica, aunque desconocemos qué tipo de uvas usaban. Unos siglos más tarde, los griegos cultivaban en la península la uva *malvasia*. Tenemos registros del cultivo de vides entre los egipcios y en todo el Mediterráneo sin distinción de lugar. Los griegos asociaron el vino con la cúspide de su civilización. Dionisio, el dios griego del vino, es también el constructor de las bibliotecas y fundador de ciudades. La versión romana de Dionisio es Baco, aunque lo transformaron en un borracho. Los romanos sistematizaron el cultivo de la vid en España, aprovechando el clima y los fértiles terrenos donde hoy día se producen los mejores vinos de Rioja y Jerez. La cristiandad, con su capacidad asimiladora, adoptó el vino con propósitos religiosos e hizo del vino el licor que se transforma en la sangre de Cristo durante la celebración de la eucaristía.

No existe posibilidad de una comida tradicional española sin vino. La pasión por el consumo de vinos se remonta a la fundación de la nación y anteriormente. En la actualidad, España es el segundo país en el mundo en cuanto al número de hectáreas dedicas al cultivo de vides y uno de los primeros en consumo per cápita. Algunos de sus caldos tradicionales han obtenido reconocimiento internacional y poseen sus propias denominaciones de origen: Rioja, Jerez, Valdepeñas, Priorat, Moriles, Montilla, Cariñena, Ribeiro, entre otras. Los vinos de Ribera del Duero se encuentran entre los más preciados.

El tercer producto en la tríada es la oliva, de donde se extrae el aceite de oliva, producto de múltiples facetas y usos desde tiempos de los fenicios. El aceite de oliva era imprescindible a las culturas del mar Egeo. La leyenda nos dice que fue la diosa Atenea quien trajo los árboles a la capital helénica. Cultivado desde tiempos neolíticos, su uso está asociado con muchas de las culturas de la Península Ibérica y fue objeto de comercio desde el 2.500 a. C. Sus funciones eran múltiples. En la cocina se usa para freír, condimentar alimentos y preservarlos. Las vasijas de aceite servían para proteger los alimentos (quesos, embutidos, frutas, vinos) por largas temporadas. También se usaron para iluminar. Una simple hilacha de tela puesta sobre aceite prende como una vela e ilumina. El aceite servía de lubricante para conservar pieles y cueros y, ciertamente, la piel humana antes de que existieran cremas hidratantes. Su valor simbólico aparece asociado a la rama de olivo en múltiples festivales, significando esperanza y resurrección. En el Antiguo Testamento, en el arca del diluvio, Noé recibe una paloma que lleva en su pico una rama de olivo. Un viaje por el sur de España es un viaje al paisaje lunar del olivo. Sus troncos retorcidos y sus hojas de verde plateado decoran el paisaje con una belleza ancestral que se hinca en la tierra, mientras que el aire viaja diseminando su aroma. La longevidad del árbol —algunos llegan a alcanzar los

800 años— le proporciona carácter y belleza. En la cocina española el aceite de oliva es un elemento imprescindible, pues se fríe mucho y se condimentan con él las ensaladas. Hoy sabemos de sus muchas propiedades saludables, conocimiento que reivindica el uso extensivo de cientos de siglos. De la provincia de Jaén en Andalucía, se obtuvo en 2004 el 25 por ciento de la producción mundial de aceite de oliva.

Las grandes influencias: los árabes

En el siglo VIII la Península Ibérica, dominada por las monarquías visigóticas pero todavía profundamente fragmentada, sufrió las invasiones de pueblos islámicos, árabes, sirios y bereberes, que permanecieron hasta finales del siglo XV. Su presencia fue decisiva en la creación de la España moderna. Convivieron con poblaciones cristianas en un largo y continuo proceso de asimilación y rechazo, hasta desembocar en la desastrosa expulsión en 1492, que concluyó la reunificación cristiana. Para entonces, los habitantes de la península habían experimentado un proceso profundo de mestizaje, y cualquier intento de clamar pureza de sangre no deja de ser una falacia. Las aportaciones del Islam se extendieron a todas las esferas del conocimiento y, por supuesto, al ámbito de la alimentación. En su libro *Historia de la gastronomía española,* Martínez Llopis escribe: "Con la pericia de los agricultores árabes el seco panorama español comenzó a cambiar, ganando frondosidad y verdor; las incultas riberas de los ríos se transformaron en vergeles amenos y en la austeridad de las viejas fortalezas fluyeron las fuentes y florecieron en los ariates los arrayanes, los mirtos, los rosales y los alhelíes, reflejando sus colores en el agua mansa de las albercas, cuando los naranjos florecían perfumando las vegas".

El mejoramiento de las técnicas de regadío fue una de las principales aportaciones musulmanas, asociada con la importación de numerosos cultivos hasta entonces desconocidos o ignorados. De origen árabe son los vocablos berenjena, naranja, azúcar, almendra, avellana, albahaca, comino, canela, cilantro y los de otras muchas especies aromáticas. Los árabes introdujeron el arte de los frutos secos de tan extensivo uso, principalmente el membrillo, la manzana, la granada, los higos y los dátiles. También sembraron en sus huertas una variedad de leguminosas de gran consumo, principalmente las habas, garbanzos, lentejas, altramuces y algunas variedades de habichuelas. La agricultura árabe extendió sus cultivos a los cereales, y en sus llanuras creció el trigo, la avena, la cebada y el centeno. La industria harinera alcanzó gran importancia bajo su égida, y como resultado aparecieron las tahonas movidas por acémilas y molinos hidráulicos que se instalaban en ríos junto a pequeñas represas. Entre todos estos nuevos productos intensamente cultivados destacan por su importancia los cítricos (naranja, pomelo, limón), tan preciados y cultivados en el sur, y el arroz. Aunque la expansión árabe en Europa representó la introducción de este preciado cereal, el origen hay que buscarlo en Asia, probablemente alrededor del 3000 a. C. No hay evidencia de que en Europa se cultivase hasta que se plantó en Valencia y en las costas levantinas en el siglo VIII.

El arroz es la base de la paella, posiblemente el plato español más conocido fuera de las fronteras. A sus otros ingredientes, conejo, pollo, mariscos, y ajos, los acompaña un toque esencial de azafrán. Este preciado y costoso ingrediente fue introducido por los romanos, aunque no era ingrediente esencial de éstos. Los árabes lo emplearon con asiduidad a pesar de ser tan costoso su cultivo, pues requiere de intensa mano de obra. El azafrán se extrae manualmente de los pistilos de la flor. Se requieren unas setenta mil flores de azafrán para obtener una libra del preciado producto. Añade inconfundible color, sabor y aroma a cualquier alimento.

En el *Libro de la agricultura* de Abu Zacaría, llamado también Eb el Awan, que vivió en Sevilla en el siglo XII, se encuentran recopilados los conocimientos y usos agrícolas de la época y su valoración. El primer recetario que conservamos, *Cocina hispano-magrebí o el tratado de Ibn Rain al Tuybi, el Andalusi,* fue escrito entre 1243 y 1328. En su interior hallamos las bases de una cocina rica en sabores y especias, de extraordinaria elaboración, donde especialmente la carne animal se diluye entre las otras viandas. Incorpora influencias de las tres culturas que convivían en el territorio peninsular. La expulsión de los judíos y el esfuerzo de los reyes españoles por definir una sociedad marcada por la pureza de sangre, tuvo posiblemente algo que ver con el hecho de que en la península se consumieran algunos alimentos considerados inmundos por musulmanes y judíos. El Levítico dispone: "He aquí los animales que comeréis de entre las bestias de la tierra. Todo animal de casco partido y pezuña hendida y que rumie lo comeréis; pero no comeréis los que sólo rumian o sólo tienen partida la pezuña". Según esta doctrina, no se puede comer la carne del camello, el conejo, la liebre, el cerdo y el jabalí, la salamandra, el lagarto, ni otros.

En la España cristiana, el cerdo se consumió masivamente, quizás con el fin de separar a aquellos que lo rechazaban y que pudieran ser sospechosos de no ser cristianos. Efectivamente, en España hay un culto al cerdo, del que se come absolutamente todo, incluyendo orejas, morro, sangre, intestinos y piel. Ésta es una extraordinaria particularidad de los hábitos de consumo que valora las entrañas del animal y las consume en su totalidad. Las entrañas son también la base de la creación de los embutidos de gran consideración y aprecio en la alimentación peninsular. Del cerdo se preparan los jamones, algunos auténticas joyas de la gastronomía, especialmente los preparados con cerdo ibérico. Otros embutidos con base en el cerdo son: los chorizos de muchísimas variedades, los salchichones, las butifarras y longanizas, las morcillas, sobrasadas y mortadelas. Fundamental en la preparación de bocadillos, bocatas en el lenguaje actual, son los embutidos, también imprescindibles para aperitivos y tapas.

El impacto americano y francés

Las variadas gastronomías peninsulares de la época medieval recibieron un aporte fundamental a partir de 1493 cuando los barcos de Cristóbal Colón y otros viajeros y aventureros regresaron cargados de productos y animales hasta entonces desconocidos. Si las primeras empresas buscaron una ruta rápida con el fin de acceder a las preciadas telas y especias de Oriente, se encontraron con un multicolor y multiaromático mundo en los mercados aztecas, incas y mayas, en donde se vendían los alimentos más preciados de las culturas amerindias. A partir de esa fecha, se puede hablar de una revolución alimenticia inesperada que afectó a ambos lados del Atlántico. Si los ganados europeos (vacas, caballos, cerdos, ovejas y cabras) se extendieron por los valles y llanuras, y el trigo, la cebada y la vid crecieron en sus extensos territorios de las Américas, el mismo fenómeno ocurrió a la inversa, aunque ralentizado a causa del crónico eurocentrismo.

Cuando los productos americanos fueron finalmente aceptados, transformaron para siempre las cocinas europeas. Llegó el tomate y se adueñó de la cocina italiana. ¿Cómo entender el gazpacho andaluz sin tomates? ¿Y las ensaladas y estofados? Llegó también el maíz y la patata. La tortilla española, que se come siempre y a todas horas en restaurantes y tascas, se hace con patata, cebolla y huevo. Es el gran vicio nacional, y vendría a ser lo que es la hamburguesa en Estados Unidos. También llegó el cacao. ¿Acaso se puede entender la repostería europea sin chocolate? Llegaron también la pimienta, la calabaza, el calabacín, la vainilla, la páprika, el mango y los chiles.

Para mediados del siglo XVII, puede hablarse de una cocina bastante establecida a decir de los numerosos libros dedicados al tema. Destacamos entre otros muchos: *Libro de guisados* de Ruperto de Nola (1529); *Arte de cocina, pastelería, bizcochería y conservería* de Francisco Martínez Mortiño (1611); *Nuevo arte de cocina* de Juan de Altamiras (1745); *Arte de repostería* de Juan de la Mata (1747), y *Libro del arte de cocina* de fray Servet de Olot (1787). Muchas de las recetas contenidas en el libro de Altamiras podrían pertenecer a un compendio de cocina actual, con una extensa variedad de guisos de carnes y aves, entre los que destacan los de carnero, gallina, perdiz y conejo. Las legumbres son abundantes (garbanzos y habichuelas), así como el ajo, fundamental en la cocina española. En el prólogo, el autor declara que, antes de emprender su obra, leyó una variedad de tratados de cocina, aunque también la experiencia le enseñó mucho.

Con el ascenso de la monarquía borbónica en el siglo XVIII, se experimentó una creciente influencia de la cocina francesa. Es lógico; los usos de la nobleza repercutían de arriba abajo y eran imitados con gran celeridad. Si la nobleza se afrancesó, también lo hicieron sus gustos. De hecho, fue debido a la influencia francesa que aparecieron, a principios del siglo XIX, los restaurantes, cuya etimología proviene de restaurar o reponer las energías perdidas. Anteriormente existían posadas o albergues del camino donde los viajeros podían obtener una comida antes de pernoctar o retornar al camino. Sin embargo, el concepto de restaurante como lugar a donde se va a comer por placer, no apareció hasta el advenimiento de la burguesía. Los restaurantes dieron un nuevo impulso a la gastronomía, ya que para competir por clientes los propietarios se especializaban en uno o varios platos, circunstancia que incentivó la creatividad. Por otra parte, debían garantizar una cierta calidad de acuerdo con el precio.

Cocinas regionales y nacionales

Existe sin duda en España una cultura gastronómica que es el tema de conversación en cualquier lugar donde los españoles se reúnen y conversan. Según Manuel Vázquez Montalbán, "la comida es elemento a través del cual se definen categorías regionales, nacionales, de clase e incluso afinidades políticas". El tema tiene distintas aproximaciones y entre los estudiosos se encuentran los que piensan que no se puede hablar de una cocina nacional, sólo de cocinas regionales. Posiblemente ambas teorías son válidas; es decir, se puede hablar de una cocina nacional y de cocinas regionales, incluso locales, claramente identificables.

En España hay una rica tradición gastronómica que está ligada a las regiones y comarcas. La cocina expresa un sentido de orgullo local a través de la preparación de platos típicos de productos autóctonos. Algunos de estos platos son elaborados en toda la península, pero tienen sus particularidades locales o regionales, de acuerdo con el uso de uno o varios ingredientes. Así, por ejemplo, el cocido, originalmente llamado la *olla podrida*, se prepara en toda la península, pero en Cataluña y en Valencia se hace con pelota, especie de bola de carne que no se emplea en Castilla. La olla podrida consistía en una olla en la que se cocinaban a fuego lento una variedad de productos mezcla de carnes y vegetales (coles, zanahorias, patatas, tocino, pollo, morcillas, chorizos, carne de cerdo, entre otros ingredientes). Era el plato diario básico de cualquier casa de comidas. Con el tiempo evolucionó en multitud de variedades, dando paso al *cocido madrileño* o *cocido* en otras regiones, que fue y sigue siendo un plato popular. La paella, originaria de Valencia, tiene cantidad de modalidades y formas de preparación según la región e incluso dentro de la región valenciana. En unas se usa pescado y mariscos, en otras, conejo y pollo. Se puede preparar con caldo o con costra, con tinta de calamar o con caldo de pato. Las variedades son múltiples. Debido a la existencia de microclimas y microculturas, los pueblos de la península han desarrollado a través de los años una cocina abundante, variada, rica e incluso sana, vinculada a los pueblos que convivieron en su suelo.

A diferencia de Francia, en España no se produjo una cocina de clase. Si estudiamos el menú que se servía a los reyes de España, podemos observar que la diferencia entre lo que comía la nobleza y el pueblo llano era más una cuestión de cantidad que de productos. Cierto que a los reyes se les ofrecía un sinfín de platos diferentes, pero entre ellos aparecía la carne de caza, los guisos, los asados, los jamones condimentados con hierbas básicas, ajo, laurel, comino, nuez moscada y pimentón, aderezados con patatas, arroz y muchos vegetales. Según la crónica, Carlos IV, que reinó a comienzos del siglo XIX, "fue un rey cazador amante de la *olla podrida*, de la *chanfaina* indígena, del *cochifrito* regional, y añadiré los *callos*, con o sin caracoles".

Lo que apunta en el siglo XIX es la creación de cocinas locales o regionales que dan cuenta de su quehacer en relación con los productos originarios, además de ciertas prácticas diferenciadoras. A partir de esa especialización se pueden marcar una serie de diferencias

Preparación de paella gigante

estructurales básicas. En el sur (Andalucía y Extremadura) son muy frecuente los fritos (pescadito frito, pisto) y las sopas frías (el gazpacho); en el centro, los asados (cordero y cochinillo al horno) y las sopas calientes (sopa de ajo); y en el norte, los guisos (bacalao al pil-pil, *marmitako*) y los pescados a la brasa.

El acceso a productos locales fomentó su cultivo y aprecio. Del Mediterráneo provienen el calamar, la sepia, el salmonete y las almejas. En Galicia son abundantes los mariscos, el cangrejo, el esturión, los percebes, los mejillones y el pulpo. En el mar Cantábrico se pesca el bacalao, la merluza, la sardina y el mero. Castilla fue tierra de ovejas y carneros. Las grandes cañadas daban paso a los ganados trashumantes que se desplazaban de norte a sur siguiendo las estaciones del año y convirtieron a España, en los siglos XV a XVIII, en el gran productor europeo de oveja merina. Es normal que el plato típico castellano sea el cordero asado, que se cocina en hornos de barro en toda la región. Son también muy populares los quesos de oveja y de cabra.

La cocina española, a pesar de ser tan rica y variada, no supo salir de sus fronteras, con la excepción de América Latina, en donde dejó su impronta. Excepción sería la paella, que es conocida en el exterior aunque es un plato muy difícil de cocinar y nunca se obtienen los resultados requeridos. Las claves de la paella son el recipiente apropiado (paellera), el tipo de arroz y el fuego. Se le puede añadir carnes o pescados, según el gusto. Entre todas las variedades es muy popular la paella mixta.

En los últimos años se han puesto de moda las *tapas*. Las *tapas* consisten en un pequeño aperitivo que originalmente se servía acompañando a una bebida en bares y tabernas. Todavía es costumbre hoy servir una pequeña tapa (aceitunas, patata condimentada, un boquerón en vinagre o algún otro tipo de ingrediente) junto con una caña de cerveza o vaso de vino. No lleva costo adicional y se sirve con la idea de paliar los efectos del alcohol o incentivar la bebida. La costumbre de ir de tapas está muy generalizada y consiste en ir de bar en bar bebiendo y degustando vino y alimento. Las tapas pueden ser gambas en muchas variedades, pinchos de tortilla española, patatas con salsa, pinchos de morcilla, raciones de jamón o chorizo, salpicón de mariscos, calamares a la romana, pescado adobado y una variedad sin fin de deliciosos manjares. Las tapas han empezado a salir de las fronteras de España y se pueden encontrar restaurantes especializados en ciudades europeas y estadounidenses, en donde un público ávido de nuevas experiencias gastronómicas parece gozar de la posibilidad de degustar diez o quince variedades de platos en una sola noche.

Normas sociales

Dada la importancia que tiene la comida, es lógico que los ritos que la acompañan sean muchos. Es decir, el análisis de qué se come debe acompañarse de las preguntas acerca de cómo, cuándo y dónde se come, y quién invita. La comida casera está reservada a la familia y es muy abundante. Hay un desayuno mañanero muy ligero nada más levantarse, que consiste en un café y un bollo; a media mañana se hace una pausa en el trabajo para almorzar con un bocadillo o ración de algo; entre las 2 y las 3 de la tarde tiene lugar la comida, que consiste en tres platos y postre; la cena ocupa las horas entre 10 y 11 de la noche.

En general, se come mucho y las comidas suelen estar acompañadas de algún tipo de bebida alcohólica (vino y gaseosa), aunque se tenga que retornar al trabajo. El que se coma mucho puede ser el resultado de una sociedad que simplemente goza de los placeres de la mesa, o que busca desquitarse de los años del hambre de la época franquista tras la Guerra Civil. Uno de los personajes de comics más populares durante los años 50 y 60 fue Carpanta, cuyas historietas giraban en torno a su constante e infructífera tarea por hallar alimentos y comer. Nunca conseguía sus propósitos. En la posguerra se identificó estar sano con comer mucho y estar gordo con estar sano.

Mientras que las comidas en el hogar suelen consistir en recetas caseras básicas (fritos, guisos, pastas), las que se hacen en los restaurantes incorporan más innovaciones. En el restaurante alguien invita y el menú debe representar novedades. Es más normal que fuera de casa se degusten los interiores del animal, los asados y las carnes rellenas. Hay que hacer honor al invitado y en este ritual asoman las tendencias tradicionales que derivan de una sociedad donde el honor ocupó un importante papel. El debate sobre quién paga acompaña de forma ritual cada almuerzo y cena entre amigos. "Pago yo", "no, pago yo", "camarero no le deje pagar", "cóbreme a mí", en un ejercicio habitual. De lo que se trata es de una práctica entre caballeros por obtener más honor que se manifiesta en invitar y mostrar generosidad, mientras que se crea una deuda implícita. La historia nos cuenta casos en el siglo XIX de comensales amigos que acabaron retándose en duelo de espadas para decidir quién pagaba. Este ejercicio parecería lo opuesto del individualismo extremo, en donde los comensales dividen la cuenta entre todos, atendiendo a lo que cada uno consumió estrictamente, fórmula que los españoles no pueden entender y rechazan tácitamente.

Aunque las mujeres son los principales artífices de la preparación diaria de alimentos, los varones ocupan un papel preponderante en ciertas ocasiones y oficios. Por ejemplo, hay ciertos platos que ellos monopolizan. En Valencia, las paellas de los domingos están preparadas mayoritariamente por varones, que se jactan de hacer la mejor de la comarca. En general, los grandes cocineros de los restaurantes más prestigiosos pertenecen al género masculino y uno se pregunta por qué. En el País Vasco existen, desde 1870, sociedades gastronómicas dedicadas exclusivamente al placer del buen comer y el buen beber. La idea surgió primero en la Sociedad Artesana y consistía en grupos de amigos varones que se reunían para cocinar. Esta modalidad pronto se transformó en un foro para mejorar recetas e incluso para competir entre distintas sociedades. Una de las particularidades de estas sociedades fue su carácter exclusivamente masculino, aunque recientemente, con la democracia, algunas han empezado a abrirse a las mujeres. Normalmente, el derecho de asociación todavía pasa de padres a hijos, especialmente en las sociedades más prestigiosas y solicitadas. En todo el País Vasco hay 1.200 sociedades gastronómicas registradas, con cerca de 200 en la ciudad de San Sebastián y algunas en el territorio vascofrancés.

La existencia de estas sociedades refleja la importancia de la gastronomía del País Vasco, tan rica en productos del mar, buena carne y buen apetito. Para celebrarlas se organiza todos los años la fiesta de la Tamboreada. Comienza la noche del 19 de enero con un desfile de las sociedades gastronómicas en las que participan cerca de diez mil miembros acompañados de bandas de música. Recorren las calles vestidos de cocineros y tocando un tambor, que no es sino un barril de vino que cuelgan a la cintura. Se desplazan por las calles del casco antiguo y acaban en las sedes de sus sociedades, en donde se organiza una gran cena que se extiende hasta altas horas de la madrugada. Aunque los banquetes están preparados por los propios miembros, de vez en cuando se invita a un cocinero reconocido para que les prepare un menú especial. Todos los miembros tienen sus llaves de acceso al local social y también taquillas donde guardan sus propios ingredientes, que usarán en la preparación de alimentos. Las cenas de estas sociedades están salpicadas de canciones que todos los miembros entonan como parte del ritual de la hermandad.

En otras muchas ciudades del territorio nacional se celebran también festivales que giran en torno a la comida o a un producto determinado. En Zamora se celebra, en julio, el festival del ajo. Ciertas calles centrales de la ciudad aparecen materialmente cubiertas de una moqueta de ajos. En varias localidades se celebran festivales del jamón, o de cortadores de jamón, también del queso, de la sardina, del bacalao y de otros muchos productos locales. En Valencia, en marzo durante las Fallas, las comisiones falleras encargadas de llevar adelante la celebración, ya de madrugada y en las calles, cocinan paellas en grandes recipientes para más de 50 personas y las sirven generosamente. La Tomatina es la fiesta del tomate y se celebra con gran asistencia de público todos los años en el pueblo de Buñol en la Comunidad Valenciana.

Hablar de la cultura de España es sin duda hablar de sus fiestas y sus manjares, a través de los cuales el pueblo español se expresa, según muchos, más que a través de sus instituciones.

Bibliografía

Ariño Villarroya, Antonio. *La ciudad ritual. La fiesta de las Fallas.* Barcelona: Anthropos, 1992.

Douglass, Carrie Bess. *Bulls, Bullfighting, and Spanish Identities.* Tucson, AZ: The University of Arizona Press, 1999.

González Sevilla, María Emilia. *A la mesa con los reyes de España. Curiosidades y anécdotas de la cocina de palacio.* Madrid: Temas de Hoy, 1998.

Martínez Llopis, Manuel M. *Historia de la gastronomía española.* Madrid: Alianza, 1989.

Stanton, Edward F. *The Handbook of Spanish Popular Culture.* Westport, CT: Greenwood Press, 1999.

Velasco, Horacio M., ed. *Tiempo de fiesta. Ensayos antropológicos sobre las fiestas en España.* Madrid: Tres-Catorce-Diecisiete, 1982.

Walker, Ann and Larry. *A Season in Spain.* New York: Simon & Schuster, 1992.

PARTE

3

CULTURA

ARTE: PINTURA Y ARQUITECTURA

TEMAS

- Un pueblo de artistas

- Embellecer las ciudades: la arquitectura

- El modernismo y Antoni Gaudí

- Arquitectura franquista

- El papel de la arquitectura urbanística

- Los pintores de principios de siglo

- Las vanguardias: Picasso, Dalí, Miró

- Retrato de la guerra: Guernica

- Nuevas tendencias y realizaciones

- Museos

Valoración del siglo

T odo haría pensar que existe una relación entre la sociedad, la política y la producción cultural de un país. Como hemos visto en los primeros cinco capítulos de este libro, la historia de España en el siglo XX ha sido la historia de los desencuentros de una sociedad que malgastaba gran parte de sus mejores energías buscando una identidad que supuestamente nunca tuvo o que perdió a lo largo de sus varias crisis. Si destruir es antónimo de construir, habríamos de pensar que a la España del siglo XX, hasta llegar a la transición, le quedaron pocas oportunidades de crear, pues la destrucción que la precedió habría sido la tónica. Sin embargo, por malabarismos del destino, los resultados fueron inesperados. Efectivamente, el paréntesis comprendido entre la crisis de 1898 y el inicio de la Guerra Civil fue un período de acomodo y búsqueda que tuvo un reflejo en la producción cultural, con hallazgos deslumbrantes.

Por razones de espacio, pero también de planteamiento, no se estudiará en este volumen la producción literaria de narrativa y poesía. Valga decir que estos dos géneros sobresalieron por la calidad y cantidad de narradores y poetas a un nivel sólo comparable con el Siglo de Oro. La primera generación salida de la crisis del 98 asumió una tarea, que le quedaba grande, de reflexionar sobre la realidad española y los problemas acuciantes que habían de acometerse. Se vivían momentos de gran ebullición creativa en toda Europa, en donde unas sociedades más democráticas se afanaban por romper los moldes heredados, a través de corrientes con clara inclinación vanguardista. El modernismo hispano dio paso a las vanguardias que adaptaron diversos nombres: ultraísmo, creacionismo, dadaísmo, surrealismo, futurismo y otros. La llamada generación del 98, nacida a finales del siglo XIX, se desplazó entre estas poderosas influencias. Más que una generación literaria, formaron un bloque generacional en el que destacan: Miguel de Unamuno, Antonio Machado, José Martínez Ruiz "Azorín", Pío Baroja, Vicente Blasco Ibáñez, Carmen de Burgos, Ramón del Valle-Inclán, Jacinto Benavente, Juan Ramón Jiménez, Ángel Ganivet, Ramiro de Maeztu, Eugenio Noell y José Ortega y Gasset. No todos compartieron las mismas preocupaciones y planteamientos. Básicamente fue un grupo de escritores a los que les tocó vivir las crisis de finales de siglo y las corrientes literarias que parecían surgir espontáneamente.

Casi a paso seguido se formó otro grupo, la llamada Generación del 27, de intelectuales nacidos en el siglo XX, más creativa, más en contacto con el resto de Europa, especialmente con Francia, y dispuesta a dar el salto que la cultura de masas demandaba. La formaron: Federico García Lorca, Luis Cernuda, Ramón Gómez de la Serna, Pedro Salinas, Miguel Hernández, Gerardo Diego, Guillermo de la Torre, Rafael Alberti, Vicente Aleixandre, Jorge Guillén, Dámaso Alonso y Emilio Prados. Éstos son los más conocidos de una pléyade de escritores de extraordinaria calidad, casi irrepetible. La Guerra Civil cercenó su potencial. Unos fueron asesinados o murieron en la cárcel. Otros optaron por el exilio desde donde siguieron publicando, aunque el flujo imparable de creatividad se rompió con la contienda y fue muy difícil recuperarlo. Algunos eligieron quedarse. Uno se pregunta qué podrían haber escrito Miguel Hernández y García Lorca, dos genios cuyas vidas fueron arrancadas en temprana edad, cuando estaban en la cúspide de su producción.

Cierto que durante el franquismo hubo literatura y se escribieron libros limitados por lo que permitía la censura. Es casi imposible escribir sin libertad. Algunos escritores de valía pudieron escapar del corsé de la censura o estuvieron a favor del régimen. Destacan: Manuel Machado, Dionisio Ridruejo, Luis Rosales, Camilo José Cela, Miguel Delibes, Carmen

Laforet, Mercé Rodoreda, Blas de Otero y Gonzalo Torrente Ballester, aunque con el tiempo su trayectoria evolucionó. Con la democracia, una literatura joven y agresiva ha sabido sacar provecho de la bonanza de las grandes editoriales españolas (Planeta, Alfaguara, Santillana) que se adueñaron del mundo editorial hispano, que durante la dictadura franquista se había desplazado a México y Argentina. Las editoriales se han dedicado a la promoción de literatura (básicamente novela) con lucrativos premios literarios que esconden una mentalidad comercial, pero que indiscutiblemente favorecen la promoción de autores lanzados a la fama. Éstos han sido responsables, entre otras cosas, de recuperar la herencia literaria de sus abuelos, pues la generación de sus padres se perdió en gran parte debido a guerras y dictaduras. Destacan: Juan Marsé, Manuel Vázquez Montalbán, Eduardo Mendoza, Antonio Muñoz Molina, Rosa Montero, Luis Landero, Javier Marías, Almudena Grandes, Carmen Martín Gaite, Soledad Puértolas y Arturo Pérez Reverte.

La visión retrospectiva en arte es bastante similar. El siglo XX es, con el Siglo de Oro, una centuria de extraordinaria calidad artística que no corresponde con la situación de postración política, económica y social del país. La producción pictórica y arquitectónica del siglo XX destaca por su vitalidad con nombres que han dejado profunda huella en el universo artístico de Occidente. Sólo basta citar los nombres de Antoni Gaudí, Pablo Picasso, Joan Miró, Joaquín Sorolla, Antoni Tapiès, Salvador Dalí, Ignacio Zuloaga, Eduardo Chillida y Santiago Calatrava.

Los artistas de comienzos del siglo XX dieron un determinante paso adelante al romper con las muchas ataduras de la tradición. Hay que tener en cuenta que el arte (pintura, escultura y arquitectura principalmente) necesita de promotores que compren las obras o las exhiban. La Iglesia y la aristocracia han sido durante siglos los grandes mecenas del arte, y de alguna forma han influido en su producción. Los artistas de albores de siglo XX se encontraron en la encrucijada entre la tradición romántica y las exigencias de la modernidad, y tuvieron que resolver el dilema. Como indica el profesor José Martín, "es en la tensión entre tradición (*costumbrismo*/valores castellanos/regionalismo) y progreso (innovación/cosmopolitismo/vanguardias) que se acentúa la intensidad y originalidad del arte contemporáneo español".

ARQUITECTURA Y URBANISMO

En un catálogo reciente de monumentos de valor artístico en Europa publicado por la Unión Europea, España figura como el primer país en cuanto al número de edificios o monumentos considerados de valor artístico y cultural. Es cierto que en España no hay un solo pueblo, rincón, villa o camino que no exhiba arquitectura de extraordinario valor. Parte del atractivo turístico de la península viene dado por la perfecta combinación entre la belleza física de sus playas y montañas, y la cantidad y calidad de sus monumentos y edificaciones. Desde las primeras piedras de las ciudades construidas por los fenicios, se puede estudiar la historia del arte europeo sin salir de las fronteras. Es posible contemplar cuevas con pinturas de arte rupestre del neolítico; monolitos celtas e iberos; ciudades griegas y romanas; construcciones visigodas y cartaginesas; iglesias románicas, mozárabes y góticas; castillos y conventos medievales; palacios árabes, mudéjares y renacentistas; fachadas y catedrales barrocas; mansiones platerescas y neoclásicas; y un largo etcétera, hasta alcanzar el siglo que nos ocupa. La vista no se cansa de contemplar un rico legado cultural que ha llegado a nuestros días relativamente bien cuidado.

El siglo XX atestiguó un profundo proceso de transformación de las ciudades españolas. El proyecto pionero de Ildefonso Cerdá en Barcelona marcó las pautas de empresas similares, como señalamos en el capítulo 6. Se aprobaron planes de ensanche en Cartagena, Murcia (en 1897) y en Palma de Mallorca. Este último está concebido como la unión de varios ensanches con el fin de integrar las periferias. El Centro de Madrid llevó a cabo una reorganización fundamental aligerada con grandes avenidas. El proyecto de la Gran Vía de Madrid se aprobó en 1904. En Barcelona un proyecto similar creó la Vía Layetana, que cruza la ciudad en diagonal. La industrialización requirió de una inversión estatal en proyectos desarrollistas que representasen el nuevo siglo. Son significativas la construcción de estaciones de trenes (estación mudéjar de Toledo, del Norte en Valencia; de Francia en Barcelona), mercados (la Boquería en Barcelona, el Colón de Valencia) y casinos (San Sebastián). El desarrollo del deporte y de los espectáculos a partir de los años 20 incentivó la construcción de estadios, frontones, hipódromos y plazas de toros. Otra de las inversiones destacadas del Estado fue la construcción de edificios públicos. Destaca por su monumentalidad el Palacio de Comunicaciones de Madrid, en la Plaza de la Cibeles, construido entre 1914 y 1918, obra del arquitecto Antonio Palacios. Se podría añadir a esta lista la construcción de colegios, universidades, jardines, puentes y otros edificios oficiales. La transformación del centro de las ciudades españolas en las primeras décadas del siglo XX fue extraordinaria. Se trata de un período de intensa actividad constructora que vino acompañado de importantes tendencias renovadoras por parte de los arquitectos.

La arquitectura modernista

A caballo entre dos siglos surgió la arquitectura modernista que resultó emblemática en Barcelona y dejó también extraordinarias muestras en otras muchas ciudades. El modernismo es difícil de definir, pero lo fundamental es que articuló una serie de propuestas innovadoras y rupturistas, iluminadas por un nuevo ideal estético. El modernismo intentó abarcar unos conceptos que, respetando la tradición la superaran, incorporando formas diversas correspondientes a otras culturas a las que el proceso de expansión comercial e informativo había ido acercando. Barcelona, en particular, y Cataluña, en general, sobresalieron en la vanguardia del movimiento modernista arquitectónico, posiblemente por la presencia de Antoni Gaudí, uno de los arquitectos más singulares y creativos del siglo XX.

El rápido crecimiento de Barcelona, que pasó de 387.000 habitantes en 1787 a 509.000 en 1910, y la aparición de una burguesía industrial asociada a los textiles y el puerto crearon las bases necesarias para expandir la ciudad y embellecerla. La Exposición Universal celebrada en 1888 señaló el inicio de una prosperidad anticipada y confirmó el orgullo nacionalista de su burguesía, que hacía gala del nuevo renacimiento de su cultura (*Renaixença*).

La arquitectura es un arte con un fuerte componente funcional que condiciona la creatividad. Ensayar con nuevos materiales o técnicas y equivocarse implica un riesgo económico de grandes proporciones. Éste ha sido el talón de Aquiles de la arquitectura a lo largo de la historia. Pensemos que las grandes catedrales tardaban en ser acabadas más de doscientos años debido a la falta de recursos. Pero Gaudí tuvo su día y su época, y se benefició de una cierta bonanza económica. Sin embargo, no se trata de un caso aislado. El modernismo arquitectónico en Barcelona tuvo otros importantes exponentes: Josep Puig i Cadafalch, Josep Vilaseca i Casanovas, pero sobre todo, Lluís Doménech i Montaner, cuya obra emblemática es el Palau de la Música de Barcelona (1905–1908). También es autor del hospital de San Pablo. Aunque con peculiaridades muy singulares, se puede hablar de ciertos aspectos comunes a estos tres grandes artistas: policromía y ornamentación, aproximaciones al arte gótico y toques orgánicos de las superficies. Aunque ecléctico, el modernismo se autodefinía en cada obra.

Antoni Gaudí

Antonio Gaudí i Cornet nació en Reus, provincia de Tarragona, el 25 de junio de 1852. Su vida y su obra están íntimamente ligadas a la ciudad de Barcelona. Entre 1883 y 1926 llevó a cabo la gran mayoría de sus trabajos, que incluyen casas residenciales, escuelas, bloques de apartamentos, un parque, alguna obra pública (farolas de la Plaza Real), ermitas y su famosa catedral, la Sagrada Familia.

Con la Casa Calvet, en la que trabajó entre 1898 y 1904, y con la que obtuvo el primer premio de fachadas que estableció el Ayuntamiento de Barcelona, la obra de Gaudí comienza a adquirir una peculiar resonancia. El barroquismo perceptible en este edificio la convierte en una obra especial dentro de la tendencia barroca de las

Palau de la Música de Barcelona

primeras décadas del siglo XX. Gaudí penetra dentro del modernismo con paralelos con el Art Nouveau, pero conducente a un barroco catalán que será observable en muchas de sus obras siguientes, las casas Batlló y Milá. Gaudí desarrolló una arquitectura de gran riqueza plástica en la que los elementos simbolistas se unen y yuxtaponen, creando edificios que son a la vez extraordinarias obras escultóricas. No debemos olvidar no sólo la vocación escultórica de Gaudí sino la forma en que llevaba a cabo sus edificios.

Se ha escrito que algunas construcciones de Gaudí eran esculturas realizadas a gran escala. Si esta afirmación parece un tanto exagerada, bien es cierto que la tendencia escultórica es perceptible en muchos edificios, ciertamente en el Parque Güell, pero también en los dos edificios mencionados: las casas Batlló y Milá. El techo de la casa Batlló asemeja un monstruo marino con elevaciones de tejas policromadas que forman las escamas del dragón, para acabar en la chimenea con un remate en cruz. La fachada reproduce un agua marina que trasluce las rocas de un fondo mediterráneo con elementos acuáticos y vegetales. Los balcones, fabricados con hierro forjado, imitan las cabezas de peces o monstruos marinos que surgen de ese fondo esplendoroso. El color de las baldosas está perfectamente armonizado con la estructura, creando unas sensaciones de ritmo incomparables. Podemos observar en estas obras como la arquitectura va transformándose en escultura. La decoración deja de ser tal para hacerse el elemento dominante, y la fantasía da paso lentamente al irracionalismo.

Casa Batlló en Barcelona

La Casa Milá, por su parte, es una obra inigualable que no deja indiferente al observador. Se conoce este edificio como La Pedrera y está inspirado en la famosa montaña de Montserrat, situada a pocos kilómetros de la entrada de la ciudad. El hecho de que cada nivel sea diferente y de que sus ventanas y salientes sean también distintos, así como sus balcones, forjados con metales retorcidos en forma de ramas o arbustos, crea un sentido de pureza natural y la sensación de que se está frente a un gran monumento o escultura.

Trabajar con artesanos y albañiles, no sólo con arquitectos, le permitía desarrollar de forma particular e íntima cada aspecto del edificio. Gaudí se personaba diariamente en las obras e iba indicando aspectos de la construcción que obedecían a un plan prefijado, al tiempo que tomaban forma de acuerdo con su inspiración o a la necesidad de resolver problemas técnicos inmediatos. La espontaneidad de su trabajo lo llevó, en ocasiones, a derrumbar partes construidas que no lo complacían. Muchos de los problemas de estructuras y resistencias de los edificios los solucionaba a base de construir unas grandes maquetas en las que situaba pesos que pendían de poleas. Son peculiares los tejados, en donde aflora gran parte de su creatividad. Muy comunes son las esculturas religiosas con que los decoraba, en parte como reacción al marcado anticlericalismo de la época.

Gaudí evolucionó de unas tendencias anarquizantes a una profunda religiosidad que marcó su edad madura. Persona solitaria, concibió su obra como un servicio a Cataluña y a la Iglesia. No hay edificio de Gaudí donde no aparezcan motivos religiosos. La Sagrada Familia fue la obra final para la que se estuvo preparando toda la vida. Iniciada en 1885, no pudo concluirla, ya que falleció en 1926, al ser arrollado por un tranvía. La Sagrada Familia, que aún está inacabada, representa el gótico mediterráneo en donde lo ornamental parece dominarlo todo. En la Sagrada Familia aparecen representadas más de treinta especies de plantas.

Como anticipación de la Sagrada Familia diseño la capilla de Santa Coloma de Cervelló, o Colonia Güell, en la que ensayó técnicas que pensaba usar en el gran templo. Trabajó sin planos, usando maquetas que le permitían solucionar problemas tridimensionales y usar diferentes materiales, texturas y colores. Por ejemplo, la planta de la capilla recrea un bosque interior con columnas desiguales que parecen tener vida. Las que tienen que soportar más peso son de basalto, y las otras, de ladrillo. Este último material, presente en sus edificios de mayor influencia mudéjar, es dominante en la capilla junto con una fusión de materiales que recrean un ambiente natural, algo que primaría en el Parque Güell. En ambos proyectos empleó, además de ladrillo, rocas de distintas formas y calidades, en muchas ocasiones rotas, como si estuviesen en estado natural, y piedra calcárea. Las ventanas y celosías están diseñadas formando dibujos que imitan el paso de la luz solar por las ramas de los árboles, algo que le preocupaba enormemente. Gaudí entendía que la arquitectura debe ser una continuación de la naturaleza circundante y estar en diálogo con ella.

Estas técnicas organicistas alcanzaron su esplendor en el Parque Güell, obra maestra de la arquitectura urbana, como habían sido sus primeras obras. Todo fue posible gracias a su mecenas y patrocinador, el conde Eusebio Güell. Este industrial catalán, admirador de su obra, proporcionó a Gaudí los medios para que llevase a cabo algunos de sus más importantes trabajos. En el parque Güell, el arquitecto dio rienda suelta a su imaginación y diseñó, construyó, pintó y esculpió, todo en un intento de hallar armonía con el ambiente. El parque se fue abriendo en distintas fases y estilos, siguiendo una tónica fundamental organicista, a lo largo de los catorce años que tardó en concluirse. Hay partes que asemejan paisajes lunares, mientras que, en otras, lo cromático domina en la realización e imitación de plantas, flores y animales. La sierpe o cenefa de los bancos superiores está formada con azulejos rotos que, dispuestos exquisitamente, inventan nuevas formas y tonalidades.

La obra de Gaudí concluyó con él. El eclecticismo de un conjunto arquitectónico tan rico y variado fue imposible de imitar. Durante años, la polémica ha seguido en Barcelona en torno a continuar o detener la inconclusa catedral. Dada la forma en que Gaudí trabajaba, muchos pensaron que sería imposible continuar con su construcción y que mejor sería dejarla como quedó a la muerte del artista. Otros recurrieron al argumento de que la construcción de muchas de las grandes catedrales demoró siglos, y que en esos procesos intervinieron distintos arquitectos y constructores. Al final triunfó este último argumento, y la Sagrada Familia ha seguido levantando sus torres hacia el bello azul del cielo mediterráneo.

Arquitectura de posguerra

La euforia constructora de comienzos del siglo XX continuó hasta la Guerra Civil, que lo detuvo todo y dejó su huella destructora en muchas ciudades, especialmente en Madrid y en Barcelona, bombardeadas por las tropas nacionalistas. En la Ciudad Universitaria de Madrid, hasta la década de los 60, podían verse en las paredes de las facultades las morde- duras de las balas y los obuses. Se imponía una labor de reconstrucción y remodelación del patrimonio nacional seriamente dañado.

La arquitectura de la dictadura de Franco estuvo en línea con la estética fascista y de acuerdo con su escasa cultura artística. Las obras en las que intervino el Estado son de un clasicismo ampuloso que buscaba hacer sentir pequeño al individuo frente a las grandes masas. Los arcos de triunfo que se alzaron en Berlín, Roma y Madrid surgieron con volun- tad de emular la grandiosidad de las construcciones de los imperios. La arquitectura del Es- tado franquista es granítica, con poca decoración, muy en línea con el monasterio de El Escorial, obra emblemática y representativa de la Edad de Oro. Destacan: el Ministerio del Aire, en la plaza de la Moncloa de Madrid; los Nuevos Ministerios; el Museo de América y el Valle de los Caídos. Esta última es la obra representativa por excelencia de la dictadura, en la que Franco estuvo muy involucrado. Se levantó entre 1939 y 1959, usando como mano de obra a los prisioneros republicanos. Consta de una enorme cruz que se alza sobre una gran roca en la que se excavó una cripta con planta de cruz griega. La base de la cruz está rodea- da por las grandes esculturas de los cuatro evangelistas, obra de Juan de Ávalos. El efecto ex- terior es masivo y sobrecogedor, mientras que el interior es frío y sepulcral. En la cripta descansan los restos del dictador Franco y de José Antonio Primo de Rivera.

Sin embargo, no todos fueron proyectos estatales y la arquitectura siguió su camino de acuerdo con las necesidades de la sociedad y los gustos prevalecientes en las grandes corrientes europeas. La revista *Cuadernos de Arquitectura* destacaba, en su primer número correspon- diente a 1994, las obras de los grandes maestros de la época, Le Corbusier, Henri Sauvage, André Lurçat y Robert Mallet-Stevens, entre otros. Las construcciones del período de posguerra responden a tres apartados: la reconstrucción de edificios de valor artístico dañados por la guerra, la arquitectura simbólica estatal y la arquitectura privada. En el primer apartado, destaca la labor del Servicio de Regiones Devastadas que se encargó de la remodelación de pueblos, sobre todo del centro. Siguió primando el esquema tradicional armonioso, con una plaza central rodeada de la iglesia y de algún monumento emblemáti- co. La arquitectura estatal se centró bastante en la capital, por considerarse el centro del nuevo régimen, y se potenció su tradicional monumentalidad. Además de los edificios ya mencionados, se continuó la prolongación de la avenida de la Castellana, donde están si- tuados el Museo del Prado, el Botánico y la Biblioteca Nacional. Se erigió el Arco del Triunfo, en la entrada de la Ciudad Universitaria, y el museo de América. Un apartado importante fue la arquitectura religiosa, muy en línea con la ideología del régimen y con la misión de cruzada religiosa que se le quiso asignar. Sólo en Barcelona se proyectaron entre 1945 y 1959 sesenta y dos iglesias de nueva planta.

La arquitectura privada y comercial siguió una cierta tendencia hacia la monumentali- dad propia de la época. La idea de que la modernidad está representada por ciudades con grandes avenidas abiertas a la locomoción, y de que los edificios altos expresan mejor un sentido de progreso, impulsó el diseño y construcción de grandes edificios de plantas y de rascacielos. Muestra de este tipo de arquitectura son la sede del banco Vitalicio, en plena plaza de Cataluña en Barcelona, obra de Lluís Bonet Garí, y el edificio España y la Torre de Madrid, ambos situados en la plaza de España, debidos a Julián Otamendi.

A partir de los años 60, se produjo una tendencia expresionista en la arquitectura, que quiso hacer alardes tecnológicos al margen de la geografía y el clima. Fue una época marcada por la construcción de edificios de acero y cristal, que aparecieron en medio de los climas más soleados y duros. La novedad de estilo los popularizó, aunque fuesen aberraciones. Fue también una época en la que la eclosión turística creó unas urgentes necesidades de levantar hoteles y residencias. Se construyó desordenadamente y, en muchos casos, sin los permisos adecuados, de tal forma que muchas de las zonas costeras vieron surgir, como setas, edificios sin relación con las playas y huertas limítrofes. Complejos turísticos monstruosos asomaron de un día para otro en pueblos como Benidorm, Palma de Mallorca, Torremolinos, Cullera y Marbella. En otras zonas, un mayor control municipal y un turismo más selectivo produjeron edificios acordes con la arquitectura local y la armonía del paisaje. Éste es el caso de algunos pueblos de la Costa Brava en Cataluña, Almería, Ibiza y Canarias. A los alcaldes desarrollistas les dio por pavimentar el centro de las ciudades, desarbolando hermosas ramblas. Así lo hizo Carlos Arias Navarro, que antes que presidente del Gobierno en el último gabinete de Franco fue alcalde de Madrid, y llevó a cabo una labor devastadora de las arboledas que adornaban las calles de la capital. Sólo la caída de la dictadura salvó la ciudad de la total deforestación.

La nueva arquitectura

El año 1975 marca el inicio de una nueva conciencia urbanística y señala las pautas para la siguiente. Las renovadas corrientes se movieron entre una arquitectura marcadamente tecnológica, la evolución del neorracionalismo y ciertas penetraciones posmodernas. Fueron muchos los arquitectos que sobresalieron en este período, pero por cuestión de espacio tan sólo mencionaremos a tres artistas excepcionales: José Oriol Bohígas, Rafael Moneo y Santiago Calatrava.

Expo Internacional de Sevilla, 1992

José Oriol Bohígas, arquitecto catalán, ha sido instrumental en el diseño de muchos de los planes de nueva urbanización y proyectos de morfología general de los espacios en los últimos cuarenta años. Es autor de la planificación y reordenación del cauce del río Turia a su paso por Valencia, que lo transformó en un gran parque integrado, devolviendo una presencia necesaria a la ciudad. Junto con los arquitectos Joan Martorell y David Machay, diseñó el Plan de Ordenación Urbana de la Fachada del Mar en Barcelona, obra que se inició y que está conectada con la planificación que acompañó la Olimpiada de 1992. Es responsable de la concepción del edificio de la Universitat Pompeu Fabra y el Palau Nou de la Rambla, ambos en Barcelona, así como el Pabellón del Futuro alzado en Sevilla para la Exposición Internacional de 1992.

A Rafael Moneo, por su parte, se le acreditan importantes trabajos de renovación artística. Una referencia imprescindible es la reestructuración del Museo de Mérida en Badajoz, donde concluyó un conjunto arquitectónico de origen romano. Otros de sus proyectos son la renovación del viejo caserón que en la actualidad alberga al Museo de la Fundación Thyssen-Bornemisza en Madrid. En San Sebastián, construyó el Auditorio del Kursal; en Palma de Mallorca, el edificio de la Fundación Joan Miró; y en la ciudad de Los Ángeles en Estados Unidos, la catedral de Los Ángeles.

La obra de Calatrava, escultor e ingeniero valenciano, ha cruzado las fronteras y se ha extendido por diversos países (Kuwait, Estados Unidos). Es difícil identificarlo con una escuela concreta, pero sus espléndidos puentes y edificios destacan por la audacia de líneas y el dominio de las estructuras, en las que privan los aspectos tecnológicos. Los puentes son auténticas esculturas cuya concepción va más allá de su utilidad como lugar de tránsito. Merecen mención los puentes de Alamillo en Sevilla y de la Alameda en Valencia; el aeropuerto de Bilbao; el Art Museum en Milwaukee (Estados Unidos); y la Ciudad de las Artes y las Ciencias en la capital valenciana. También le pertenece el diseño de la nueva estación PATH en Nueva York, en el solar de las torres gemelas, destruidas en 2001.

Ciudad de las Artes y las Ciencias de Valencia

LA PINTURA ENTRE SIGLOS

La pintura en los albores del siglo XX fue enormemente fecunda y de una gran variedad de estilos, temas y técnicas. Mientras que persistieron reminiscencias neorrománticas y clasicistas, el modernismo y las vanguardias hicieron su aparición traídas de la mano de los muchos pintores que peregrinaron a París, sede de los principales movimientos vanguardistas. Sin embargo, coetáneo con las innovaciones de los artistas que decidieron buscar suerte en el país vecino, se desarrolló en la península un fecundo arte regionalista. Ciertamente que el término regionalista resulta un tanto vago si se quiere incorporar a aquellos artistas que centraron su mirada en la geografía, los personajes y los monumentos de la España profunda. Sin embargo, no hay que olvidar que casi todos los artistas de esta tendencia pasaron también por el costumbrismo.

De esa época excitante, convulsionada y creadora surgen, entre una pléyade de artistas, cuatro nombres: Joaquín Sorolla, Julio Romero de Torres, Ignacio Zuloaga y José Gutiérrez Solana. Asentados en el país y lejos de las influencias europeas, dedicaron su trabajo a un tipo de regionalismo cuyo capítulo se extendió en todo el primer tercio del siglo XX. Intelectualmente vinculados con la generación del 98, buscaron en lo autóctono, como era de esperar, formas de expresión de lo local o regional. No se debe confundir con el costumbrismo decimonónico. Hasta recientemente, la crítica no ha sido compasiva con ellos y los acusó de fácil folklorismo, regionalismo y españolismo intrascendente e incluso *kitsch*.

Hoy la perspectiva histórica los evalúa con distinta luz. Éste es el caso de Joaquín Sorolla y Bastida (1863–1923), pintor valenciano, del que la crítica Lorraine Glennon ha escrito: "Sus devotos, reverenciando sus logros técnicos, hacen peregrinajes regulares para ver su obra, bien en su casa de Madrid o en la Hispanic Society de Nueva York".

Niños en la playa, de Joaquín Sorolla y Bastida

Es llamado el pintor de la luz, pues cultivó en muchos de sus temas regionales un toque impresionista del color y la luz, principalmente en escenas de la playa en el Mediterráneo valenciano. A este estilo tan peculiar e impactante se lo ha denominado "costumbrismo marinero", pues anula lo regional, aunque no deja de ser su heredero. Fue un pintor que rompió con la idea del artista bohemio. Su vida tuvo un tono familiar, rodeado de sus hijos y próximo a su mujer. Fue un gran trabajador de la pintura y muy prolífico, tan sólo superado en la época por los enormes murales de Diego Rivera en México. Firmó un contrato con la Hispanic Society de Nueva York para decorar la biblioteca de la sociedad con un mural de setenta metros, bajo el título de *Visión de España*. Se calcula que a lo largo de su vida pintó unos cuatro mil cuadros y ocho mil dibujos.

El impresionismo de Sorolla ha sido puesto a debate en más de una ocasión, aunque la crítica actual ha acuñado el término "sorollista" como marca de identidad, caracterizada por una bravura técnica de corte impresionista descrita por unos rápidos y espontáneos brochazos que intentan fijar un instante preciso de luz solar al caer sobre el torso de un joven desnudo, en los pliegues de la falda de una mujer de blanco o en el lomo de un mulo saliendo del agua. "Nunca un brochazo de pintura ha contenido tanta luz", escribe Lorraine Glennon. Su preocupación se centró fundamentalmente en la impresión al ojo de la luz, y en la claridad. Con Sorolla se tiene la sensación de que el mundo es más bello de lo que nos imaginamos.

Tampoco la crítica contemporánea trató bien a Julio Romero de Torres (1874–1930), pintor cordobés, cuya producción fue tachada de "folklóricamente banal" y reaccionaria, centrada en pintar mujeres andaluzas y toreros. Quizás en un tiempo en que las vanguardias dominaban la escena artística, todo lo que se alejase de las corrientes rupturistas se consideraba como un paso atrás. La cuestión es que a Romero de Torres no se le dio el crédito que se merece. Hoy, un nuevo y más complejo análisis permite reconstruir el papel que jugó en la escena artística de la primera mitad del siglo XX.

Su estilo, formado en la expresión romántica e inclinado hacia el modernismo simbolista con claras influencias del impresionismo y el prerrafaelismo inglés, está ciertamente centrado en retratar la "España Negra", en la misma onda que otros pintores coetáneos como Hermenegildo Anglada Camarasa, Ignacio Zuloaga y José Gutiérrez Solana.

A partir de 1906 y tras varios viajes a Italia y Francia donde estudió las nuevas tendencias, Julio Romero de Torres comenzó a definir un estilo propio. Toma su inspiración en los temas tradicionales: el flamenco, la copla, el toreo y la mujer andaluza; esta última, protagonista indiscutible. Se percibe en esta etapa una inclinación hacia la recuperación de valores de los grandes maestros españoles. Sus personajes cobran la grandeza de esculturas de corte clásico, donde las composiciones geométricas juegan un papel tan importante como los temas representados.

No puede decirse de Ignacio Zuloaga (1870–1945) que fuese un simple pintor regionalista. De la técnica de aglomeración característica del costumbrismo, se pasa en su obra a una mayor concentración temática, con juego de los primeros planos, al igual que en Julio Romero de Torres y José Gutiérrez Solana. Las composiciones son más selectivas, y en ellas prevalecen los elementos simbolistas y literarios. El crítico Javier Pérez de Rozas escribe: "Zuloaga puede ser el mejor exponente de una oscilación o convivencia castizo cosmopolita que afecta a la producción artística española del primer tercio del siglo XX". La cuestión de la identidad nacional está presente en su obra como en la de los otros pintores regionalistas.

Nació en Eibar, Guipúzcoa, y estudió, como toda su generación, en París, Roma y Londres. No se dejó seducir por el impresionismo imperante; el suyo es un estilo sombrío en el

La Saeta de Julio Romero de Torres

color, lo que contrasta con la brillantez del impresionismo en boga. Su trayectoria puede trazarse hacia atrás conectando con lo más rico de la pintura española, el Greco y Goya. Mantuvo una preocupación por los problemas sociales, y se inclinó a pintar la pobreza, lo sombrío y escenas religiosas. Este recurrir a temas rurales y campesinos es propio de los regionalistas. Se le ha criticado lo "ahistórico" de sus cuadros fotográficos, que reproducen el statu quo de una sociedad con enormes desigualdades.

No es el caso de José Gutiérrez Solana (1886–1945), retratista de costumbres pero atraído por lo grotesco. Gutiérrez Solana no pintó falsas campesinas que muestran una armoniosa felicidad. Es autor de una pintura truculenta en la tradición de Goya. Le gustaba ir a las corridas de toros y ver como, tras la lidia, se descuartizaban los animales. Fue un anárquico dentro del amplio movimiento regionalista.

Pablo Picasso

Quizás ninguna otra personalidad expresa mejor la convulsión creativa entre siglos que Pablo Ruiz Picasso (1881–1973), cuya obra evolucionó de tal forma que puede decirse que

Paisaje de Sepúlveda de Ignacio Zuloaga

la historia del arte contemporáneo va paralela a la historia de su obra. Esto no significa que Picasso cultivase todas las modalidades de la pintura y la escultura de la época, pero transformó y elevó a otro rango todo lo que tocó. En Picasso se materializa una concepción ideal del artista total, cuya creatividad no tenía límites, y transformaba los materiales que lo rodeaban, dándoles nueva vida. Eso es el arte, una nueva forma de ver las cosas, o un proceso a través del cual los objetos simples se convierten en objetos maravillosos.

Nació en la ciudad mediterránea de Málaga en 1881. En 1896 se trasladó a Barcelona donde entró en contacto con pintores vanguardistas del grupo de *Els quatre gats*. Aunque sus primeras obras siguieron las directrices del naturalismo académico en *Ciencia y Caridad,* con la que obtuvo el premio de Bellas Artes en Madrid ya para 1897, y con algunos dibujos modernistas, se pueden observar cambios fundamentales que lo llevaron a cultivar el expresionismo social hasta penetrar en lo que se conoce como el "período azul" de su carrera. Tanto esa etapa como en la que se conoce como "período rosa" expresan reflexiones del artista en torno a personajes y situaciones sentimentales de una angustiosa situación social. La evolución de un período a otro es casi imperceptible. Ha cambiado el color, pero los temas siguen siendo el resultado de una meditación metafísica que sólo lo abandona en contadas ocasiones.

En 1904 se desplazó a París, y mientras vivía una cierta vida bohemia, comenzó a descubrir las aportaciones de artistas como Paul Cézanne, Paul Gauguin, la escultura ibérica y el arte africano, que lo impactaron. Cuatro años después de su llegada a la capital francesa pintó un cuadro que representa un hito del arte contemporáneo, *Las señoritas de Avignon.* Esta obra, inspirada en los prostíbulos de la calle Avinyo, marcó el inicio de un período revolucionario que se extendió entre 1909 y 1915. Había nacido el cubismo, que otro pintor español, Juan Gris (1887–1927), llevaría a sus formas más puras. El cuadro está dominado por los rostros de unas mujeres que asemejan las máscaras africanas que tanto habían impresionado al artista. Más que la importancia de los cuerpos, geométricos y distorsionados, importa el equilibrio total de la pintura en una relación recíproca de los volúmenes. El cubismo rompió con el ilusionismo de la perspectiva que engaña creando la sensación de tercera dimensión. Ésta desaparece y con ella el espacio fingido. Pero al desaparecer, el artista recurre a mostrar las partes traseras de los objetos que anteriormente estaban escondidas al ojo. La técnica permite recurrir a un plano único, el frontal, que comparte el espacio con los elementos supuestamente ocultos. Esto exige una nueva organización, razón por la cual el artista recurre a la geometría.

Siete años después, Picasso parece haber quemado las posibilidades de esa fase y se desplaza dentro de una nueva línea de trabajo siguiendo su incansable inventiva. Entre 1915 y 1922 pasó por un período clasicista seguido de otro marcado por el surrealismo (1925–1940). No acabó allí, y hasta el final de su vida continuó un constante proceso experimental en escultura, cerámica y pintura abstracta. Sin embargo, aunque parece que el artista abandona una etapa para entrar en otra, en realidad nunca es totalmente así. Cada nueva fase está dominada por elementos innovadores, si bien conviven con otros pertenecientes a múltiples estilos, lo que complica la clasificación.

Posiblemente el expresionismo y el cubismo fueron las dos fases más fértiles en su obra, y precisamente es una combinación de ambas la que dio vida a una de sus obras más impactantes, el *Guernica*.

El Guernica

El *Guernica* es una de las pinturas emblemáticas del siglo XX. Para algunos es "la más poderosa declaración antibélica". Para Javier Pérez Rojas: "El *Guernica* de Picasso, búsquense los antecedentes que se quieran, es eso un estallido, un grito desgarrado, el pavor". Nunca antes una pintura había llegado a tener el impacto artístico, político y social del *Guernica*. Es difícil pensar que el propio Picasso hubiese adivinado el impacto que su obra tendría cuando aceptó la oferta del gobierno republicano para pintar lo que sería la pieza central del pabellón español en la Exposición Internacional de 1937.

Durante meses, Picasso trabajó intensamente los rincones de su inspiración para crear un mural que sobrepasase los límites del conflicto español. Ya se había instalado en Francia, aunque estaba vivamente afectado por la situación de su país en guerra. A base de sucesivos bocetos y ensayos, fue formándose la magna obra en la que el Picasso cubista se encuentra con el surrealista y el expresionista. El tema se inspira en el bombardeo de la ciudad de Guernica el 26 de abril de 1937, en plena Guerra Civil. Una vez concluida y expuesta en el pabellón español, las críticas de los detractores se abalanzaron sobre el mural, para reforzar la polémica que levantó en su día.

Guernica de Pablo Picasso

Las interpretaciones sobre la pintura no han dejado de circular, pues las líneas aerodinámicas, la emoción recogida en las figuras quebradas, el simbolismo del ángel, el toro y el caballo, figuras centrales, han mantenido a la crítica en vilo. Picasso rehusó repetidamente desvelar su opinión. Es más, negó que hubiese una sola interpretación: "No es misión del artista definir los símbolos. De otra forma sería preferible si la escribiese con muchas palabras. El público que mira la pintura debe interpretar los símbolos según los entiende".

El cuadro representa una denuncia universal contra la guerra, en este caso una guerra en donde se estaban aniquilando la libertad y muchos otros valores altamente preciados. Picasso tituló el mural *Desastres de la guerra*. Obsérvese que las figuras rotas son una estatua clásica que yace en el suelo, un caballo aterrado que mira hacia la izquierda en signo de desesperación y una mujer dando de mamar a un niño. El cuerpo del caballo está tallado como si de un pliego escrito, libro o periódico se tratase. En el suelo yace también una flor. El gran mural, según se exhibe, no puede verse de un sólo vistazo dada su extensión. Consecuentemente la mirada debe desplazarse, y lo hace, en dirección derecha a izquierda, que es además la dirección en la que se encaminan todos los personajes. La esquina superior de la izquierda está dominada por el toro, que es la única figura serena, que con la curva del cuello protege a la mujer que porta un niño roto en los brazos. La cola del toro se alza como el humo de una fogata o de un volcán. El toro simboliza España, y por eso todos los personajes se dirigen a él. Las otras figuras intactas son la lámpara del conocimiento, situada sobre el centro del lienzo, y la cabeza del ángel que entra por una ventana con un candil en la mano. El resto de las figuras, torturadas y descompuestas por el trazo cubista, claman en horror. Los tonos predominantes son el negro y los grises, que ensombrecen la visión global.

Tras la Exposición Internacional, el lienzo viajó por Europa y Estados Unidos donde halló acogida en el Museo de Arte Moderno en Nueva York, donde permaneció expuesto entre 1937 y 1981. Picasso dejó instrucciones de que la obra no recalase en España mientras Franco siguiese en el poder. En 1981 fue trasladada a Madrid y se exhibe en el Museo Reina Sofía, cuyo edificio ha sido recientemente remodelado y ampliado.

El surrealismo: Dalí y Miró

Alrededor de 1924 tomó forma el surrealismo, movimiento artístico que cobró gran vitalidad en España por influencia francesa. Cierto que los artistas españoles peregrinaban con la fe del converso a la capital francesa para beber de sus fuentes lo más nuevo de los movimientos vanguardistas. Pero también es cierto que, por razones diversas, el surrealismo prendió en el alma española y tuvo no sólo grandes cultivadores, sino líderes que lo elevaron a formas de expresión genuina. En el gran laboratorio de la Residencia de Estudiantes de Madrid, el surrealismo era tratado como un experimento por una pléyade de jóvenes que pensó que la búsqueda de la identidad nacional, tan perseguida por la generación anterior, quizás estaba en el inconsciente. Joan Miró primero y Salvador Dalí después personificaron dos vías distintas y fecundas. Dalí (1904–1989) no sólo fue autor de una pródiga e imaginativa obra, sino que hizo del surrealismo su vida y lo llevó hasta sus formas más extremas.

Desde sus primeros años en la Escuela de Arte de Madrid, el joven Dalí sintió la necesidad de dar muestras de un cierto comportamiento excéntrico que no abandonaría hasta su muerte. Fue expulsado de la Escuela por negarse a responder en un examen público cuando se le preguntó sobre el Tintoretto. Dijo simplemente que "no contestaba a esa pregunta porque él sabía más de arte que todos los profesores juntos". En la primera fase de su producción tuvo devaneos impresionistas, futuristas e incluso cubistas. Pero a partir de 1927, cuando entró en contacto con el surrealismo, halló en él lo más sublime de las expresiones artísticas, la única vía que podía elevar al artista a otras esferas de la creatividad. Su amistad y participación en proyectos con el cineasta Luis Buñuel y el poeta García Lorca incentivaron su imaginación. Con Buñuel escribió y realizó en París el filme *Un perro andaluz* (1928), que fue como un disparo de salida para un movimiento que desacralizaba todo y estaba dispuesto a llevar a cabo la última arremetida contra el arte académico y burgués. El Manifiesto Surrealista de 1924, obra de André Breton, proclama que todas las normas del arte deben ser destruidas, para buscar en lo más profundo de la mente humana las raíces de las nuevas formas de expresión. La imaginación ferviente de Dalí se identificó en cuerpo y alma con el manifiesto, pero sus extravagancias surrealistas fueron tan lejos que Breton lo expulsó en 1934, algo que parecería una contradicción en un movimiento que declaraba la libertad suprema como norma. La respuesta de Dalí fue: "La única diferencia entre el surrealismo y yo, es que yo soy un surrealista".

A su regreso a España se afincó en Port Lligat, en la costa gerundense, cuyo paisaje rocoso y desolado con un mar azotado por la tramontana, fueron el fondo de muchas de sus obras. Regresó acompañado de Gala, musa inspiradora del surrealismo y anterior compañera sentimental del poeta francés Paul Éluard. Era rusa de nacimiento y había sido compañera infatigable del grupo parisino: André Breton, Paul Éluard, Hans Arp, Max Ernst y Louis Aragon. A partir de su llegada a Cadaqués, Dalí la transformó en la diosa alentadora de su obra y apareció retratada obsesivamente en sus lienzos.

Su producción adquirió un estilo muy personal a partir de 1929, cuando pintó varias piezas emblemáticas, entre ellas *El gran masturbador*. Es una pintura perturbadora, en la que en un espacio desolado tiene lugar una serie de metamorfosis constantes y juegos eróticos, que al tiempo proyectan oscuras sombras que enfatizan lo irreal. Las formas están plantadas sobre un espacio de luz cegadora que hace referencia a un momento creador o destructor, mientras que marabuntas y gusanos van devorando todo.

Su imaginación y sus proyectos no pararon desde entonces, y se convirtieron en una especie de máquina productiva. Se lo ha acusado de tener equipos de pintores que trabajaban a sus órdenes y de haber firmado litografías en blanco. Se dedicó también a diseñar joyas, muebles y fotografías. No desechó nada, y llegó a incorporar objetos vulgares y de mal gusto en una especie de consagración del *kitsch*. La época que pasó en Estados Unidos estuvo marcada por una constante presencia en la vida mundana de Nueva York, donde era invitado de gala en fiestas y cócteles de la alta sociedad, que parecía divertirse con sus ocurrencias. La reputación que se creó a su alrededor como sacerdote indiscutible del surrealismo

Dalí y Gala de Salvador Dalí

le granjeó ricos contratos y constantes agasajos. El director inglés Alfred Hitchcock lo invitó a realizar los decorados de uno de sus filmes. Pintó a las grandes personalidades de Wall Street y Hollywood e inspiró la creación de un Museo Dalí en St. Petersburg, Florida. En las muchas entrevistas que concedía a los medios de comunicación, siguió una línea de manifestaciones cuya meta consistía en provocar y mantener a su alrededor una aureola de excentricidad. Sostuvo que su obra se debía a la utilización de un "método paranoico-crítico", y ciertamente algo de paranoico había en él.

Dedicó los últimos años de su vida a restaurar el castillo de Púbol en Gerona, que fue la morada de Gala hasta su muerte, incluido el panteón donde ambos descansarían, y a levantar y difundir el Museo Dalí en la ciudad catalana de Figueras, su pueblo natal.

Otro de los muchos surrealistas que alcanzó reconocimiento internacional es Joan Miró (1893–1983). Tras una estancia de cinco años en París, a donde marchó al inicio de la Guerra Civil, su vida transcurrió en Montroig, su pueblo natal. Desde sus primeras obras, que fueron tardías, se inclinó hacia un ilusionismo mágico que se decanta por el surrealismo. Desde 1923 Miró no pintó un solo objeto realista o reconocible, si bien él siempre negó que pintara cosas abstractas. Miró puede ser considerado un vanguardista entre los surrealistas españoles, adscrito a lo que se conoce como la vertiente abstracta del movimiento. Su obra representa una fiesta de la imaginación y el color, en formas que desean representar el mundo simple según lo ve el ojo de un niño todavía libre de prejuicios y normas visuales. "El objeto más pequeño es un mundo en sí", solía decir. Sus pinturas siguen el modelo de los ideogramas poéticos, formados por uniones sin precedentes con la apariencia de ser las cosas más normales del mundo. Fue un gran admirador de la obra arquitectónica de Antoni Gaudí, especialmente del Parque Güell, en el que encontraba la expresión de total fantasía

Personages dans la nuit de Joan Miró

combinada con cálculos precisos. En otras palabras, buscaba la ingeniosidad técnica combinada con momentos de pura imaginación. De alguna manera, esta descripción serviría para expresar en pocas palabras su método de trabajo.

En Miró se conjugan diversas tendencias pasadas por el tamiz de su propia mirada. Hay una conciencia de indeterminación con fuerzas enfrentadas, cubismo, surrealismo, tradicionalismo y cosmopolitismo. Observando sus cuadros se puede percibir la fragmentación de las formas, pero también el diseño, marcado por la reducción y la abstracción. Sus pinturas nos dejan perplejos por la simpleza y profundidad. Ernest Hemingway escribió: "Se puede mirar uno de sus cuadros y no saber si ha sido pintado por un gran pintor".

En 1941, acabada la guerra, regresó a Barcelona. Continuó trabajando sin descanso hasta cumplir noventa años. Ejerció gran influencia en pintores abstractos como Jackson Pollock y Robert Motherwell. Además de una extensa obra pictórica hizo incursiones en la cerámica, la escultura y el tapiz. Sus grandes murales figuran en cantidad de lugares públicos en distintas ciudades españolas. Son una nota de saludo en el aeropuerto del Prat, en Barcelona, y una mancha de color en el East Wing de la National Gallery en Washington, D.C.

El arte en la posguerra

El franquismo rompió la rica veta creativa de las generaciones anteriores. El país quedó prácticamente desolado. Sin embargo, la pintura y la arquitectura son artes que en cierta medida pueden eludir el mensaje político. A muchos pintores y arquitectos les fue posible regresar del exilio y continuar trabajando. Miró y Dalí lo hicieron. Este último incluso se convirtió en una especie de pintor de corte, alabó la trayectoria de Franco y pintó a su familia. No puede decirse lo mismo de Picasso, que permaneció en Francia hasta su muerte. La presencia en el país vecino fue tal que hasta 1975, en los museos en el extranjero, en la identificación de sus cuadros figuraba Pablo Picasso como pintor francés.

En donde se notó la censura fue en la presión por abandonar las experimentaciones vanguardistas y rechazar cualquier "ismo" por considerarlos perniciosos. Las artes debían reiniciar su andadura dentro de formas más conservadoras o de acuerdo con la ideología del momento, especialmente en la temática. Descollaron artistas que cultivaban el costumbrismo tradicional, el paisajismo y el retratismo. A pesar de ello, nuevos artistas iniciaron sus obras durante la dictadura franquista: Antoni Tapiès, Antonio Saura y Manolo Millares, entre otros muchos. El nexo entre estos artistas de posguerra fue el surrealismo, debido a la presencia de dos maestros del período anterior, Dalí y Miró. En este último, que trabajaba en Barcelona, encontraron inspiración por las muchas posibilidades de la simbolización y la composición. Seguían en la península Ignacio Zuloaga, José Gutiérrez Solana y Daniel Vázquez Díaz.

Antoni Tapiès (1923–) es el mejor exponente del lento proceso de recuperación del legado vanguardista, a pesar de la fuerte presión de la cultura oficial. En la experimentación con pintura y materia orgánica asoman las notas que distinguen su obra. Su arte fue evolucionando desde el surrealismo —con paisajes imaginarios y lunares—hacia el informalismo, mediante una técnica que libera el cuadro de motivos figurativos. Es una obra muy personal que coincide perfectamente con su visión. El informalismo de Tapiès juega con el *collage*, mezclando materia orgánica con pintura, aunque decantándose por lo primero. En su obra *Muros perforados* se reproduce en detalle el impacto de las balas sobre una pared, insistiendo en la materialidad y la textura. A tal efecto, Tapiès añade a sus obras elementos materiales cotidianos como puertas, marcos y ventanas. Hacia los años 60 realizó un cierto desplazamiento hacia el figurativismo.

Con Tapiès y el informalismo, España volvió a recuperar un lugar en el universo del arte. Nada comparable a la dinámica creativa anterior, pero para entonces comienzan a aparecer artistas que reciben cierto reconocimiento en el exterior. Según el crítico José Martí, "el éxito internacional obtenido por el nuevo estilo de arte español era en gran parte el resultado directo de su deliberado y genuino carácter hispánico. Su expresividad y dramatismo fueron recibidos como la sucesión de la vanguardia en la más pura tradición de pintura española desde Goya".

Entre las figuras destacadas de la pintura actual podemos señalar a Miguel Barceló (1957–), pintor mallorquín, formado en el campo del expresionismo, un estilo en el que España ha producido algunos de sus mejores lienzos. Las suyas son composiciones de gran formato en las que se observa la evolución desde formas violentas a trabajos figurativos entre los que se encuentra el paisaje con primeros planos inspirados en fotografías, e incluso bodegones.

Ferrán García Sevilla (1949–), también mallorquín, es un artista conceptual, en donde se percibe la influencia del graffiti y del arte infantil en composiciones diseminadas caprichosamente sobre enormes superficies coloreadas. Es un discípulo directo de Tapiès.

José María Sicilia (1955–), madrileño, se ha dedicado al arte abstracto, con interesantes juegos con gradaciones de color y tonalidades que propone en grandes lienzos.

POLÍTICA CULTURAL

La llegada de la democracia, que tantos beneficios reportó al país, sentó las nuevas bases para una política cultural de acuerdo con los tiempos. Se ha podido incluso hablar de una "movida cultural" expresada en una hiperactividad a veces repetitiva y casi siempre competitiva. Especialmente la llegada de los socialistas al poder en 1982 representó la potenciación del papel del Estado como promotor de la cultura y restaurador de obras de arte antiguo. Se creó una serie de entidades que, desplegadas de mayor a menor —Estado, autonomías, diputaciones provinciales, ayuntamientos y entidades privadas—, tienen competencias directas o indirectas en la difusión de la cultura y las artes. Una preocupación fundamental ha sido la recuperación del patrimonio artístico cultural un tanto abandonado, y con muchas obras y edificios de valor en mal estado. Se ha prestado especial interés a la restauración de castillos, ermitas, iglesias y museos. Estos últimos han sido mejor dotados y adaptados a las necesidades de una nueva forma de entender su misión en una sociedad democrática.

En junio de 1993, el Consejo de Ministros aprobó la compra de la colección de pintura Thyssen-Bornemisza, que según el *New York Times* es "la más importante colección privada del mundo". La colección pasó a poder del Estado y se exhibe en el museo del mismo nombre en lo que fue el edificio recuperado del conde de Villahermosa en Madrid. Con ello se rompió una rutina de desinterés estatal y se propuso una actualización de la museografía en general. Junto al Thyssen-Bornemisza, que también ha abierto una sede en Barcelona, se adaptó el edificio del antiguo hospital provincial y se transformó en un moderno museo, el Museo Nacional de Arte Reina Sofía.

Otro de los museos ampliados y modernizados es el Museo del Prado, posiblemente una de las mejores pinacotecas del mundo. Se inauguró en 1819 con el nombre de Museo

Real de Pinturas, pues sus fondos procedían de las colecciones privadas de los reyes de España. Fue uno de los primeros museos creados y siguió el modelo del Louvre, que había abierto sus puertas en 1793, poco después de la Revolución Francesa. En los últimos años se ha expandido con la incorporación del adyacente Casón del Buen Retiro.

La lista de museos inaugurados o restaurados es muy extensa. Pieza única es el Museo Nacional de la Cerámica y de las Artes Secundarias González Martí, que se restauró en 1990 en uno de los edificios más bellos e interesantes de la ciudad de Valencia, el edificio plateresco del marqués de Dos Aguas. También en la ciudad del Turia en Valencia se inauguró en 1989 el Instituto Valenciano de Arte Moderno (IVAM), que marcó un hito en la museografía española del siglo XX. Con él se iniciaba un proceso de descentralización cultural que se extendió a otras provincias. La idea del IVAM es crear un museo que no sólo albergase una colección insertada dentro de las corrientes contemporáneas del arte español sino que estuviese abierto a las aportaciones internacionales. La rotación de colecciones adoptada por muchos de los nuevos museos permite una versatilidad y extensión de la oferta cultural que antes no existía.

El Museo Sefardí de la ciudad de Toledo presenta unas características muy interesantes por estar dedicado a la cultura y costumbres del pueblo judío en España. Fue reabierto en 2003 como parte de una nueva concepción en España del pasado común.

El Museo de Altamira es otra de las joyas de la museografía española. Creado en 1979, tiene como misión la conservación, investigación y la difusión de la cueva de Altamira y la prehistoria en la península. Está situado cerca de Santillana del Mar en Asturias, al pie de la cordillera Cantábrica.

La lista es muy larga, pero refrenda una de las grandes preocupaciones de la España actual, la exaltación y conservación de su legado artístico y cultural.

Bibliografía

Bozal, Valeriano. *Historia del arte en España. Desde Goya hasta nuestros días.* Madrid: Istmo, 1985.

Chueca Goitia, Fernando, ed. *Arquitectura de Madrid. Siglo XX.* Madrid: Tanais, 1999.

Pérez Rojas, Javier y Manuel García Castellón. *El siglo XX. Persistencia y rupturas.* Madrid: Silex, 1994.

García Madariaga, Luis Ignacio. *Panorama de la pintura española contemporánea.* Madrid: Koragrafik, 1993.

Gies, David T. *Modern Spanish Culture.* Cambridge: Cambridge University Press, 1999.

Pérez Sánchez, Alfonso, ed. *La pintura española.* 2 vols. Madrid: Electa, 1995.

MÚSICA Y DANZA

TEMAS

- La música clásica

- La ópera y la zarzuela

- Los músicos de primeros del siglo XX

- Albéniz, Granados, Falla

- La producción sinfónica: sus maestros

- La música popular y tradicional

- El flamenco y sus orígenes

- La influencia del flamenco

- Cantaores y bailaores

- La canción protesta

La música en España

En su clásico estudio *The Music of Spain*, publicado en 1941, Gilbert Chase sentencia: "Es generalmente aceptado que la música folklórica en España es la más rica del mundo. Esto se debe, en parte, a las muchas culturas que se han mezclado en la Península Ibérica, cada una aportando una parte al desarrollo de melodías populares y, en parte, al hecho de que los españoles están profundamente arraigados en sus costumbres tradicionales, de tal forma que tienden a mantenerlas vivas más tiempo que en aquellos países donde la vida se ha hecho más estandarizada por la modernidad. El mero hecho de que España, en gran medida, continúe al margen del progreso europeo ayuda a sostener la vitalidad de sus tradiciones. Además, la natural formación de su geografía y topografía, caracterizada por cadenas de montañas y ríos, divide el país en sectores bien definidos tendentes a acentuar la individualidad de las diferentes regiones de tal modo que eleva la variedad de su folklore musical".

Muchas cosas han cambiado en el país desde que Chase escribiese este análisis. Que en España existe un folklore rico y variado no hay duda. Que la modernidad no lo ha modificado, es menos probable. Lo que sí es cierto es que se han producido dos fenómenos paralelos. España se ha hecho más cosmopolita, más europea y, al tiempo, ha sabido conservar sus tradiciones y costumbres ancestrales y profundizarlas. La música es una de ellas. Sin embargo, se ha de tener en cuenta que la música folklórica no es la única música. Hay otras modalidades: música de cámara, sinfónica, ópera, teatro lírico, música instrumental, y la cuestión es saber cómo ha transcurrido el desarrollo del arte musical en todas sus expresiones en este siglo XX.

La música clásica contemporánea

Uno pensaría que al igual que el teatro, tan popular durante todo el siglo XIX, la música habría tenido similar suerte, atrayendo la atención y el gusto de la aristocracia y la burguesía naciente. Pero no fue así; la sociedad española de finales del siglo XIX estuvo bastante desconectada del quehacer musical. No puede esconder su negativa evaluación el crítico Manuel Chapa Brunet al referirse al "aspecto paupérrimo de la situación española" en el siglo XIX. La Generación del 98 con su afán regeneracionista, fundamentalmente en la educación, no mostró inclinación hacia la música y son escasas las referencias sobre su papel educador. Prácticamente ignorada, la formación musical se retiró de la universidad, mientras que los intelectuales se alejaban de forma incomprensible, especialmente en un país en donde ha habido tradiciones muy ricas y un pueblo fundamentalmente musical.

En realidad no hubo música sinfónica ni de cámara, la ópera prácticamente no existió, y aparte del buen recibimiento dado a las compañías italianas que viajaban por el país, el vacío fue alarmante y sus consecuencias las pagaron las siguientes generaciones. Si algo se cultivó fue un tipo de música de salón, un tanto ramplona, y la zarzuela, que alcanzó sus momentos de gloria a caballo entre siglos.

La zarzuela

La zarzuela es un género de teatro lírico típicamente español. Está articulada con escenas cantadas y otras declamadas. Sus inicios hay que rastrearlos en el siglo XVII, y luego se fue modificando paulatinamente. A principios del XIX, se revitalizó y adoptó su forma actual gracias a la labor de Francisco Asenjo Barbieri, que supo incorporar características peculiares de la tonadilla (humor, sátira, instrumentalización de danzas y canciones populares) y ampliarla a tres actos. Es precisamente en base a la tonadilla que la zarzuela se distancia de la ópera italiana y de la opereta francesa. Barbieri es autor de dos piezas que básicamente definieron el género: *Pan y toros* (1864) y *El barberillo de Lavapiés* (1874). Ambas obras, muy coloristas y festeras, están ambientadas con temas populares y toques nacionalistas en un Madrid que se dejaba retratar por Goya.

Lo que hace a la zarzuela diferente de otros géneros es su carácter fuertemente español que logra resistir a la imparable influencia italiana. En ella se respira el folklore urbano representado por la esencia de un madrileñismo que se define a partir de la tonadilla escénica y lo castizo de los personajes. Mediante la incorporación al teatro de danzas y melodías recogidas del folklore tradicional español, en un momento en que el teatro lírico estaba dominado por corrientes extranjeras, Barbieri fue decisivo para que algunos de los grandes músicos perdiesen su miedo por lo popular y se animaran a aventurarse en el mundo de la zarzuela. La afición creció con rapidez y la zarzuela se adueñó de la escena musical. Se calcula que sólo en el siglo XIX se compusieron unas 1.500 zarzuelas. Joaquín Quinito Valverde es autor de unas doscientas cincuenta, algunas en colaboración con otros compositores. Entre los mejores hay que mencionar a Tomás Bretón (*La verbena de la Paloma*), Ruperto Chapí (*La Revoltosa*), Federico Chueca (*La Gran Vía*), Joaquín Gaztambide (*La conquista de Madrid*), Pablo Sorozábal (*La del manojo de rosas*), Amadeo Vives (*Bohemios*) y Federico Moreno Torroba (*Luisa Fernanda*).

El término *zarzuela* proviene de las zarzas que rodeaban el Palacio de la Zarzuela, residencia de la familia real al norte de Madrid. Tiene dos variantes: el género chico, que consta de un acto, y la zarzuela grande, de tres actos. Fue extraordinariamente popular entre siglos y continuó su popularidad durante el franquismo, aunque el nivel de producción descendió.

La zarzuela, cuyo punto culminante hay que situarlo entre 1850 y 1860, triunfó porque era un género de consumo inmediato promovido por un público que iba al teatro a ser entretenido y estaba ávido de novedades. Se requería, pues, de una producción constante de obras que, una vez estrenadas, desaparecían con gran celeridad. Sólo eran recordadas unas pocas muy selectas o impactantes. La zarzuela producía unos ingresos rápidos y, por tanto, muchos músicos dotados para otros géneros le dedicaron sus composiciones casi en exclusividad. En aquel tiempo, si eras músico tenías que escribir zarzuelas. También se involucraron importantes escritores en la producción de libretos. El tipo de simplicidad costumbrista y el hecho de que en la gran mayoría de los casos los temas zarzueleros fueran de tono romántico, con casi ninguna implicación política, favoreció su difusión.

En la década de los 60 y durante la dictadura de Franco en general se presentaban semanalmente dentro de la programación de la televisión española. En Madrid existe un teatro, el Teatro de la Zarzuela, que durante años estuvo exclusivamente dedicado a ofrecer reposiciones. Con la democracia, la zarzuela cayó en un cierto olvido y sus espectáculos fueron considerados como reliquias de un tiempo y una época con la que es difícil conectar. La cierta inocencia de muchos de los temas, sin embargo, contrasta con la extraordinaria belleza de sus partituras, razón por la que se siguen representando.

La ópera

Uno se pregunta por qué en un pueblo musical, con un público adepto, no se hicieron intentos más constantes de crear una ópera nacional, o cuando se hicieron, no progresaron.

Algunos probaron, y con tan mala fortuna que se vieron forzados a traducir los libretos al italiano por ser el lenguaje dominante de la ópera. Podría pensarse que el dominio italiano fue de tal índole que cualquier intento resurgente debía pasar por simular a sus maestros. Según Rafael Mitjana: "Las óperas de Carnicer, Saldoni, Eslava, Sánchez, Espín y Guillén, Cuyás, Ovejero, Gómez y otros, no eran más que simples copias o imitaciones de las obras tan aplaudidas del autor de *El barbero de Sevilla*, cuando no eran remedo de las concepciones de sus discípulos y continuadores". Para Antonio Peña y Goñi, "la ópera española no existe, la ópera española no ha existido nunca". Mucho de cierto hay en estas afirmaciones en cuanto a la escasa fecundidad de la ópera española de signo italianizante. Cuando los compositores españoles querían hacer ópera no pretendían componer una zarzuela atrofiada ni una ópera italiana y buscaban un espacio propio, sin éxito.

Desde el siglo XVIII algunos músicos se animaron a componer ópera aunque lo hicieron fuera del país o cambiaron su nombre para poder obtener reconocimiento. Es el caso de Domingo Terradellas, que italianizó su apellido por Terradeglias. También Martín Soler, que compuso *Cosa rara*, de la que Mozart tomó un tema para el final de *Don Giovanni*. Hubo otros autores en similar dilema. Barbieri comentaba que pondría todas sus energías en la ópera si tuviese un compositor en quien confiar.

Tomás Bretón pasó gran parte de su vida criticando la imperante italianización de la ópera y haciendo campaña a favor de un teatro lírico nacional. Compuso *Los amantes de Teruel* y *Garín*, que tuvieron relativamente buena acogida. Sin embargo nada puede compararse al éxito de su zarzuela, *La verbena de la Paloma*. Y es que la zarzuela tenía un público adepto que superaba con creces los intentos de revitalizar la ópera nacional.

A esta falta de cultura operística hay que añadir el hecho que no había liceos para dar cabida al género. En 1925 se cerró el Teatro Real de Madrid y otros teatros de provincias, de tal forma que el Liceo de Barcelona fue en realidad el único teatro lírico activo en España. Sorprendentemente, los cantantes de reputación internacional han sido muchos: Julián Gayarre, Miguel Fleta, Victoria de los Ángeles, Montserrat Caballé, José Carreras, Teresa Berganza, Alfredo Kraus y Plácido Domingo.

La música sinfónica

A pesar de la situación de casi abandono de la música sinfónica y de cámara en que había transcurrido el siglo XIX, al despertar el siglo XX, se produjeron síntomas de una posible recuperación, sobre todo con la aparición de una generación de sinfonistas de gran talento. Aun con la rémora del absoluto predominio de la zarzuela, se observa un incipiente despegue de la música instrumental que había sido descuidada. Para empezar, se registra una cierta movilidad con la creación de sociedades filarmónicas, en Bilbao en 1896 y en Madrid en 1901. La música coral también obtuvo cierto impulso con la creación de coros estables en Bilbao, San Sebastián y Pamplona. Al tiempo, resurgieron los conservatorios de música, principalmente en Madrid y Barcelona, que ayudaron a animar la escena. La gran mayoría de los músicos importantes fueron profesores en estos centros.

La labor inicial se debe a un hombre providencial que despertó el dormido panorama musical, Felipe Pedrell (1841–1922). Siguiendo los pasos de Barbieri, Pedrell inició una obra recuperadora fundamental que incluye los ocho volúmenes de la *Hispaniae schola musica sacra,* publicada en 1894, la *Antología de organistas clásicos españoles* (1908), y el *Cancionero musical popular español* (1918–1922). Estas publicaciones fueron de inmensa importancia para recuperar gran parte del olvidado patrimonio musical. Aunque escribió varias óperas de poca calidad, su misión fue más la de maestro, animador y líder espiritual de una generación de músicos, entre los que hay que destacar sus tres famosos discípulos: Isaac Albéniz (1860–1909), Enrique Granados (1867–1916) y Manuel de Falla (1876–1946).

El gran compositor español del siglo XIX, pero cuya obra se vertió sobre el XX, fue Isaac Albéniz. A su lado, la historia de la música camina inextricablemente unida a otro gran compositor, Enrique Granados. Ambos nacieron en Cataluña con siete años de diferencia, y fueron discípulos de Pedrell y exponentes de su doctrina nacionalista. Ambos fueron virtuosos pianistas, cuyas mejores composiciones fueron escritas para este instrumento.

Isaac Albéniz

Albéniz es uno de los más grandes compositores de la España contemporánea. Aunque nacido en Cataluña, Albéniz se sintió hijo y heredero de múltiples tradiciones hispanas y nunca sirvió a localismos limitantes. A sus íntimos amigos les decía "yo soy un moro", quizás porque en verdad pensaba que lo era, pero más probablemente por hacer énfasis en la afinidad que lo unía al exotismo y riqueza de la música y de toda la cultura andaluza. En más de una ocasión declaró que la Alhambra le producía un tipo de identificación que no experimentaba en ningún otro lugar. De alguna forma, toda su música tiene una cierta inspiración andaluza. A través de Albéniz entendemos hoy que el folklore andaluz, no exclusivamente el flamenco, es la base de la música de España, no sólo folklórica, sino en otras muchas de sus manifestaciones. Al contrario que la música de inspiración cristiana, cuya función fue primordialmente litúrgica, la música de origen árabe-andaluz estuvo libre de esas ataduras y pudo evolucionar por distintas vías.

Albéniz fue una especie de niño prodigio que a los cuatro años dio su primer recital de piano. Educado en París y en Leipzig, en 1885 regresó a España y conoció a Felipe Pedrell. Con su contagioso entusiasmo proselitista, Pedrell lo hizo reflexionar sobre su obra y modificar la línea seguida en sus primerizas composiciones. Autor de cortas piezas para piano al estilo de Franz Schubert, Frédéric Chopin y Johannes Brahms, Albéniz hizo suya la máxima de Pedrell: "Un compositor español debe escribir música española, y adoptar el lenguaje y la técnica de las canciones y danzas folklóricas nativas". Escribió zarzuelas, suites, conciertos y sus primeras piezas instrumentales donde estableció las constantes de lo que serían, más adelante, sus más personales logros. Entre 1886–1887 compuso *Suite Española, Op. 47* (*Granada, Cataluña, Sevilla y Cuba*); *Seis Danzas Españolas, Rapsodia Española, Op. 70* para piano y orquesta; y *Torre Bermeja, Op. 92*, de 1889.

Entre 1905 y 1909 compuso la que se considera su obra maestra, *Iberia*, una suite de doce

Isaac Albéniz

piezas para piano. Sus composiciones son de una extraordinaria sofisticación y dificultad técnica, y constituyen una perfecta síntesis imaginativa de lenguajes folklóricos, especialmente el andaluz, con toques de impresionismo y romanticismo. Entre los muchos musicólogos que han estudiado la música de Albéniz y los muchos pianistas que la han interpretado, hay un acuerdo universal con respecto al extraordinario mérito artístico de su opus mágnum.

Iberia fue escrita principalmente para piano, al contrario de muchas de sus obras anteriores, en donde la guitarra destaca como el instrumento ideal. Albéniz supo incorporar a su estilo una serie de elementos de la música andaluza, incluyendo ritmos de danza y cante jondo, y conseguir una síntesis de los principios de la sonata con la práctica andaluza de alternar "coplas" con interludios instrumentales o danza. Con *Iberia*, su obra más conocida, incorporó la música española al siglo XX. Olivier Messiaen decía que era una de las piezas que más influyeron en su vida. No fue el único. Muchos compositores franceses, como Maurice Ohana, se acercaron al folklore español a través de esta suite y hoy empieza a ser reconocida como una de las grandes obras para piano del siglo XX. Albéniz nunca perdió sus fuentes originales y logró producir un trabajo original en una combinación con elementos de música europea y andaluces.

Enrique Granados

Contrariamente a Albéniz, que fue un ferviente y entusiasta viajero, Granados prefirió la tranquilidad de su casa. Paradójicamente murió en alta mar, cuando el barco en el que regresaba a España de su gira por América fue torpedeado por un submarino alemán (1916). La gira había sido promovida por la Metropolitan Opera House de Nueva York para el estreno mundial de su obra *Goyescas*.

Nacido en la ciudad de Lérida, desde joven dio muestras de una clara inclinación hacia la música. En 1889, Granados se trasladó a Barcelona donde se instaló como profesor de piano y concertista. Es autor de la ópera *María del Carmen*, de numerosas piezas orquestales y de abundante música de cámara. Sin embargo, su reputación proviene principalmente de la suite *Goyescas*, estrenada en 1911. También es conocido por *Tonadillas al estilo antiguo*, para voz y piano. Estas diminutas piezas maestras son su intento de dar expresión musical a su idealizada visión de comienzos del siglo XIX en Madrid. Están inspiradas en las pinturas y bocetos de Francisco de Goya, el gran maestro aragonés a quien Granados admiraba. La riqueza humana y sensual del romanticismo, con sus personajes verbeneros, sus majas y majos y el populismo vibrante, fueron para él fuentes constantes de inspiración.

Lo que la Alhambra representó para Albéniz, lo fue Madrid para Granados. Sin embargo, la música andaluza con sus ritmos de danza, el flamenco y sus múltiples melodías, están presentes en sus composiciones más efectistas, principalmente las *Danzas Españolas*. En Granados, el tono es más contenido, aristocrático y profundamente romántico. *Escenas poéticas*, *Valses poéticos*, *Romeo y Julieta* y un poema sinfónico, *Dante*, son algunas de sus composiciones más conocidas.

Curiosamente, el éxito internacional de algunos artistas de su tiempo, ciertamente Granados, no tuvo réplica en España, donde un público conservador y poco educado musicalmente resistía la modernidad de algunos de sus mejores hijos. Sin embargo, los esfuerzos e innovaciones aportadas por Pablo Sarasate, Pedrell, Albéniz y Granados pavimentaron el camino a Manuel de Falla. Si Albéniz es el compositor más importante del siglo XIX, Falla lo fue del XX.

Manuel de Falla

En su ya clásico estudio de la música española, Gilbert Chase escribe: "Manuel de Falla es la encarnación de la pasión, entusiasmo, imaginación, aunque una voluntad de hierro disciplina sus emociones". Por su parte, Tomás Moro señala: "Su obra se destaca poderosamente en el panorama del siglo XX español, en el que ocupa un lugar único y casi aislado. Es también el único músico español de la época que resiste la comparación con los grandes de la composición musical". Por edad pertenece a la Generación del 98, con la que, de alguna forma, compartió preocupaciones. En el homenaje que los escritores del 27 dedicaron al gran poeta Luis de Góngora, Falla fue el único compositor presente. Hizo amistad con Federico García Lorca, a quien recomendó no volver a Granada tras el golpe de Estado de 1936 y marcharse al extranjero. La Guerra Civil forzó a Manuel de Falla al exilio en Argentina, en donde vivió hasta su muerte, ocurrida en 1946.

Nació en una familia musical el 23 de noviembre de 1876 en la ciudad andaluza de Cádiz. Aunque su madre lo introdujo en los rudimentos del piano que el joven Falla pronto tocó con soltura, su auténtica vocación fue la de compositor. En 1905 se presentó al premio anual de la Real Academia de las Artes con una ópera en dos actos, *La vida breve*, basada en un poema de Carlos Fernández Shaw, y lo ganó. Ante la imposibilidad de estrenar la pieza en España, hubo de enviarla a París, lo que le sirvió para realizar un viaje educativo. París fue para los músicos españoles, como lo fuera para los pintores, una ciudad llena de energía renovadora y contagiosa. Es un hecho que la gran mayoría de los trabajos de modernos compositores españoles fueron primero publicados en París, mientras sus salones y salas de conciertos les abrían las puertas. En París, Falla trabó amistad con Claude Debussy, Paul Dukas y Maurice Ravel, quienes le ofrecieron ayuda y se interesaron por su música.

También se encontró con otro grande, su compatriota Albéniz, que a la sazón residía en la capital francesa. A Albéniz le dedicó *Cuatro piezas españolas* (1906), en agradecimiento por su bienvenida y consejos. Entre 1911 y 1915, compuso *Noches en los jardines de España*, pieza fundamental en su repertorio. Según Tomás Moro, "es la única aproximación real de Falla al impresionismo". Hay elementos folklóricos en las danzas y una escena flamenca, en lo que más tarde se calificó como folklore imaginario. Se percibe también un andalucismo implícito con vocación universalista y vena melódico-armónica, que tipifica lo más auténtico de su producción. Las *Siete canciones populares españolas* son una muestra de los procedimientos que Falla seguía en el tratamiento de material directamente popular extraído de diversos cancioneros.

La línea andaluza que Falla venía cultivando incentivó la creación de su obra más ambiciosa, *El amor brujo* (1915), más que un ballet,

Manuel de Falla

se trata de un espectáculo de difícil clasificación. La composición fue sugerida por la bailadora Pastora Imperio, en la que pudiese mostrar sus talentos interpretativos en cante y baile. El estreno sorprendió a un público no preparado para asimilar un espectáculo tan vital y alejado del andalucismo al uso. Más tarde, Falla la convirtió en un ballet, con lo que hizo la obra más asequible, aunque nunca consiguió el éxito de que goza en la actualidad. Es una pieza que se ha representado en numerosas ocasiones y realizado en cine, en versión del director Carlos Saura (1986). Es en esta obra donde más próximo se encuentra el compositor al mundo del flamenco y los gitanos. Animado por los resultados, Falla decidió continuar en esta línea creativa con otro ballet que, inicialmente concebido como pantomima, acabó siendo un ballet en dos cuadros, *El sombrero de tres picos.* Pablo Picasso aceptó realizar los decorados y el vestuario para el estreno. Fue la primera y única colaboración entre ambos.

La época granadina de Falla fue fecunda en colaboraciones. Trabajó con García Lorca, convocando un concurso de cante jondo que, con resultados desiguales, fue fundamental si se considera que representó una de las primeras iniciativas para dar cabida y presencia a un género hasta entonces marginado. Con García Lorca también ilustró programas de música para títeres, proyecto en el que el poeta estaba muy involucrado en su afán por promover teatrillos infantiles. Por estas fechas recibió el encargo de escribir una pieza basada en un episodio del Quijote. El resultado fue *El retablo de maese Pérez,* que a decir de Tomás Marco es "una deliciosa ópera de cámara y un hallazgo musical de primer orden". Los personajes son marionetas cervantinas enredadas en temas populares y material histórico.

A partir de esa época, la producción de Falla descendió sustancialmente. La enfermedad y el trauma creado por la Guerra Civil lo afectaron sobremanera. Instalado en Argentina inició la escritura de una obra que es como un compendio de muchos años de intensa actividad y aprendizaje, pero que no llegó a concluir, *La Atlántida.* A su muerte, estaba muy lejos de ser terminada. Hoy la obra de Falla es valorada por los especialistas como el resultado del profundo y original trabajo del compositor más importante del siglo XX. Sin embargo, hay que decir que, tristemente, intérpretes como Andrés Segovia y Pablo Casals no la valoraron ni se dignaron incluirla en sus repertorios.

Otros maestros

De la misma generación que Falla son los compositores Conrado del Campo, Joaquín Turina, Julio Gómez, Jesús Guridi y Oscar Esplá. Los cinco abordaron el tema de la escuálida ópera española sin darle respuestas válidas. Su importancia reside en haber continuado la tarea de revivir el sinfonismo español casi inexistente a finales del siglo anterior. Cada uno de ellos dejó su pequeña aportación al desarrollo del nacionalismo musical español, iniciado por los grandes maestros y animado por Enrique Pedrell, personaje providencial de la música clásica.

De una generación posterior, la del 27, es Ernesto Halffter, de padre alemán pero nacido en Madrid. Su obra más importante fue la *Sinfonietta,* ganadora del Premio Nacional de la Música en 1925. En esta composición apuntan las grandes influencias de Halffter: la música de Falla y el neoscarlattismo francés. Parte de su energía creativa la dedicó a concluir la inacabada pieza de Falla, *La Atlántida.*

Rodolfo Halffter, hermano menor de Ernesto, es otro compositor de gran envergadura, sobre todo en sus composiciones para piano. Auténtico autodidacta, llegó a alcanzar gran dimensión como compositor, a la altura de su hermano. Ya en sus primeros ensayos, en los que puso música a los poemas de Rafael Alberti, *Marinero en tierra,* revelan un talento poco común. En *Don Lindo de Almería* (1932) es perceptible el magisterio que Falla ejerció sobre generaciones posteriores. La Guerra Civil lo llevó a México, donde ejerció como profesor del Conservatorio Nacional y director de las Ediciones Mexicanas de Música. Su obra siguió evolucionando hacia el serialismo y la vanguardia, pero manteniendo vivas muchas de las originales características de españolidad, especialmente en *Concierto para violín y orquesta* (1940). En sus últimas composiciones ensayó con combinaciones de música renacentista española y elementos de vanguardia. Destacan sus obras *Tres epitafios corales* (1953) y *Pregón para una pascua pobre* (1968).

Uno de los pocos compositores españoles de renombre internacional es Joaquín Rodrigo, nacido en Sagunto, Valencia, en 1901. Desde los cinco años quedó ciego debido a una epidemia de difteria. Su obra se produjo relativamente aislada de su generación, puesto que vivió en el extranjero desde 1927 hasta el final de la Guerra Civil. Su pieza maestra, y por la que se lo conoce en todo el mundo, *El concierto de Aranjuez*, es posiblemente una de las obras más escuchadas desde que fue asequible en grabaciones de discos, cintas y CD. La estructura utilizada en el *El concierto de Aranjuez* volvió a emplearla en repetidas composiciones, aunque nunca alcanzó el mismo éxito. Se trata de tres movimientos de raíz nacionalista y forma clásica para guitarra y orquesta.

En 1954 volvió a componer para guitarra, instrumento con el que había obtenido sus mejores resultados, y produjo *Fantasía para un gentilhombre*, cuyo éxito fue más duradero. Además de los conciertos para guitarra, compuso para orquesta y piano *Concierto heroico* (1942). Sus trabajos incluyen ballet, ópera, música de cámara y composiciones para cuerda, piano y voz.

Junto a Joaquín Rodrigo y a Juan de Pablo, otro Halffter, Cristóbal, grabó su nombre entre las figuras destacadas de este siglo, que son muchas, tanto que es imposible dedicarles el espacio que se merecen.

Cristóbal Halffter es una de las figuras clave de la música española contemporánea. Para el compositor Tomás Marco, Cristóbal Halffter "es una naturaleza en estado puro. Dotado de una formidable intuición creativa y de unas dotes innatas para la música, además de un prodigioso oficio, es capaz de convertir en música todo lo que toca, deglutiendo toda clase de influencias y convirtiéndolas en creación inconfundible propia". Madrileño, nacido en 1930 de una familia de músicos, cuenta con el antecedente de sus dos prestigiosos tíos, Ernesto y Rodolfo. Es posiblemente el compositor más importante en lo que se ha llamado la generación de 1951. Sus primeras obras denotan una influencia nacionalista en una línea estética cercana a la de sus tíos. Pero pronto fue evolucionando hacia unas tendencias vanguardistas, adoptando nuevas técnicas de composición del dodecafonismo a la búsqueda de innovadores caminos expresivos. Con *Cantata Symposium* obtuvo el primer reconocimiento internacional que le sirvió para avalar el encargo que le hizo la ONU de una obra para conmemorar la Declaración de los Derechos Humanos. A tal efecto, compuso la cantata *Yes, speak out* (1968), que fue dirigida por Norman Corwin. En *Noche pasiva del sentido*, para voz y percusionistas, sobre textos de San Juan de la Cruz, resaltan las muchas cualidades lírico-mágicas de su música.

Luis de Pablo es, junto con Cristóbal Halffter, otra de las figuras representativas de la música española de la segunda mitad del siglo XX. De entre su vasta producción destaca una de sus últimas obras, *Kiu*, con la que logró un rotundo éxito y abrió un posible camino para la maltratada ópera española. Para Tomás Marco, "se trata de un autor que nunca ha dejado de plantearse la música como una actividad de investigación y hallazgo, como una creación pura en la que caben todos los aspectos de la cultura y el pensamiento".

Otros importantes compositores del siglo XX son Roberto Gerard, Xavier Montsalvatge y Federico Mompou.

LA MÚSICA POPULAR: EL CUPLÉ

El cuplé ha sido uno de los géneros musicales más populares en España. La palabra cuplé aparece por vez primera en los libretos de zarzuelas alrededor de 1880. Su origen es francés (*couplet*) y se refiere a un tipo de tonada cantable que se alternaba con un monólogo.

Las cantantes o cupletistas del siglo XX, todas mujeres hasta que aparecieron travestis alrededor de 1920, extrajeron su vasto repertorio de la zarzuela y de las tonadillas que la zarzuela incorporó al género. En efecto, el cuplé continuó la tradición de la tonadilla del siglo XVIII en un tiempo en que España estaba embarcada en un proceso de profundos cambios sociales.

Bien es cierto que la zarzuela monopolizó la escena hasta prácticamente 1900 como una forma de resistencia a modas extranjerizantes e influencias del exterior. Digamos que fue la versión castiza del *music hall*. Paradójicamente, la zarzuela terminó incorporando a su repertorio formas musicales de distintos troncos culturales: el vals, la polca, la mazurca y el chotis (danza ultracastiza de las clases bajas de Madrid, cuyo nombre proviene de una corrupción de la palabra *Scottish*), todas importaciones extranjeras.

El origen del cuplé propiamente se puede rastrear en 1893, con la presentación de la cantante alemana Augusta Bergés, en un famoso número que revolucionó a la pacata sociedad de la época. Bergés interpretó el cuplé *La pulga*, que consistía en encontrarse una pulga que supuestamente le había saltado al cuerpo y se había escondido entre las muchas capas del vestuario. Debidamente coreografiado, la cupletista se iba desprendiendo de algunas de sus prendas, sin llegar a desnudarse, impensable en la época, pero capaz de provocar al auditorio masculino a niveles de paroxismo. De ese ambiente erótico surgieron los salones, donde las cupletistas podían atreverse con números provocadores. Se calcula que para 1912, había en España unos 6.000 salones, especialmente en Madrid y en Barcelona, que anunciaban espectáculos "sólo para hombres". En ellos, las cupletistas interpretaban canciones picantes con dobles sentidos.

Pastora Imperio fue una de las más conocidas cultivadoras del género. Otras famosas fueron la Bella Dorita y Julita Fons. Algunas consiguieron extender su fama internacionalmente, como Raquel Meller, que saltó a los salones de París y Nueva York. Sus representaciones estaban perfectamente coreografiadas con una combinación de elementos interpretativos y musicales, aderezados con textos sinuosamente provocadores para la época.

Miles de cupletistas hicieron fortuna combinando la representación de cuplés con ciertos favores sexuales, una especie de prostitución solapada del género. Apareció entonces el término *vedette*.

El cuplé se puso rápidamente de moda y se difundió con versiones muy sofisticadas. Hubo cuplés que se hicieron famosos, especie de "los más vendidos" (best sellers), que el pueblo conocía y repetía. Muchos de esos cuplés se convirtieron en canciones populares que mucha gente conoce y puede cantar, como *Clavelitos, Ven y ven, El Polichinela, La violetera* y *El relicario*. Con el tiempo asomaron a las pantallas cinematográficas y a las primeras grabaciones discográficas. El cuplé evolucionado se transformó en una forma cultural aceptable por todos los públicos, en otras palabras, un producto de consumo de masas.

Hay que tener en cuenta que el cuplé surgió en un momento en el que la música popular y bailable recibía un gran impulso. En Estados Unidos apareció el foxtrot, el charlestón y el jazz bailable. En América Latina surgieron la rumba y el mambo, pero principalmente el bolero y el tango, formas inmensamente populares que convivieron con la canción andaluza. La vida más intensa del cuplé se circunscribe entre 1900–1936.

En los años 60 el cuplé entró de lleno en la cultura de masas a través del cine con películas de corte melodramático, historias de muchachas huérfanas de las que se enamoran jóvenes de la alta sociedad o la aristocracia, princesas y equívocos amoríos. Las letras y música de los cuplés derivadas del flamenco suelen ser de corte romántico, y casi siempre relatan la historia dramática y triste de amores abandonados o no correspondidos. Carmen Sevilla y Sara Montiel impusieron un nuevo nivel de estrella del celuloide en un tiempo en el que la copla y el nacionalismo ramplón llenaban las pantallas de los cines.

En los años 90, el cuplé ha tenido un resurgimiento, especialmente por la incorporación al cine de muchas coplas de la mano del director Pedro Almodóvar, pero también por las nuevas grabaciones realizadas por cantantes de gran valía como Martirio o Carlos Cano.

LA MÚSICA FOLKLÓRICA

Como es de esperarse, la música con la que se identifica un pueblo es, en la mayoría de los casos, la música folklórica o popular. Con la excepción de Albéniz, Falla y quizás Rodrigo, ninguno de estos nombres dicen mucho fuera de nuestras fronteras. Sin embargo, el flamenco y sus muchos derivados están estrechamente ligados a la cultura del país, o al menos a la forma en que es percibido en el exterior. Posiblemente esto no es único de España y en todas las naciones la música folklórica, por sus orígenes y accesibilidad, va unida al ser y sentir del pueblo.

Al hablar de música folklórica, nos referimos a melodías tradicionales y a letras de canciones que la gente conoce y transmite de generación en generación. Frecuentemente esta música expresa características de un grupo étnico, una región o una nación. La música popular no es necesariamente tradicional, aunque en muchos casos ésta es su característica más relevante. La popular es la que la gente escucha, repite y baila. En tanto, la música tradicional, como su nombre lo indica, proviene de una tradición y ha pervivido al pasar de generación en generación.

La riqueza de la música tradicional en España es extraordinaria. Son muchos los musicólogos que opinan que su variedad la sitúa como única en el mundo, ya que es el resultado de las muchas culturas y pueblos que convivieron en su geografía y las profundas costumbres que enraizaron. De Castilla provienen las seguidillas, las canciones de Ronda, los pasacalles, la rueda y la jota segoviana. En Galicia y Asturias se tocan muñeiras, alboradas, saudades y pandeiradas. En el País Vasco se bailan zortzicos. La jota aragonesa y la jota navarra son expresiones de estas dos regiones. Hay también una jota valenciana. En Cataluña se bailan las sardanas. De Gran Canaria proviene la música guanche, y así la lista sigue en un continuo y rico legado folklórico que se extiende a cada comarca del país.

La danza como expresión bailable de la música folklórica también presenta un rico abanico. Josep Crivillé reafirma algo que ya había señalado otro estudioso de la música, Gilbert Chase, cuando escribe: "Puede que España sea una de las tierras del orbe en que el baile y la danza hayan arraigado más profundamente [...] pocas naciones pueden competir con España en tales materias. La originalidad y riqueza de los bailes y danzas tradicionales que por los caminos de nuestra geografía se hallan diseminados, su peculiar estética y espectacular desenvoltura les han proporcionado un verdadero lugar de honor dentro del marco universal".

Entre la gran variedad de bailes regionales en la península destaca la jota, entre las llamadas formas fijas, cuya fisonomía coreográfico-cantable es de las más extensamente conocidas. Existen varios tipos de jotas dependiendo de las zonas, pero las más difundidas son la aragonesa y la navarra. La primera es más sobria e intensa, pero ambas son cantadas. Se suelen interpretar en múltiples ocasiones, bien en serenatas, ceremonias, bailes rituales, bodas, rondas, o en modalidades individuales o colectivas. Un aspecto que impresiona de la coreografía de la jota es la velocidad de los movimientos y las piruetas acrobáticas de los danzantes. La pareja enfrentada, con las manos en alto y portando castañuelas, alzan las piernas al nivel de la rodilla girando, con gran rapidez y gracia rítmica. La coreografía expresa el tema perenne del galanteo, pero con una fuerza de ejecución extraordinaria que impresiona al público. El canto de la jota es también muy energético y vital, con un sostenimiento repetitivo de notas que la hacen muy peculiar.

Ya hemos observado como la música andaluza, derivada del flamenco, ejerció una extraordinaria influencia en toda la música española desde el siglo XIX, en la corriente denominada "nacionalismo musical". Desde Pedrell, hasta Albéniz, pasando por Falla, Joaquín Turina y una larga lista de autores, la andaluza es la más persistente e influyente música folklórica en España y, sin ningún tipo de dudas, la más innovadora.

El flamenco y el cante jondo

El poeta Federico García Lorca, que fue un gran aficionado al flamenco, estudioso de la música, pianista y adaptador de coplas populares, definió el flamenco en estos términos: "Se da el nombre de cante jondo a un grupo de canciones cuyo tipo genuino y perfecto es la seguiriya gitana, de las que derivan otras canciones aún conservadas por el pueblo, como los polos, martinetes, carceleras y soleares... Las diferencias esenciales del cante jondo con el flamenco consisten en que el origen del primero hay que buscarlo en los primitivos sistemas musicales de la India, es decir, en las primeras manifestaciones del canto, mientras que el segundo, consecuencia del primero, puede decirse que toma forma definitiva en el siglo XVIII". García Lorca abría brecha en la indagación de los orígenes de esta genuina expresión musical. Hoy los estudios sobre flamenco han avanzado mucho, así como la afición a esta música. Existen incluso cátedras dedicadas a su estudio: la Cátedra de Flamencología y Estudios Folklóricos Andaluces de Jerez de la Frontera, en Cádiz, y la Cátedra de Flamencología del Conservatorio de Música de Córdoba.

El flamenco ha pasado de ser un tipo de expresión musical marginada a ocupar un lugar por derecho propio en las salas de conciertos. Ha sido un proceso largo cuyo origen se pierde en el tiempo.

Derivado del cante jondo, el flamenco es un cante tradicional difícil de rastrear, idealizado por unos que han pretendido buscar unas raíces profundas de elusiva autenticidad, y rechazado por otros, que lo consideran expresión burda del pueblo llano. Sea cual fuere su origen, lo cierto es que ha evolucionado mucho en contacto con distintas expresiones musicales, aunque originalmente fue la expresión de grupos sociales marginales. El cante jondo tiene sus antecedentes más remotos en la filiación árabe y morisca. Para García Lorca, "el *Cante hondo* acercándose a los primitivos sistemas musicales de la India, es tan sólo un balbuceo, es una emisión más alta o más baja de la voz, es una maravillosa ondulación bucal, que rompe las celdas sonoras de nuestra escala atemperada, que no cabe en el pentagrama rígido y frío de nuestra música actual, y abre en mil pétalos las flores herméticas de los semitonos". Algunos estudiosos han mantenido que la soleá es la madre del cante, aunque tanto ésta como las seguiriyas y los polos proceden de formas primitivas, bien cantes o tonás, que se interpretaban sin acompañamiento musical.

El flamenco, que es una derivación del cante jondo, adquiere su forma a finales del siglo XVIII y principios del XIX. Aunque hay muchas teorías y muy dispares acerca de la formación y naturaleza del cante, las pruebas documentales halladas hasta la fecha sólo permiten refrendar su calidad de andaluz, con una cierta radicación de origen en el barrio sevillano de Triana y en la ciudad de Jerez de la Frontera, por ser los lugares que generaron una mayoría de intérpretes y estilos. También se ha relacionado el desarrollo del flamenco con la aparición y práctica de los gitanos.

Lo que podemos afirmar es que el cante andaluz existía en germen antes de la llegada de los gitanos. El guitarrista y estudioso Ricardo Molina escribe al respecto: "El cante flamenco apareció alrededor de 1780 entre los gitanos de la baja Andalucía en una exigua región comprendida entre Sevilla, Lucena y Cádiz. De lo que hubiera sido antes no sabemos nada cierto. Es asunto que cae de lleno dentro de la insondable esfera de las posibilidades". Otros estudiosos sugieren que la aparición del flamenco fue acompañada del renacimiento de una subcultura, expresada en forma de vestir, hablar, caminar, expresión corporal, poesía oral y música, como reacción a la exagerada influencia extranjera durante la Ilustración. Para Manuel Ríos Ruiz, "el flamenco es un arte creado por el pueblo andaluz, sobre las bases de un legítimo y antiquísimo folklore popular, en el que han confluido las influencias musicales legadas por las distintas culturas que en Andalucía tuvieron vigencia y esplendor a lo largo de los siglos". Es un hecho que el 80 por ciento de las canciones flamencas provienen de topónimos relacionados con Andalucía.

Por el tipo de personas que lo practicaban, tiene sentido que el cante jondo se oyese en lugares de trabajo, barrios populares, guetos, burdeles, tabernas, penitenciarias, hospitales y tabacaleras. Originalmente fue sólo cantado, acompañado por palmas y elementales instrumentos de percusión. Más tarde encontró lugar en tabernas y fiestas públicas, donde se interpretaba por gitanos y campesinos. Posiblemente por esta razón, el flamenco expresó la idiosincrasia de un mundillo bajo, marginal y contestatario, y fue rechazado como subproducto musical por las clases altas. Más tarde incorporó la guitarra y se expresó en formas bailables.

Hay diversos autores que diferencian *gypsies* de gitanos y piensan que son grupos incluso opuestos. Timothy Mitchell opina que los gitanos españoles vinieron de África y que son los *gypsies* los que arribaron desde Europa del Este en distintas oleadas a lo largo de la historia. En cualquier caso, el flamenco sociológicamente tiene mucho que ver con una etnicidad gitana y un modo de ver el mundo expresados en rituales, música emotiva y catarsis de grupos.

Es a partir de 1850 cuando el flamenco comienza a ser motivo de espectáculo público en cafés cantantes que se instalan en Sevilla, Jerez, Cádiz, Málaga, y otras ciudades y poblaciones andaluzas. En contacto con diversas formas expresivas, estilos genuinos y jondos se mezclan y van tomando formas específicas y diversificándose. A partir de 1870, la síntesis de cantes gitanos con fandangos andaluces de pura raíz popular abrió amplios horizontes para la creación y configuración de nuevas formas expresivas y estilísticas. Aparecen entonces diversas variantes populares del fandango: sevillanas, trilleras, rumbas, farrucas y garrotines.

Más adelante, posiblemente ya entrados en el siglo XX, surgen los primeros espectáculos flamencos, llamados óperas flamencas o mejor, juergas flamencas, en donde la música se teatraliza mediante el baile. Fueron unos años de gran esplendor bajo el impulso creador de excelentes intérpretes y guitarristas. Antonio Marchena fue uno de los grandes *cantaores* de flamenco, además de estudioso, fundamental en la labor de definir formas estéticas y artísticas. La manera en que incorporó cantes en desuso, introdujo formas mestizas, y se abrió a influencias musicales y teatrales, hicieron de Marchena el maestro que sembró la semilla para futuras innovaciones.

Por esas fechas, otras voces se unieron a la labor de difusión. Manuel de Falla y Federico García Lorca tomaron la iniciativa al promover un concurso nacional de cante jondo. El hecho de que figuras de renombre fueran capaces de comprender la validez del fenómeno tuvo una influencia fecunda. Mientras tanto, hubo de superarse el impacto negativo de la Guerra Civil y la bastardización del flamenco impulsada por el franquismo a la búsqueda de una cultura española común. A partir de 1957, sin embargo, se observaron síntomas de una recuperación del interés por las expresiones puras del género. La primera cátedra universitaria de Flamencología de Jerez de la Frontera data de esa fecha. La reacción siguió en cadena y hoy se puede hablar de una edad de oro del flamenco. La recuperación de sus formas más genuinas llegó justo en el momento en el que centenares de miles de andaluces hacían sus maletas para emigrar a Madrid, Barcelona y ciudades industriales del norte donde vertieron su música y bailes.

Tras la transición democrática, el interés ha seguido creciendo con la promoción de festivales y conciertos flamencos, además de la edición de grabaciones mejor cuidadas. Los éxitos cinematográficos de las películas de Carlos Saura *Bodas de sangre* (1981) y *Carmen* (1983) acrecentaron el número de aficionados y pasearon su estética por todo el mundo. La versión flamenca del drama de García Lorca *Bodas de sangre* es una de las más maravillosas piezas de ballet filmadas. Carlos Saura también realizó un espectáculo con el título *Flamenco*, más tarde llevado en cine (1995), así como *Sevillanas* (1997), de excepcional belleza para cualquiera que esté interesado en contemplar las muchas modalidades del flamenco y el cante jondo.

El flamenco ha derivado en muchas variedades y ha creado un público en todo el país, casi sin excepción, de tal modo que se puede considerar como un género español y no sólo una forma artística andaluza.

Baile flamenco, Manuela Vargas

Indiscutiblemente, ningún folklore musical contiene tantas modalidades y giros como el flamenco, de ahí que se lo considere un arte tan rico y variado como enigmático y apasionado. La base primitiva del arte andaluz es la toná, forma dialectal andaluza de tonada, equivalente a canto tradicional o copla popular. El romance sería su más próximo antecedente literario. No hay acuerdos sobre el número de tonás que existen; entre 26 y 32. La más primitiva es la seguiriya que se cantaba sin acompañamiento musical hasta que se acopló al cante. García Lorca escribe que la seguiriya "comienza con un grito terrible, un grito que divide el paisaje en dos hemisferios ideales. Es el grito de las generaciones muertas, la aguda elegía de los siglos desaparecidos, es la patética evocación del amor bajo otras lunas y otros vientos".

El martinete pertenece al grupo de las tonás, cuna de todos los estilos flamencos primitivos. El martinete es como una reliquia de los viejos cantes, sin acompañamiento musical, relacionado con las labores de la vida diaria. Son cantes flamencos el tango (uno de los estilos básicos bailables, influenciado por el jaleo así como la soleá), la bulería (una de las formas más rítmica y bailable) y la serrana (derivada de la seguiriya). Otras formas originales son las alegrías, los fandangos (que popularizó Antonio Marchena), las malagueñas, las peteneras, las granadinas, las rondeñas y las guajiras. La guajira es de los llamados cantes de "ida y vuelta", pues resultaron de la influencia mutua que se produjo a través de los siglos entre España e Hispanoamérica. Es un cante donde se perciben ciertas cadencias del "guajiro" cubano pasadas por el tamiz de las viejas canciones gaditanas. Otra de estas modalidades es la rumba, que es una aclimatación dentro de las derivaciones del flamenco de ritmos bailables extraflamencos, en este caso de la rumba afrocubana.

Intérpretes flamencos

Uno de los aspectos que atrae y confunde del flamenco es el dramatismo de sus interpretaciones, especialmente del cante jondo. El "cantaor", así denominado en el flamenco, que como particularidad canta sentado, irrumpe con un chorro de expresiones y notas sostenidas que al escucharlas asemejan quejidos "quejío" o "jipío". Para llegar a ese nivel de expresión dramática se dice que hay que tener "duende". García Lorca escribió que "el duende es un poder y no un obrar, es un luchar y no un pensar. Yo he oído decir a un viejo maestro guitarrista: 'El duende no está en la garganta; el duende sube por dentro desde la planta de los pies'. Es decir, no es cuestión de facultad, sino de verdadero estilo vivo; es decir, de sangre; es decir, de viejísima cultura, de creación en acto". Muchas de las expresiones patéticas del flamenco original, con sus muestras de dolor, desesperación y alegría, están recogidas en la toná, que es una lírica sin paisaje, expresión de la historia de un pueblo perseguido o marginado.

Son muchos los grandes maestros que han dejado su impronta en el género, desde los clásicos (Antonio Mairena, Manolo Caracol, la Paquera de Jerez, la Niña de los Peines, Fosforito), hasta las voces más nuevas (El Lebrijano, Enrique Morente, Camarón de la Isla,

Paco Peña y baile flamenco

Carmen Linares, José Meneses y José Mercé. Entre los guitarristas destacan Sabicas, Manolo Sanlúcar, Paco Peña y Paco de Lucía). Un dato interesante del flamenco, y que dice mucho sobre la música y sus intérpretes, es su carácter autodidacta, incluso entre los guitarristas. En muchos casos son hijos de familias gitanas o andaluzas nacidas en ambientes flamencos que han llegado a convertirse en grandes estrellas a través de un aprendizaje directo. Son numerosos los guitarristas virtuosos que no pueden leer una partitura.

Paco de Lucía es uno de los guitarristas flamencos que más innovaciones ha asumido dentro del género. Nació en Cádiz en 1947 en un ambiente de músicos. Su padre abrió un club flamenco en los sótanos de Los Gabrieles, donde Paco pudo escuchar y entrar en contacto con los más conocidos cantaores del período. Sus primeros pasos los dio de la mano de los guitarristas Nino Ricardo, Miguel Borul y Sabicas.

Su primer concierto data de 1958, a la edad de 11 años, y un año después obtuvo el premio especial del Festival Concurso Internacional de Flamenco de Jerez de la Frontera. Su primera grabación data de 1964, con Ricardo Modrego y su hermano Ricardo, basada en temas populares de García Lorca. En 1967 realizó una gira con el Festival Flamenco Gitano, y grabó su primer disco en solitario, *La fabulosa guitarra de Paco de Lucía*. Para esa fecha ya trabajaba con los grandes de la música flamenca, dando conciertos y haciendo grabaciones. Con el inolvidable Camarón de la Isla grabó diez discos. Paco de Lucía nunca ha dejado de experimentar desde que en 1967 colaborase con el saxofonista Pedro Iturralde en un trabajo conjunto de flamenco-jazz. Más tarde colaboró en la misma línea con Al Di Meola, John McLaughlin y Larry Corryell. Éste fue el inicio de una gloriosa carrera que lo llevó a dar recitales en el Palau de la Música en Barcelona y el Teatro Real de Madrid. En 1973 grabó *Fuente y Caudal*, su disco más vendido, donde aparece la pieza "Entre dos aguas", que fue un éxito mundial. Trabajó con Chick Corea y el resultado fue un álbum conjunto *Ziryam* (1990). De sus contactos con el jazz emergió un período de búsqueda de melodías y armonías

Paco de Lucía

sin que ello representase una separación del más puro estilo flamenco que ha seguido cultivando. En 1991 grabó con la Orquesta Cadaqués el *Concierto de Aranjuez* de Joaquín Rodrigo, e hizo interpretaciones en solitario de la música de Manuel de Falla.

Su obra ha tenido un positivo impacto en autores que han seguido esta línea de música fusión con el flamenco, llamado también jazzmenco, entre los que hay que incluir grupos como Pata Negra, o el reciente éxito de Bebo y El Cigala, en el que se combinan ritmos de bolero y piano cubano con voz flamenca en el CD *Lágrimas negras*. Bebo Valdés es un pianista de la época de oro de la música cubana y El Cigala (Diego Ramón Jiménez Salazar) un joven promesa del cante flamenco. Raimundo Amador, antiguo integrante de Pata Negra, es otro de los artistas importantes flamencos que, en la misma línea de música fusión, ha grabado con B. B. King y músicos de distinto origen, tanto flamencos de raigambre como brasileños, cubanos e incluso de rap.

LA CANCIÓN PROTESTA

Durante las últimas décadas del franquismo, 1960–1975, se desarrolló un tipo de música asociada con la lucha por las libertades sociales y políticas, la "canción protesta". Hoy día la mención de autores como Paco Ibáñez, Raimon (Ramon Pelegero Sanchis) o María del Mar Bonet evoca imágenes de cantautores sentados en un taburete con una guitarra en la mano inspirando a audiencias enardecidas. Los recitales de Raimon en Barcelona, de Joan Manuel Serrat o de Luis Eduardo Aute, se recordarán como auténticos hitos en la lucha por la democracia en España. No fue un fenómeno aislado y llegó de la mano de distintas variedades de música de protesta que se originaron en Estados Unidos, por los mismos años, de la mano de Pete Seeger, Woody Guthrie y Joan Baez. En los festivales de música folklórica estadonunidense de Newport y en los locales del Greenwich Village neoyorquino surgieron voces que revolucionaron el mundo a través del concepto de que el mensaje de la música es tan importante como las melodías. Bob Dylan, en 1961, grabó acompañado de una guitarra y su armónica *Blowing in the Wind*, que vino a ser el himno de toda una generación cuya pasión cruzaba fronteras.

En España el movimiento, siempre frenado por la censura, despegó con los primeros conciertos y composiciones del catalán Quico Pi de la Serra y del valenciano Raimon. Este último compuso un tema legendario, especie de himno repetido en Cataluña por la juventud contestataria, "Al vent". Raimon inspiró a otros cantautores catalanes que siguieron sus pasos y cuyo movimiento se conoció como la *Nova Cançó*, en el que hay que incluir a: Pau Riva, Oriol Tranvía, Ovidi Montllor, María del Mar Bonet y Joan Manuel Serrat.

La primera señal de protesta contra la carencia de libertades fue el uso de las lenguas vernáculas: catalán, vasco y gallego. María del Mar Bonet, con una voz espectacular interpreta en mallorquín, dialecto del catalán, a los poetas de su tierra. Su labor consistió en musicar a poetas autóctonos con ritmos extraídos del folklore de las islas. La sencillez de sus espectáculos y la intensidad de su voz hicieron de ella una de las voces más atractivas y queridas de este movimiento.

Joan Manuel Serrat apostó tanto por el catalán como el castellano. Algunos puristas no le perdonaron esto pero, gracias a esa duplicidad de sus grabaciones, fue capaz de incorporar a un público más amplio, no sólo en España sino en América Latina, donde Serrat es un ídolo. En 1965 participó en el concierto de la Nova Cançó, que tuvo lugar en Esplugues de

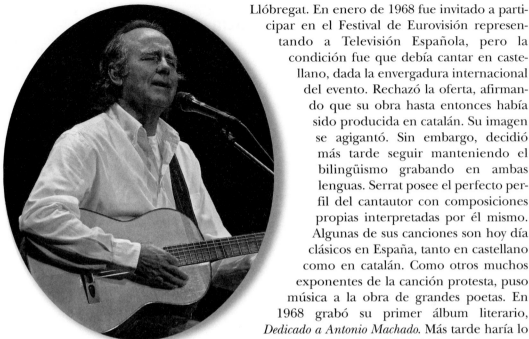

Joan Manuel Serrat

Llóbregat. En enero de 1968 fue invitado a participar en el Festival de Eurovisión representando a Televisión Española, pero la condición fue que debía cantar en castellano, dada la envergadura internacional del evento. Rechazó la oferta, afirmando que su obra hasta entonces había sido producida en catalán. Su imagen se agigantó. Sin embargo, decidió más tarde seguir manteniendo el bilingüismo grabando en ambas lenguas. Serrat posee el perfecto perfil del cantautor con composiciones propias interpretadas por él mismo. Algunas de sus canciones son hoy día clásicos en España, tanto en castellano como en catalán. Como otros muchos exponentes de la canción protesta, puso música a la obra de grandes poetas. En 1968 grabó su primer álbum literario, *Dedicado a Antonio Machado.* Más tarde haría lo mismo con la poesía de Miguel Hernández.

En similar línea de trabajo hay que incluir a Paco Ibáñez, otro legendario cantautor cuyos recitales en el teatro Olimpia de París y en Madrid todavía se recuerdan como hitos de una época. La labor de Paco Ibáñez fue doble, pues mientras seleccionaba cuidadosamente los poemas a los que iba a poner música, difundía la obra de cuatrocientos años de poesía. Paco Ibáñez introdujo, entre un público muy amplio, la poesía de Jorge Manrique, Francisco de Quevedo, Luis de Góngora, Rafael Alberti, Pablo Neruda, José Angel Valente, Blas de Otero, Gabriel Celaya y otros muchos.

Mientras en Cataluña la nova cançó crecía en adeptos, en Madrid, Moncho Alpuente, Rosa León, Hilario Camacho y Luis Eduardo Aute hacían una labor paralela. La caída de la dictadura no concluyó la carrera musical de estos cantantes y algunos han continuado activos. La transición tuvo también sus artistas que dejaron grabada una especie de crónica de esos años de rápida transformación y desorden. Destacan Ana Belén y Víctor Manuel con su pegadizo éxito, "La puerta de Alcalá", pero principalmente el trovador de la transición, Joaquín Sabina. Sabina inició su andadura durante la dictadura como uno más de los cantautores que hacía su labor enganchado a una guitarra. Más tarde fue el cronista de un país que cambiaba a grandes pasos. Su obra es de una gran riqueza tanto en la vertiente musical como literaria. Las letras de Sabina hurgan en los rincones de la cultura madrileña con ironía, pero también con nostalgia. Su agudeza de observación se mezcla con una mirada que se fija en los detalles y los explica con amargo humor. Es otro de los cantantes que han saltado las fronteras y, al igual que Serrat, goza de gran popularidad en América Latina.

La música contemporánea no se acaba con ellos, y en las últimas décadas la producción musical en la península ha dado muestras de la extraordinaria vitalidad de un pueblo fundamentalmente musical.

Bibliografía

Crivillé i Bargalló, Josep. *Historia de la música española. El folklore musical.* Madrid: Alianza, 2004.

Chase, Gilbert. *The Music of Spain.* New York: W.W. Norton, 1941.

Irles, Gerardo. *¡Solo para fans!: La música ye-yé y pop española de los 60.* Madrid: Alianza, 1997.

Marco, Tomás. *Historia de la música española. Siglo XX.* Madrid: Alianza, 1998.

Mitchell, Timothy. *Flamenco Deep Song.* New Haven, CT: Yale University Press, 1994.

Ramos Gascón, Antonio, ed. *España hoy. Cultura.* Madrid: Cátedra, 1991.

Stanton, Edward F. *Culture and Costumes of Spain.* Westport, CT: Greenwood Press, 2002.

Washabaugh, Wiliam. *Flamenco, Passion, Politics and Popular Culture.* Washington, D.C.: Berg, 1996.

CINE Y TELEVISIÓN

TEMAS

- Los orígenes del cine en España

- El cine como herramienta propagandística

- Cine en la dictadura

- Los primeros realizadores independientes

- Berlanga, Bardem, Saura

- El cine de la transición

- Pedro Almodóvar

- Nuevos realizadores

- Por fin llega la TV

- Un país de adictos al televisor

LA REVOLUCIÓN CINEMATOGRÁFICA

El cine ha ocupado y ocupa un papel muy importante en la cultura del país. Los españoles han sido y son grandes aficionados y han participado en lo que ha sido la gran globalización cultural a través del celuloide. Pensemos que en la historia de la humanidad no se ha producido nunca un fenómeno de masas de las dimensiones y características del experimentado en el siglo XX, desde que la cinematografía permitió la transmisión de historias, ideas, costumbres, modas y estilos de vida. Los primeros síntomas de la crisis del teatro como espectáculo coincidieron paralelamente con la creación de las salas de cine. Algo mágico acompañaba a las proyecciones cinematográficas que enardecía a las masas rurales y urbanas que acudían a los lugares de proyección, no importa qué rudimentarios fueran, para ser testigos de las hazañas de unos héroes remotos. El cine proporcionaba la posibilidad de traspasar fronteras y entrar en contacto con otras vidas, penetrar en las salas de estar y en las habitaciones, y compartir la cena con el paisaje y la pasión.

En los años del aislamiento internacional de la dictadura franquista, a través de las salas de proyección se abría la posibilidad de viajar al otro lado de una frontera invisible, de la mano de las compañías de Hollywood, que con sus producciones brillantes incentivaban la imaginación y facilitaban soñar.

Para muchos españoles, el cine fue el gran entretenimiento de los sábados y domingos. La afición permaneció incluso durante la Guerra Civil, y sólo en esos tres años se importaron más de 500 filmes extranjeros. La programación de los cines de barrio ofrecía sesiones dobles en las que, por el módico precio de cuatro pesetas, se podían ver dos películas y un reportaje de noticias, a lo que se le denominaba el NODO, es decir, una mezcla de noticieros y documentales. La afición era tal que eran muchos los que se quedaban a ver ambas películas en sesión repetida. El celuloide familiarizó al país con las grandes estrellas en un tiempo en el que el estrellato agigantaba la estatura de las actrices y los actores, principalmente de Hollywood, el Olimpo de los nuevos dioses. Humphrey Bogart, Gary Cooper, Vivian Leigh, Edward G. Robinson, Burt Lancaster, Marlon Brando, Yul Brynner, Marilyn Monroe, King Kong y Tarzán eran seres familiares de los que hablar y con quienes sentir. El mundo del cine lo inundó todo, y los españoles se dejaron seducir por las promesas asociadas a determinada forma de vida (casas, automóviles, avenidas, salones, vasos de whisky, cigarrillos Marlboro y otros productos de consumo de lujo). Cualquier indigente español estaba familiarizado con la Quinta Avenida de Nueva York, el Golden Gate Bridge de San Francisco y los desiertos de Arizona, donde los pieles rojas eran derrotados una y otra vez. Entre 1939 y 1961 se exhibieron en salas en Madrid 4.277 películas extranjeras, de las que la mitad eran estadounidenses, frente a 879 españolas.

La cinematografía ayudó a modernizar el país, sin duda. Siempre han existido, no obstante, las voces agoreras que se afanaban por advertir sobre los peligros de la hibridación, la corrupción de las costumbres y la amenaza de la inmoralidad. Eran conocidas las caravanas de coches que cruzaban la frontera con Francia en los años 60 y 70, a causa de la censura interior para poder acceder a las novedades cinematográficas de Federico Fellini, Bernardo Bertolucci, François Truffaut, Ken Russell, Stanley Kubrick o algún que otro filme pornográfico, golosinas vedadas en la península. Cuál fue el efecto corrosivo y cuál la influencia benefactora, es imposible averiguar, pero lo cierto es que en las salas de proyección de los pueblos fronterizos de Perpiñán y Le Boulou, los viajeros del sur aguantaban hasta ocho horas de proyección para ponerse al día de lo que consideraban era uno de sus pasatiempos favoritos e instrumento social y político de primer orden: el cine.

LOS ORÍGENES

Los primeros filmes proyectados datan de 1895, en locales de Madrid y Barcelona. Los temas, muy rudimentarios, estaban extraídos del acontecer diario. El cine había nacido en la península de la mano de algún pionero dispuesto a seguir los pasos de los hermanos Lumière. Es interesante observar que las primeras producciones de cine mudo realizadas en España tratasen de corridas de toros, maniobras militares y alguna zarzuela. Por una peseta se podía contemplar un programa que consistía en la guardia privada de la Reina en ejercicios militares, escenas de la Puerta del Sol y la Puerta de Toledo, trabajadores saliendo de una fábrica y la llegada de un tren. El precio era exorbitante, más alto que el de una sesión de ópera, y por lo tanto apuntaba a una clase social que estaba dispuesta a pagar por ver lo que se consideraba un milagro de la ciencia. Más adelante, la tecnología permitió la realización de proyecciones más complejas dirigidas a entretener más que a mostrar los avances de la ciencia. Fue entonces cuando el teatro se hermanó con el cine mediante la filmación de obras dramáticas, usando los mismos actores que tan sólo tenían que cruzar la calle para pasar del escenario al estudio. El libreto de la zarzuela *Cinematógrafo nacional* fue escrito en 1907 por Guillermo Perrín y Miguel de Palacios, con música de Gerónimo Giménez. Uno se pregunta si el cine modificó la zarzuela o le hizo una competencia que no se esperaba.

En cualquier caso la seducción fue meteórica, amor al primer vistazo. Para el inicio de la Primera Guerra Mundial (1914), existían en España unas 900 salas de exhibición. Sin embargo, para los realizadores hacer cine fue tan arriesgado como jugar a la lotería. El mercado existía, la afición también, la imaginación no faltaba, pero cualquier proyecto estaba sujeto a insospechadas variantes y a la feroz competencia de las películas extranjeras. Éste ha sido siempre el talón de Aquiles de la industria cinematográfica española, carente de grandes inversiones. Las pequeñas productoras nacían y morían de un día para otro. Las distribuidoras han controlado tradicionalmente el mercado, y para los directores la cuestión más importante no es hacer buen filme sino cómo distribuirlo. En la década de 1920, más del 90 por ciento de las películas exhibidas en salas españolas eran producciones extranjeras, mientras el cine nacional languidecía por novedoso y falta de medios de distribución. Para colmo, a este último problema había que añadir el de la censura.

Al igual que el teatro, cuyas compañías tenían una gran conciencia de su labor y de alguna forma se autocensuraban, el cine nació marcado por el fantasma de la censura. La dictadura de Primo de Rivera (1923–1930) supo mostrar sus dientes para cuidar de la moral y las buenas costumbres. Así que algunos de los primeros filmes provocativos y vanguardistas tuvieron que emigrar a Francia. En París, la imaginación desenfrenada de Salvador Dalí y la pasión de Luis Buñuel se hermanaron para producir uno de los filmes más vistos y estudiados de la centuria, *Un perro andaluz* (1928). Su valor reside en la novedad, la provocación, la violencia y la irracionalidad del surrealismo. Con esta idea lo concibieron ambos artistas, cuyas fecundas carreras siguieron en línea surrealista con el filme pionero. La violencia explícita en algunas de sus imágenes anticipa otro rasgo del cine nacional, el morbo. Buñuel y Dalí contribuyeron a conjurar el rechazo de los intelectuales a un medio que no conocían ni entendían y que amenazaba el monopolio y la superioridad de la palabra escrita. La marcha imparable del género siguió su camino con la llegada del cine sonoro (1929), aunque la carencia de salas con sistemas de sonido apropiado atrasó su adaptación en España.

En la encrucijada de la República y la Guerra Civil

El primer filme producido durante el período republicano fue *Proclamación de la República* (1931), que recogía el entusiasmo del pueblo español por la inauguración de ese nuevo régimen. Está rodado en la Puerta del Sol de Madrid y, a pesar de carecer de sonido, las manos en alto de los manifestantes y su expresión de gozo captan el optimismo jovial que inauguraba la nueva etapa política y cinematográfica. El primer sistema de sonido no se instaló hasta 1932. El gobierno de la República, que adoptó tantos y tan variados programas educativos y de promoción de la cultura, no incluyó entre sus prioridades la promoción del cine. Se le consideraba un género escapista, frívolo y costoso. Sin embargo, la popularidad del nuevo invento hizo que se cambiasen las tornas en razón de la demanda. El público iba al cine y lo siguió haciendo incluso mientras las bombas caían sobre la capital. José María Caparrós Lera escribe: "El público se negaba muchas veces a dejar el cine para buscar refugio durante los bombardeos, insistiendo en que continuara la película. Los milicianos entraban en el cine con sus fusiles negándose a dejarlos en la guardarropía".

La guerra no frenó la pasión por el nuevo medio, aunque sus efectos se hicieron notar en el tipo de cine que se producía. Se realizaron muchos reportajes y noticieros, y menos películas de largometraje. Los primeros tenían más posibilidades para la propaganda. La República los produjo en estudios en Barcelona y Madrid, mientras que los nacionales recurrieron a Alemania e Italia principalmente para su producción. Mientras, la incipiente industria nacional recibía un cierto empuje debido al mercado hispanoamericano, que siempre ha sido un balón de oxígeno para las industrias dedicadas al negocio de la cultura, y a Estados Unidos, que intuyó las posibilidades del mercado hispano. California, que ya por esa época se destaca como la meca de la industria, produjo una serie de películas en castellano. Incluso algunos de los grandes actores de la época (Buster Keaton, Stan Laurel, Oliver Hardy y Harry Langdon), filmaron películas en castellano. Por su parte, Luis Buñuel y conocidos escritores como Enrique Jardiel Poncela, José López Rubio, Edgar Neville y otros dramaturgos trabajaron en estudios estadounidenses. Algunos críticos han llegado a calificar este período como una edad de oro del cine en castellano.

La ideología de uno y otro bando puede estudiarse perfectamente a través de su cine. El republicano no pudo frenar la pasión innovadora del liberalismo imperante. Sus modelos fueron filmes como *El acorazado Potemkin*, del ruso Sergei Eisenstein, una película pionera desde el punto de vista cinematográfico, pero también cargada ideológicamente. *Aurora de esperanza*, filmada en Barcelona en 1937, es posiblemente una de las mejores películas realizadas durante la guerra, bajo los auspicios del anarcosindicalismo. El tema gira en torno a la vida de un obrero en una gran metrópoli, sus luchas y dificultades, muy en línea de lo que más adelante sería el cine neorrealista italiano. No les llevó mucho a los líderes republicanos sopesar el valor propagandístico del cine, y a tal efecto incluyeron un programa cinematográfico en las Misiones Pedagógicas que recorrían las zonas rurales con objetivos educativos. Por su parte, el cine nacionalista anticipaba su gran rémora, la censura. ¿Cómo se puede crear con censura? El fenómeno fue de tales dimensiones que incluso al director del aparato propagandista del régimen, Dionisio Ridruejo, no se le permitía ver las películas que se hacían en el bando republicano. La censura, durante los primeros años de dictadura franquista, afectó cada aspecto de la vida: costumbres, apariencia, ideas, religión y, como no, el cine.

EL CINE DURANTE LA DICTADURA

Como una planta a la que no se deja crecer, la censura se encargó de podar cualquier brote creativo, no sólo en cine sino en cualquier medio artístico o de difusión. Las innovadoras iniciativas de la República fueron asfixiadas por una censura obsesiva, especialmente durante los años duros que siguieron a la Guerra Civil. De vez en cuando, la torpeza de los censores autorizaba alguna obra de interés, aunque no ocurriera con frecuencia. El poder de las imágenes era conocido por el régimen y por el mismo Franco, que fue un gran aficionado. Se hizo construir en el Palacio del Pardo, su residencia privada, una sala de proyecciones en donde asistía a sesiones cinematográficas en compañía de su familia, y desde donde ejercía una labor adicional de censor o crítico. Cuando un filme no le gustaba o le molestaba alguna escena, enviaba las órdenes oportunas que decidían la suerte de la película en cuestión.

Muy conscientes del papel propagandístico y difusor del nuevo medio, el cine español estuvo determinado por una programación dirigida por el aparato del Estado que controlaba lo que se producía, lo que se importaba y lo que se exhibía. Para el crítico Fernando Rodríguez Lafuente, "Cada historia, cada narración de imágenes parece asumir una doble intención, una oculta manera de retratar un mundo falso que poco o nada tiene que ver con la realidad española del momento". El aparato del Estado, más allá de la censura, quiso incentivar un cine que le sirviera de instrumento propagandístico. No olvidemos que el cine es un vehículo muy poderoso para la construcción de elementos de identidad nacional. A tal efecto, se puso en manos de la Falange la tarea de producir un cine patriotero, optimista, exaltador de los valores de la nueva misión que se pregonaba.

Se financiaron películas en dos vertientes: histórica y folclórica. Las primeras recurrieron a temas del pasado con producciones que narran la historia reciente de España desde la perspectiva de los vencedores. Otras abundan en temas históricos de la época del Imperio y la expansión cristiana en el Nuevo Mundo. Pionera de este género fue *Alba de América*, que buscaba reafirmar las heroicas hazañas de España en el descubrimiento con el fin de crear un texto mitificado que universalizase su historia en el siglo XV. La película no respondió a las expectativas, ya que parte de la trama está dedicada a las dificultades con las que se encontró Colón para obtener financiación para su empresa. La escena final, sin embargo, recurre a un bautismo de indígenas frente a los Reyes Católicos, tras el retorno del primer viaje, con lo que se reivindica a Cristóbal Colón como personaje providencial. En esta misma línea se filmaron *Correo de Indias* (1942) de Edgar Neville; *Los últimos de Filipinas* (1945) de Antonio Román, y *Locura de amor* (1948) y *Agustina de Aragón* (1950) de Juan de Orduña.

La muestra modelo del cine propagandístico nacionalista está representada por *Raza* (1941), dirigida por José Luis Sáenz de Heredia en base a una ficcionalizada autobiografía de Franco, escrita por él mismo bajo el pseudónimo de Jaime de Andrade. La cinta insiste en una visión muy personal de los males que acechan al país, a través de una historia de marinos y comerciantes cuya máxima tensión se produce con la eclosión de la Guerra Civil. Producir un cine nacionalista no fue tarea fácil y el régimen se encontró con muchas dificultades para conseguir guiones de una mínima calidad que contrarrestasen la creciente influencia que ejercía el cine neorrealista italiano.

La otra variante del cine de la época corresponde a una filmografía costumbrista, folclórica y melodramática que se conoce por el nombre de "españoladas". Se quiso continuar la corriente exitosa de la zarzuela y el cuplé de los años veinte, dándoles vida cinematográfica. La "españolada" recurre al tópico regional y populista, creando casi una parodia de la vida rural con música, amores, honor y final feliz. Asume que lo más genuino de España es lo andaluz, aparejado a la música y sus más conocidos intérpretes que, con talento dramático o sin él, aparecían en una extensa lista de filmes. Los títulos de estas películas son indicativos de los temas: *Castañuela* (1945), *La Lola se va a los puertos* (1947), *Lola la Piconera* (1951), *El último cuplé* (1951), *Lola Torbellino* (1955), *Esta voz en una mina* (1955), *Malagueña* (1956), *El ruiseñor de las cumbres* (1958), *La copla andaluza* (1959), *Bajo el cielo andaluz* (1959), *Puente de coplas* (1961) y *El alma de la copla* (1964), entre una larga lista de "españoladas" que tuvieron entretenida a una audiencia con un alto índice de analfabetismo. ¿Cómo no cautivar a un país totalmente adicto al cine, de un nivel educativo muy bajo y que, a decir del historiador Raymond Carr, tenía más salas de proyección que ningún otro país de Europa?

Las "españoladas" lanzaron al estrellato a una serie de actrices que cautivaron el corazón del público. Son conocidas como "las folclóricas" y personificaron un tipo de mujer ideal española que era, a un tiempo, dulce, graciosa, bella, apasionada, casta y dispuesta a enfrentarse a las circunstancias negativas en busca del amor ideal. Es decir, el modelo de mujer en la visión falangista. El escritor Terenci Moix las ha apodado "misioneras del optimismo". En la escena cantaban cuplés o música española, una versión híbrida del flamenco de gran aceptación. Marifé de Triana, Conchita Piquer, Carmen Sevilla, Sara Montiel y Lola Flores cantaron y bailaron una y otra vez en filmes con tramas simples, casi naif, donde lo que importaba era la ambientación y la música.

Como si de un mecanismo compensador se tratase, por las mismas fechas se produjeron nuevas tentativas fílmicas con pretensiones de conectar con las corrientes del cine internacional; esto es, con el neorrealismo italiano, el cine *vérité* francés y las brillantes producciones de Hollywood. Las películas extranjeras llegaron con cierto retraso debido a los impedimentos de la censura, pero con el correr del tiempo el clima se hizo más propicio, especialmente tras la apertura de las relaciones diplomáticas de España con Estados Unidos y las Naciones Unidas. Pionera del género fue la película de José Antonio Nieves Conde, *Surcos* (1951), considerada casi mítica dentro de la filmografía española. Narra, en un tono sórdido, el fenómeno de la emigración campesina a las ciudades. Los surcos se refieren a la separación que divide la ciudad y el campo, lo exterior del suburbio y la mansión, lo ostentoso y lo miserable y gris. Rodríguez Lafuente comenta: "Quizá *Surcos*, vista desde hoy, sea demasiado oscura, demasiado tremendista y sobria como para conseguir que su fuerza realista respirara el halo vibrante y poético de los modelos italianos". La doble lectura del filme presenta una faceta en línea con las propuestas del ideario falangista, puesto que con todas las dificultades implícitas, la familia campesina consigue conservar sus valores en medio de la ciudad desintegradora y corrupta.

Crítica social y neorrealismo se dan la mano en una serie de filmes entre los que *Muerte de un ciclista* (1955) destaca como una de sus mejores muestras. Dirigida por Juan Antonio Bardem, *Muerte de un ciclista* es una mirada ácida que se debate entre la miseria de los años del hambre y el lujo despreocupado, sin lograr alcanzar un punto de confluencia.

Juan Antonio Bardem y Luis García Berlanga representan el intento casi imposible de realizar un cine de denuncia dentro de condiciones mínimas de espacio otorgadas por la censura. Para lograr abrirse camino hubieron de recurrir a la sátira y la parodia, que distancian a través del humor lo que esconden de crítica social. Ambos realizadores, pioneros de un cine comprometido, colaboraron en varios proyectos, y de sus cámaras surgió una producción de calidad, plena de contenidos, que abría las puertas a futuros realizadores.

Berlanga y Bardem

Luis García Berlanga (1921–) es posiblemente el director más importante de su generación y figura clave en la difícil transformación del cine español entre los años 50 y 60. Desde sus primeros largometrajes hasta su última obra, *París-Timbuctú* (1999), Berlanga ha continuado una línea de cine crítico, a despecho de los tiempos y las circunstancias, sin dejarse encasillar bajo ninguna etiqueta. Su obra, rica y extensa, tanto bajo el peso de la censura como la rodada en democracia, es la prueba fehaciente de su independencia como creador.

En la Escuela Oficial de Cinematografía conoció a Juan Antonio Bardem. Su colaboración fue fundamental en la creación de Altamira y Uninci, las productoras que dieron vida a algunas de las películas más significativas de la posguerra, entre ellas *Viridiana* (1961) de Luis Buñuel. Aunque colaboradores en diversos proyectos, sus aproximaciones al cine difieren. Mientras que Bardem siguió una trayectoria más en línea con el neorrealismo italiano e ideológicamente a la izquierda, Berlanga mantuvo una carrera evidenciando su independencia ideológica y, desde el punto de vista artístico, dentro de la tradición española del sainete. Estos rasgos son evidentes en una de las películas más influyentes del período y cuyo impacto se continúa estudiando en nuestros días, *Bienvenido Mister Marshall* (1952).

La película es una parodia de la vida en un pueblo castellano, Villar del Río, donde nunca pasa nada y los personajes parecen estar extraídos del más añejo folclore nacional. El revulsivo viene dado cuando se anuncia que va a visitar el pueblo un tal Mr. Marshall, cuya sola presencia colmará a sus habitantes de oportunidades y riquezas. Las ilusiones y los deseos se desatan con la esperanza que el visitante transforme la faz de un pueblo que parece estar detenido en el tiempo y el espacio. De hecho, el reloj de la iglesia no funciona y para marcar las horas se coloca una persona tras las manillas, que las va girando. Con el ánimo de agradar al esperado visitante, el pueblo se embarca en una costosa labor de renovación que acabará siendo una transformación más que otra cosa. De arquitectura castellana, con casas y pórticos de piedra, Villar del Río se transforma, de la noche a la mañana, en un pueblo andaluz con muros blancos y ventanas con rejas y flores, mientras que los habitantes se disfrazan de andaluces con trajes camperos y faldas de lunares. La parodia alcanza su máximo esplendor

Luis Buñuel en el festival de Venecia

en las escenas en las que las autoridades del pueblo discuten las actividades que deberán organizarse, cada uno señalando los males y beneficios que la visita podrá reportar. Destacan el hidalgo don Luis, que se opone a todo cambio; el cura don Cosme, para quien los visitantes son portadores de herejías y costumbres relajadas; el alcalde sordo que es también el dueño del bar, y el agente teatral dispuesto a la aventura. Al final, el pueblo se endeudará preparando las fiestas de bienvenida, para ver pasar la caravana de Mr. Marshall que ni siquiera hace una parada de cortesía en la plaza mayor.

La fábula moral se puede extrapolar a la realidad política del país. España fue excluida del Plan Marshall por causas políticas, aunque el país vivió con emoción y grandes expectativas el posible acercamiento de Estados Unidos. Fueron unos años en que los españoles se pusieron incluso a jugar al béisbol, vestir pantalones vaqueros y masticar chicle, para agradar a los futuros visitantes. La parodia del filme es perfecta, encuadrada dentro de la cultura de la época que centró sus impulsos en la definición de un tipo de identidad nacional asociada con el folclore andaluz, carácter excluyente para la gran mayoría de las culturas del país, mientras se tragaba el señuelo del progreso.

Como dato curioso, hay que señalar que fue nominada para el premio a la mejor película en el festival de Cannes de 1951. No lo obtuvo, debido al voto negativo del actor Edward G. Robinson, quien acusó a la película de propaganda antiestadounidense. Eran los años del *macartismo*. Inexplicablemente, la película pasó sin ser enmendada por la censura española.

Anteriormente, Berlanga y Bardem habían codirigido *Esa pareja feliz* (1951), una comedia amarga que gira en torno a las dificultades de una pareja recién casada, que ha sido elegida para representar a una compañía de detergentes por un día, con todas las ventajas adicionales. Figuraba en el reparto uno de los actores que sería uno de los más conocidos del cine, la radio y la televisión española, además de ser también autor de guiones y novelas, y director de cine y teatro, Fernando Fernán Gómez. La carrera de Berlanga como autor de películas muy personales continuó a partir de ese momento con un cine de un humor pesimista, en donde no caben conclusiones ni finales coloreados. En la práctica, Berlanga viola una y otra vez las convenciones de la comedia, rechazando someterse al engaño de los finales felices.

En 1963, Berlanga volvió con otra excelente película, más comprometida, si se quiere, con la realidad social y política del país, aunque el tema y el tratamiento adoptan tonos universales que sobrepasan las barreras del tiempo, *El verdugo*. En ella, José Luis, empleado de una funeraria y con planes de emigrar a Alemania a buscar trabajo como miles de españoles de la época, se ve obligado a casarse y asumir todas las responsabilidades que el matrimonio conlleva: buscar una casa y encontrar trabajo. Su suegro, verdugo de profesión, está a punto de jubilarse y sugiere a su yerno que acepte la plaza, que es segura, y con la que tendrá derecho a una vivienda de protección oficial. Presionado por la familia, José Luis acepta, convencido de que nunca tendrá que ejercer su profesión. Al principio las cosas van bien, pero un día recibe la noticia de que se ha decretado una ejecución y que debe ejercer de verdugo. Aterrado, no sabe qué hacer. Nunca pensó que la vida le pondría frente a tal tesitura. Pero todo tiene su precio. Su esperanza es que se decrete un indulto. La escena final es de un extraordinario patetismo, cuando José Luis es prácticamente arrastrado por guardias de la prisión para que lleve a cabo la labor para la que ha sido contratado.

El guión tuvo problemas con la censura y las volvió a tener cuando fue proyectada en sesión cerrada. Hubo de cortarse una escena, en la que un oficial de prisiones muestra al nuevo verdugo como hacer su trabajo correctamente, sentándolo en la mesa del *garrote* (el artefacto con el que se ejecutaba en España), y atándole el collar fatídico alrededor del cuello. La reacción oficial fue de indignación cuando se supo que la película había sido seleccionada para proyectarse en el Festival de Venecia representando a España. Unas semanas antes, se había ejecutado en las prisiones españolas a dos militantes anarquistas. A pesar de las presiones españolas, el filme se mostró. Berlanga fue acusado de estar vendido a los comunistas, a pesar de que nunca había estado relacionado con la izquierda y de que, incluso, había sido voluntario en la División Azul. La versión final volvió a sufrir cortes adicionales antes de autorizarse su proyección en salas comerciales. *El verdugo*, ni tan vista ni tan popular como *Bienvenido Mister Marshall*, fue una de las películas más importantes de ese período de neorrealismo en versión hispana.

En 1985, ya dentro de la democracia, Berlanga realizó otro importante filme dentro de la temática de películas sobre la Guerra Civil, *La vaquilla*. Es un guiño de complicidad con la audiencia, donde se muestra el humor más fino y la ironía maestra de este extraordinario realizador. La recuperación de la memoria histórica del pasado y, sobre todo, las películas sobre la Guerra Civil han sido una continua necesidad de la democracia con el fin de digerir los traumas vividos. Tanto la literatura como el cine se volcaron en la producción de temas relacionados con la memoria histórica. Lo fácil es siempre elegir un bando, pero Berlanga, en *La vaquilla*, se decanta por el símbolo de una vaca escuálida e indefensa que está rumiando en un campo que divide el frente militar. De un lado el ejército nacional y del otro los republicanos, hacen uso de la picardía ibérica para hacerse con la vaca. La vaca pertenece a los nacionalistas que la conservan para torearla en una corrida, mientras que los republicanos la desean para comérsela y saciar su hambre. El simbolismo es muy obvio y el humor de las peripecias también. Al final, la vaca muere sin que ninguno de los dos ejércitos pueda beneficiarse de su carne. *La vaquilla* es una sutil reflexión sobre la inutilidad de la guerra y sus imprevisibles consecuencias, realizada con humor, dentro de la tradición de la comedia española de tan desiguales resultados.

Por su parte, Bardem (1922–2002), el otro gran representante del cine neorrealista español, cuenta en su haber con una larga filmografía, aunque ninguno de sus filmes alcanzó el impacto de sus primeros largometrajes, *Muerte de un ciclista* (1955) o *Calle Mayor* (1956). Muy en línea con el llamado cine de autor, *Muerte de un ciclista* es una obra personal en la que Bardem ejerció de guionista y director. La historia del cine español hay que estudiarla desde esta perspectiva. La carencia de grandes productoras ha determinado la realización de un cine con pocos medios económicos, en el que los productores apuestan por un realizador, acosados por la fragilidad del mercado y con resultados inseguros. Los límites presupuestarios se imponen sobre las posibilidades de una industria que debe reducir costos como primer objetivo. Las consecuencias, en muchos casos, son obras cinematográficas de bajo presupuesto y una ficha técnica reducida, donde se trabaja casi a nivel de artesano. Lo más cercano a la experiencia estadounidense serían las películas de Woody Allen, absoluto responsable de un producto que sale de sus manos desde la idea original, el guión y la realización, en escenarios neoyorquinos y sin la parafernalia típica de las grandes producciones californianas. En el caso del cine español realizado durante la dictadura franquista, a las muchas dificultades existentes habría que añadirse las trabas de la censura, que en *Muerte de un ciclista* fueron muchas. Se la calificó de "gravemente peligrosa". Se estrenó fuera de concurso en el Festival Internacional de Cannes y recibió el premio de la crítica.

Bardem y Berlanga protagonizaron una primera fase de cine de cierta calidad en la cinematografía española de posguerra. La segunda fase está representada por la obra de Carlos Saura, heredero cercano del primer gran director español, Luis Buñuel. Mucho se ha escrito sobre la obra de Buñuel y sus relaciones con el cine español. Es generalizada la opinión de que su influencia ha sido fundamental en el desarrollo del cine nacional al abrir las puertas, por vías vanguardistas, a vías hasta entonces inexploradas, pero dentro de una línea inequívocamente hispana. Para algunos, Buñuel es un realizador internacional más que español, cuya obra fue filmada fuera del país en casi su totalidad. Pero Buñuel nunca dejó de hurgar en temas hispanos y tanto sus tratamientos cinematográficos como sus personajes están inspirados en el complicado ruedo nacional. Desde *Las Hurdes* (1933), retrato de una de las zonas más atrasadas del país, hasta *Viridiana* (1961), en que recurre al esperpento, la temática española asoma de una forma u otra en sus filmes. Según John Hopewell, "Buñuel sabía muy bien la importancia que tenía en su obra la cultura española". Cuestión diferente es si Buñuel ejerció un tipo de magisterio sobre los directores jóvenes que se educaron al margen de su quehacer, pues la gran mayoría de sus obras las rodó en el extranjero. Carlos Saura ha sido considerado su más directo heredero y uno de los grandes realizadores españoles de todos los tiempos.

Carlos Saura y el nuevo cine en España

A partir de la década de los 60, la administración comenzó a mostrar interés por favorecer un cine que, sin desviacionismos notables, sirviera para presentar el nuevo rostro de un país que quería abrirse. Había que liberarse de antiguas estéticas y, a tal efecto, se aceptaron, con ciertos reparos, innovadores tratamientos. Por estas fechas y aprovechándose de este ligero cambio de actitud, asomó en el panorama un tanto soñoliento de la industria nacional, Carlos Saura (1932–). *La caza* (1965) fue la película que, en una difícil tesitura, logró elevarse sobre la mediocridad de las comedias al uso, con una extraordinaria calidad fílmica y temas tratados por vez primera en las pantallas españolas.

Carlos Saura y Geraldine Chaplin

La caza fue el primer filme de Saura producido por Elías Querejeta. En un país marcado por una incipiente industria cinematográfica que depende en gran parte de las subvenciones del Estado, la iniciativa de un productor visionario y dispuesto a correr riesgos es un factor determinante. La obra de Saura está asociada desde sus inicios a Elías Querejeta, productor de sus mejores proyectos, así como de otras muchas iniciativas de gran valor, principalmente las dos obras de arte de Víctor Erice, *El espíritu de la colmena* (1973) y *El sur* (1983). Es muy posible que el cine de Saura, tan vanguardista en su día, sin Querejeta hubiera tenido grandes problemas para conseguir financiación.

La caza se ubica en un ambiente de calor asfixiante en la Castilla tórrida, cuando cuatro amigos se disponen a ir de cacería. Son personajes de su época, marcados por la Guerra Civil y, como tal, acostumbrados a resolver los conflictos a través de la violencia si es necesario. Sus reacciones, un tanto primarias, carecen del apoyo moral, la racionalidad y la inteligencia para enfrentarse a situaciones de estrés. Hay en ellos una cierta fuerza animal. A través de una trama simple, pero psicológicamente bien trazada, Saura analiza la agresividad como componente humano. Toda la acción tiene lugar durante la caza del conejo, pieza capturable de una total indefensión, en un ambiente de sequedad y calor casi desértico que muestra en su fisonomía las huellas de la pasada guerra. De los cuatro personajes de la partida, el joven juega el papel de espectador. Por su edad, no ha vivido los conflictos de la guerra pasada como los otros y se mantiene en una cierta expectativa. Pertenece a otra generación y será el personaje que sobreviva a la accidentada jornada de caza. El otro personaje marginal de la acción, el guarda de la finca, representa a la clase obrera, cuya misión, casi inútil, es cuidar de una tierra infértil dedicada en exclusividad al deporte de la caza. Es tierra de baldíos y latifundios. Las insinuaciones y segundas referencias son múltiples, agigantadas por una violencia soterrada que gira en torno al recuerdo de un pasado cercano. Aquí no hay neorrealismo, sino el conflicto psicológico y humano de una sociedad violenta.

La filmografía de Saura, treinta y ocho filmes hasta 2005, es muy extensa y variada. Antes de la democracia, fue capaz de filmar obras de un extraordinario valor en línea con un cine muy del gusto europeo, reflexivo, cuidadoso, introspectivo, irónico e involucrado en temas que afectan al individuo en una sociedad en rápida transformación. Es un cine que bebe de las influencias europeas marcadas por Ingmar Bergman, François Truffaut, Alain Resnais, Federico Fellini y Bernardo Bertolucci, entre otros. Se lo ha acusado de hermético e intelectualizado, y posiblemente lo fue, al establecer claras diferencias en gusto y técnica con el cine de acción de Hollywood. Destacan, *El jardín de las delicias* (1970), *Ana y los lobos* (1973) y *La prima Angélica* (1979). Esta última es una excelente parábola sobre las ilusiones perdidas en un pasado desmoronado por las circunstancias ajenas a la acción de los protagonistas.

Con la democracia, la temática de Saura se diversificó notablemente con incursiones en temas no tratados previamente. Son notables las cinco películas que realizó sobre baile, tres de ellas en colaboración con el muy notorio bailador y coreógrafo Antonio Gades. La primera, *Bodas de sangre* (1981), es una auténtica joya fílmica de un ballet flamenco. La exquisitez y brillantez de los números musicales, que en ocasiones se centran exclusivamente en el taconeo de los bailadores, supera en belleza a todo lo hecho anteriormente. Le siguieron *Carmen* (1983), basada en la opera de George Bizet; *El amor brujo* (1986), versión cinematográfica de la ópera de Manuel de Falla; y *Flamenco* (1995), filmación del espectáculo flamenco que Saura y Gades pasearon por los teatros del mundo. *Flamenco* es una joya de expresionismo coreográfico en la que resaltan los aspectos didácticos para una comprensión total del fenómeno flamenco. En la misma línea, pero en otro continente, filmó *Tango, no me dejes nunca* (1998), que argumentalmente sigue el hilo discursivo de *Carmen*, pero situado en Buenos Aires y en base al tango porteño. La última de la serie es *Iberia* (2005), maravilloso filme basado en la música de Isaac Albéniz.

RECUPERACIÓN HISTÓRICA

Ya en democracia, Saura rodó también otros importantes filmes entre los que cabe destacar: *Cría cuervos* (1977), *Mamá cumple cien años* (1979), y *¡Ay, Carmela!* (1990). Esta última, una excelente comedia amarga basada en la pieza teatral de José Sánchez Sinisterra del mismo nombre, trata nuevamente el tema de la Guerra Civil. La necesidad de reflexionar acerca de un pasado sobre el que la censura forzó un tipo de silencio, se transformó en una fecunda vena temática. Todo pueblo necesita recuperar y gestionar su pasado, especialmente cuando éste ha sido secuestrado. Tanto la literatura como el cine se aprestaron al rescate de esta memoria con incursiones de gran valor que plantearon temas de reflexión sobre un tiempo borroso, cuyas consecuencias las pagaron varias generaciones de españoles. Pionera en este género fue *El espíritu de la colmena* de Víctor Erice. La siguieron otras muchas: *Furtivos* (1975) de José Luis Boreal; *Las largas vacaciones del 36* (1976) de Jaime Camino; *Canciones para después de una guerra* (1977) de Basilio Patino; *La vaquilla* (1985) de Luis Berlanga; *Las bicicletas son para el verano* (1984) de Jaime Chávarri; *La lengua de la mariposa* (1999) de José Luis Cuerda; y *Soldados de Salamina* (2003) de David Trueba, basada en una excelente novela de Javier Cercas.

Dentro de la temática de reconstrucción histórica, destaca un apartado de películas dedicadas específicamente a la figura de Franco. En 1976, Basilio Patino produjo *Caudillo*, un documental que recurre a entrevistas con personas que conocieron al dictador. Con *Dragón Rapide* (1986), Jaime Camino entró de lleno en la ficción histórica con una meritoria reconstrucción biográfica de los días que anticiparon el levantamiento nacionalista. El marco investigativo establece la hermenéutica del suspense y de nuevo las ambigüedades del género son aparentes en la tensión entre la estructura narrativa y otros componentes, y buscan dotar al filme de objetividad histórica. Con *Espérame en el cielo* (1987), Antonio Mercero realizó una aproximación muy original a la figura del Caudillo, a través de una parodia caricaturesca del dictador extraída de la mitología popular. La ficción fílmica se centra en la supuesta sustitución de Franco por un doble de extraordinario parecido y las peripecias cómicas del doble, que asume las funciones de jefe del Estado. La película, a través del humor, desmitifica al personaje histórico, al tiempo que desvela, tangencialmente, muchas de las prácticas políticas de la dictadura.

No puede hablarse de cine actual sin hacer una referencia a Víctor Erice (1940–). Su obra se reduce a tres filmes. Sin embargo, la extraordinaria calidad de su producción lo han situado en un lugar destacado en la historia reciente del cine español. Dentro del desigual panorama cinematográfico de la dictadura franquista, *El espíritu de la colmena* fue como una oleada de aire fresco. Representa la primera incursión seria en los efectos de la Guerra Civil (aislamiento, incomunicación, memoria), realizada con una sutileza sugestiva y una técnica cinematográfica visualmente prodigiosa. La historia familiar, encerrada por cuestiones políticas en la casa de un pequeño pueblo (la colmena familiar), se desata a través de Ana, una de las hijas del matrimonio. La visión de la película *Frankenstein* y la búsqueda del mito del monstruo se mezclan con el hallazgo de un desertor de la guerra escondido en una casa abandonada a donde las niñas se aventuran. La sutil trama se va desenredando con planos donde la luz y la oscuridad se combinan como metáforas de la memoria elusiva. El tema de la memoria es tratado de nuevo en su segundo largometraje, *El sur* (1983), filme basado en la novela de Adelaida García Morales que lleva el mismo nombre. El viaje en esta ocasión se realiza a través de la recuperación de la memoria desde el sur mítico del padre de Estrella y el espacio norteño donde la familia vive. Es un largo y penoso itinerario de descenso al mundo de los sueños de la infancia, donde la memoria del padre muerto ha dejado confusas imágenes. De nuevo, Erice realizó un filme fascinante en el que las imágenes cuidadas producen un sereno mosaico en que la mirada se deleita. El tercer y último largometraje, *El sol de membrillo*, se estrenó en 1992. Su corta producción cinematográfica está al nivel de las obras maestras.

Dos jóvenes maestros: Almodóvar y Amenábar

La libertad, con que los nuevos realizadores se apostaron a dar rienda suelta a su creatividad sin límites ni fronteras, es responsable de la aceptable calidad en general con que el cine español se presenta en los grandes festivales internacionales y de los galardones que, con más frecuencia de lo esperado, obtienen. Con *Volver a empezar*, José Luis Garci consiguió el primer Oscar a la mejor película extranjera para el cine español, inaugurando una nueva fase. Le siguieron *Belle époque* (1993) de Fernando Trueba; *Todo sobre mi madre* (1999) de Pedro Almodóvar; y *Mar adentro* (2005) de Alejandro Amenábar, sin contar las muchas nominaciones y premios al guión de *Hable con ella* (2002), también de Almodóvar. Otras muchas películas conseguían importantes premios en festivales europeos. Como contrapartida, la libertad de expresión ha producido también un cine preocupado en exceso por liberar sus demonios y fantasmas, con una tendencia repetitiva a la violencia y a la sexualidad gratuita. La propensión ha sido tan marcada que uno se preguntaba si era condición *sine qua non* incluir un desnudo o escenas de cama para obtener la acreditación de nuevo cine.

Dos nombres destacan con luz propia en esta nueva era, Pedro Almodóvar (1949–) y Alejandro Amenábar (1972–). Almodóvar se ha convertido en uno de los realizadores más atrayentes del cine mundial. Ha sabido seducir a múltiples audiencias y al mismo Hollywood con un cine exuberantemente irreverente y provocativo. Desde el inicio de su carrera, Almodóvar se acreditó como el más influyente cineasta español, compartiendo el podio con Buñuel y Saura. Sus películas son un calidoscopio de temas y un zoológico de personajes tipo con toques hedonísticos, y un tratamiento vulgar y desenfadado de la sexualidad. La irreverencia e indefinición posmoderna de todos los temas, desde lo necrofílico hasta lo religioso, han hecho de Almodóvar el *enfant terrible* de la filmografía española.

Dentro de la tradición de autoría fílmica, Almodóvar se presenta como un autor original, escritor de sus guiones, productor y responsable musical de unas películas absolutamente personalizadas. Nacido en 1949, vivió una infancia de privaciones en el seno de una familia humilde. Atraído por el mundo del cine, encontró serias dificultades para estudiar por falta de medios económicos. Sin embargo, se las arregló para comenzar a rodar cortos, con una cámara de 8 milímetros, que consiguieron cierta atención. Su primer éxito comercial lo logró con *Pepi, Lucy, Boom y otras chicas del montón* (1980), que filmó en 16 milímetros por

Pedro Almodóvar

falta de medios. La película representa un ataque a la clase media, señalando la corrupción e inmoralidad de las relaciones estandarizadas de pareja. Tuvo un gran impacto en España, en un momento de grandes transformaciones sociales. Pedro Almodóvar es un producto de la "movida madrileña" de la que formaron parte toda una pléyade de músicos, pintores, fotógrafos y directores. La "movida" se caracterizó básicamente por una actitud desenfadada y hedonista frente a la vida, y la constante transgresión de normas, gustos y preferencias culturales. Al igual que Joaquín Sabina en la música, Almodóvar asumió el papel de cronista gráfico de una corriente que rompe con un pasado doloroso y está dispuesta a vivir el presente "a tope".

Entre sus primeras películas destacan *¿Qué he hecho yo para merecer esto?* (1983) y *Mujeres al borde de un ataque de nervios* (1988). La primera trata de una mujer de clase baja, analfabeta y marginada, que tiene la lucidez de reconocer sus deficiencias y asumirlas. Es una luchadora frente a la adversidad, un personaje fuerte que destaca en una situación casi grotesca. La realidad en Almodóvar se presenta con la crudeza de un presente irreversible, sin pretensiones de denuncia, simplemente mostrándola como un mosaico donde todos los personajes, hasta los más extraños, tienen cabida. *Mujeres al borde de un ataque de nervios* fue nominada para el Oscar a la mejor película extranjera y consiguió tal popularidad en Estados Unidos que Jane Fonda se interesó en hacer una adaptación. No se llevó a cabo por diversas razones, pero el impacto generó notable expectación y Almodóvar recibió varias ofertas para dirigir en Hollywood. Nunca aceptó, y justificó su decisión alegando que no se sentiría cómodo trabajando en un medio de producción industrial.

En *Mujeres al borde de un ataque de nervios*, la comicidad de las situaciones y la complejidad indefinible de los personajes arrastran al espectador a un mundo en el que todo puede ser normal. La transición fue una época de cambios tan bruscos y tan deseados que empujaron a la sociedad a numerosas situaciones inesperadas e incluso absurdas. En verdad, no se trata de absurdo, sino de una realidad posmoderna en donde la realidad y la ficción se mezclan.

Se ha operado una tremenda transformación en la obra de Almodóvar desde los comienzos *underground* hasta la madurez y serenidad discursiva de sus últimos filmes, especialmente *Todo sobre mi madre* y *Hable con ella*. Desde que en 1988 obtuviese el premio Europa al mejor director, su obra se ha hecho más reflexiva y cuidada, no sólo en el tratamiento de los temas, sino también en la calidad de la fotografía y la realización.

Todo sobre mi madre es de una complejidad textual tan extraordinaria que puede pasar por un catálogo de la condición femenina llevado a sus máximas consecuencias. Almodóvar no evita tratar los temas más espinosos con una pasmosa crudeza. La madre, cuyo trabajo en un hospital consiste en la localización de órganos de personas fallecidas para trasplantarlas a enfermos necesitados, se ve en la dramática disyuntiva de conceder el permiso para el trasplante de los órganos de su hijo, inesperadamente fallecido en un accidente de tráfico. Mientras, el embarazo de una monja, el travestismo, la prostitución y la drogadicción se unen en un mosaico de situaciones complejas que Almodóvar asume con toques de intrascendente normalidad. Aquí reside la marca registrada de Almodóvar: retratar con toques cotidianos lo extraordinario e intratable.

En *Hable con ella* (2002), los personajes no son tan unidimensionales como en otros filmes. Se produce una interesante y original permuta de roles con personajes masculinos de una mayor complejidad, que invierten papeles y se convierten en los amorosos cuidadores de mujeres incapacitadas. Si se había criticado a Almodóvar la caricaturización de muchos de sus personajes, en *Hable con ella* cada uno asume unas características novedosas y únicas. La trama es una ambigua y compleja historia de amor presentada como un canto a la devoción. Está exquisitamente trabajada con la paciencia del artesano en cada cuadro y ambientación. El entorno exhibe aspectos yuxtapuestos de lo tradicional y lo moderno de la España actual.

La mala educación (2005) presenta una historia semiautobiográfica de frustrada inocencia y corrupción eclesiástica. La entusiasta recepción que recibió en Estados Unidos contrasta con la indeferencia con que la crítica la trató en España. Uno se pregunta por qué. La resurrección de ciertos tópicos parecen no interesar a los españoles que, en su progresivo proceso de secularización, consideran que los temas de la Iglesia pertenecen a un mundo que ha dejado de ser suyo. Con *Volver* (2006), su último filme hasta la fecha, la crítica se ha vuelto a deshacer en elogios.

La crítica académica e internacional ha mantenido y mantiene una especie de romance con Almodóvar, cuya obra se estudia profusamente en departamentos de cine, comunicación y literatura. Su reinado ha sido tan sólo amenazado por la llegada de otro extraordinario e intuitivo realizador, Alejandro Amenábar.

Este joven director ha levantado grandes expectativas desde que, a los veinticuatro años, rodó *Tesis* (1996), una obra prima que sorprendió por su calidad fílmica, en la que Amenábar, además de dirigir, escribió el guión y los arreglos musicales. Es una película que, desde la primera escena, nos sumerge en un ambiente de suspense. Desde entonces, el ascenso ha sido constante. Su segundo largometraje, *Abre los ojos* (1997), tuvo incluso más éxito que el primero. Es una película intensa y obsesiva, que se mueve en unos límites difusos entre realidad y sueño. Tom Cruise se interesó por realizar una versión que se materializó en *Vanilla Sky* (2001), en la cual la actriz española Penélope Cruz repitió el papel principal. El mismo Tom Cruise produjo el primer filme de Amenábar en lengua inglesa, *The Others* (2001). Aunque el guión y la dirección pertenecen a Amenábar, el producto final es más al gusto estadounidense, con Nicole Kidman en el papel principal y con una intriga bien construida en una mansión que nos recuerda los mejores momentos de Hitchcock.

Su último filme, *Mar adentro*, obtuvo el premio a la mejor película extranjera en los Oscar de 2005. El tema no puede ser más controvertido y actual. Trata de Román Sanpedro, un personaje real, parapléjico, que tras veintiocho años paralizado por un accidente decide que quiere acabar con su vida. Para ello recurre a los tribunales de Justicia españoles. En teoría es un filme sobre la eutanasia, pero en realidad es mucho más. La película trata de una variedad de amores y afectos, familiares, románticos y filiales, con una exquisitez e intensidad que cautivan a la audiencia. Lo más notable es que, aunque el tema parezca pesimista y doloroso, en realidad no lo es, y la película acaba siendo extraordinariamente emotiva y honesta. La forma en que la familia de Sanpedro lo cuida es conmovedora. La dedicación de Manuela, la cuñada, es particularmente heroica en una sociedad cada vez más egocéntrica y desinteresada. Sin embargo, lo más notable del filme está en el tono siempre sostenido, con escenas de una belleza sublime, con un argumento que parecería no dar mucho de sí. Es una de esas películas en las que no se puede parpadear por temor a perder algo importante.

Con *Mar adentro*, Amenábar ha mostrado su capacidad para trabajar en diversos géneros, aspecto que lo distancia de Almodóvar, quien se mueve dentro de una línea similar de trabajo. Amenábar está más interesado por contar una historia, y en ese sentido es un auténtico narrador. Para Almodóvar los personajes son la clave. Su cine se ha ido depurando y mejorando en calidad, al tiempo que mantiene ese lado mordiente de una cinematografía provocadora y en contacto directo con la posmodernidad.

Javier Bardem y Alejandro Amenábar, con el Oscar de Hollywood por la película *Mar adentro*

UN CINE NUEVO PARA UNA NUEVA SOCIEDAD

Uno de los aspectos a señalar del nuevo cine español es el papel prominente que la mujer ha ido adquiriendo, tanto a nivel de realizadores como de caracterización. Los papeles femeninos han dejado de ser el soporte de los masculinos, para adquirir unas características psicológicas complejas y determinantes, con entidad propia. Ésta ha sido, sin duda, la marca registrada de la filmografía de Almodóvar, dominada por personajes femeninos peculiares: *Mujeres al borde de un ataque de nervios, ¿Qué he hecho yo para merecer esto?, Tacones lejanos, ¡Átame!* y *Todo sobre mi madre.* Otros muchos autores han seguido sus pasos con dramas. Destacamos: *Entre rejas* (1996) de Azucena Rodríguez; *Sombras en una batalla* (1993) de Mario Camus; *Tu nombre envenena mis sueños* (1996) de Pilar Miró; y *Solas* (1999) de Benito Zambrano, al que se considera uno de los mejores filmes de las últimas décadas. La lista es amplia y continúa creciendo en una tendencia acorde con los tiempos. La trama de estas películas gira en torno a la problemática de una "nueva mujer" en el terreno laboral y en lo amoroso, matrimonial y sexual. El amplio abanico de personajes del último cine español ha servido para deconstruir la tradicional y unidimensional noción de la feminidad. La generación protagonista en estos filmes ha sido capaz de articular los roles contrastados y conflictivos de muchas mujeres cuya vida adulta transcurrió entre la dictadura y la democracia. Son presentadas como seres complejos, multidimensionales, objetos pensantes en una constante negociación social, profesional, emocional y sexual con sus parejas y el medio. Una muestra atípica de esta mujer es el transexual representado por Carmen Maura, una de las actrices favoritas de Almodóvar, en *La ley del deseo* (1986). En *Cómo ser mujer y no morir en el intento*

(1991) de Ana Belén, la situación es analizada con toques de comedia. Por su parte, en *Nadie hablará de nosotras cuando hayamos muerto* (1995) de Agustín Díaz Yanes, el espectador es enfrentado a la tarea de aceptar a un personaje socialmente inaceptable, a través del humor, el suspense y otras estrategias fílmicas.

Otra faceta de la presencia femenina en el cine es la que corresponde a las realizadoras, cada vez más común, principalmente a partir de los 90. Destaca Pilar Miró (1940–1997), con una filmografía extensa y muy premiada, tanto en cine como en televisión, donde empezó su carrera en 1960. Antes de producir su primera película, dirigió dos obras de teatro, *La niña de luto* y *El juego de la Oca*. Su debut cinematográfico llegó con *La petición* (1976), basada en una novela de Émile Zola. Más tarde rodó una de las películas de más éxito de taquilla, *El crimen de Cuenca*, que no se estrenó hasta 1980, pues estuvo detenida a causa de las muchas trabas de la censura militar. En 1980 rodó *Gary Cooper que estás en los cielos*, una película realista centrada en la figura de una mujer que hace el balance de su vida antes de someterse a una intervención quirúrgica. La crítica la ha considerado una película casi autobiográfica, con aproximación de tono feminista. En 1991 dirigió *Beltenebros*, una de sus películas más reconocidas por la crítica, basada en la novela homónima de Antonio Muñoz Molina.

Su labor en el campo de la cultura se extendió como directora general de cinematografía, responsable de la aprobación de la llamada Ley Miró, por la cual se facilitaron subvenciones oficiales con el fin de promover la cinematografía nacional, y directora general de la Radio Televisión Española (RTVE). Durante los veinte años que trabajó en televisión dirigió cerca de doscientas realizaciones, tanto en proyectos dramáticos como informativos y musicales. También estuvo a cargo de montajes teatrales y diversas óperas. Un año antes de su muerte, ocurrida en 1997, rodó *Tu nombre envenena mis sueños*, una película de suspense con la Guerra Civil proporcionando el fondo histórico.

Iciar Bollaín (1967–) es otra de las nuevas realizadoras con un currículo consolidado, teniendo en cuenta su temprana edad. Se inició como actriz, y poco a poco se fue estableciendo con obras muy personales, en las que incluso ha sido responsable del guión. *Hola, ¿estás sola?* (1995) destaca por la articulación de un poderoso personaje femenino central. Es autora de *Flores de otro mundo* (1999) y del reciente éxito *Te doy mis ojos* (2003), que versa sobre el delicado tema del abuso doméstico. Fue ganadora de varios premios Goya, la versión española de los Oscar. Otras directoras de interés son Rosa Vergés, autora de *Boom Boom* (1990) e *Iris* (1994), Gracia Querejeta y Ana Belén, esta última una de las actrices más conocidas en la filmografía de los últimos treinta años, cantante muy popular y directora de la comedia *Como ser mujer y no morir en el intento* (1991).

LLEGA LA TELEVISIÓN

La televisión llegó tarde a España y lo hizo con muchas deficiencias. De hecho, estos problemas siguieron siendo la tónica del medio hasta prácticamente nuestros días. La televisión española es, en general, mala y decepcionante. Primero por el monopolio que durante décadas se asignó el Estado y más tarde porque las cadenas privadas compiten entre sí para arrogarse un segmento del mercado y lo hacen mediante la transmisión de los llamados "programas basura". No es que la televisión anteriormente fuera de más calidad, nunca lo fue, pero la pública trataba, al menos, de compaginar los programas populares (concursos, fútbol) con otros de carácter educativo. No obstante, para reconstruir esta historia debemos presentar el panorama completo.

La historia de la televisión está ligada a la de la radio. Sus orígenes se remontan a los años de la República, cuando las ideas de progreso excitaban la imaginación de manera desproporcionada, especialmente en un país con un nivel industrial y tecnológico ínfimo por esas fechas. Curiosamente, como corresponde a la efervescencia cultural de la República, antes de haber nacido el nuevo juguete de la televisión, éste ya había enfebrecido a muchos padrinos. Varios artículos publicados en periódicos y revistas radiofónicas daban la bienvenida a la aún no nacida televisión, y divagaban sobre las responsabilidades que el nuevo medio debía asumir. Incluso aparecieron varios libros sobre sus características técnicas y una revista titulada, *Radio Televisión*. En su primer número, el comentario editorial profetizaba: "La televisión vendrá a sumarse al número de inventos que hacen la vida más complicada si se quiere, pero más interesante también". Estamos hablando de 1933, es decir, 15 años antes de la primera transmisión televisiva. La prehistoria de la televisión parece casi un cuento de hadas.

El primer ensayo de transmisión televisiva en territorio español se llevó a cabo por técnicos alemanes durante la Guerra Civil, en noviembre de 1938. Esta muestra de tecnología futurista fue presentada a Franco en un sistema conocido como videoteléfono. No se sabe mucho sobre el ensayo, aunque existen fotografías del acontecimiento. Hubieron de pasar diez años más hasta que, en 1948, se produjeran las primeras experiencias de lo que hoy se entiende por televisión. Solamente en Estados Unidos e Inglaterra existían emisiones regulares con anterioridad.

Madrid y Barcelona fueron testigos de los primeros avances llevados a cabo por la empresa holandesa Phillips y por la estadounidense RCA, que competían por conseguir los contratos de lo que sería la televisión estatal. Desde su origen, Europa apostó por la televisión pública mientras que Estados Unidos lo hizo por la privada. La demostración, de bajo nivel técnico, realizada en Barcelona en junio de 1948, consistió en un programa de variedad con actuaciones musicales y números de humor. La primicia televisiva realizada de Madrid en agosto del mismo año fue un total fiasco. Consistió en la transmisión de una corrida de toros en la que se vio poco y se oyó menos, debido a múltiples problemas técnicos. El público, que había esperado en cola y pagado un boleto para presenciar el espectáculo futurista, protestó, mientras que un comentarista explicaba: "Dentro de unos años esto de la televisión será una gran cosa. Hoy es un juguetito".

Las emisiones regulares de TVE (Televisión Española), la primera estación creada, no se iniciaron hasta 1956. Durante los años iniciales la programación era muy reducida, entre las siete de la tarde y las doce y media de la noche. Consistía en un noticiero, información meteorológica y una película de largometraje. Los sábados, la programación iba dirigida a niños en la sesión de tarde y la noche a los papás. La carencia de aparatos televisivos reunía a los vecinos de una barriada en casa del más afortunado, donde se procedía al gran espectáculo de la televisión. Para un niño, tener un amiguito con televisión era una suerte. Por años, el casino del pueblo, el club social o el bar de la plaza servían como centros de reunión para mirar ciertos espectáculos de relevancia, normalmente partidos de fútbol, corridas de toros o algún acto oficial. Se quiso promover la idea de teleclubes. El monopolio televisivo del Estado utilizó hasta sus máximas consecuencias el poder en sus manos mediante una programación que redundaba en la idea de un país feliz, donde los labradores trabajaban alegremente, los maestros enseñaban y los obreros laboraban, todo en una armonía perfecta. La televisión vino a completar un ciclo en la cultura de evasión, de la que el cine y la radio formaban parte. Las noticias de la televisión ignoraban los males y problemas de un país en donde no había robos, ni huelgas, ni represalias, ni pobreza.

A pesar de la pobre calidad y del hecho de que sólo existieran dos canales, TVE 1, TVE 2, el número de aparatos por hogar aumentó desde el uno por ciento de la población en 1960, al 90 por ciento en 1970.

Televisión y democracia

La democracia no trajo una rápida liberalización de la televisión como era de esperarse. La inexistencia de canales privados dejó el medio en manos del Estado, primero de los gobiernos de transición y luego de la UCD, cuyo secretario general y presidente del gobierno, Adolfo Suárez, había estado vinculado durante muchos años a RTVE como supervisor de la primera cadena y más tarde director general. Todos los gobiernos a partir de él fueron conscientes del poder de la televisión y de la necesidad de mantener el control oficial de la información. Los Pactos de la Moncloa de 1977 negociaron un compromiso con el fin de crear un organismo rector, responsable de garantizar la objetividad de la TVE, supervisar sus finanzas y elaborar un reglamento para su funcionamiento. A pesar de este compromiso, este organismo rector estuvo, desde un principio, desequilibrado a favor del partido en el gobierno. Cuando los socialistas llegaron al poder en 1982, nombraron un nuevo director afín con sus criterios. Ejercieron su dominio sobre el medio y, en casos denunciados por la prensa, cancelaron programas o informativos por considerarlos críticos a su gestión. La ineficacia, mala gestión administrativa, despilfarro y control absolutamente partidista de la información ha acompañado la marcha de la televisión oficial a despecho de qué partido ha ejercido el poder.

El nombramiento de Pilar Miró como directora en 1982 tuvo, no obstante, algunos efectos positivos. Directora de cine con un buen palmarés y formada en la democracia, Miró quiso imponer durante sus años de gestión (1982–1985) programas culturales ambiciosos. La ayuda a la industria cinematográfica fue fundamental, aunque no pudo evitar el borrón de los escándalos, en su caso motivados por injustificadas compras de vestuario a cargo de los presupuestos oficiales. Fue exonerada varios años después. En la década de los 80, los cambios más importantes en el medio resultaron de la creación de entes autonómicos de televisión en las regiones: ETB, del País Vasco, que además comenzó a transmitir sin permisos oficiales, y las televisiones catalana, valenciana, y gallega, que retransmiten en sus lenguas vernáculas parte de la programación. Otras autonomías desarrollaron también sus propios canales oficiales. La variante consistió en que empezaron a financiarse con anuncios comerciales. Hasta entonces, la televisión había sido costeada casi exclusivamente con fondos del Estado. Las nuevas televisiones recogen el espíritu contenido en la Constitución y el Estatuto de Autonomía cuando definen la necesidad de promover las lenguas locales y la cultura en todos sus aspectos, para aproximarse al ideal de un auténtico pluralismo. Sin embargo, la carencia de programas originales forzó a situaciones casi cómicas, como retransmitir paralelamente series televisivas producidas en Estados Unidos en cuatro lenguas vernáculas.

En 1988 llegó la esperada privatización que tantas expectativas había levantado. Era inevitable en el panorama de una España integrada en Europa. Se produjo con anterioridad un intento de televisión "pirata" que transmitía desde Londres. Finalmente en 1990 se aprobó la nueva ley, no sin resistencia de los socialistas, y los primeros anuncios en la televisión estatal hicieron su aparición. Más tarde, Canal + introdujo el primer canal de pago. La comercialización de la televisión se impuso lentamente. En comparación con las transmisiones de las cadenas estadounidenses, el número de anuncios no era muy alto y, por otra parte, estaban concentrados en ciertos momentos. Era posible ver un partido de fútbol completo sin ser interrumpido por cortes comerciales. También la proyección de una película era relativamente respetada y las pausas eran pocas y esporádicas.

Con la nueva ley se autorizó la inversión de capital extranjero en medios nacionales, aunque se puso un tope del 25 por ciento. En la práctica, ese tope no se ha respetado, y los grandes magnates internacionales han entrado a saco en el mercado español. El Canal + francés, la corporación estadounidense de Rupert Murdoch y la del italiano Silvio Berlusconi tienen intereses poderosos en Antena 3 y en Tele 5. La privatización ha producido los cambios más radicales, al incentivar la oferta de dos canales a más de cuarenta. Según los últimos sondeos de audiencia realizados en España (enero de 2006), Antena 3 es la cadena más vista, con una audiencia del 21,9 por ciento. La sigue Tele 5 con el 20,7 por ciento y TVE pasa a una tercera posición con el 19,2 por ciento.

La televisión, como en otras partes del mundo industrial, ha empezado a ejercer su dictadura. Es el medio más visto y en el que los españoles consumen más horas. Desgraciadamente, la privatización acarrea unas luchas feroces por conseguir un más amplio segmento de televidentes. Y para conseguir esos fines, todos los medios son buenos. La televisión actual redunda en los llamados "programas basura", consistentes en cotilleos sobre supuestas figuras públicas, sus vidas e infidelidades, que afectan la calidad media de la programación. Por otra parte, el control del porcentaje de anuncios por hora se disparó y, en el momento actual, la televisión abusa de ellos, como si las grandes empresas publicitarias pensasen que éste es el único medio para difundir productos.

Como en las demás televisiones europeas, la pantalla es muy permisiva en cuestiones de sexualidad. No existe prácticamente censura de desnudos y expresiones malsonantes. En los programas de la noche, el público puede ver escenas de cama e incluso situaciones que rayan en lo pornográfico. Los televidentes han evolucionado acostumbrados a ello, sin que nadie se escandalice por tales demostraciones.

Mala o buena, la televisión se ha convertido en "la reina de la casa", expresión acuñada por la sociología, y ha llegado a ocupar el lugar del padre. Los estudios recientes señalan que los españoles ven demasiada televisión, con sus lógicas repercusiones sociales. Una reciente estadística saca a la luz un problema desconocido hasta hoy en España, la obesidad. El número de obesos ha aumentado, y lo más alarmante es que afecta también a los niños. Quizás sea injusto culpar a la televisión de los problemas de obesidad de la población, pero sí es pertinente señalar ciertas conexiones entre las horas que los españoles pasan frente al televisor, los juegos digitales y el ordenador, y la falta de actividad física. Se calcula que los españoles pasan 180 minutos al día mirando televisión.

El futuro del medio está por verse. Las innovaciones parecen llegar día a día.

Bibliografía

Ballesteros, Isolina, ed. *Cine (ins)urgente. Textos fílmicos y contextos culturales de la España post-franquista.* Madrid: Fundamentos, 2001.

Díaz, Lorenzo. *La televisión en España 1949–1995.* Madrid: Alianza, 1994.

Gubern, Román. *Melodrama en el cine español (1930–1969).* Barcelona, 1991.

Jordan, Barry, y Rikki Morgan-Tamosunas. *Contemporary Spanish Cinema.* Manchester: Manchester University Press, 1998.

Kinder, Marsha. *Blood Cinema. The Reconstruction of National Identity in Spain.* Berkeley: University of California Press, 1993.

Larson, Susan, and Eva Woods. *Visualizing Spanish Modernity.* Oxford: Berg, 2005.

TEATRO Y RADIO

TEMAS

- Teatro y sociedad

- La renovación del teatro

- Ramón del Valle-Inclán

- El teatro de García Lorca

- El teatro y la cultura

- Teatro *underground*

- La obra de Buero Vallejo

- La crisis del teatro contemporáneo

- El poder de la radio

- La guerra en las ondas

TODO ES TEATRO

A
l finalizar el siglo XIX, como a lo largo de la centuria que lo precedió, el teatro gozaba de una popularidad absoluta que se extendería hasta la llegada de la cinematografía. Las gentes de las ciudades iban al teatro. En sus foros se reunía lo más florido de la burguesía local en un acto ritual de verse y ser vistos. El público esperaba con anticipación los nuevos estrenos de sus autores favoritos y protestaba con vehemencia cuando algún espectáculo no respondía a sus expectativas. Los autores dramáticos que conseguían estrenar gozaban de gran popularidad y sus obras les podían proporcionar pingües beneficios. El teatro era también el barómetro de una sociedad, y con él se medían sus preocupaciones y deseos.

La crisis del 98 no afectó de forma negativa la popularidad del pasatiempo favorito; muy al contrario, el público siguió asistiendo con la esperanza de que algo mágico ocurriese que, desde la escena, lo transportase a un tiempo y lugar donde estuviera a salvo. La relativa recuperación de las libertades públicas experimentadas desde la Restauración Borbónica favoreció también la renovación escénica. Las energías regeneradoras llegaron también a las tablas de los escenarios, o al menos lo intentaron. Fueron unos años de efervescencia en los que los dramaturgos y los escritores en general se impregnaron de un cierto compromiso político. La sociedad de principios de siglo, aunque atrasada y analfabeta, sin embargo, iba a los teatros. Las revistas y los diarios dedicaban amplios espacios a la actividad teatral. Resulta curioso que en una sociedad con un nivel de analfabetismo cercano al 60 por ciento se publicaran revistas de teatro. La más conocida fue *El Arte del Teatro*, que salía ilustrada con fotografías y con vasta información sobre el mundo de la escena y sus protagonistas.

Existían también numerosas compañías de teatro que rotaban sus obras en programación anual, principalmente en las grandes ciudades, Madrid y Barcelona. Al llegar la primavera, iniciaban giras por las capitales de provincias, donde un público ávido los esperaba como agua de mayo. Las críticas de los estrenos y los éxitos correspondientes habían llegado y sólo faltaba el arribo de los elencos. Se programaba de todo, desde sainetes y zarzuelas hasta comedias y dramas. Todo espectáculo tenía su público y lo siguió teniendo hasta los primeros síntomas de crisis en los años 20 e incluso más tarde, cuando llegó el cinematógrafo.

Lo curioso con la cultura de masas es que no existe una necesaria correspondencia entre la calidad del producto y la efervescencia y popularidad con que se recibe. El teatro en España fue el espectáculo más popular, y el público asistía con fidelidad a pesar de la poca calidad de las obras. Como ha ilustrado el estudioso del teatro David T. Gies, para el siglo XIX, muchas de las obras de más éxito que estuvieron años en cartelera no se conocen hoy día y no consiguieron entrar en el canon del teatro decimonónico. Es decir, en el siglo XIX y en parte del XX, la calidad de las obras no correspondía a la popularidad del momento. Quizás siempre fue así. Pensemos en dos dramaturgos del período, Jacinto Benavente y Ramón María del Valle-Inclán. El primero gozó de las mieles del éxito con constantes estrenos y una aceptación masiva que incluso le proporcionó el premio Nobel de literatura in 1922. Hoy día se considera un dramaturgo renovador, de pluma ágil y conocedor de las estructuras teatrales, pero cuya obra no alcanzó el vuelo más elevado. Por su parte, a Valle-Inclán se lo considera el gran innovador del teatro a principios del siglo XX, aunque tal vez fue incomprendido por el gran público. César Oliva lo ha expresado en estos términos: "Aquellos autores que son aceptados por el público terminan conociéndolo tan bien que escriben aquello que de ellos se espera; otros, que no logran el reconocimiento de las taquillas, producen finalmente un teatro que no coincide con el modelo que ese espectador, esa sociedad, ha impuesto para su época".

El público estaba condicionado por la costumbre y esperaba unos resultados acordes con esa tradición. Premiaba el sainete, la zarzuela, el teatro costumbrista y la comedia burguesa. Al cruzar el siglo XX, se mantuvieron esas modalidades y las expectativas correspondientes, aunque comenzaron a observarse ciertos atrevimientos innovadores que rompían con los hábitos neorrománticos. Se observa una mayor amplitud de géneros con la introducción del drama realista, que llegó en pequeñas dosis a través de los llamados teatros íntimos.

El teatro como empresa

El teatro ha supuesto siempre un riesgo para todos aquellos asociados con la profesión. A pesar de la popularidad del género como espectáculo, a principios del siglo XX los empresarios debían correr con las consecuencias de un fracaso teatral que pudiera afectar la permanencia en cartel o el futuro de las compañías. En una época donde la publicidad no había alcanzado las dimensiones de hoy día, todo dependía de la venta de boletos. Así que una obra podía desaparecer del cartel si en los tres primeros días no obtenía el resultado de público esperado. Las ayudas estatales eran inexistentes y todo dependía de los resultados pecuniarios.

El negocio teatral estaba organizado en base a compañías establecidas cuyo núcleo eran los empresarios, con dos categorías: el "empresario de paredes" o propietario del local y el "empresario de compañía", que la encabezaba y podía ser el primer actor. A veces ambas funciones se juntaban cuando el autor o intérprete decidía alquilar un local para llevar adelante un proyecto. Las compañías mejor establecidas tenían sus actores fijos y una programación extensa. Presentaban espectáculos en las principales ciudades para la temporada alta y el resto del año viajaban por provincias. Así, por ejemplo, la famosa compañía de la gran actriz María Guerrero y Fernando Díaz de Mendoza, en 1910, contaba con un repertorio fijo con obras de los autores Manuel Linares Rivas, Gregorio Martínez Sierra, Valle-Inclán y los hermanos Álvarez Quintero, que totalizaba unas noventa, aunque muchas eran de un solo acto.

La precariedad con la que sobrevivían muchas de estas compañías explica la gran cantidad de obras de evasión, zarzuelas o comedias frívolas que se representaban. Un actor conocido o un autor con éxitos previos era, sin duda, una garantía para futuras aventuras. Las compañías montaban obras en tiempo récord para recortar costos, mientras que los dramaturgos escribían obras por encargo de las compañías o los empresarios para inaugurar la temporada o aprovechándose de un éxito anterior. Los empresarios les pedían títulos y la calidad decrecía como consecuencia de la celeridad con que debían concluirse. Es el caso de Carlos Arniches, de los hermanos Álvarez Quintero y, más adelante, de Alfonso Paso. Leyendo las críticas teatrales de los periódicos de la época, resalta la cantidad de fallos en las representaciones debido al desinterés por los temas, errores en la memorización de los papeles, repetición de decorados y otros problemas asociados con montajes precipitados.

Por estas fechas de comienzos del siglo XX surge la figura del director de escena. Hoy día nos parecería imposible un montaje sin un director, pero con anterioridad, bien el regidor, el primer actor o el autor, hacían esta labor que consistía, principalmente, en declamar correctamente el texto. Hay que tener en cuenta la evolución de las técnicas teatrales. La pose, la declamación, las buenas maneras y la galantería eran ingredientes fundamentales que el público estaba acostumbrado a ver en los escenarios. La dramatización a través de sumergirse en el personaje y dotarlo de vida, o los elementos de credibilidad como los entendemos hoy, son innovaciones que fueron llegando a través de las enseñanzas de teóricos del siglo XX. Las nuevas concepciones de la dirección fueron impulsadas por las vanguardias que entendieron el papel del artista en cuanto a conceptualizador del montaje teatral, que reinterpreta el texto y le da nueva vida. Se empieza a entender que un texto es una base de trabajo sobre la que otros elementos del montaje (luz, decorados, escenografía) se acomodan para obtener un producto final. No fue un proceso rápido, pues la tradición seguía pesando en espectáculos dominados por la figura del primer actor. El dramaturgo Jacinto Benavente publicó en 1919 un ensayo titulado *Plan de estudio para la escuela de arte escénico*, en el que se incluyen instrucciones para la dirección. En 1925 se celebró en Madrid una exposición de la Sociedad de Artistas Ibéricos, de la que resultaron escenografías muy atrevidas, considerando el gran conservadurismo del público asiduo al teatro. El surrealismo hacía su aparición, enfebreciendo a un grupo de artistas que, con dificultad, trataba de convencer al auditorio.

LA RENOVACIÓN DESDE EL 98: VALLE-INCLÁN

En el clima en ebullición de comienzos de siglo, debatiéndose entre la tradición decimonónica y el impulso de las vanguardias, hay que situar la obra de una serie de autores, narradores, poetas y dramaturgos que hicieron su incursión en el teatro. Entendían su poder y popularidad, pero no sus leyes, o bien no estaban dotados para llevar a cabo la transformación requerida. Entre todos, destaca la obra de Ramón del Valle-Inclán (1866–1936), un dramaturgo muy dotado que no consiguió reconocimiento en vida, pues su obra se adelantó a su tiempo y a la sociedad que la recibía. Valle-Inclán perteneció por edad a la generación del 98, y también por preocupaciones. Entre todos los de su generación fue quien se dedicó desde más joven y con más afán al arte dramático.

Su trayectoria está dividida en dos períodos: el modernista y el esperpéntico. Por "esperpento" se entiende una evolución grotesca de algunos de los elementos contenidos en el modernismo. Cultivó ambas estéticas, que por otra parte están muy relacionadas. Valle-Inclán se formó en el contexto de una época marcada por el decadentismo y esteticismo modernista que el autor asimiló con resultados muy notables aunque desiguales. El esperpento está relacionado con una actitud agria hacia la realidad que se deforma en una estética grotesca, muy en línea con la pintura negra de Goya. Sin duda, hace acto de presencia el deseo de provocar al lector o espectador a través de elementos destructivos o subversivos. La

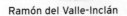

Ramón del Valle-Inclán

ruptura con el establecimiento teatral radicalizó sus posiciones y de alguna forma lo liberó de tendencias que podrían haberlo llevado por caminos anodinos.

Tras un período modernista, marcado por la publicación de *Epitalamio* (1897), *Sonatas* (1905) y *Divinas palabras* (1920), Valle-Inclán estrenó *Luces de Bohemia* (1920), el primero de los dramas que él mismo bautizó como "esperpento". En el segundo, *Los cuernos de don Friolera* (1921), realiza un amargo ataque contra la moral militar y la decadencia española. Sus cuatro esperpentos fueron concebidos para marionetas, con el objeto de llamar la atención sobre elementos cómicos de situaciones trágicas. El esperpento se sitúa bordeando el teatro de guiñol, pero con una distancia estética que le concede espacio para la elaboración de un lenguaje inesperado, brillante y al tiempo provocador. Son textos dramáticos de difícil montaje, que parecen estar escritos para ser leídos más que interpretados, al menos para la carpintería de su tiempo, acostumbrado a un escenario fijo con medios técnicos convencionales. Con los textos de Valle-Inclán se rompen todas las normativas de tiempo y espacio, con escenas que requieren grandes dosis imaginativas. Las acotaciones al texto no se detienen por las posibles dificultades de la puesta en escena. Son casi guiones de cine que, introducidos en el drama, sitúan al lector en un momento, escena por escena. El problema es cómo llevarlas al escenario. Estudiados hoy, apreciamos las dimensiones escénicas que abrió Valle-Inclán, con una concepción pictórica del entorno y una relación constante con los distintos medios de expresión teatral. Es importante recordar que este dramaturgo fue además crítico de arte e incorporó a sus obras muchos elementos visuales.

En el prólogo y el epílogo de algunas de sus obras, Valle-Inclán, a falta de un aparato teórico que lo sustente, definió el esperpento y su estética.

> "La tragedia, nuestra no es una tragedia, es el Esperpento. El esperpentismo lo ha inventado Goya. Los héroes clásicos han ido a pasearse en el callejón del Gato. Los héroes clásicos reflejados en los espejos cóncavos dan el Esperpento. El sentido trágico de la vida española sólo puede darse con una estética sistemáticamente deformada. España es una deformación grotesca de la civilización europea". (*Luces de Bohemia*)

Su conocimiento del lenguaje castizo y regional, su riqueza de vocabulario y la densidad de los dramas dan fe de un autor que conocía el género como nadie. Las obras que han trascendido son las que tienen una teatralidad más discutible, al aproximarse a la prosa. Sin embargo, no hay duda de que algunas de sus piezas de un acto son auténticas joyas de la dramaturgia en las que fue capaz de crear situaciones dramáticas imprevistas en un espacio y tiempo impensables. La intensidad trágica de *Ligazón*, *La Rosa de papel* o *La cabeza del Bautista* dan cuenta de las coordenadas de su dramaturgia, en donde las acotaciones cinematográficas, la presentación del diálogo de forma descollante, casi en relieve, forman el conjunto esperpéntico que es su marca registrada. Valle-Inclán no vio su obra como desligada de la realidad, muy al contrario, creyó que sólo una estética sistemáticamente deformadora podría expresar el sentimiento trágico de la vida española.

> "Mi estética es una superación del dolor y de la risa, como deben ser las conversaciones de los muertos al contarse historias de vivos. Si nuestro teatro tuviera el temblor de las fiestas de toros, sería magnífico. Si hubiera sabido transportar esa violencia estética, sería un teatro heroico como la Ilíada. A falta de eso, tiene la antipatía de los códigos, desde la Constitución a la Gramática". (*Los cuernos de don Friolera*)

Valle-Inclán no fue comprendido en vida y murió pobre, quizás el más ignorado de su generación. Personaje de apariencia estrafalaria, con unas largas y proféticas barbas, parecía un personaje de uno de sus esperpentos. Tuvo grandes problemas en estrenar y cuando lo consiguió, demostró que se había adelantado a su tiempo. Ni siquiera actrices muy populares como Margarita Xirgu, que representó *Divinas palabras*, fue capaz de convencer a un público reticente.

EL TEATRO POÉTICO Y GARCÍA LORCA

La generación del 27 se encontró con un ambiente más propicio para la renovación dramática. Fue una generación de poetas en su mayoría, que asumieron la vanguardia con el deseo de transferir su credo a los escenarios. El proceso de educación cultural fue lento y sólo con dificultad convencieron a un público mayoritario que seguía entusiasmado por un teatro de entretenimiento y fácil. La excepción fue Federico García Lorca (1898–1936), autor apegado al teatro poético, gran innovador, que tuvo la suerte de estrenar sus dramas y hacerse con un público en razón de la labor de síntesis que fue capaz de realizar.

Puede decirse que, con anterioridad al siglo XIX, el teatro fue siempre en verso. Los grandes dramaturgos del Siglo de Oro, Lope de Vega, Calderón de la Barca y Tirso de Molina, fueron excelsos poetas que escribían para un público acostumbrado a gozar de las delicias y dificultades de la declamación. Con la renovación teatral de las vanguardias, a comienzos del siglo XX, los géneros se fueron separando. Valle-Inclán cultivó la poesía, como lo hicieron los dos hermanos Machado (Antonio y Manuel), autores dramáticos a su vez. García Lorca representa un caso único debido a su extraordinario talento que lo colocó en la cumbre de las letras, no sólo en el siglo XX, sino de toda la historia de la literatura española. Mientras que Valle-Inclán desarrolló un tipo de grotesca modalidad de tragedia, García Lorca experimentó con la violencia grotesca en piezas vanguardistas, como *El retablillo de don Cristóbal* (1931) o *Amor de don Perlimplín y Belisa en el jardín* (1933). Ambos autores se movieron en similares coordenadas, conscientes de la grotesca visión de la sociedad entre dictaduras, rancia tradición y radicales cambios que se aproximaban al progreso mientras les fascinaba lo surreal.

García Lorca fue un hombre de teatro y se planteó su renovación a muchos niveles. Entendió la carpintería teatral, pero también los difíciles vericuetos que se congregan en una puesta en escena. Uno de sus proyectos fue la creación de La Barraca, compañía itinerante cuyo objetivo consistía en llevar el teatro a los lugares más remotos de la península. Este proyecto hay que entenderlo dentro de las Misiones Pedagógicas de la Segunda República. Lorca viajó

Federico García Lorca

con su furgoneta repleta de actores, disfraces y utilería. Fue inspirador, director y actor, una especie de comediante en la tradición italiana que, en la posterior modernidad, inspiraría a otros grupos.

Razones absurdas acabaron con su vida de forma trágica, cortando una carrera fascinante como poeta y dramaturgo. Su muerte trascendió a muchos niveles, convirtiendo su figura en mito de la libertad y víctima de la abominable dictadura. Su obra estuvo prohibida durante años aunque no era ni tendenciosa ni política. Cierto que los protagonistas son los que hoy llamaríamos las minorías (gitanos), los desheredados (homosexuales) y las víctimas (mujeres sometidas). Tanto en su poesía (*Romancero gitano*) como en sus dramas (*La casa de Bernarda Alba*) afloran temas relacionadas con estas problemáticas. Aparte de ello, sus obsesiones fueron el paso del tiempo, la infertilidad y la muerte. Nunca señaló con el dedo, excepto algunas alusiones a la Guardia Civil. Lirismo, amor e identificación con lo autóctono fueron sus constantes.

El contacto con el grupo selecto de la Residencia de Estudiantes lo puso en el camino de la vanguardia, y así fue que produjo obras de corte surrealista en una primera época, algunas escritas para el guiñol: *La zapatera prodigiosa* (1926) y *Así que pasen cinco años* (1931). Son obras de ingenio, donde el uso de la farsa se mezcla con elementos de amor y violencia, ternura y crueldad. Lorca pronto se dio cuenta de que la experimentación por la experimentación era un callejón sin salida y buscó fórmulas acomodaticias. En su trayectoria dramática se puede observar el paso de la heterodoxia a la ortodoxia, aunque siempre homologado por un uso poético del lenguaje que presta el armazón ideal a los textos. En sus tres grandes obras teatrales emplea prosa y poesía indistintamente: *La casa de Bernarda Alba* (1936), escrita en prosa, *Yerma* (1934), en verso, y *Bodas de sangre* (1933), la primera parte en prosa y la segunda en verso. García Lorca fue un poeta del teatro, no necesariamente porque escribía poesía en el teatro, sino porque el suyo era un teatro de alma poética, como lo fueron el de Shakespeare y el de Lope de Vega. El mismo Lorca lo definió: "Tengo un concepto del teatro en cierta forma personal y resistente. El teatro es la poesía que se levanta del libro y se hace humana".

Su grandes obras pueden ser divididas en: tragedias (*Bodas de sangre* y *Yerma*), dramas de costumbres (*Doña Rosita la soltera*) y dramas (*La casa de Bernarda Alba*). Estas cuatro obras corresponden a una segunda fase de su dramaturgia, una vez superados los ensayos primerizos de la primera con los que realizó un proceso de aprendizaje. En 1933, mientras se encontraba en Buenos Aires, declaró que se consideraba "en los comienzos de mi vida como autor dramático". En la segunda fase se advierte una preocupación profunda por el drama rural, presente en mucha de su poesía, y que había supuesto una fórmula de éxito para Jacinto Benavente y Eduardo Marquina. Sin embargo, la novedad de Lorca es su distanciamiento del simple drama naturalista mediante la creación de ambientes, personajes y lenguaje, de fuerte contenido simbólico. Lorca fue un estudioso con una sensibilidad especial para captar, mezclar y hacer suyos estilos, influencias y movimientos, para incorporarlos según las necesidades de cada proyecto. Tanto Benavente como Valle-Inclán están presentes en su obra, pero también lo están el drama rural y la poesía del cancionero con toda su sencillez y emoción contenida.

Se ha señalado una y otra vez la extraordinaria riqueza de su obra tanto teatral como poética, pero quizás lo más sobresaliente de sus dramas y tragedias sea el conflicto, que según Lorca, "es lo esencial en el teatro". La serie de conflictos dramáticos son múltiples y van desde enfrentamiento entre el principio de autoridad y el principio de libertad; entre la ley social y la ley natural; entre el consciente y el inconsciente, y entre la realidad y la ilusión. Por esta razón, sus dramas no pueden ser tratados desde una perspectiva naturalista. Van mucho más allá, invadiendo las esferas del símbolo, el mito y el rito. *Bernarda Alba*, como símbolo del poder absoluto y destructivo, sería lo más clásico de una obra que continúa interesando y representándose, precisamente por haber superado las barreras del drama rural original.

Quién sabe a qué esferas se hubiera elevado su literatura de no haber sido cortada su vida por la incordura humana. Quizás hubiera hecho realidad ese sueño de todo escritor dramático, la confluencia de dos estéticas: la popular y la intelectual.

El teatro durante la Guerra Civil

A pesar de la novedad del cine (las primeras salas datan de la década de 1910) y de la pasión con que los españoles se entregaron a él, el teatro siguió siendo en la década de 1930 el principal entretenimiento del país. Las primeras bombas y la incertidumbre de los frentes militares no restaron actividad a los teatros, en donde actores, directores y empresarios continuaban su labor como si nada estuviese pasando, o como si lo que pasaba era tan serio que el teatro tenía que venir al rescate.

En el lado republicano se gestó una dramaturgia revolucionaria y didáctica al servicio de una causa, que mostrase las lacras e iluminase el camino. Se desechó el melodrama y la comedia intrascendente y se apostó por un teatro de contenidos. Se crearon compañías itinerantes, llamadas también "teatros de urgencia", que recorrían la geografía con montajes que alentasen e ilustrasen. La intencionalidad fue también un componente de ciertos experimentos en el lado nacional, aunque se conocen mucho menos. Posiblemente porque las dos principales ciudades centro de la actividad teatral fueron Madrid y Barcelona, y ambas, durante los tres años que duró la contienda, estuvieron en manos republicanas. Por otra parte, la planificación cultural de la República había apostado por un teatro renovador, donde tenían cabida las innovaciones más peregrinas. Tanto la CNT como la UGT, centrales sindicales anarquista y socialista, dirigieron durante un tiempo la gestión de la cultura en Barcelona y Madrid, respectivamente. El teatro del bando nacional, más conservador, regresó a la comedia burguesa y los valores patrióticos y espirituales de los clásicos, dominados por el código del honor.

Rafael Alberti (1902–1999), importante poeta y autor de *Noche de guerra en el Museo del Prado*, estuvo a cargo, junto con su esposa, Rosa León, del Teatro de Arte y Propaganda. *Noche de guerra en el Museo del Prado*, aunque estrenada fuera del país una vez concluida la guerra, ilustra un tipo de drama ideológico cargado de símbolos. Versa sobre la mudanza que se hizo de las obras más importantes del Museo del Prado de Madrid, que fueron trasladadas a Valencia por miedo a que los bombardeos continuados sobre la capital pudiesen dañar tan preciado tesoro. La acción se inicia cuando las figuras de los cuadros de Tiziano, Fray Angélico, Velázquez y Goya, entre otros, salen de las telas y se unen a las fuerzas milicianas para salvar el museo y la ciudad. El mensaje, sin paliativos, revitaliza el poder de la cultura que reacciona y se organiza para defenderse contra la sinrazón de la fuerza bruta.

Los nacionalistas, por su parte, tuvieron su máxima figura y exponente en José María Pemán, quien escribió consistentemente e intentó animar una producción privada por el éxodo de una gran mayoría de autores, directores y músicos. Su obra más representativa fue *El divino impaciente* (1933). A su lado, el poeta Dionisio Ridruejo asumió la labor de director de Prensa y Propaganda con el fin de promover un teatro de exaltación nacional. Entre sus muchos proyectos se cuenta la recuperación de los autos sacramentales, obras de carácter religioso de origen medieval. Los nacionalistas entendieron que la veta temática más fértil se hallaba en la vuelta al gran teatro del Siglo de Oro y su fervor religioso. Para la derecha falangista, la experimentación vanguardista tenía poco que enseñar. La declaración escrita por Torrente Ballester, que en esos años militó en la Falange, dejaba claros los principios inspiradores: "Procuraremos hacer del teatro de mañana la Liturgia del Imperio [...] Y no es nada nuevo este carácter litúrgico. Piénsese en Calderón, en sus Autos y en el Corpus Christi; piénsese en la Edad Media y en sus Misterios y Moralidades. Piénsese en la Misa".

Una gran mayoría de dramaturgos, así como intelectuales en general, dejó el país durante o después de la guerra: Jacinto Grau, Carlos Arniches y Alejandro Casona, entre otros. En el exilio siguieron una labor callada e inevitablemente influenciada por el drama fratricida. Otros no superaron el conflicto y murieron por causas naturales o fueron sus víctimas. Entre los primeros destacan Valle-Inclán, Miguel de Unamuno y Serafín Álvarez Quintero. Muertos por la violencia cayeron García Lorca y Pedro Muñoz Seca. Miguel Hernández, quien también escribió dramas rurales, murió en la cárcel.

El teatro durante la dictadura

La Guerra Civil y la posguerra acabaron con toda posibilidad de renovación teatral. Se cortó de raíz cualquier innovación vanguardista sospechosa de liberalismo infructuoso y la censura se encargó de vigilar la creatividad. Se cerraron escuelas teatrales con la consecuente ruptura generacional. Los maestros habían desaparecido en el exilio y la educación teatral quedó en manos de una meritocracia política. El aislamiento que sobrevino al final de la Guerra Mundial impidió que las compañías extranjeras trajesen las innovaciones que se producían en Europa. Hasta 1952, el teatro se ciñó prácticamente a la puesta en escena de clásicos y algunos montajes de un teatro universitario en donde se formaron varias de las figuras más representativas del siguiente período. Los intentos de acercarse a un público más amplio, rural y popular, desaparecieron, y el teatro volvió a ser lo que había sido, un entretenimiento para la burguesía, que era la que podía pagar el paulatino incremento del costo de las entradas.

La tarea de construir un teatro de acuerdo con la ideología del nacionalcatolicismo no fue una tarea fácil. La actividad teatral precisa de un público, de unos autores que conecten con ese público, de actores y de técnicos que sirvan a su maquinaria, de temas y de tramas, de locales y medios para las puestas en escena. Había que inventarse una estética, un estilo y nuevas formas de juego. Cierto que el drama y la comedia clásica proporcionaban un caudal casi inagotable de obras, pero ¿sería suficiente para alimentar las expectativas del público? Los intentos programáticos de jóvenes falangistas no llegaron a ninguna parte y se hubo de recurrir a la comedia intrascendente, bien arraigada en España, renovada y adaptada a la ligereza temática que la censura permitía. Jacinto Benavente, que permaneció al margen del conflicto y continuó estrenando sus obras repetidamente, lo entendía así: "Bastantes angustias sufre ya el mundo para entenebrecerle con tragedias de invención, a las que da ciento y raya la realidad. Por eso prefiero divertir y distraer al público con comedias ligeras y comedietas que, como me reprochan mi detractores, son deliberadamente frívolas y triviales".

A este tipo de espectáculo se lo denominó comedia de evasión o de lo imposible. Se pueden definir como obras de apreciable calidad que versan principalmente sobre el amor, presentado como orden moral y familiar, y situadas en el amable plano de la intrascendencia. Están estructuradas en tres actos, con un decorado único y con abundante muestra de acotaciones que refleja la voluntad rectora de los autores. Mantienen, a decir de César Oliva, "una perfecta relación entre emisión y recepción, pues, qué hay mejor para un espectador burgués que contemplar espacios burgueses, con problemas burgueses. Lo que explica la insistencia de situarlas en bonitas estancias de salón-estar, tener lujosos vestuarios y sumisos criados".

De entre el grupo de autores que estrenó asiduamente en esa época destaca, por su talento innovador, Enrique Jardiel Poncela (1901–1952). Fue un hombre con un gran sentido intuitivo para la escena, cuya imaginación portentosa no iba en concordancia con la carpintería teatral de sus comedias. Escribir comedias de evasión le permitió seguir produciendo a través de los cambios de régimen, pues por edad, y sólo por edad, pertenecía a la generación del 27. Algunos críticos lo han comparado con García Lorca por su capacidad creativa, y se cuenta que Lorca le comentó en una ocasión que "una vez que pase todo, sólo quedaremos tú y yo". La historia los ha singularizado como dos grandes talentos que representan dos formas de entender el teatro, pero con un innato deseo de renovación que no excluye la necesidad de ganarse al público.

El atractivo de Jardiel Poncela residió en su imaginación desbordante y en la yuxtaposición de elementos de humor y poesía, aunque decía renegar de la comicidad del teatro costumbrista. Sus éxitos comerciales fueron muchos, entre los que cabe destacar *Angélica, o el amor del brigadier* (1934); *Los ladrones somos gente honrada* (1941), llevada al cine; *Tú y yo somos tres* (1945); y *Agua, aceite y gasolina* (1946). Tras esta última, pareció perder la conexión especial que lo unía a su público, que no supo seguir el ritmo de su ingenio innovador. Con Jardiel Poncela se hace evidente el constante conflicto entre innovación teatral y audiencia.

Eloísa está debajo de un almendro (1940) es su obra más innovadora. Está planteada en un cine de barrio, durante la proyección de una película. Los cabos del misterio hacen su aparición con la llegada de la policía, la locura del tío, los cambios de planos y un largo etcétera que la confiere una modernidad extraordinaria para su tiempo. El conflicto se va desvelando a través de falsos criados, asesinos y personajes dislocados, todo ello envuelto con un peculiar sentido del humor.

A partir de 1953, con los acuerdos firmados con Estados Unidos y el consiguiente ingreso en las Naciones Unidas, la censura se flexibilizó en cierta medida. No es que desapareciese, pero entre sus rígidas normas fue posible la aparición de una producción teatral de valor, un teatro de lo posible, como lo definió su máximo exponente, Antonio Buero Vallejo.

La generación realista y Buero Vallejo

En 1946 se estrenó la obra de Antonio Buero Vallejo (1916–2000) *Historia de una escalera*. Con ella se abría una puerta por la que pasaría una serie de autores cuyas obras rompían temáticamente con la anodina repetición de comedias de evasión que habían sido la tónica desde el final de la guerra. Habían pasado cerca de diez años del inicio de la contienda. Se ha conocido a este grupo de autores, la generación realista, porque siguieron cultivando el sainete, el drama costumbrista y un realismo embebido por la situación social circundante. La diferencia residió en que estos dramas de la cotidianidad añadían un pliegue de segundas intenciones, dobles sentidos y elementos simbólicos desconocidos hasta entonces.

Como siempre ocurre cuando se hacen agrupaciones generacionales, ni son todos los que están, ni están todos los que son. Es decir, no todos hacían un teatro puramente realista, y cada autor requiere de una específica categorización. Así, por ejemplo, entre los más destacados, Alfonso Sastre cabría más dentro del teatro realista social, que definió como "la condición de testigo de la realidad del artista". Aunque consiguió estrenar *Escuadra hacia la muerte* (1952), con otras obras tuvo problemas con la censura. José Martín Recuerda se inclinaría hacia una modalidad realista poética, mientras que el simbolismo impregna muchas de las

El concierto de San Ovidio, de Antonio Buero Vallejo

obras de corte realista de Buero Vallejo. Los problemas de la censura no fueron únicos de Sastre, sino de todo el grupo que sufrió cortes y mutilaciones constantes en sus manuscritos, cuando no prohibiciones a la totalidad.

Aunque en *Historia de una escalera* el aspecto social es dominante, en las obras que la siguieron, el juego de los símbolos hace su aparición con una sutileza que será la marca registrada de su dramaturgia. En *La ardiente oscuridad*, Buero Vallejo recurre a la ceguera como metáfora de una sociedad que no ve y que de alguna forma sufre de falta de visión más que los personajes invidentes. Volvió a trabajar el tema en *El concierto de san Ovidio* (1962), en este caso situando el drama en la Francia prerrevolucionaria, en la que una orquesta de ciegos del Hospicio de los Quince en París, sirve para reflexionar sobre diversos temas, como el papel del artista, su independencia y la condición del ser humano, algo consustancial en sus dramas.

La preocupación por la minusvalidez le sirvió a Buero Vallejo de mecanismo dramático sobre el que construir dramas de una extraordinaria profundidad temática. Alcanza su mayor expresión en *El sueño de la razón* (1970). En esta ocasión, la metáfora de la que se sirve el autor es la sordera de Francisco de Goya (1746–1828), el gran pintor español que la padeció al final de su vida. Su dramática serie de "pinturas negras" responde a la sensación trágica de aislamiento que la sordera le producía. El "efecto de inmersión" que Buero Vallejo creó consiste en que el público viva el drama desde el punto de vista del protagonista, de tal forma que oiga lo que éste (Goya sordo) oye en su cabeza, y no lo que le es negado. El efecto ocurre sólo en las escenas donde el pintor está presente, porque en las otras, el espectador puede oírlo todo. Con la aparición del personaje en escena, retorna el público a la sordera. Esta serie de efectos sonoros se acompañan con proyecciones de las pinturas de Goya en la Quinta del Sordo, en donde el pintor las concibió y plasmó en las paredes. *El sueño de la razón* reflexiona sobre la relación del arte y el poder. Aunque situada en un pasado histórico, insinúa constantes referencias a similares circunstancias durante la dictadura.

Buero Vallejo se sirvió de los dramas históricos para crear un distanciamiento que le permitía llevar a cabo un "teatro de lo posible". De su extensa producción a la sombra de la censura, sólo una obra fue enteramente prohibida, *La doble historia del doctor Valmy* (1964). No se estrenó hasta 1976, ya en democracia. La trama se cierne en torno a la conciencia de un torturador, tema demasiado escabroso para conseguir el beneplácito de los censores, aunque éstos en ocasiones tuvieran deslizamientos inusitados. Las revelaciones de un torturador, en el sentido de que el ejercicio de su profesión le causa impotencia, reverberarán en un tipo de tortura para él mismo, de la que su mujer es parte. En este texto, Buero Vallejo vuelve a utilizar el mecanismo de inmersión con el que sitúa al espectador en la posición de un personaje determinado. Inmersión es también el propósito en otro tema de ceguera, *Llegada de los dioses* (1971), al oscurecerse la escena, originando la esperada reacción del espectador. La recuperación temporal de la visión hace que retorne la iluminación, en un vaivén que el público recibió con dudosa comprensión.

La historia como metáfora es utilizada en varios dramas históricos, entre ellos *Un soñador para un pueblo* (1958), en el que se realiza un cierto revisionismo histórico del marqués de Esquilache, personaje acusado de extranjerizante por someter al pueblo a los caprichos de la moda francesa. Buero Vallejo lo presenta como un buen gobernante, abominado por la intolerancia y presión de los poderosos. Un ciego abre y cierra las escenas anunciando los días y situando el drama en un espacio. Con *Las Meninas* (1960), basada en la pintura de Diego Velázquez, la historia adquiere una intencionalidad didáctica.

En época más tardía, transcurre *El tragaluz* (1967), que hurga en el drama de un anciano que ha pasado gran parte de su vida encerrado en un sótano para huir de la represión franquista que siguió a la guerra. Es una historia basada en la realidad y de la que surgieron numerosos casos, ya en democracia, cuando se supo de un número de españoles que habían pasado cuarenta años escondidos en sótanos o en dobles paredes en casas y buhardillas. El contacto del viejo con el exterior es a través del tragaluz de su sótano y de unas tarjetas postales guardadas que lo trasladan a un país alejado de su autoimpuesta prisión. Sus hijos son hijos de la guerra, personajes traumatizados por la violencia, la maldad materna y la enajenación paterna. El drama acaba en sangre, único elemento capaz de lavar las culpas.

El extraordinario éxito de Buero Vallejo antes de 1975 no se repitió después, aunque su teatro se sigue representando y estudiando con asiduidad.

LA CONTINUIDAD DE LA COMEDIA DE EVASIÓN

La gran acogida del teatro de los realistas entre un público asiduo que esperaba con expectación el nuevo estreno de los nombres más representativos no fue impedimento para que una comedia de evasión, bien escrita y medianamente entretenida, siguiera atrayendo al público. De esa hornada destaca, por su extraordinaria capacidad productiva, Alfonso Paso (1926–1978), que es un caso único en la escena española, tan sólo comparable en versatilidad a Lope de Vega. Su teatro tuvo, desde el principio, una gran acogida entre la población que había vivido las dos guerras y sus consecuencias, y que estaba presta a olvidar. A cubrir ese hueco se dispuso Paso, con unas comedias de enredo, ligeras, divertidas y bien construidas por un dramaturgo que conocía como nadie los resortes de la comedia; obras en las que nunca pasa nada, que transcurren con burbujas y risas, y se olvidan antes de haber caído el telón. Algunos críticos lo consideraron un digno sucesor de Jardiel Poncela, de hecho, estuvo casado con una de sus hijas. Bien es cierto que algunos de sus mejores momentos lo emparientan con el sainete y la dramaturgia de escritores de inicios de siglo como Jardiel Poncela y Muñoz Seca. Alfonso Paso fue un caso inusitado de popularidad. Sus comedias se estrenaban una tras otra, y llegó a tener siete obras en cartel al mismo tiempo en distintos locales de Madrid.

Tocó muchos temas, pero la gran mayoría girando en torno a enredos y problemas de una alta sociedad con criadas seductoras y ricos desdichados. Baste mencionar algunos de sus títulos: *Cena de matrimonios* (1958); *La boda de la chica* (1960); *Cuarenta y ocho horas de felicidad* (1956); *Cuidado con las personas formales* (1960). Su mayor éxito lo consiguió con *Usted puede ser un asesino* (1957), de tema policíaco. El cine ocupó parte de su actividad como guionista: *Vamos por la parejita* (1969); *No somos ni Romeo ni Julieta* (1969); *Los extremeños se tocan* (1970); *Ligue Story* (1972); y *Celos, amor y mercado común* (1973), cuyos temas siguen en la misma línea de sus comedias con parodias sobre la vida española. Ya en el declive de su producción intentó algunos ensayos vanguardistas; *Nerón-Paso* (1969), un ensayo fallido en donde él mismo protagonizó a un personaje híbrido, Nerón-Paso, en un alarde de identificación dramaturgo-personaje. Se lo acusó de narcisismo y frivolidad. Se rumoreaba incluso que su extensa producción no podía ser toda suya y que escritores contratados le terminaban las comedias. Sin embargo, ocupó un lugar en la historia del teatro de esos años.

EL TEATRO DE LA TRANSICIÓN

Las esperanzas de una renovación del teatro eran muchas cuando la bestia negra de la censura desapareció por fin del espacio escénico. Cierto que durante los últimos años de la dictadura de Franco diversos autores de calidad vieron estrenadas sus obras en un ambiente de inseguridad que influyó en sus productos. Además de Buero Vallejo, pudieron estrenar los dramaturgos de la llamada generación realista: Alfonso Sastre, José Luis Rodríguez Méndez, Martín Recuerda, Lauro Olmo, Alberto Miralles, Antonio Gala y otros. Como siempre ocurre en la actividad artística, se dieron cita diversas tendencias teatrales de clima social y político, otras puramente experimentales, y las más tendentes a entretener y consolidar un público. Muy importante fue la aparición de grupos independientes vinculados al teatro universitario y anteriormente a los teatros íntimos, de cámara y ensayo, que habían asomado al panorama teatral en los 70. Llevaron a cabo importantes ensayos dramáticos que atisbaban un futuro prometedor.

La proliferación de estos grupos experimentales, algunos de extraordinaria valía, dio paso a un nuevo concepto, el teatro experimental. Fueron agrupaciones de gente enamorada de la actividad teatral que no tenía cabida en los estrechos márgenes del teatro oficial, y que se comprometía en la ardua tarea de trabajar con independencia creativa, económica y organizativa. Entre ellos hay que señalar la labor de los Goliardos y Els Joglars.

Los Goliardos animaron la escena madrileña desde 1964, fecha de su fundación. Entendían la necesidad de liberarse de muchas trabas, no sólo de la censura, sino del espacio escénico convencional e incluso de la dictadura del guión, para realizar espectáculos bien sobre montajes colectivos o sobre un texto original modificado a través de la puesta en escena. Es decir, entendían el texto como pretexto. Por otra parte, estaban dispuestos a abrirse a la vanguardia y asumir seriamente las grandes aportaciones de los teóricos europeos: Konstantin Stanislavski, Bertolt Brecht y Antonin Artaud, entre otros. De gran importancia fueron las enseñanzas de William Layton, a cuya sombra se educaron algunos de los futuros renovadores de la escena española: Ángel Facio, fundador de Los Goliardos, Miguel Narros y José Carlos Plaza. En sus filas iniciaron su carrera importantes figuras del cine, entre ellas Pedro Almodóvar y Carmen Maura, actriz de muchos de los largometrajes de este director.

Los Goliardos se estrenaron con una versión de *Ceremonia por un negro asesinado*, de Fernando Arrabal, uno de los escritores dramáticos que más cómodamente se movió dentro de las coordenadas de la vanguardia. Sus obras, que no pudieron ser estrenadas durante la dictadura, contienen elementos tanto del teatro del absurdo de Eugène Ionesco y Samuel Beckett, como del teatro de la crueldad de Antonin Artaud. Dio a sus piezas el calificativo de "teatro pánico", no en el sentido de miedo o terror, sino "pánico" proveniente del dios Pan, que es el dios del todo. Parte del revulsivo de sus obras proviene del deseo de provocar al público a través de lo feo, lo grotesco y repulsivo, muy en línea con Artaud. Sin embargo, muchos de sus personajes poseen una cualidad candorosa generada por la incapacidad de moverse en un mundo que no entienden y, por lo tanto, parece absurdo. En *El triciclo*, los personajes asesinan con el bondadoso fin de comprar un triciclo para pasear a los niños en el parque. Su propósito es legítimo y está inspirado en el comportamiento de una sociedad en constante lucha por la supervivencia del más fuerte. Las obras de Arrabal fueron leídas e incluso representadas en teatros *underground*, especialmente *Pic-Nic* (1953) y *El cementerio de automóviles* (1957), dos de sus mayores éxitos.

Els Joglars comenzaron su actividad por las mismas fechas (1962), y han sido capaces de sobrevivir al paso del tiempo y los cambios de la sociedad con una actividad constante no exenta de crítica política y social. Su inspirador y fundador es Albert Boadella, que junto con Carlota Soldevila y Anton Font han producido unos espectáculos teatrales extraordinariamente creativos, exentos de palabras pero mordaces al tiempo que divertidos, y los han paseado por los más prestigiosos teatros de Europa. Las raíces mímicas que caracterizaron sus inicios han ido evolucionando hacia un estilo más tradicional, manteniendo en todo momento el interés por reflejar la problemática de la sociedad en cada espectáculo. La incorporación de la palabra a sus trabajos ha seguido una línea paulatina, conservando la expresión corporal como base, pero con una gestualidad alejada de la armonía y la ondulación típicas de la escuela clásica, así como del vestuario del mimo tradicional. Esta nueva línea de trabajo se originó con *El diari* (1968), *El joc* (1970) y *Cruel Ubris* (1971).

Más que ningún otro grupo, Els Joglars ha trabajado desde sus inicios de forma colectiva, aunque la inspiración y coordinación hayan estado en manos de Boadella. Durante largas temporadas el grupo se reunía en una masía de la provincia de Gerona, donde vivía en comunidad al tiempo que trabajaba en los montajes. La crítica a los estamentos y a las estructuras sociales y gubernamentales ha sido un componente constante que le ha proporcionado más de un enfrentamiento con la Justicia. En los 70 y tras uno de sus espectáculos, la compañía en su totalidad acabó en la cárcel.

Por otra parte, la autonomía económica, alejada de subvenciones por parte de cualquier estamento oficial, incluso de la Generalitat, les ha permitido continuar en una línea inflexiblemente crítica. Fueron excluidos como "persona non grata" de aparecer en la televisión catalana a partir de la parodia que hicieron del presidente de la Generalitat, Jordi Pujol, al que presentaron como *Ubu President o els ultims dies de Pompeia* (1995), haciendo referencia al personaje de Alfred Jarry en *Ubu Rey*. Uno de sus últimos montajes fue *Daliii* (1999), basado en la vida del pintor catalán Salvador Dalí.

Els Joglars inspiró a otros muchos grupos que, ya en democracia, pudieron llevar a cabo una lista larga de experimentos inusitados y brillantes. Entendieron una forma de hacer el teatro al margen del panorama oficial o subvencionado y de los espectáculos controlados por empresarios. Tras ellos vinieron Els Comediants, La Fura dels Baus, La Cubana y La

Cuadra. Parte de la experimentación de estos grupos consiste en soslayar el texto dramático, poniendo mayor énfasis en la música, las artes plásticas y un tipo de acción casi circense. Los aspectos técnicos son fundamentales y tienen por fin crear espectáculos altamente expresivos y sensoriales. La Fura dels Baus fue responsable del fascinante espectáculo que abrió la Olimpiada de Barcelona en 1992. Con este tipo de puesta en escena, más que de representaciones dramáticas o cómicas, hay que hablar de espectáculos multidimensionales donde todo es posible y donde la participación y el juego añaden las notas sorpresivas.

Un paso más adelante en esta línea evolutiva son las producciones del "teatro en la calle". Nada nuevo si pensamos en los primeros orígenes del teatro, pero innovador si se lo considera en el contexto de la crisis del drama tradicional, especialmente en un país en donde el teatro estuvo constreñido durante tanto tiempo. El planteamiento fundamental proviene del cambio de relación entre actores y público, la carencia de autor y la integración de la fábula en el espacio urbano elegido. Tanto Els Comediants, como La Fura dels Baus y Xarxa Teatre, han experimentado con esta modalidad.

De gran importancia en esa época y a falta de una educación dramática formal fue la existencia de revistas de teatro con las que ponerse al día y seguir la actividad teatral en Europa y Estados Unidos, así como los caminos por los que se movía la nueva dramatización. Emblemática fue *Primer Acto,* dirigida por José Monleón, cuya labor sirvió para educar a muchos de los autodidactas que, por esas fechas, se iniciaron en la dramaturgia en España. Publicaba cuadernos de dirección de grupos de vanguardia (The Living Theater), ensayos teóricos y primicias de textos dramáticos. Cesó de publicarse en 1973.

Autores y teatro durante la democracia

La democracia no sólo aportó la libertad de creación, sino la asunción por parte del Estado de la gestión de la cultura, especialmente con los gobiernos socialistas, a partir de 1982. El primer paso fue la creación del Ministerio de Cultura, que a su vez promovió el Centro Dramático Nacional, una asignatura pendiente, ya que los estudios de arte dramático habían estado marginados de la enseñanza universitaria. Entre las iniciativas para restablecer la atención anteriormente negada, se aprobaron ayudas específicas para los teatros estables y subvenciones a iniciativas independientes; se creó la Compañía Nacional de Teatro Clásico, así como el Centro Nacional de Nuevas Tendencias Escénicas. Para 1985 se había quintuplicado la partida de ayudas económicas, con lo que era evidente que la democracia apostaba por el teatro. Desgraciadamente, gran parte de esos presupuestos fueron a parar a los grupos oficiales, en su mayoría en Barcelona y Madrid, y a los muy costosos festivales internacionales. El paulatino ascenso de la asistencia del público a las salas a partir de 1982 se mantuvo durante unos años, para experimentarse luego un descenso alarmante después de 1992.

La cartelera de espectáculos se alimentó en esas fechas de los clásicos, reposiciones de García Lorca y Valle-Inclán, algunos autores de la generación realista, y nuevas caras provenientes de la experimentación, la dirección o la interpretación. Este es el caso de José Sanchis Sinisterra, José Luis Alonso de Santos y Paloma Pedrero, autores cuyas obras han conseguido el favor del público.

Estrenar en España es una labor muy difícil, y publicar el texto incluso más. La nómina de autores y obras sin estrenar no tiene fin. Algunos con suerte consiguieron realizar algún estreno a comienzos de los 80, para caer más tarde en el anonimato. Uno se pregunta si por esta razón son muchos los escritores que se decantan por la novela, que tiene un público y unas posibilidades financieras de las que los autores dramáticos no gozan. En tal disyuntiva, no vale la pena clasificar a los autores por escuelas o generaciones. Están todos incluidos en un grupo que lucha por la supervivencia. Incluso a reconocidos dramaturgos como Buero

Vallejo y Antonio Gala (novelista de superventas, que consiguió poner un libro de poesía entre los *best seller*) les es difícil estrenar.

José Sanchis Sinisterra es un autor con antecedentes en la enseñanza teatral (Aula de Teatro de la Universidad de Valencia) y la dirección de escena (creador y director del Teatro Fronterizo), con el que llevó a cabo experimentos que se sitúan en los límites de lo que se conoce como teatralidad, de aquí el nombre de Teatro Fronterizo. La idea consistía en trabajar con textos de distinto origen (James Joyce, Franz Kafka, Julio Cortázar, procedentes del Siglo de Oro y crónicas de Indias), bien fuesen narrativos o dramáticos. Una muestra representativa es *La noche de Molly Bloom* (1979), que consiste en un monólogo sobre la base del último capítulo del *Ulises* de Joyce.

Las obras de Sanchis Sinisterra se desplazan en un continuo movimiento entre la tradición y las líneas dramáticas contemporáneas, del que *Ñaque* (1980) es un buen ejemplo. Esta obra tuvo un gran éxito de público y uno se pregunta el porqué, dadas las enormes dificultades de un texto complejo al margen de lo habitual. César Oliva razona que la de los 80 fue una década en la que el público estaba dispuesto a ver todo aquello que sonase a novedad y que con el tiempo se fue cansando y exigiendo otro tipo de espectáculo. En *Ñaque,* dos personajes reflexionan amargamente sobre la condición del ser humano y el teatro con un humor absurdo muy de corte beckettiano. Uno de los fundamentos teóricos del teatro de Sanchis Sinisterra es la "teatralidad menor", consistente en un teatro íntimo que rechaza lo espectacular y comercial, con una inclinación hacia la palabra.

Con *¡Ay, Carmela!* (1987), Sanchis Sinisterra obtuvo uno de sus grandes éxitos comerciales y cinematográficos en una adaptación al cine de Carlos Saura. Dos personajes, uno vivo y otro muerto, dialogan sobre el escenario en el que con anterioridad dieron espectáculos para las tropas nacionales. Los límites de lo que pueden decir está sancionado por las luces del fondo, desde las que un supuesto director, militar nazi, les da instrucciones. Historia, nostalgia, amor, posibilidades del ser y del teatro, se mezclan con la sutil habilidad con que Sanchis Sinisterra introduce elementos metateatrales en sus obras.

La preocupación por la historia está trabajada en la *Trilogía americana,* compuesta por tres textos que versan sobre la conquista y la colonización, pero con base en personajes problemáticos: *Naufragios de Álvar Núñez o La herida del otro* (1992), *El retablo de Eldorado* (1985) y *Lope de Aguirre, el traidor* (1992). Esta última está construida sobre nueve monólogos que ofrecen distintas perspectivas de este personaje que se rebeló contra Felipe II. Fue el primer traidor para unos y para otros, el príncipe de la libertad. Sus últimas obras incluyen *El lector por horas* (1999), un homenaje a la literatura, y *La raya en el pelo de William Holden* (2001), dedicada al cine, forman parte de una trilogía sobre otras artes en las que faltaría la música.

José Luis Alonso de Santos (1942–) se formó en las filas del teatro independiente. Sus primeros textos están marcados por la forma de hacer del Teatro Libre, con el que estuvo involucrado: *Viva el rey nuestro dueño* (1975) y *El combate de don Carnal con doña Cuaresma* (1980). En esta primera fase, y dentro de la libertad que supuso la nueva ley de teatro, Alonso de Santos produjo una serie de obras en las que fue madurando un estilo muy personal, definido por una concepción moderna del sainete. Sin embargo, al contrario del sainete tradicional, Alonso de Santos hace uso de los conflictos sociales para poner de relieve el drama del personaje marginal alienado por unas condiciones sociales asfixiantes. En esta línea dramática escribió *Bajarse al moro,* su obra de mayor repercusión y aliento, estrenada con gran éxito de crítica y público en 1985, y que llegó a las pantallas con una versión cinematográfica de Fernando Colomo. Trata el tema de la droga usando la anécdota del tráfico de hachís desde Marruecos a la península dentro de un ambiente de barrio urbano y personajes marginados.

La serie de obras de esta índole social se inicia con *La estanquera de Vallecas* (1981) y continúa con *Yonquis y Yanquis*, estrenada en 1996. La frescura de los diálogos, con personajes perfectamente diseñados, es una de sus señas de identidad. "Me han preguntado muchas veces —escribe— por qué la mayoría de mis obras habla de marginados y de víctimas que no se resignan a serlo". Lo cierto es que nos encontramos ante una tragedia cotidiana de personajes que viven en los límites, tanto sociales como geográficos. Nono, Charly y Ángel, los tres personajes centrales de *Yonquis y Yanquis*, viven en el barrio Las Fronteras, donde todos están desempleados, y la marginalidad y represión corren rampantes. Esta realidad social se presenta arropada por otra situación mayor, que en este caso toca a los personajes del drama sin penetrarlos. Se trata de la Guerra del Golfo, cuyas constantes alusiones asoman a las pantallas de la TV del bar donde la acción tiene lugar y de los aviones que cruzan la escena, el cielo de Madrid, y perturban una paz que no es hermosa pues se trata de la noche en que los personajes salen de sus guaridas al acecho, como animales nocturnos. Sin embargo, fiel a la tradición del sainete con la que José Luis Alonso se identifica, aparece, junto al ambiente tenso, un humor muy español de tonos oscuros que nos incita a la risa en medio de situaciones deprimentes y tensas.

Con *Fuera de quicio* (1987), Alonso de Santos retoma la línea del sainete tradicional en un homenaje a Jardiel Poncela. La trama, situada en un manicomio, se monta sobre una serie de crímenes que nadie ha cometido, monjas lascivas y parejas de locos de una inocencia posmoderna que nos recuerda algunas de las mejores situaciones de Almodóvar en *Mujeres al borde de un ataque de nervios*. En su *Decálogo sobre el humor*, Alonso de Santos desvela la raíz de su vena humorística: "El humor es un escudo que nos ayuda a enfrentarnos con la espada de la vida que algún día terminará de cortarnos la cabeza".

DRAMATURGAS

En general, el número de dramaturgas españolas en todo el siglo XX ha sido muy reducido y de poca trascendencia, posiblemente con la excepción de Ana Diosdado (1943–), que pudo ver sus obras en cartel y obtener algunos éxitos. Iniciada muy joven e hija de actores, Diosdado se estrenó con *Olvida los tambores* (1970). Le siguieron algunos dramas sobre temas históricos: *Los comuneros* (1994) y la feliz *Los ochenta son nuestros* (1988), que consiguió una extraordinaria acogida por parte de la crítica.

En este mundo del teatro, primordialmente masculino, se sitúa Paloma Pedrero (1957–), que inició su carrera como actriz de cine y teatro, y se ha movido en el campo de la enseñanza y la creación. Asomó a la escena en la década del 80 y perteneció a una generación de autoras comprometidas en hacer un teatro de corte realista que incorporase una problemática social

La llamada de Lauren de Paloma Pedrero

sin el peso de la acción política y acorde con las preocupaciones de una sociedad en transición. Fundaron en 1983 la Asociación de Dramaturgas, de la que formaron parte además de Paloma Pedrero, María Manuela Reina, María Ares, Sara Molina, Lluisa Cunillé y Yolanda Arrieta. Su finalidad fue conseguir un cierto reconocimiento y apoyo institucional para mujeres dramaturgas dentro de la muy restringida escena teatral. Sin ser un teatro que podamos llamar feminista, la producción de Paloma Pedrero se ocupa fundamentalmente de temas contemporáneos tratados con un lenguaje actual de tono realista con el que es fácil identificarse y bajo la óptica de una mujer que se proyecta sobre los dramas de sus personajes. Más que preocupada por temas feministas, Pedrero se enfoca en los individuos, indagando en los conflictos amorosos y en las relaciones de pareja.

Las piezas cortas de Pedrero son un mosaico de relaciones de parejas con distintas problemáticas y enredos, y están recogidas en dos colecciones altamente sugestivas: *Juegos de noches* y *Nueve obras en un acto*. Muchas de sus piezas cortas (*La llamada de Lauren, La noche dividida, Esta noche en el parque* y *Solos esta noche*) presentan miradas profundas a las relaciones humanas con esquinas y desajustes con el fin de dar luz y captar, para entenderlo, el confuso mundo que nos rodea.

LA CRISIS ÚLTIMA

La historia del teatro del siglo XX parece estar encapsulada por la noción de crisis, unas veces procedente de la baja calidad de las obras, como se señaló a principios del siglo XX, otras por la presión negativa de la censura o el exilio de los dramaturgos. La última de las crisis corresponde al alarmante descenso de público asistente que se viene experimentando desde los inicios de la década de los 90. Ciertamente que con la competencia del cine y sobre todo de la televisión, el teatro se ha visto despojado del lugar central del mundo intelectual, como actividad recreativa o como bien artístico de alto valor cultural. En su disputa con el mercado del ocio, el teatro ha tenido que recurrir a los grandes espectáculos participativos como los presentados por La Cubana, Els Comediants o la Fura dels Baus, o bien a la adaptación de los musicales de Broadway que ahora se presentan regularmente en Madrid.

Ya no se trata de una cuestión de subvenciones oficiales que impulsaron en los 80 la renovación teatral. Ahora es una cuestión de educación, adaptación de los espectáculos y producción de obras de interés. Cierto que la creación de escuelas universitarias ha mejorado la preparación de actores, directores y técnicos. Se está más en contacto con el exterior y, por lo tanto, alerta a las influencias y tendencias internacionales, pero esto no basta. Es posible que la crisis haya existido siempre y que no sea sólo un problema español, sino una cuestión que afecta al mundo occidental, que ve poco a poco como pierde la batalla en la parcela del ocio.

LA RADIO DE UN PUEBLO

En su libro sobre *Los españoles de hoy*, el periodista británico John Hooper, buen conocedor de la España contemporánea, escribe: "Los españoles exhiben un gran talento para la radiodifusión. Son buenos locutores y comprenden instintivamente que la radio alcanza su mejor nivel cuando se muestra espontánea, flexible y sólo apenas desestructurada". La popularidad y vitalidad de la radio se remontan a los años de la Guerra Civil, cuando el general golpista Queipo de Llano fue capaz de tomar la ciudad de Sevilla con un grupo de tropas muy reducidas a través de controlar la radio y difundir comunicados en los que anunciaba la ocupación del centro urbano. Los sevillanos, convencidos y temerosos, se entregaron indefensos. Los dos bandos en conflicto intuyeron las excelencias de la radio como arma de combate y la utilizaron como el principal medio de difusión. Los nacionalistas se preocuparon también de neutralizar estaciones para ponerlas bajo su dominio. Pronto, el combate se desplazó a las ondas. Serrano Suñer, falangista y por un tiempo consejero directo del Caudillo, declaró: "Después de esta guerra, en la que la radio ha alcanzado una importancia enorme y donde, sin exagerar, se puede decir que ha ganado batallas, no cabe duda que el Estado del Caudillo dará a la radiodifusión toda la importancia que se merece".

Conscientes de su valor, en 1937 y por decreto del Estado Nacional, se creó Radio Nacional de España (RNE), inaugurada en Salamanca y dotada de una potencia de 20 kilovatios. Se instaló en camiones para darle una mayor movilidad y cobertura. Radio Nacional de España fue la radio de la dictadura franquista. A través de ella se emitían los partes informativos, que eran las únicas noticias nacionales e internacionales que pasaban filtradas por el Ministerio de la Gobernación. La orden ministerial de octubre de 1939 reguló toda la radiodifusión española hasta 1977. La ley sometía a censura previa los partes informativos a través de las inspecciones provinciales y otorgaba el monopolio informativo a RNE sin que ninguna otra emisora pudiera difundir informativos propios. El Estado se reservaba el derecho a las frecuencias y a su distribución.

A pesar de la mordaza informativa, la radio continuó su andadura difundiendo noticias locales, culturales, radio novelas, concursos, sorteos de lotería, partidos de fútbol, corridas de toros, grandes acontecimientos e incluso transmisiones de las procesiones de Semana Santa. Más adelante, el régimen permitió la creación de emisoras paralelas a organizaciones dependientes del Movimiento Nacional y de la Iglesia: Radio Cadena Española, dependiente de los sindicatos, y Cadena de Ondas Populares (COPE), propiedad de la Iglesia, entre otras. En 1964 funcionaban con regularidad alrededor de 450 estaciones de radio que competían por un espacio en la onda media. En 1975, a la muerte del Caudillo, se calculaba en 7 millones y medio el número de radioyentes. Para 1980 la cifra había aumentado a 13 millones. Los últimos datos, de 2004, arrojan la cifra de 20.680.000.

El poder de la radio

Desde entonces, la radio ha mantenido un alto nivel de audiencia a través de un proceso constante de renovación. La radio, más que los periódicos e incluso la televisión, ha sido la cronista de un pueblo y una época. Ha mantenido un gran poder de convocatoria que no siempre ha conseguido la televisión. En las casas, las familias y los vecinos se reunían para escuchar la novela favorita con el poder inigualable de la ficción. Nada más emocionante que una novela en la que, por seriales diarios, se seguían las hazañas y desventuras de héroes y heroínas. Era el reino del melodrama. En el hogar, alrededor de la mesa camilla y el aparato de radio, se escuchaban también los programas de entretenimiento con entrevistas, humor y música. Fue un pasatiempo compartido en donde la imaginación jugaba un papel principal.

La radio produjo una revolución única, la revolución del transistor, y abrió las puertas a lo que más tarde sería la eclosión de la cultura de masas con una fuerza desconocida en la historia de la humanidad. La radio crea unas sensaciones de intimidad muy especiales, a través de tertulias y comentarios que se pueden oír en lugares de trabajo, sastrerías, fábricas, talleres y otros centros, donde la labor intelectual no se ve entorpecida por la transmisión. En las zonas rurales, la radio fue el nexo de unión con un mundo ajeno que catapultaba ideas, noticias, pero también el señuelo de una sociedad de consumo, o por lo menos con objetivos de consumo asequibles.

La popularidad de la radio es tal que algunos locutores se consagran como grandes estrellas del firmamento informativo, en muchos casos con más popularidad que los de televisión. Algunos han pasado a ser leyenda en la radiofonía por protagonizar programas que se escuchaban o se escuchan en todo el país, o por ser narradores de los grandes momentos históricos, entre los que se encuentra sin duda la transmisión de los partidos de fútbol. Matías Prats fue la voz del fútbol investida de leyenda. Luis del Olmo ha sido y es, posiblemente, el locutor de radio más importante e influyente en la radiofonía española, junto con Iñaki Gabilondo, un tándem de profesionales incomparables. Entre los históricos hay que destacar a José Luis Péker, Bobby Deglané, Tip y Top, y José María García.

La industria musical está y ha estado en deuda histórica con la radio. A través de sus ondas se pusieron de moda cantantes y géneros musicales. El flamenco, cerrado en guetos del sur durante décadas, se dio a la luz a través de la radio de onda media de escasa difusión, pero capaz de llegar a un mercado definido. Posiblemente en la radio es donde las compañías discográficas apostaron más fuerte. Los años de expansión coincidieron con la creación y difusión del bolero, las rancheras y el tango. El Trío los Panchos de México, Lucho Gatica desde Chile y Carlos Gardel desde Argentina, se metieron en los hogares de media España e hicieron soñar a muchos. El cuplé y la copla se difundieron por las emisoras nacionales, popularizando un tipo de música masivamente aceptada en la península.

Lo que el transistor representó en su día, lo asumió el automóvil después. Piénsese en los millones de ciudadanos que se desplazan a los lugares de trabajo diariamente y, mientras el tráfico ralentiza su marcha, los noticieros hacen sufrible un tiempo que de otra forma sería inaguantable. A tempranas horas de la mañana los programas de tertulias políticas, sociales o deportivas informan y entretienen. Al llegar a casa, la labor pasa a manos del aparato de televisión.

Cuando la televisión hizo su aparición en la década de los 50, se pensó que la radio estaba herida de muerte. Se produjo un amenazante movimiento tránsfuga de profesionales de un medio al otro, mientras la novedad televisiva hacía presentir lo peor. En los medios radiofónicos se debatía una y otra vez cuál sería su futuro. Sin embargo, la mala calidad de la televisión, especialmente hasta 1975, sirvió para revitalizar la radio. La llegada de la democracia representó una segunda edad de oro. Por vez primera, los noticieros podrían retransmitir todo tipo de noticias desde cualquier rincón del planeta, meterse en las cámaras de los diputados y los camerinos de las artistas, y hacer la labor de reportero, de la que careció la etapa anterior.

En 1977, la Radio Exterior de España comenzó a transmitir desde distintas partes en onda corta. Hoy día lo hace en castellano, catalán, gallego, vasco, sefardí, inglés, alemán, francés, árabe y ruso. La versatilidad del medio y su sentido de urgencia se mostró en su máximo esplendor el 23 de febrero de 1981, cuando las tropas anticonstitucionales entraron en el edificio del Congreso de Diputados con el fin de llevar a cabo un golpe de Estado contra la recientemente estrenada monarquía. La acción se pudo escuchar, segundo a segundo y golpe a golpe, en todos los rincones del país. La tensión y dramatismo del momento, de tan extraordinarias consecuencias para todos, se pudo seguir sin demora y sin perder detalle.

NUEVAS TENDENCIAS

La radio ha seguido luchando, en las últimas décadas, por encontrar su espacio dentro de la batalla de los medios de información. Mientras los televidentes han continuado creciendo en número, cada vez más atraídos por programas de baja calidad, la radio perdió audiencia en los 80, para volver a recuperarla en los 90, hasta llegar a alcanzar una cifra muy estimable en la actualidad, con más de la mitad de la población del país como oyentes asiduos. De esa masa de radioyentes, 15,3 millones dicen estar fundamentalmente interesados en los programas informativos, mientras que los oyentes de música rondan la cifra de 7,5 millones aproximadamente. Para poder competir, la radio tuvo que actualizarse y buscar nuevos mercados, especialmente entre los jóvenes. En general, la programación de las emisoras más populares es bastante similar entre sí. Consiste en un extenso informativo matinal donde tienen cabida las noticias importantes nacionales e internacionales, la opinión, el análisis e informaciones especializadas en diversos temas. A primera hora de la tarde se retransmite el resumen de todo lo acontecido en el día, incluyendo noticias locales. Más tarde, lo sigue un *magazine* variopinto, un informativo nocturno y el programa deportivo de la medianoche.

A partir de 1990, se consolidaron las principales cadenas radiofónicas. La SER es la más escuchada, con un 36,1 por ciento de la audiencia. Onda Cero consigue el 18,6 por ciento, RNE el 14,7 por ciento, COPE el 13,1 por ciento. Como hemos indicado, las tres siguen un esquema similar de programación. Un 11,3 por ciento se reparte entre las cadenas de ámbito autonómico y local. Los esfuerzos han sido muchos para alcanzar nuevas audiencias a partir de una programación con incentivos e imaginación con notables éxitos en algunos casos. La nueva era corresponde a las radios digitales que se regularon a partir de marzo de 2000, cuando se otorgaron diez concesiones para radio digital en el ámbito nacional.

La radio en España juega un papel preponderante, se escucha y se comenta. Si de evaluar se trata, podríamos decir que el nivel de la radiodifusión está unos cuantos escalones por encima de su hermana la televisión. Pero la competición seguirá por muchos lustros.

Bibliografía

Díaz, Lorenzo. *La radio en España 1923–1997*. Madrid: Alianza, 1997.

Gies, David T., ed. *Modern Spanish Culture*. Cambridge: Cambridge University Press, 1999.

Oliva, César. *Teatro español del siglo XX*. Madrid: Síntesis, 2002.

Ruiz Ramón, Francisco. *Historia del teatro español. Siglo XX*. Madrid: Cátedra, 1977.

Toro, Alfonso de, y Wilfried Floeck, eds. *Teatro español contemporáneo. Autores y tendencias*. Kassel: Reichenberger, 1995.

VOCABULARIO

a

a despecho de *in spite of*
a la cola *at the end of the line*
a la sazón *at that time*
a tope *full*
abalanzar *to rush on*
abandonar *to abandon*
abanico *fan*
abarcar *to comprise*
abastecimiento *provisioning, supplies*
abdicar *to abdicate*
abnegación *self-denial*
abogar *to advocate*
abolengo *ancestry*
absentismo *absenteeism*
acabar *to finish, complete*
acaparar *to monopolize*
acarrear *to bring upon oneself*
acechar *to spy on, to way lay*
acelerar *to hurry, speed up*
acentuar *to emphasize, stress*
acera *sidewalk*
acervo *cultural tradition, wealth*
ácido *sour, acid*
acogedor *welcoming*
acometer *to undertake*
acontecimiento *event*
acorazado *battleship*
acotación *stage direction*
acuartelamiento *quartering*
acuciante *urgent need*
acuerdo *agreement*
adeptos *followers*
adhesión *following, adherence*
adorno *ornament*

adscrito *assigned to*
adyacente *adjacent*
afán *eagerness, hard work*
aficionado *fan, enthusiast*
afiliado *affiliated*
afín *similar*
afincarse *to settle, to establish*
afrenta *insult, affront*
afrontar *to confront*
agasajo *hospitality, royal treatment*
agilizar *to speed up*
agorera *ominous*
agredir *to assault*
aguardar *to wait for*
ajeno *alien*
ajustar *to adjust*
alameda *poplar grove, boulevard*
alarde *ostentation*
alberca *pond, swimming pool*
albergar *to shelter*
albor *dawn*
alcornoque *cork tree*
aleatorio *random, fortuitious*
alejado *far away*
alejar *to move away*
alevín *youngster*
alfabetizar *to teach to read and write*
alguacil *mounted official in bullfighting*
aliciente *incentive, attraction*
aligerar *to quicken, to ease*
allanamiento *police raid, search*
allegado *relative, close friend*
alquitrán *tar*
aludir *to refer, allude to*
aluvión *flood*
alzamiento *insurrection*

alzar *to raise, lift*
amargo *bitter*
ambientación *atmosphere*
amedrentar *to frighten*
amenazar *to threaten*
aminorar *to lessen, diminish*
amontonamiento *piling up, gathering*
amparo *protection, help*
amurallar *to wall, fortify*
analfabetism *illiteracy*
anciano *old man*
andadura *walking*
andén *platform*
animar *to encourage*
ánimo *spirit, courage*
anodina *insignificant*
anquilosada *out of date*
antecedente *previous, preceding, antecedent*
antipatía *antipathy, dislike*
antojo *whim*
antorcha *torch*
anular *to annul*
añejo *old, mature*
apear *to get off*
apegado *attached, devoted*
apercibir *to warn*
apertura *opening*
apodar *to nickname*
apoyar *to support*
aprendizaje *apprenticeship*
aprestar *to prepare*
arable *arable, ready to plow*
árbitro *arbiter, referee*
arbusto *shrub, bush*
arca *coffer*
argüir *to argue*

arma de Infantería *infantry division*

armazón *framework, mounting*

arrabal *slums*

arraigar *to take root*

arrancar *to pull out, to start moving*

arrasar *to demolish*

arreglárselas *to get by, manage*

arremeter *to attack*

arrendamiento *leasing, renting*

arrendar *to rent*

arresto *arrest, detention*

arrimarse *to get close, to lean against*

arrojar *to throw, hurl*

arrollar *to run over*

arropar *to cover*

arroz *rice*

artesano *craftsman*

asado *roast*

ascender *to be promoted*

ascuas *red-hot coals*

asedio *siege*

asentar *to settle*

aserto *affirmation*

áspero *rough*

asumir *to assume*

asustar *to scare*

atadura *tying, fastening*

atar *to tie*

ataúd *coffin*

atemorizar *to frighten*

atemperar *to temper, moderate*

atenerse *to abide by*

atentado *attack*

aterrar *to frighten*

atestiguar *to testify, give evidence of*

atisbar *to watch, to spy on*

atraco *robbery*

atrás *behind*

atravesar *to cross*

atreverse *to dare*

audaz *bold*

augurar *to augur, predict*

aula *classroom*

aureola *halo*

aurora *dawn*

autárquica *self-sufficient*

auxilio *aid, assistance*

avalar *to endorse, guarantee*

avecinar *to approach, get near*

avena *oats*

ávido *avid, eager*

ayudar *to help*

ayuntamiento *town hall*

azulejo *tile*

---

b

bagaje *equipment, baggage*

bala *bullet*

balbuceo *stammering*

baldío *uncultivated*

baldosa *floor tile*

baluarte *bastion*

banal *trivial, banal*

bancarrota *bankruptcy*

bando *edict*

barrio *neighborhood*

basura *garbage*

batuta *baton*

baza *trick, turn*

beneplácito *approval*

beoda *drunk*

berenjena *eggplant*

bienes *properties*

bienio *two-year period*

blasón *coat of arms*

blindar *to armor*

boceto *sketch*

boda *wedding*

boga *vogue, fashion*

boleto *ticket*

borde *edge*

boreal *northern*

borrasca *storm*

brasa *red-hot coal*

bregar *to struggle*

brochazo *stroke of brush*

broncearse *to get a (sun)tan*

brote *sprout, outbreak*

bucal *pertaining to the mouth*

buhardilla *skylight*

bullidero *noisy*

burla *mockery*

---

c

cabalgata *parade*

cacique *political boss*

caciquismo *political boss system*

caer *to fall*

caída *fall, tumble*

cala *small bay*

calabaza *pumpkin*

calcinado *reduced to ashes*

calco *copy, imitation*

caldera *boiler*

camarilla *advisers of kings*

camión *truck*

campear *to be prominent*

capricho *caprice*

capuchinos *members of brotherhood who dress in hooded robes*

caracol *snail*

carbón *charcoal*

carnero *sheep, ram*

carros blindados *armored cars*

cartelera *billboard, amusement guide*

casco *helmet*

casta *lineage*

castaños *chestnut trees*

castrar *castrate*

castrense *military*

cauce *river course*

caudal *volume of water*

cebada *barley*

ceder *to yield*

ceguera *blindness*

cenefa *edging, border*

cenizas *ashes*

cepa *stump, vine stock*

cercenar *to mutilate*

cerner *to sift, threaten*

chabola *shantytown*

chaflán *bevel in buildings*

chivo expiatorio *scapegoat*

choque *collision, crash*
chorro *flow, jet*
chulapa *working class woman*
chulo *charming, low class (Madrid)*
cierre *closing*
cifra *number*
cimentar *to lay the foundation*
cimientos *foundations*
cinturón *belt*
circundar *to surround, circle*
clausurar *to close, adjourn*
clavar *to nail*
cobertura *covering*
cocer *to boil*
coetáneo *contemporary*
cofradías *brotherhoods*
cohete *rocket*
cola *tail*
cólera *cholera*
colofón *colophon*
comicios *elections*
comportamiento *behavior*
cómputo *computation*
condimentar *to flavor, dress foods*
conejo *rabbit*
congelar *to freeze*
congregar *to assemble, congregate*
consigna *watchword, countersign*
consumar *to complete, perfect*
contrarrestar *to resist, oppose*
contundente *forceful*
convecino *neighboring*
convocar *to call together, convoke*
cónyuge *spouse*
cornamenta *horns*
corona *monarchy, crown*
corruptela *corruption*
cortijo *farmhouse*
cosecha *harvest*
cotidiano *daily*
cotilleo *gossip*
cotización *quotation of prices*
coyuntura *occasion*

crecer *to grow*
cripta *crypt*
crispación *irritation*
cuadra *stable*
cuerno *horn*
cuidar *to take care of*
culpable *guilty*
cúmulo *heap, accumulation*
cuño *stamp*
cuota *quota*
cúpula *dome*
curación *cure*

d

dañino *harmful*
deambular *to stroll, wander*
debilidad *weakness*
declive *slope, incline*
decretar *to decree*
defenestrar *to kill*
deleitar *to delight*
demoler *to demolish*
demorar *to delay*
deponer *to depose*
depurar *to purge*
derechos *rights*
desafío *challenge*
desafuero *excess*
desajuste *disorder, imbalance*
desalojar *to dislodge, remove*
desamortización *disentailment*
desangrar *to bleed to death*
desaprobación *disapproval*
desarrollo *development*
desasosiego *restlessness*
desatar *to untie*
desavenencias *disagreements*
descarrilamiento *derailment*
descollar *to stand out*
desconfianza *distrust*
descuartizar *to cut into pieces*
desdén *disdain*
desechar *to throw out, cast aside*
desembarco *landing*
desembocar *to flow, run into*

desempleado *unemployed*
desencanto *disillusion*
desenredar *to untangle*
desequilibrar *unbalance*
desfasada *behind the times*
desgarrar *to tear*
desinflar *to deflate*
desmantelamiento *dismantling*
desmarcar *to obliterate*
desmayo *faint*
desmoronamiento *crumbling*
desnivelar *to make uneven*
desnudo *naked*
desoír *to pay no heed, disregard*
desparramar *to scatter*
despegar *to unstick*
desperdicio *waste*
despilfarro *extravagance*
desplazar *to displace*
desplegar *to unfold*
destrozo *destruction*
desuso *disuse*
desviar *to deflect, divert*
detentar *to hold, to keep unlawfully*
deuda *debt*
devaneo *dissipation*
devastación *destruction*
devenir *to become, turn into*
difuso *diffuse*
diluir *to dilute*
dimitir *to resign*
disecar *to dissect, to stuff (animals)*
diseñar *to design, sketch*
disfraz *costume*
disgregar *to disperse*
disonancia *discord*
dispar *unequal*
disturbio *disturbance, riot*
disyuntiva *dilemma*
divisas *foreign currency*
doblegar *to force to yield*
dosis *dose*
ducha *shower*
duende *spirit, certain magic*

e

eclosión *bloom, emerge*
égida *protection, defense*
elenco *cast (theater)*
elogio *praise*
elucubración *deep thought*
emanar *to come from, emanate*
embadurnar *to smear*
embarazo *pregnancy*
embestir *to gore, attack*
emborronar *to blot*
empalmar *to join*
emparentado *related by marriage*
empedrar *to pave with stones*
empeorar *to get worse*
empujar *to push*
emular *to imitate, emulate*
enajenación *alienation of property*
enarbolar *to hoist, raise*
enardecer *to inflame, to fill with enthusiasm*
encabezar *to lead*
encandilar *to dazzle*
encauzar *to channel, guide*
encinas *evergreen oaks*
encomiable *laudable*
encorsetar *to put on a corset, confine*
encrespado *agitated*
encuesta *poll*
endeudar *to get into debt*
endurecimiento *hardness*
enfrentamiento *confrontation*
engalanar *to adorn*
enganchar *to hook, connect*
engañar *to deceive*
engrasar *to grease, lubricate*
engrosar *to enlarge, broaden*
enmendar *to amend, correct*
ensayar *to practice, rehearse*
enseña *emblem, colors, standard*
entonar *to sing in tune, intone*
entorpecer *to obstruct*
entramado *framework*
entrañas *bowels, entrails*
entrever *to catch a glimpse*

enturbiar *to muddle, confuse*
envergadura *importance*
envestir *invest, confer*
equiparar *to put on same level*
ermita *hermit*
errático *erratic*
escalafón *payroll, salary, or wage scale*
escalón *step of stairway*
escama *fish scale*
escándalo *scandal, tumult*
escaño *bench, seat (Parliament)*
escaramuza *skirmish*
escarmiento *lesson, punishment*
escarnecer *to mock*
escarpado *steep, rugged*
escaso *limited, scarce*
escenario *stage*
escollo *reef, difficulty*
esconder *to hide*
escuálido *weak, squalid*
esfinge *sphinx*
esgrimir *to wield, to use*
espada *sword*
esparcir *to scatter*
espinoso *thorny*
esquivar *to evade*
establecer *establish, set up*
estacional *seasonal*
estallar *to explode, erupt*
estancar *to hold back, suspend*
estepa *barren plain*
estorbar *to hinder, obstruct*
estrado *lecturing platform*
estrafalario *odd, eccentric*
estraperlo *black market*
estreno *debut, premiere*
estrepitoso *noisy, rowdy*
estudiantado *student body*
etiqueta *label*
evasión *escape*
exacervar *to irritate, exasperate*
exento *exempt, free*
exiguo *meager, tiny*
expectativa *expectation*
extenuado *exhausted*

extraer *to draw out, extract*
extrarradio *outside of city*

f

faena *work, task*
faja *zone, sash*
falacia *deceit*
farola *streetlight*
faz *face, front*
fecunda *fertile, prolific*
fehaciente *evident*
féretro *coffin*
férreo *made of iron*
fiar *to post bail for, to trust*
figurar *to represent*
fijarse *to pay attention*
filiación *membership, relation*
finca *land, real estate, farm*
fingir *to pretend, feign*
flagelar *to whip, flagellate*
flecha *arrow*
fomentar *to promote, foment*
foráneo *foreign*
forjado *forged*
forzoso *forced, obligatory*
fracaso *failure*
fratricida *a person who kills a brother*
fregar *to wash, mop*
frenesí *frenzy*
freno *brake*
fuero *local or regional code of law*
fuga *escape, flight*
fundir *to fuse, blend*
furibundo *furious, frantic*
fusilar *to execute by shooting*
fusionar *to merge, unite*

g

gala *gala, ostentation*
galardón *reward, prize*
gestión *negotiation*
gestionar *to conduct negotiations*
golosina *sweet*
gozar *to enjoy*

grada *sitting, seat*
gratuito *free*
guardaespaldas *bodyguard*
guarnición *garrison*
guiño *wink*
guiso *stew, cooked dish*
gusano *worm*

h

hacer mella *to make an impression*
hacinar *to pile up*
harina *flour*
haya *beech tree*
hazaña *deed*
helar *to freeze*
hinchas *fans, supporters*
hito *landmark*
hoguera *bonfire*
holgar *to rest, be idle*
hormiga *ant*
hormigón *concrete*
hornada *batch*
horno *oven*
hostigar *to lash, chastise*
hueco *hollow, empty*
huelga *strike*
huella *trace*
huerta *garden, orchard*

i

idóneo *fitting, suitable*
ilustrar *to enlighten, make clear*
imborrable *unforgettable*
imbuir *to infuse*
inacción *inactivity*
inadvertido *inattentive, careless*
inagotable *inexhaustible*
inconfundible *unmistakable*
incremento *increase*
indiano *Spaniard returning from America*
indulto *pardon*
ingente *huge, enormous*
inmobiliario *real estate*

insoslayable *unavoidable*
instaurar *to establish, set up*
insurrecto *insurgent*
ínterin *provisional, temporary*
inusitado *unusual*
inversionista *investor*
involucrarse *to get involved*
inyectar *to inject*
irrefrenables *unstoppable*
irrumpir *to burst*
itinerante *traveling*
izar *to hoist*

j

jactarse *to boast, brag*
jalonar *to mark out, stake*
jornalero *laborer*
jubilación *retirement*
júbilo *joy, rejoicing*
juzgar *to judge, consider*

l

labor *work*
lacra *blot, blemish*
ladrillo *brick*
laico *secular*
languidecer *to languish*
lapso *lapse, course of time*
latifundio *vast rural property*
laurel *bay leaf*
lealtad *loyalty*
legado *legacy*
lema *motto, slogan*
levantamiento *uprising, insurrection*
levantisco *restless*
lidia *bullfighting*
lidiar *fight, deal with*
lienzo *canvas*
limar *to smooth, file down*
limítrofe *bordering*
lindar *to border*
líneas férreas *railways*
listón *strip, bar*
llama *flame*

llana *level, flat*
llevar a cabo *to carry out*
loable *praiseworthy*
locuaz *talkative*
logro *success, achievement*
longevo *long lived*
lucrativo *profitable, lucrative*
luminaria *outstanding person*
lunar *mole*
lustrosa *shining, glossy*

m

madroño *arbutus tree*
malabarismo *juggling*
malgastar *to waste*
maltratar *to abuse*
malvender *to sell at a loss*
manida *stale*
maniobrar *to operate, maneuver*
maniqueo *Manichaean*
mantel *tablecloth*
maqueta *scale, model*
marca registrada *trademark*
marcha atrás *reverse gear*
mariscos *shellfish*
marisma *marsh, swamp*
masía *farm in Cataluña*
mástil *post, flagpole*
matricular *to register*
mejillones *mussels*
mendicidad *begging*
mendigo *beggar*
mermar *to reduce*
meta *goal, finish line*
miel *honey*
minifundio *small farm*
minuciosidad *thoroughness*
minusválido *disabled person, handicapped*
módico *reasonable, moderate*
molino *windmill*
montaje *assembly*
moño *bun, chignon*
morboso *morbid*
moroso *defaulter, slow payer*

mudarse *to move (from a house), change*
muro *wall*
música de fondo *background music*

n

natalidad *birth rate*
nazareno *penitent*
nocivo *harmful*
nómina *payroll, list*
nupcias *wedding*
nutrir *to nourish, feed*

o

obús *mortar round*
ocio *leisure*
octogenario *eighty-year-old*
ocurrencia *incident*
oleada *great surge of people, big wave*
omitir *to miss out*
ondear *to fly, flutter*
orador *speaker*
osadía *daring, boldness*
oscilación *swinging*
otorgar *to grant, to give*
oveja *sheep*

p

pacato *timid*
paladar *palate, taste*
paladín *champion*
palio *canopy*
palmarés *list of winners*
pancarta *banner*
pantalla *screen*
pañuelo *handkerchief*
paraje *place, spot*
parangón *comparison*
parejas *couples*
parpadear *to blink*
parroquiano *parishioner*
partitura *score*

parto *childbirth*
pasar cuenta *to send the bill*
pasatiempo *hobby*
pata *leg*
patera *launch*
patrimonio *wealth, resources*
patronal *employers' association*
paulatino *gradual, slow*
paupérrimo *very poor*
pavimentar *to pave*
paz *peace*
pecar *to sin*
penoso *painful*
percatarse *to notice*
peregrinar *to go on a pilgrimage*
perenne *everlasting, evergreen*
perentorio *urgent*
perfil *profile*
perfilar *to outline*
pericia *skill, expertness*
peripecia *vicissitude*
pernoctar *to spend the night*
perturbar *to agitate*
petardo *firework*
picar *to prick, perforate*
pillar *to grasp*
pincho *snack*
piquete *small party of soldiers*
plagado *full*
planchar *to iron*
plantilla *personnel*
plasmar *to take the form of, emerge as*
pléyade *group, gathering*
pliego *sheet*
pluviosidad *rainfall*
podar *to trim, prune*
polea *pulley*
polvo *dust*
pompas fúnebres *funerals*
poner en marcha *to start*
postergar *to postpone*
postura *position, posture*
precipitación *rainfall*
predicción *forecast*
pregonar *proclaim, announce*
prejuicios *prejudice, bias*

premiar *to reward*
preocupación *concern, worry*
prerrogativa *privilege*
presagiar *to forebode*
prestar *to loan, credit*
primogénito *firstborn*
procesión *religious parade*
profundo *deep*
promulgación *enactment*
prostíbulo *brothel*
provenir *to come from*
pugilato *boxing, conflict*
pugnar *to fight*
pujanza *vigor, forcefulness*
pulpo *octopus*
punzante *sharp*
puñado *fistful*
pupitre *school desk*
puya *pointed stick*

q

quejido *moan, groan*
quemar *to burn*
queso *cheese*

r

rabo *tail*
ralentizar *to slow down*
rama *branch*
rancio *stale*
rango *rank, status*
rascacielos *skyscraper*
rastrear *to track, trail*
recalcar *to stress, emphasize*
receta *recipe*
rechazo *refusal, rejection*
recinto *area, place*
reclutamiento *recruitment*
recrudecer *to worsen*
redacción *writing, newspaper office*
redundar *to be to the advantage of*
refrendar *to endorse, ratify*
regadío *irrigation*
reglamento *rule, regulation*

rehusar *to refuse*
relajamiento *relaxation*
relevo *relief, relay*
rememorar *to remember, recall*
remontar *to elevate, go back*
rémora *hindrance*
remunerado *paid job*
renglón *line of writing*
reñido *hard-fought game*
reparos *doubts*
repentino *sudden*
réplica *answer*
represalia *reprisal*
rescate *ransom, rescue*
respirar *to breathe*
resquebrajar *to crack*
resucitar *to revive, resuscitate*
retar *to challenge*
retirada *retreat*
retiro *retirement*
reto *challenge*
retraerse *to withdraw*
revalidar *to confirm*
reverberar *to reverberate, shimmer*
revista del corazón *gossip magazine*
revolcar *to knock over*
revulsivo *nasty*
rincón *corner*
rivalidad *competition, rivalry*
roble *oak tree*
robustecer *to strengthen*
rodar *to wheel, roll, shoot a film*
romería *pilgrimage*
rompecabezas *puzzle*
rostro *face*
rotativo *newspaper*
roto *broken*
rotundo *emphatic*
rumiar *to think deeply*
rumorear *to murmur*

s

saldo *balance*
salpicar *to sprinkle*
salvaguardar *to safeguard*

sangría *bleeding, alcoholic drink*
saquear *to loot, plunder*
sedimentar *to deposit, settle*
semejante *similar, to be alike*
señera *flag*
señuelo *decoy, bait*
sepelio *burial*
sequía *drought*
seta *mushroom*
siderurgia *iron and steel industry*
silbar *to whistle*
sindicato *trade union*
sobrante *spare, surplus*
sobremanera *exceedingly*
sobrepasar *to exceed, surpass*
solar *lot, piece of ground*
solera *tradition*
soltera *unmarried woman*
soltura *looseness, agility*
sombrío *gloomy, somber*
someter *to submit, subject*
sopesar *to weigh up, consider*
sordera *deafness*
sórdido *dirty, mean*
sorna *sarcastic tone, slyness*
soslayar *to dodge, avoid*
sostén *support, bra*
sotana *cassock*
sótano *basement*
soterrado *buried, hidden*
suavizar *to soften, ease*
subida *ascent, climb, increase*
sublevado *in revolt*
suegro *father-in-law*
sueldo *salary*
suelo *ground, floor*
sujetador *bra*
sumiso *submissive, docile*
surgir *to arise*

t

tachar *to cross out, accuse of*
tahona *bakery*
talante *mood, will*
tallar *to carve, engrave*
tamaño *size*

tamiz *sieve*
tapadera *lid, cover*
tapizar *to cover, carpet*
tara *a defect*
tarea *task*
teja *tale*
tejado *roof*
telón *curtain*
terna *list of three candidates*
tertulia *social or literary gathering*
tesitura *attitude, frame of mind*
timar *to con, steal*
tímido *shy*
timón *rudder*
títeres *puppets*
tocar fondo *to hit bottom*
tónica *tone*
torbellino *whirlwind*
tormenta *storm*
torpeza *clumsiness*
traba *obstacle*
tragaluz *skylight*
tragar *to swallow*
trago *drink, mouthful*
trajín *coming and going*
trama *plot*
tramontana *north wind*
trasera *back, near*
trasfondo *background, undertone*
trasnochar *to stay up late*
traste, dar al *to ruin, spoil*
trazar *to plan, outline*
trenza *braid*
trepar *to climb*
trigo *wheat*
trucha *trout*
truculento *horrible*
tuteo *use of tú (familiar)*

u

ubicar *to place, locate*
umbral *threshold*
umbría *shady*
unirse *to join*
urna *urn, glass case*

urogallo *capercaillie (bird)*
usufructo *use, life interest*
uva *grape*

---

v

vacío *empty*
valido *royal favorite*
valija *suitcase*
vanagloriarse *to boast*
varita mágica *magic wand*
varón *male*
vástagos *offspring, descendants*
vate *poet*
vedar *to prohibit, ban*
vega *meadow, valley*

velar *to stay awake, watch over*
vendimiar *to harvest (grapes)*
ventaja *advantage*
verbena *fair, festival*
verdugo *executioner*
vergel *garden*
vericueto *rough track*
verter *to pour, spill*
vertiente *watershed, slope*
vespertino *evening*
vía *road, railway*
viandante *pedestrian*
villano *bad guy*
vilo, en *in suspense*
vincular *to entail, tie, bind*
vitalicio *for life*

vitorear *to cheer, acclaim*
vocero *spokesperson*
vociferante *noisy*
volcar *to overturn*
vuelco *a spill*

---

y

yacer *to lie down*
yerno *son-in-law*
yugo *yoke*

---

z

zanahoria *carrot*

ÍNDICE DE NOMBRES

Sunyol y Garriga, Josep, 184
Suqía Goioechea, Ángel, 207
surrealismo, 251, 252–255

t

Taifas, Reinos de, 136
Tamboreada (fiesta), 233
Tapiès, Antoni, 239, 255–256
Teatro Fronterizo, 312
Teatro Libre, 312
Tejero, Antonio, 88–89
Telefónica, 92
Televisión Española (TVE), 193, 294, 295, 296
Terradellas, Domingo, 261
Tierno Galván, Enrique, 139–140, 176, 189
Tip y Top, 316
Torre, Matilde la, 161
Torrente Ballester, Gonzalo, 239, 305
Tour de Francia, 180
Tranvía, Oriol, 274
Triana, Marifé de, 282
Tribunal Constitucional, 134
Trillo, Federico, 204
Trío los Panchos, 316
Trueba, David, 288
Truffaut, François, 71, 287
Turina, Joaquín, 265

u

Ullastres, Alberto, 204
Unamuno, Miguel de, 12, 20–22, 238, 305
Unión del Centro Democrático (UCD), 85, 87, 89, 98, 295
Unión Europea (UE), 65, 81, 134, 159, 164, 173, 193, 239
Unión General de Trabajadores (UGT), 18, 20, 38, 90, 91, 147, 304
Unión Militar Republicana Antifascista (UMRA), 36
Unión Patriótica, 16
Universidad Central de Barcelona, 191
Universidad Complutense de Madrid, 22–23, 123, 191
Universidad de Deusto, 22, 204
Universidad de Navarra, 204

Universidad de Salamanca, 21, 139, 186
Universitat Pompeu Fabra, 112, 246

v

Valente, José Ángel, 275
Valle de los Caídos, 66, 83, 139, 199–200, 244
Valle-Inclán, Ramón del, 12, 238, 298, 299, 300–302, 303, 305, 311
Valverde, Joaquín Quinito, 260
La Vanguardia, 191, 192
Vázquez Díaz, Daniel, 255
Vázquez Montalbán, Manuel, 183–184, 230, 239
Vega Carpio, Lope de, 196, 303
Velázquez, Diego, 308
Verdaguer, Jacint, 111
Vergés, Rosa, 293
Víctor Manuel, 275
Vilaseca i Casanovas, Josep, 240
Villar Palasí, José Luis, 189
Villena, Luis Antonio de, 177
Virgen de la Macarena, 196, 210
Virgen del Rocío, 196, 210
Vives, Juan Luis, 186–187
Vuelta a España, 180

x

Xarxa Teatre, 311
Xirgu, Margarita, 302
Xunta de Galicia, 101–102, 103, 122

y

Yerma, 160, 177, 217, 303

z

Zambrano, Benito, 292
Zambrano, María, 43
zarzuela, 259–260, 267, 279
Zarzuela (palacio), 260
Zarzuela (teatro), 260
Zola, Emile, 293
zortzicos, 268
Zuberoa (provincia), 115
Zuloaga, Ignacio, 239, 247, 248–249, 250, 255

CREDITS

Cover David Clapp/Corbis – Arcaid; **p. 9** The Bridgeman Art Library; **p. 11** Getty Images Inc. – Hulton Archive Photos; **p. 16** Getty Images Inc. – Hulton Archive Photos; **p. 21** Courtesy of the authors; **p. 22** The Hispanic Society of America; **p. 30** Corbis/Bettmann; **p. 34** Courtesy of the Library of Congress; **p. 41** Getty Images Inc. – Hulton Archive Photos; **p. 42** Courtesy of Fundacion Cultural Miguel Hernandez; **p. 44** Image Works/Mary Evans Picture Library Ltd; **p. 45** AP Wide World Photos; **p. 48** Keystone, Paris/Getty Images Inc. – Hulton Archive Photos; **pp. 48–49** Jarama Valley poem – Used with permission of the Abraham Lincoln Brigade Archives and the Veterans of the Abraham Lincoln Brigade; **p. 49** Getty Images Inc. – Hulton Archive Photos; **p. 58** Getty Images/De Agostini Editore Picture Library; **p. 60** Getty Images Inc. – Hulton Archive Photos; **p. 67** Courtesy of the authors; **p. 70** Courtesy of the authors; **p. 74** Europa_Press, Madrid/Getty Images Inc. – Hulton Archive Photos; **p. 76** Getty Images Inc. – Hulton Archive Photos; **p. 84** © Central Press/Hulton Archive/Getty Images; **p. 86** Courtesy of the authors; **p. 87** Getty Images Inc. – Hulton Archive Photos; **p. 89** AP Wide World Photos; **p. 95** AP/Wide World Photos; **p. 97** © Horst Wagner/EFE/CORBIS All Rights Reserved; **p. 101** © Cesar Rangel/AP/Wide World Images; **p. 102** © Matias Recart/Agence France Presse/Getty Images; **p. 106** Courtesy of the authors; **p. 117** Almagro/Gamma/Eyedea; **p. 130** Pearson Education/PH College; **p. 133** Courtesy of the authors; **p. 134** Courtesy of the authors; **p. 137** Courtesy of the authors; **p. 138** Courtesy of the authors; **p. 140** Ian Aitken © Rough Guides; **p. 150** Europa Press/Corbis/Sygma; **p. 157** Courtesy of the authors; **p. 163** © Photofest; **p. 174** Courtesy of the authors; **181** Orban/Corbis/Sygma; **p. 185** Keystone_Madrid/Getty Images Inc. – Hulton Archive Photos; **p. 195** Getty Images, Inc. – PhotoDisc; **p. 199** © Cortes/EFE/CORBIS All Rights Reserved; **p. 203** © Gabriel Bouys/Agence FrancePresse/Getty Images; **p. 214** Courtesy of the authors; **p. 215** Courtesy of the authors; **p. 220** Courtesy of the authors; **p. 222** Courtesy of the authors; **p. 224** Courtesy of the authors; **p. 225** © Albert Gea/Reuters/Corbis; **p. 231** Courtesy of the authors; **p. 241** Ian Aitken © Rough Guides; **p. 242** Courtesy of the authors; **p. 245** Courtesy of the authors; **p. 246** Courtesy of the authors; **p. 247** Ninos jugando en la playa (Children on the Beach), 1908, by Joaquin Sorolla y Bastida, © 2008 Artists Rights Society (ARS), New York/VEGAP, Madrid/photograph by The Art Archive/Cason del Buen Retiro Madrid/Joseph Martin/The Picture Desk, Inc.; **p. 249** Julio Romero de Torres 1874–1930, La Saeta, Courtesy of the authors; **p. 250** Courtesy of the authors; **p. 251** Pablo Picasso, (1881–1973), "Guernica," 1937. Oil on canvas, 11 ft. 5-1/2 in. x 25 ft. 5-1/4 in. Museo Nacional Centro de Arte Reina Sofia. Copyright Bridgeman-Giraudon/Art Resource, NY ©2003 Estate of Pablo Picasso/Artists Rights Society (ARS), New York; **p. 253** Salvador Dali 1904–1989, Dali de espaldas pintando a Gala—Dali paints Gala in front of a mirror, 1972–1973. LocationLMuseo